Jean-Baptiste-Louis Gresset

Théâtre complet

Édition critique par Jacques Cormier

PARIS
CLASSIQUES GARNIER
2022

Jacques Cormier, professeur honoraire à l'académie royale des beaux-arts de Bruxelles, est l'auteur de *L'Atelier de Robert Challe* (Paris, 2010). Il a édité *Les Illustres Françaises* (Paris, 2014) et *Les Libertins en campagne* (Paris, 2018) et a coédité *La Continuation de Don Quichotte* (Genève, 1994) et *Robert Challe au carrefour des continents et des cultures* (Paris, 2013).

© 2022. Classiques Garnier, Paris.
Reproduction et traduction, même partielles, interdites.
Tous droits réservés pour tous les pays.

ISBN 978-2-406-13108-3 (livre broché)
ISBN 978-2-406-13109-0 (livre relié)
ISSN 2109-7577

INTRODUCTION GÉNÉRALE
Jean-Baptiste-Louis Gresset
(1709-1777)

Jean-Baptiste-Louis Gresset naquit à Amiens le 29 août 1709[1]. Du côté paternel, la tradition familiale conservait le souvenir d'une ascendance anglaise qui remontait au XVIIe siècle ; on en trouve peut-être une trace dans l'intérêt que le jeune auteur manifestera dans ses deux premières pièces de théâtre pour des intrigues situées en Angleterre, à moins que ce choix ne résulte de l'anglomanie du temps. Son père, Jean-Baptiste, conseiller du roi, « commissaire examinateur au baillage et présidial » d'Amiens, puis échevin de la ville, est un notable. Il admire Boileau et compose des satires et des épîtres inspirées par le législateur du Parnasse. Le célèbre physicien et philosophe cartésien Jacques Rohault (1618-1672), ami de Cyrano de Bergerac, était un parent de la mère ; un autre oncle maternel avait composé un *Recueil de poésies pieuses et morales*. Le milieu familial était sans doute propice à l'éveil intellectuel.

Aîné de dix enfants, Jean-Baptiste-Louis entreprend des études au collège des jésuites d'Amiens. Ses professeurs remarquent sa vive intelligence et son application et lui proposent d'entrer dans la Compagnie. Gresset commence son noviciat à seize ans. Ses maîtres l'envoient poursuivre ses études à Paris, au collège Louis-le-Grand. Ensuite, conformément à l'usage des jésuites, le jeune homme est amené, pour approfondir ses connaissances, à enseigner les humanités dans les collèges : durant l'année scolaire 1728-1729, il est professeur de quatrième à Moulins ; puis durant quatre ans (1729-1733), il est à Tours d'abord comme professeur de quatrième avant d'enchaîner avec la chaire de troisième, de seconde et de rhétorique. En 1733-1734, il est à nouveau professeur de rhétorique à Rouen.

---

1 Voir Louis-Nicolas-Jean-Joachim de Cayrol, *Essai historique sur la vie et les ouvrages de Gresset*, Amiens-Paris, Caron-Vitet et Dumoulin, 1844, p. 1, n. 2 (abréviation : Cayrol)

C'est à Tours que paraît chez le libraire Mathieu Masson sa traduction des six premières églogues de Virgile (1730). Il rédige la même année une *Ode sur l'amour de la patrie* dans laquelle il exprime la nostalgie de son pays natal, sentiment qu'il éprouvera toute sa vie :

> Bords de la Somme, aimables plaines,
> Dont m'éloigne un destin jaloux,
> Que ne puis-je briser les chaînes
> Qui me retiennent loin de vous !...

Ver-Vert, probablement rédigé en partie la même année, circule un certain temps en manuscrit, avant d'être imprimé à Rouen en 1734[2]. Cette publication confère instantanément à son auteur une réputation dans le monde. Il a vingt-six ans lorsque Jean-Baptiste Rousseau, le poète dont la célébrité est considérable à l'époque, même s'il vit exilé à Bruxelles, le désigne comme un « phénomène surprenant [...] qui nous efface tous dès sa naissance, et sur lequel nous n'avons d'autre avantage que l'ancienneté », avant d'ajouter : « Si jamais, l'auteur peut parvenir à faire des vers un peu plus difficilement, je prévois qu'il nous effacera tous tant que nous sommes : c'est un génie des plus heureux et des plus beaux qui aient jamais existé[3] ». Le 20 septembre 1736, Voltaire confie à son ami Cideville un sentiment nettement moins élogieux que celui de Jean-Baptiste Rousseau :

> J'ai voulu lire *Ver-Vert*, poème digne d'un élève du père Du Cerceau, et je n'ai pu en venir à bout[4].

Dans *Ver-Vert*, poème en quatre chants dont le héros est un perroquet, animal de compagnie des visitandines de Nevers, Gresset peint plaisamment les travers et les petits ridicules des religieuses. Mais les visitandines de Nevers qui faisaient les frais de l'humour de *Ver-Vert*

---

2   Voir Jules Wogue, *J.-B.-L. Gresset, sa vie – ses œuvres*, Paris, Lecène, Oudin, 1894 (abréviation : Jules Wogue), p. 12, n. 1.
3   Lettre LII datée du 15 décembre 1735, adressée à M. Lasserre et recueillie dans les *Œuvres* de Jean-Baptiste Rousseau. À la même date, il écrit à peu près la même chose au père Brumoy.
4   Lettre de Voltaire à Pierre-Robert Le Cornier de Cideville, du 20 [septembre] 1735, Voltaire, *Correspondance*, Théodore Besterman éd., Gallimard, 1977, Pléiade, t. I, p. 634, D 592. Voltaire se moque du père Jean-Antoine du Cerceau (1670-1730), un auteur dramatique jésuite renommé à l'époque, qui écrivit entre autres *La Conjuration de Nicolas Gabrini dit de Rienzi* 1748, sujet du premier opéra de Wagner.

s'offusquent de ces plaisanteries. Germain-Louis Chauvelin, garde des sceaux était le frère d'une des visitandines de Nevers : il adresse une plainte au tout-puissant cardinal de Fleury[5] qui transfère le dossier à la Compagnie de Jésus en priant les jésuites de régler le problème.

La Compagnie envoie le « jeune prodige » enseigner au collège de La Flèche, le premier établissement des jésuites en France après leur collège de Paris. C'est une désignation prestigieuse, mais c'est surtout un exil puisque c'est là que les supérieurs reléguaient ceux de leurs membres qui avaient encouru leur mécontentement[6]. Gresset y consacre ses « loisirs » à compléter la traduction en vers français des *Églogues* de Virgile qu'il avait entreprise plus tôt[7]. Il ne reste à La Flèche que quelques mois : à la fin de l'année 1734, il est de nouveau à Paris. Le 18 novembre, il écrit à sa mère pour lui parler de sa vie parisienne et de son logement près de son compagnon de jeunesse, le « gros abbé Marquet ». Il garde néanmoins un souvenir cuisant de ce séjour à La Flèche. Six ans plus tard, il écrira au père Bougeant qui revenait lui aussi d'une « retraite » à La Flèche :

> J'imagine que quelque vénérable espion, reste de la lignée des Aubins, gens de décachetante et interceptante mémoire, aura supprimé ma petite épître ; mais vous êtes heureusement arrivé, et c'est bien tout ce qu'on peut faire que de rapporter sa pauvre vie de cette métropole des caveaux et des catacombes de la Société[8].

D'autres poèmes, *Le Carême impromptu*, *Le Lutrin vivant*, publiés la même année 1734, recueillent un grand succès. Mais son dernier poème, *La Chartreuse*, paru le 17 novembre 1734, attire à nouveau l'attention des autorités parce que le jeune poète y révèle ses sources d'inspiration :

---

5   Le cardinal André-Hercule de Fleury (22 juin 1653-29 janvier 1743), après avoir été chargé de l'éducation de Louis XV, avait été désigné comme son premier ministre, même s'il n'en porta jamais le titre, huit ans plus tôt, le 11 juin 1726.

6   Gresset avait noué des liens d'amitié avec le père Bougeant (4 novembre 1690-7 janvier 1743) qu'il considérait comme un maître : il lui avait adressé en 1736 son épître V « Au père Bougeant, jésuite ». Le père Bougeant sera à nouveau « déplacé » à La Flèche après la publication en 1739 de son *Amusement philosophique sur le langage des bêtes* qui déplaira. Gresset se lia aussi au père Brumoy, traducteur de tragédies grecques, lui aussi « déplacé » à La Flèche.

7   C'est en cinquième, à 14 ans, que les élèves des jésuites étudiaient les *Bucoliques* (Sylvain Menant, *La Chute d'Icare : La Crise de la Poésie française, 1700-1750*, Genève, Droz, 1981, p. 22). Les six premières églogues parurent à Blois en 1734. Le recueil complet parut à Amsterdam en 1741.

8   Cité par Lenel S., *Voltaire et Gresset*, Amiens, imprimeur-typo H. Yvert, 1889, p. 9.

> Horace, l'ami du bon sens,
> Philosophe sans verbiage
> [...] Chapelle, Chaulieu, Pavillon
> Et la naïve Deshoulières
> [...] le Tasse et Milton [...]
> Je vois Saint-Réal et Montagne
> Entre Sénèque et Lucien ;
> Saint-Évremont les accompagne ;
> Sur la recherche du vrai bien
> Je les vois porter la lumière.
> La Rochefoucauld, La Bruyère
> Viennent embellir l'entretien [...]

Puis, sans citer de noms, Gresset ironise sur les productions scientifiques dépourvues de sens :

> Je laisse aux savantas poudreux
> Ce vaste chaos de volumes,
> Dont l'erreur et les sots divers
> Ont infatué l'univers,
> Et qui sous le nom de science,
> Semés et reproduits partout,
> Immortalisent l'ignorance,
> Les mensonges et le faux goût.

Avant de souligner ce qu'il rejette :

> À la sombre misanthropie
> Je ne dois point [m]es sentiments.
> D'une fausse philosophie
> Je hais les vains raisonnements,
> Et jamais la bigoterie
> Ne décida mes jugements.
> Une indifférence suprême,
> Voilà mon principe et ma loi...

Ces affirmations préfigurent celles que publiera deux ans plus tard dans *Le Mondain* un autre élève des jésuites, Voltaire[9]. Afficher des

---

9   D'ailleurs *La Chartreuse* devient rapidement l'objet de l'admiration de Voltaire. C'est à ses dires : « l'ouvrage de ce jeune homme, où il y a le plus d'expression, de génie, et de beautés neuves. Mais sûrement cet ouvrage sera bien plus critiqué que *Ver-Vert*, quoiqu'il soit bien au-dessus. Un premier ouvrage est toujours reçu avec idolâtrie ; mais le public se venge sur la seconde pièce et brise souvent la statue qu'il a lui-même élevée. » (Lettre

lectures et des goûts si mondains devient gênant et compromettant quand on aspire à être membre de la Société, mais qu'on ne l'est pas encore. Inquiets, les jésuites s'en réfèrent à nouveau au cardinal de Fleury : celui-ci écrit le 23 novembre 1735 une lettre tranchante au lieutenant général de police Hérault :

> Je vous envoie une lettre, Monsieur, du père de Lynières, jésuite, au sujet du jeune homme dont vous m'avez donné trois petits ouvrages. Celui du perroquet est très joli et passe les deux autres[10], mais le jeune homme est libertin et fera très certainement des affaires aux jésuites, s'ils ne s'en défont. Tout le talent de ce garçon est tourné du côté du libertinage et de ce qu'il y a de plus licencieux. On ne corrige point de pareils génies ; le plus court et le plus sûr est de les renvoyer[11].

Le lieutenant général de police intervient : il suspend l'impression du poème. De leur côté, les jésuites ont décidé de renvoyer le jeune-homme dans « le monde » : il n'avait « grâce à Dieu » pas encore prononcé de vœux. Gresset se voit donc expulsé de la Compagnie de Jésus comme « esprit licencieux » et « porté au libertinage ». Pour sa part, il quitte avec soulagement la Société, tout en gardant de bonnes relations avec plusieurs jésuites : le père Rouillé, auteur avec le père Catroux d'une *Histoire romaine*, le père Brumoy, savant traducteur du théâtre grec, le père Bougeant, théoricien du genre romanesque.

Le 30 novembre 1735, la rupture avec la Société de Jésus est consommée : Gresset fait paraître ses *Adieux aux jésuites*[12].

> Oui, même en la brisant, j'ai regretté ma chaîne,
> Et je ne me suis vu libre qu'en soupirant :
> Je dois tous mes regrets aux sages que je quitte,
> J'en perds, avec douleur, l'entretien vertueux ;
> Et si dans leurs foyers désormais je n'habite,
> Mon cœur me survit auprès d'eux.
>
> [...] Oui, j'ai vu des mortels, j'en dois ici l'aveu,

---

de Voltaire à Berger, du [10 janvier 1736], Voltaire, *Correspondance*, Théodore Besterman éd., Gallimard, 1977, Pléiade, t. I, p. 694, D 628.)
10   Sans doute *La Chartreuse* et *Les Ombres*.
11   Cité par Lenel S., *Voltaire et Gresset, op. cit.*, p. 10-11.
12   Berville (Saint-Albin, *Gresset, sa vie et ses ouvrages : essai historique offert à la ville d'Amiens*. Lenoël-Herouart, imprimeur-libraire, Amiens, 1863.) et Jules Wogue situent la composition de cette œuvre dans les derniers jours de 1735.

> Trop combattus, connus trop peu ;
> J'ai vu des esprits vrais, des cœurs incorruptibles,
> Voués à la Patrie, à leurs Rois, à leur Dieu,
> À leurs maux insensibles,
> Prodigues de leurs jours, tendres, parfaits amis,
> Et souvent bienfaiteurs paisibles
> De leurs plus fougueux ennemis ;
> Trop estimés enfin pour être moins haïs[13].

Loin d'être un règlement de comptes, cette pièce de vers constitue plutôt un dithyrambe rédigé sous la forme d'une épître adressée à son compagnon de jeunesse, le « gros abbé Marquet ».

Dans une lettre qu'il envoie à son ami Cideville Voltaire ironise :

> Je n'ai point lu l'*Adieu aux révérends pères* mais je suis fort aise qu'il [Gresset] les ait quittés. Un poète de plus et un jésuite de moins, c'est un grand bien dans le monde[14].

Gresset réside quelque temps dans de modestes auberges de la capitale. Mais le problème de ses rentrées financières ne se pose pas longtemps. Il est reçu à Paris, à l'hôtel de Chaulnes[15] et, en province, au château de Chaulnes[16]. Il connaît intimement au moins depuis 1736 la baronne Anne-Josèphe Bonnier de la Mosson, la fille du trésorier du Languedoc, devenue depuis le 23 février 1734, l'épouse de Michel-Ferdinand d'Albert d'Ailly, duc de Picquigny, qui ne prendra le titre de duc de Chaulnes qu'à la mort de son père en 1744[17]. La duchesse est une riche héritière fantasque dont le comportement très libre défraie la chronique[18] et dont certains témoignages du temps laissent penser que l'affection qui l'unit à Gresset n'est peut-être pas seulement platonique. Son mari, descendant des Luynes, deviendra gouverneur d'Amiens, titre que possédait son père avant 1742. En 1750, il sera nommé gouverneur de Picardie et d'Artois.

---

13 *Adieux aux jésuites*, vers 17-41.
14 Lettre envoyée de Cirey le 19 janvier 1736 [D992].
15 Le duc et son épouse habitent l'hôtel de Vendôme, rue d'Enfer, aujourd'hui 60-64 boulevard Saint-Michel, à côté des jardins du Luxembourg.
16 Château [détruit après 1806] situé en Picardie entre Amiens et Saint-Quentin.
17 Voir Jules Wogue, *op. cit.*, p. 83.
18 Sénac de Meilhan et Madame du Deffand ont laissé d'elle des portraits accablants qui brillent par leur méchanceté, voir Jules Wogue, *op. cit.*, p. 88 et 91-92. À Montpellier, le musée Fabre conserve un portrait de la baronne Anne-Josèphe Bonnier de la Mosson.

En 1736 Gresset dédie à la duchesse – elle a 18 ans et l'enjouement, voire l'exubérance d'une Provençale – une *épître, À ma muse*, dans lequel il révèle de façon voilée les tendres sentiments qu'il éprouve pour sa « nymphe badine, ou bergère sensible » ; elle apparaît aussi dans la première épître au Père Bougeant[19]. Gresset est donc accueilli à bras ouverts dans la société, que les contemporains disent « mêlée », que le duc et la duchesse reçoivent à l'hôtel de Chaulnes. Gresset y retrouve le père Bougeant, y rencontre Michel-Celse-Roger de Rabutin, comte de Bussy, évêque de Luçon, neveu de Mme de Sévigné et joyeux sybarite ; Louis-François-Gabriel d'Orléans de la Motte, évêque d'Amiens depuis 1733, qui se signale par les « saillies amusantes de sa verve méridionale qu'il jetait au cours de la conversation » à une époque où il n'avait pas encore « résolu de s'enfermer dans son diocèse en y donnant l'exemple de la dévotion la plus scrupuleuse[20] » ; l'abbé, le chevalier et le marquis Claude-Louis de Chauvelin, intendant de Picardie (1718-1750)...

Ce dernier intervient en 1735 en faveur de Gresset auprès de Philibert Orry, contrôleur-général des finances, directeur des bâtiments. À vingt-six ans, Jean-Baptiste bénéficie d'une *sinécure* qui lui garantit des appointements annuels de mille écus[21] comme contrôleur des rentes constituées sur les postes. Voilà qui lui assure des revenus réguliers pour le restant de ses jours.

Gresset lui-même avoue discrètement la relation privilégiée qu'il entretient avec la duchesse dans une épître adressée à Églé :

> Églé, je pars, je vole au feu de tes clartés ;
> Dans toi seule je vois toutes les déités.
> Ce n'est point le désir que la foule me vante
> Qui m'ouvre les chemins ; c'est pour toi que je chante[22]...

Dans le même genre idyllique, le quatrain suivant est plus explicite :

---

19 Présence discrète : « Et je t'avoue ingénument / Que très peu fait à voir l'aurore / que j'aperçois dans ce moment, / Je ne la verrais point éclore / dans ce champêtre éloignement, / si des volontés que j'adore, / pour me faire rimer encore, / ne valaient mieux que mon serment. (vers 525 *sq.*)
20 Voir Jules Wogue, *op. cit.*, p. 102.
21 Soit 3 000 livres, ce qui correspond à l'époque au revenu annuel « d'un intellectuel bien pourvu », Jean Sgard, « L'Échelle des revenus », *Dix-huitième siècle*, 14, 1982, p. 432. Douze ans plus tard, en 1747, il dispose du double aux dires du marquis d'Argens.
22 Document inédit publié par de Cayrol, I, 247 et Jules Wogue, p. 105, n. 4.

> Ma chère Églé, l'amitié pour me plaire
> Traça mon portrait en ce jour.
> Toi, demain, si tu veux, tu pourras le mieux faire :
> Le pinceau le meilleur est celui de l'amour[23].

Ses relations épistolaires avec Voltaire semblent excellentes. Autour du 15 février 1738, Voltaire écrit à Frédéric, prince héritier de Prusse une lettre dans laquelle il lui vante, avec une aménité qu'il n'aura plus par la suite, les qualités du jeune poète.

> Gresset [...] écrit purement, il a des vers heureux et faciles, il ne lui manque que de la force, un peu de variété, et surtout un style concis, car il dit d'ordinaire en dix vers ce qu'il ne faudrait dire qu'en deux[24].

Ces informations étaient connues depuis les publications de De Cayrol et de Jules Wogue. L'édition récente de la correspondance de Mme de Graffigny, fournit une nouvelle source d'information sur les années parisiennes de Gresset et révèle des aspects de sa personnalité ignorés jusque-là. Mme de Graffigny, Parisienne d'adoption, livre de précieux renseignements sur l'existence de Gresset au temps de ses premiers succès à la scène. Venue de sa Lorraine natale en septembre 1738, Mme de Graffigny, même si elle n'a pas encore écrit *Les Lettres péruviennes* ni *Cénie*, est devenue en quelques années une personnalité en vue dans les milieux aristocratiques de la capitale, quasiment une Madame Verdurin de l'époque ! Après s'être brouillée avec Voltaire et Mme du Châtelet lors d'un séjour à Cirey à la fin duquel elle avait été accusée d'avoir dérobé un manuscrit de *La Pucelle*[25], elle a ouvert un salon dans la rue Saint-Hyacinthe. Elle a rétabli des relations avec Voltaire et son égérie : elle réunit d'autre part dans son salon Jean-Jacques de Mairan, René-Antoine Ferchaut de Réaumur, Buffon, Fontenelle, l'abbé de Saint-Pierre, Maupertuis... Elle se tient au courant de l'actualité théâtrale : l'évolution de la carrière de Gresset retient toute son attention, d'autant qu'elle avait beaucoup apprécié *La Chartreuse* qu'elle évoque

---

23 Cité par Jules Wogue, p. 167.
24 Lettre de Voltaire à Frédéric, prince héritier de Prusse, du [15] février 1738, Voltaire, *Correspondance*, Théodore Besterman éd., Gallimard, 1977, Pléiade, t. I, p. 1093, D 929.
25 De décembre 1738 à mars 1739. Ce séjour s'achève le 24 mars 1739 sur une catastrophe puisque Mme du Châtelet accuse Mme de Graffigny d'avoir subtilisé un chant de *La Pucelle* et se retient avec peine de la gifler (voir English Showalter, « Graffigny à Cirey : a fraud exposed », *French Forum*, 21 (1996), 29-44).

à deux reprises dans ses lettres, d'abord en novembre 1738 puis à nouveau en mars 1739. Elle rêve d'en rencontrer l'auteur et compte sur les fidèles qui se retrouvent chez elle, les Duclos, Piron[26], Crébillon père et fils, Nivelle de la Chaussée, Helvétius, le comte de Caylus, Charles Collé, Charles-François Pannard, Jean-Philippe Rameau…, qui sont de ses amis et font partie de la Société du *Caveau*[27], pour lui ménager une rencontre avec ce jeune écrivain qui vient de se tourner vers le théâtre et qui annonce une tragédie, *Eugénie*, qui deviendra *Édouard III*. Mais ces commensaux, peu pressés d'introduire Gresset dans un salon où il risque de leur faire de l'ombre, le font passer pour un ennuyeux personnage, encore très jésuite de façons et dépourvu de conversation. Elle renonce donc à l'accueillir parmi ses familiers.

Depuis quelques années, Gresset participe en effet aux joyeuses nuits du premier *Caveau* : il y a lu *Ver-Vert*, et a pu bénéficier des conseils de ses amis. Sa notoriété, considérable à l'époque, repose sur *Ver-Vert* et sur *La Chartreuse* mais, comme le rappelle Sylvain Menant, « Être poète, pour les hommes du XVIIIe siècle, c'est d'abord être un auteur de tragédies[28] ». Gresset se lance donc dans une carrière de dramaturge. Le 22 janvier 1740, dans la salle du théâtre de la rue des Fossés Saint-Germain, on joue à la Comédie-Française *Édouard III*, une tragédie française, en 5 actes en vers, dont l'action se déroule dans l'Angleterre du XIVe siècle. La tragédie est honorablement accueillie. Mais, avec neuf représentations à la création[29] et aucune reprise, ce n'est qu'un demi-succès qui ne suffit pas vraiment à asseoir sa réputation, même s'il fait presque aussi bien que Voltaire avec son *Adélaïde Du Guesclin*. Cependant une large diffusion par le livre fait connaître l'œuvre. Gresset envoie sa tragédie au maître incontesté du théâtre du temps, le prestigieux auteur de *Zaïre*. Voltaire lui répond le 28 mars 1740 par une lettre élogieuse pour le remercier

---

26   Paul Chaponnière, *La Vie joyeuse de Piron*, Paris, Mercure de France, 1935, p. 82-84.
27   Fondé en 1720, le Caveau ne subsista guère au-delà de décembre 1739 (voir Vie d'Alexis Piron dans *Œuvres complettes* d'Alexis Piron, publiées par M. Thomas Rigoley de Juvigny, Liège, Clément Plomteux, 1776, p. 56-62 ; voir aussi Brigitte Level, « Poètes et musiciens du Caveau », *Bulletin de l'Association internationale des études françaises*, n° 41, 1989, p. 161-176).
28   Sylvain Menant, *La Chute d'Icare : La Crise de la Poésie française, 1700-1750, op. cit.*, p. 5.
29   La dernière eut lieu le 8 février 1740 ; la pièce fut jouée encore une fois à Versailles le 3 mars. La tragédie de Voltaire *Adélaïde Du Guesclin* dont la première avait eu lieu le 18 janvier 1734 fut jouée 11 fois jusqu'au 20 février. René Pomeau conclut : « total honorable, sans plus », *D'Arouet à Voltaire*, Oxford Foundation, Taylor Institution, 1988, p. 320.

du volume qu'il a bien reçu, lu et apprécié[30]. Il confiera à d'autres destinataires des jugements moins flatteurs[31]. Gresset adresse à Frédéric II de Prusse une ode sur son avènement au trône. En remerciement, le roi le fait élire à l'Académie Royale des Sciences & Belles-Lettres de Prusse et lui propose de venir s'installer à Berlin. Gresset serait sur le point de se laisser tenter[32], mais il décline l'invitation. Il songe déjà à retourner dans sa ville natale.

Dans les premiers jours de janvier 1744 Mme de Graffigny se retrouve par hasard assise à côté de Gresset dans une loge du théâtre de la rue des Fossés Saint-Germain où l'on joue le *Cortez*[33] de Piron. Elle découvre un homme charmant, disert et plaisant : elle s'empresse de faire part de son enthousiasme à son correspondant habituel François-Antoine Devaux, dit « Panpan », qu'elle connaît depuis qu'elle a été reçue à la cour de Lorraine et qui n'a pas cessé de lui conseiller d'entrer en contact avec l'auteur de *Ver-Vert* :

> J'ai eu un hasard charmant hier. Il y a un an que je tourmente Mareil[34] pour m'amener Gresset ; mille contretemps l'ont empêché. Il a été hier dans notre loge et le hasard a fait qu'on me l'a nommé. Nous avons causé deux bonnes heures ; nous sommes comme si nous nous étions vus toute notre vie. Ah, c'est cela qui est aimable : au diable la Douceur[35], Blaise[36] et tout le reste ! C'est l'esprit fin, doux, poli, assez méchant pour n'être pas fade. Enfin j'en suis folle. Je n'ai encore trouvé personne ici dont le ton fut tant à mon gré : j'ai pensé dire à l'unisson du mien, mais heureusement la modestie et la vérité sont venues à mon secours.

---

30 Besterman (D 2191) Voir p. 130, n. 3.
31 Voir p. 130-131.
32 En 1740, Gresset écrit au roi de Prusse : « Si je n'étais pas lié ici par un emploi qui, malgré sa médiocrité, fait toute ma ressource, je partirais dans le moment. Je vais solliciter un congé de quelque temps, pour aller remplir une obligation où le cœur, si j'ose le dire, n'a pas moins de part que le devoir et quand j'aurai obtenu ma liberté, je n'attendrai pour partir que l'agrément et les ordres de V.M. » Cayrol, I, 200-201. Mais cette lettre qui aurait dû parvenir au roi par le canal de Thieriot, l'ami de Voltaire, se perd en chemin et ne parviendra jamais au roi à la suite d'un malheureux hasard ou de l'intervention de Voltaire désireux d'écarter de Berlin un rival potentiel !
33 La première eut lieu le 6 janvier 1744 dans la salle située dans l'actuelle rue de l'Ancienne Comédie.
34 François-Albert-Chaumont, comte de La Galaizière, frère de l'abbé de La Galaizière, dit « Disenteuil ».
35 Duclos.
36 Le comte de Caylus.

INTRODUCTION GÉNÉRALE 17

Seule la conversation de Crébillon fils lui procure un plaisir comparable. Ni la pièce de Piron, ni la présence de son amant Valleré, dit Doudou, ne peuvent rivaliser avec ce qu'elle éprouve pour Gresset :

> J'ai eu [plus de plaisir] à causer avec Gresset qu'à toutes les tragédies du monde, et j'ai senti ce plaisir comme tu sens les jolies choses. [...] Ah, qu'il est aimable ! Je te dis que la tête m'en tourne [...]. Quand je suis revenue, j'ai conté de bonne foi à Doudou[37] le plaisir que j'avais eu. Il est tombé en léthargie et de la soirée nous n'avons pas dit ce qui s'appelle une parole. Cela m'a encore divertie. Pour ce que je veux faire de Gresset, il n'a rien à craindre [...]. de ma vie je n'en ai trouvé qui me plaise autant [...][38].

Dans les mois qui suivent, les liens entre Gresset et Mme de Graffigny se distendent. Elle se serait bien vue comme une grande dame qui favorise la carrière d'un jeune poète prometteur, mais Gresset est répandu dans le monde ; il n'a aucunement besoin d'elle pour être reçu de tous côtés.

Comme Devaux, son correspondant habituel, voudrait comprendre pourquoi ils ne se voient pas davantage et demande des précisions, Mme de Graffigny se sent obligée de préciser :

> En quoi Gresset fait l'important ? C'est dans la mine d'abord, un air de mépris dans le port de tête qui offense, quoiqu'il soit bel homme, et dans le propos, quoique poli, un ton de ne faire grâce que quand il veut bien se prêter. Tout cela avec de la douceur et de la légèreté polie. Je n'en sais pas davantage. D'ailleurs il est si libertin qu'il n'a pas trop de tems d'être en bonne compagnie[39].

À l'époque « libertin » équivaut à « débauché », mais elle n'en dit pas davantage. Le 24 janvier 1744, elle écrit à son correspondant habituel : « Gresset lit sa pièce [*Sidney*] a présent chez la belle Gossin[40]. Si elle

---

37 Pierre Valleré, avocat au Parlement, devenu l'ami de cœur de Mme de Gaffigny qui le gratifie d'un surnom affectueux « Doudou » à l'automne 1743 après sa rupture avec Léopold Desmarest, son amant précédent avec qui elle était liée depuis plus de dix ans.
38 Graffigny, Françoise de, *Lettres Correspondance*, English Showalter, Oxford, Voltaire Foundation, 2001, V, lettre 639, p. 15-16 [abréviation : Graffigny].
39 Graffigny, 2001, V, lettre 648, p. 57.
40 Jeanne-Catherine Gaussem, fille d'un laquais de l'acteur Baron, dite Mademoiselle Gaussin (1711-1767). Cette ingénue de comédie ou princesse de tragédie fut la rivale de la Clairon. Voltaire et Diderot furent séduits par elle et plusieurs billets et poèmes laissent penser que Gresset en fut lui aussi amoureux. « Cette aimable actrice, qui joue les rôles de tendresse avec tant d'âme, et les naturels avec tant de naïveté et de simplicité que l'art disparaît pour ne laisser apercevoir que la vérité, fait l'ornement de la scène française

tombe, devine ce qu'on aura cet hiver[41] ». Quand Devaux l'interroge sur le titre de la pièce elle répond le 6 février : « Je ne sais point le nom de la pièce de Gresset, mais je sais son sort : elle n'a pas été reçue, par conséquent pas jouée. Elle est, dit-on, extrêmement froide[42] ».

Le 27 janvier 1744, Devaux reçoit une lettre qui trahit l'agacement de Mme de Graffigny :

> Gresset a bien perdu auprès de moi. Je n'aime pas les gens qui jouent le bel air et l'important. Son esprit ne m'en plaît pas moins, et sa tournure de conversation, mais je n'aime point les grands seigneurs. Il ne sera pas de mon souper[43].

Ce qui ne l'empêche pas de s'irriter quand elle constate que Gresset n'a pas rejoint son petit groupe parce que ceux de ses convives à qui elle avait demandé de lui transmettre une invitation ont négligé de le faire. Le 6 mars 1744, Mme de Grafigny écrit à Devaux qu'elle souhaite inviter à dîner ses fidèles : « Nous ne serons que cinq : les deux frères La Galaizière[44], Crébillon, un abbé du Temple qui est grand ami de Disenteuil, peut-être la douceur[45] ou Gresset, je n'en sais rien[46] ». Ce dîner sans façon est tellement mal organisé que « Disenteuil [l'abbé de La Galaizière] a oublié de faire aller chercher Gresset et il n'a pu avoir son petit abbé [l'abbé du Temple]. Nous avons été réduits à Crébillon et la Carpe[47] que j'ai fait venir en qualité de bonne œuvre[48] ». L'abbé de La Galaizière explique à Mme de Graffigny que Gresset n'a aucun esprit de conversation et qu'il est bien ennuyeux, puis son frère le comte de La Galaizière est « empêché par mille contretemps » de lui amener Gresset. Soucieux de préserver leur place auprès de Mme de Graffigny, les membres de ce clan lorrain ne souhaitaient pas que Gresset profite de ses bonnes grâces.

---

depuis le 28 avril 1731, qu'elle y débuta par le rôle de Junie dans *Britannicus*. Elle fut reçue le 6 juillet suivant, et a toujours continué depuis à remplir les premiers rôles avec tout le succès possible. » (Léris, *Dictionnaire portatif des Théâtres*, op. cit., p. 446).

41 Graffigny, 2001, V, lettre 646, p. 48.
42 Graffigny, 2001, V, lettre 652, p. 77.
43 Graffigny, 2001, V, lettre 652, p. 79.
44 L'abbé La Galaizière (dit Dissenteuil) et son frère le comte de la Galaizière.
45 Graffigny, 2001, V, lettre 652, p. 79.
46 Graffigny, 2001, V, lettre 664, p. 128.
47 Cahuzac.
48 Graffigny, 2001, V, lettre 666, p. 133.

Le 3 mai 1745, la Comédie-Française présente *Sidney*, une comédie en trois actes en vers, située dans un cadre anglais contemporain. Mademoiselle Gaussin[49], qui avait joué le rôle-titre dans *Zaire* le 28 avril 1731, qui avait été l'interprète d'Eugénie dans *Édouard III*, joue le rôle de Rosalie. Gresset l'avait déjà louée précédemment dans des *Vers sur la tragédie d'Alzire* (1736) :

> Le goût, partout divers, marche sans règle sûre ;
> Le sentiment ne va point au hasard.
> On s'attendrit sans imposture ;
> Le suffrage de la nature
> L'emporte sur celui de l'art.
> En dépit du Zoïle[50] et du censeur austère,
> Je compterai toujours sur un plaisir certain
> Lorsqu'on réunira la muse de Voltaire
> Et les grâces de la Gaussin.

Il avait réitéré ses compliments dans un document confidentiel, une *Épître adressée à l'abbé de Breteuil*, le frère d'Émilie du Châtelet :

> Tantôt du sein de Proserpine
> Tirant quelque aimable héroïne,
> J'en devais[51] chanter le destin,
> Sûr d'intéresser à ses larmes,
> Et par la voix pleine de charme
> Et par les beaux yeux de Gaussin.

On retrouve le même ton dans une lettre passionnée qui s'achève sur ce que l'on peut lire comme une discrète déclaration :

> Belle Gaussin, muse immortelle,
> À ces brillants lauriers, à ce myrte amoureux,
> Qui couronnent tes beaux cheveux,
> Souffre que j'entrelace une rose nouvelle,
> Et sois par ta douceur comme par ta beauté
> Ma muse et ma divinité.

---

49 Voir n. 40.
50 Zoïle : critique littéraire grec, dit « le Fléau d'Homère » s'était fait connaître par des études dans lesquelles il soulignait les erreurs ou les inexactitudes d'Homère. Ces recherches l'avaient ridiculisé aux yeux des amateurs de l'*Iliade* et de l'*Odyssée* de sorte que son nom servait à désigner un critique mesquin et mal intentionné.
51 C'est-à-dire « J'aurais dû en chanter le destin ».

> Ce n'est point comme à Melpomène[52]
> Que je t'offre ici mon encens[53].

Mme de Graffigny aurait sans doute aimé que Gresset lui dédie des vers aussi exaltés, mais il avait autre chose en tête.

La Gaussin fut bouleversante dans le rôle de Rosalie, ajoutant son charme à l'émotion qui sous-tendait la pièce. À vrai dire, bien que *Sidney* soit intitulé comédie, la pièce est un drame avant la lettre – le terme de drame n'existe pas encore pour désigner le genre que Gresset inaugure – et la pièce s'achève sur un *happy-end*, que rien ne laissait prévoir. En dépit de son succès d'estime, cette « comédie » disparaît de la scène après seize représentations – ce qui est très honorable pour l'époque – mais elle est largement diffusée par le livre et le thème recueille un écho enthousiaste qui installe durablement le *spleen* au cœur des préoccupations des jeunes écrivains… et la neurasthénie dans le champ d'observation des médecins.

Le 6 mai 1745, Mme de Graffigny qui n'a pas vu la pièce, parce qu'elle se débat dans des difficultés financières tellement graves qu'elle n'a pas d'argent à dépenser pour se payer une place de théâtre, écrit à Devaux :

> [On] m'a conté la pièce nouvelle qui s'appelle *Sidney*, qui est de Gresset, et qui établit le suicide […]. Le suicide dans une pièce en trois actes, toujours censée être une farce, ou au moins très comique, pour le coup, j'avoue que ce n'est pas là la comédie. Mais j'en juge en petit-maître : je ne l'ai pas vu et peut-être ne la verrai-je pas. Elle n'a qu'un médiocre[54] succès[55].

Le 11 mai, elle rapporte à son correspondant l'opinion de Duclos : « Je vis La Rancune [Duclos] le matin un moment. Il trouve dans la pièce de Gresset un esprit infini, mais ce n'est pas une pièce[56] ». L'embarras de Duclos peut se comprendre, et à la lecture de la comédie, le correspondant de Mme de Graffigny, Devaux, est tout aussi embarrassé que lui. Ce qu'a inventé Gresset, c'est une « comédie larmoyante » qui précède de peu ce que Nivelle de la Chaussée est sur le point de présenter aux

---

52 Melpomène, muse du chant, puis de la tragédie.
53 Les deux derniers poèmes, que leur éditeur date sans aucune certitude de 1737, ont été publiés de façon posthume par Victor de Beauvillé, *Poésies inédites de Gresset, précédées de recherches sur les manuscrits de Gresset*, Paris, J. Claye, 1863, p. 135-138 et 193.
54 Au sens classique de « moyen ».
55 Graffigny, 2001, VI, lettre 843, p. 352.
56 Graffigny, 2001, VI, lettre 845, p. 359.

spectateurs parisiens. Diderot se souviendra dans son théâtre de ce mélange de pathétique et de comique situé dans la vie quotidienne.

Mme de Graffigny et Gresset se retrouvent le 11 juin 1744 à l'opéra et la complicité qui les réunit par moments joue à nouveau :

> Je fus hier jeudi […] à l'opéra où on jouait pour la première fois un ballet de Fuselier qui s'appelle *L'École des amants* […] Nous n'y fûmes pas [plus tôt] arrivée que Gresset arriva dans la loge à côté de moi. Nous causâmes beaucoup, nous lûmes les paroles qui nous amusèrent beaucoup par leur platitude et les commentaires que nous faisions[57]….

Après *Édouard III* et *Sidney*, deux coups d'essai prometteurs mais qui ne suscitent pas un engouement durable, Gresset connaît un triomphe éclatant avec *Le Méchant*, une comédie en 5 actes en vers, dont la rédaction était terminée depuis 1746.

Sur un feuillet du manuscrit d'Amiens[58], les personnages n'ont pas encore leurs noms définitifs, mais Gresset songe déjà à la distribution en réservant un rôle à la Gaussin qu'il apprécie toujours autant :

> Oronte : La Thorillière
> Araminte : Mlle de la Motte
> Lucinde : Mlle Gaussin
> ~~Olivette~~ Olinde
> Ariste : Mr Sérafin
> Valère fils, Mr Grandvale
> Julie, m[aîtr]es[se] de Valère : Mlle Dumesnil
> Lisette, S[uivant]ᵉ d'Araminte : Mlle desqville
> Pasquin : Mʳ Armand
> Un colporteur : Mʳ des champs

Plusieurs des acteurs prévus sur ce feuillet se trouveront sur scène lors de la première qui aura lieu à la Comédie-Française le 15 avril 1747,

---

57 Graffigny, 2001, V, lettre 705, p. 303.
58 L'expression « manuscrit d'Amiens » désigne un brouillon recueilli dans un volume de huit feuillets manuscrits conservé à la Bibliothèque de la société des antiquaires de Picardie, manuscrit in-8 (cote CB9). – Pierre Leroy a publié en 1947 une remarquable étude de ce document exceptionnel. Sur l'étude de la composition du *Méchant* et sur le travail du vers, on peut aussi consulter sa belle étude génétique, « *Le Méchant*, notes sur un manuscrit de Gresset », *Bulletin de la Société d'histoire du théâtre*, 1950, p. 1-23 ; « à propos d'un centenaire. Notes inédites sur *Le Méchant*, le chef d'œuvre de Gresset 1747 », *Revue du Nord*, 1949, num. 31, numéro 122, p. 157 (Tolbiac 8°-y pièce-169) et *Bulletin de la Société des antiquaires de Picardie*, 1947, 4ᵉ trim. p. 206-211 / Inv. / cote B 76.

mais on peut deviner l'une des raisons pour laquelle la Gaussin est écartée de la distribution prestigieuse qui se trouve cette fois consignée dans le manuscrit de souffleur conservé à la Bibliothèque de la Comédie française[59]. Le rôle de Florise, caricatural, ne pouvait pas convenir à la beauté sensuelle de Mlle Gaussin ni au type de personnage passionné qu'elle incarnait d'ordinaire.

> Cléon : M. Grandval[60]
> Géronte : M. de la Thorillière[61]
> Florise, « veuve, sœur de Géronte » : Mlle Grandval[62]
> Chloé : Mlle Mélanie
> Ariste : M. De Lanoue[63]

---

[59] (MS 183) La même distribution est imprimée au revers de la page de titre des éditions de 1747 et 1748.

[60] Charles-François Racot de Grandval, dit Grandval le fils (né à Paris en 1710, mort le 23 septembre 1784), débuta à la Comédie-Française dans les rôles d'Andronic de Campistron et de Mélicerte dans *Ino et Mélicerte* de La Grange-Chancel. Il fut le premier interprète de Nérestan dans *Zaïre* (1732) de Voltaire. « [Il] débuta le 19 novembre 1729, à l'âge de 18 ans et fut reçu le dernier décembre suivant : il remplit à présent [sic] les premiers rôles, [ceux de Prince, d'Amant] et tout le monde connaît ses talents supérieurs pour ceux de Petits Maîtres » (Léris, *Dictionnaire portatif des Théâtre contenant l'origine des différents théâtres...*, Paris, C.A. Jombert, 1754, p. 450). Mlle Clairon dit de lui qu'il « était inimitable dans les rôles de petits-maîtres de bonne compagnie » (*Mémoires*, cités par Duviquet, in *Œuvres complètes de Marivaux*, t. II, p. 139). Soulignant la manière de jouer de Grandval fils, Élisabeth Bourguinat observe : « Même lorsque Grandval fils est progressivement chargé des premiers rôles, à partir de 1741, c'est pour son imitation parfaite des petits-maîtres, dont on lui a confié le rôle dès ses débuts, qu'il reste célèbre ». Par tempérament, il ne prenait pas au sérieux les rôles tragiques qu'on lui confiait. Il lui était donc difficile de donner au personnage une dimension dramatique. La Morlière, l'auteur d'*Angola*, dit de lui qu'il « excellait dans le comique, surtout dans les rôles de petits-maîtres ou d'amoureux, qui selon l'optique du théâtre, doivent toujours être un peu outrés pour faire leur effet », voir Marivaux, *Le Petit-Maître corrigé*, Frédéric Deloffre éd, Genève Droz, 1955, p. 88, voir aussi Élisabeth Bourguinat, *Le Siècle du persiflage*, Paris, PUF, 1998, p. 37-41.

[61] Anne-Maurice Le Noir de la Thorillière (1697-1759), petit-fils d'un acteur de Molière, apparenté par ses parents à Baron et à Dancourt, avait été reçu dans la troupe du Théâtre Français le 9 avril 1722. Il était spécialisé dans les emplois de pères ridicules.

[62] Épouse de Charles-François Racot de Grandval, Mlle Dupré débuta le 13 janvier 1734 par le rôle d'Atalide de *Bajazet*, & fut reçue le 29 novembre de la même année. Elle ne joue plus dans le tragique ; mais le public la voit toujours avec un plaisir infini remplir les principaux rôles comiques. (Léris, *Dictionnaire portatif des Théâtres, op. cit.*, p. 450)

[63] Jean-Baptiste Simon Sauvé de La Noue (1701-1760), débuta au Théâtre Français le 14 mai 1742, par le *Comte d'Essex* ; il fut reçu le lendemain. Il possède les talents des meilleurs acteurs qui aient orné la scène jusqu'à présent, & quoique peu avantagé du côté de la taille & de la figure, le naturel de son jeu lui attire tous les jours les applaudissements du public (Léris, *Dictionnaire portatif des Théâtres, op. cit.*, p. 467).

Valère : M. Roseli[64]
Lisette : Mlle Dangeville[65]
Frontin : M. Armand[66]

La comédie recueille un immense succès. Dans un premier temps, le public veut voir dans la pièce une revue satirique et croit pouvoir identifier les modèles de Cléon : le comte de Stainville, qui se fera connaître plus tard sous le nom de duc de Choiseul, ou le marquis de Vintimille... qui, secrètement flattés, n'opposent aucun démenti. Une rumeur, rapportée tardivement par Suard, affirme que Gresset était devenu membre de la *Société du cabinet vert* animée par la comtesse de Forcalquier et que c'est dans ce milieu qu'il aurait trouvé le modèle du protagoniste[67]. Mais il aurait tout aussi bien pu s'inspirer des proches de la duchesse de Chaulnes : les modèles ne manquaient pas.

Le Méchant est repris à la fin du mois d'avril, puis au mois de mai. Le 30 août 1747, Gresset fait paraître dans le *Mercure de France* une lettre adressée au directeur Monsieur de la Bruère : il y promet une édition de ses œuvres complètes, édition qu'il aurait lui-même mise au point pour combattre les éditions fautives qui s'étaient multipliées sans son aval.

---

64 Roselly (Raissouche Montet, dit) débuta au Théâtre Français le 14 octobre 1742, par le rôle d'*Andronic*, dans la tragédie de ce nom, fut reçu le 17 décembre de la même année, & mourut le 22 décembre 1750. Léris note « qu'il faut être excellent acteur / Roselly, pour être sans peine / Homme droit dans *Aristomène*, / Dans *Cénie*, un fourbe, un trompeur ! » (Léris, *Dictionnaire portatif des Théâtres, op. cit.*, p. 518).

65 Née dans une famille de comédiens, Marie-Anne Botot, dite Mlle Dangeville (1714-1796), spécialisée dans les emplois de soubrettes, « avait brillé dès sa plus tendre jeunesse par ses talents pour la Comédie et la Danse, & qui débuta au mois de janvier 1730, dans le rôle de Lisette de la comédie du *Médisant*, âgée de 14 ans. Tout le monde connaît et admire sa façon de jouer fine & délicate » (Léris, *Dictionnaire portatif des Théâtres, op. cit.*, p. 421).

66 François-Armand Huguet (1699-1765) dit M. Armand. Françoise Rubellin lui consacre une notice très détaillée dans ses *Lectures de Marivaux, La Surprise de l'amour, La Seconde Surprise de l'amour, Les Jeux de l'amour et du hasard*, Rennes, Presses universitaires de Rennes, 2009, p. 47-48. Il commença la comédie en Languedoc, avec Dominique et Paghetti, qui passèrent depuis au Théâtre-Italien « excellent acteur de la Comédie française, dans les rôles de valets & autres comiques. Il débuta le 2 mars 1723, & fut reçu dans la troupe le 27 octobre de l'année suivante » (Léris, *Dictionnaire portatif des Théâtres, op. cit.*, p. 383) ; selon Clément et La Porte, « le caractère de cet excellent acteur était de voir tout gaiement ; et dans les affaires les plus sérieuses, il ne pouvait se refuser une plaisanterie » (Clément et La Porte, *Anecdotes dramatiques*, Veuve Duchesne, 1775, t. III, p. 12).

67 Voir Jules Wogue, *op. cit.*, p. 177-178 et 338.

Lettre de M. Gresset à M. de la Bruere

Je vous serai très obligé, Monsieur, si vous voulez bien insérer dans vos Mémoires ma protestation[68] contre toutes les éditions qui ont paru sous mon nom jusqu'ici ; je n'ai été consulté sur aucune, sans exception, et je défie tout libraire français ou étranger de pouvoir dire que j'aie jamais eu la moindre communication des collections prétendues qu'ils me prêtent ; comme elles sont toutes également informes et faites pour tomber d'elles-mêmes, j'avais toujours négligé d'en publier un désaveu formel, mais la nouvelle et misérable édition qui paraît depuis quelques jours en cinq parties, me donne trop d'humeur pour pouvoir me taire plus longtemps ; indépendamment des innombrables fautes d'impression et de toutes les bévues grossières qui défigurent le sens, et auxquelles souvent je ne reconnais point ce que j'ai voulu dire, je vois avec un extrême regret qu'au lieu de conserver seulement ce qui peut mériter d'être conservé, on a grossi ce recueil d'une infinité de fatras que je voulais laisser dans l'oubli. On a fait plus, je me trouve chargé de beaucoup d'autres mauvaises pièces qui ne sont pas de moi, et qu'on a jointes pour multiplier les pages, à ceux de mes vrais ouvrages que le public a bien voulu honorer de son approbation. C'est renouveler ce genre de supplice où l'on attachait des vivants à des cadavres. Il est très indécent, pour ne rien dire de plus, que quelques barbouilleurs de la Librairie et les petits éditeurs à leurs gages puissent impunément nous prostituer de cette façon, et comme la bienséance, les procédés et le respect qu'on doit au public ne sont point à l'usage de cette espèce de gens, l'ordre demanderait qu'ils fussent compris dans la loi qui condamne les fabricateurs de libelles et leurs colporteurs. Grâce à cette licence et à l'impunité, on est déshonoré par des sottises qu'on n'a point faites, et quant aux ouvrages véritables, le public voyant qu'on lui ramène ce qu'il a déjà vu sans retranchements et sans corrections, est en droit de juger que le temps et le goût n'ont point éclairé l'auteur sur les endroits défectueux de ses écrits ; on ne va point vérifier si c'est lui qui se donne ou s'il est donné sans le savoir : il est naturel de le croire dans la confidence de ces éditions, et on s'en tient là. Il m'arrive, Monsieur, une autre aventure aussi désagréable que les précédentes. J'avais eu tout lieu depuis quelques années de me louer du bon procédé de la Compagnie des Libraires de Hollande ; sur mes réponses à leurs lettres et mon opposition à leur demande, ils avaient différé jusqu'à présent d'augmenter le nombre des ridicules recueils dont je me plains, mais j'apprends par des lettres d'Amsterdam qu'on m'y imprime actuellement sur le modèle d'une édition de Genève, aussi mauvaise que toutes les autres. Pour arrêter le cours de tant de misères, je me prépare à donner un recueil corrigé, que je puisse avouer. Je l'aurais déjà donné, si je n'avais toujours eu pour principe qu'il ne faut point perdre les années de l'imagination à corriger les ouvrages faits. Tous les temps de la vie sont bons pour corriger ; il n'en est qu'un pour produire. L'édition que j'annonce sera augmentée de nouveaux chants de *Ver-Vert*,

---

68 *Protestation* : affirmation solennelle, « déclaration publique de sa volonté, de ses sentiments » (*Trévoux*, 1771).

de ma comédie du *Méchant* et d'un grand nombre d'ouvrages qui n'ont point encor paru. Je compte, Monsieur, qu'elle sera donnée dans le courant de l'année prochaine, ce sera la première de mon aveu[69] et la seule fidèle, et jusqu'à ce que je vous prie de l'annoncer dans votre *Mercure*, j'y prends acte aujourd'hui contre toutes les éditions passées, présentes et futures de mes ouvrages[70].

Le 5 septembre 1747, le marquis d'Argens écrit à Frédéric II : « Tout ce qui a dans ce pays [la France] un certain mérite est presque impossible à déplacer. Gresset, par exemple, dont Votre Majesté me parle, a deux emplois qui lui rendent deux mille écus ; il faut ajouter à cela une des plus jolies femmes de Paris pour maîtresse[71] ». Le mois suivant, répondant à une lettre de Maupertuis, Frédéric II écrit : « °C'est à Potsdam que je le [Gresset] voudrais. Mais la duchesse de Chaulnes le tient apparemment dans ses fers, comme Mme du Châtelet Voltaire. Il est juste que les belles aient la préférence sur les rois[72] ».

Le Méchant est encore repris en novembre et décembre 1747 ; La comédie connaît vingt-quatre représentations sur l'année[73]. Immédiat et durable, ce succès retient l'attention de Madame de Pompadour qui décide de monter *Le Méchant* au théâtre des Petits Cabinets, à Versailles, en se réservant le rôle de Lisette. Les répétitions commencent en décembre 1747[74]. Outre la marquise de Pompadour dans le rôle de Lisette, la distribution s'organisait comme suit :

> Cléon, Le duc de Duras
> Géronte, Le duc de Chartres
> Ariste, Le comte de Maillebois
> Valère, Le duc de Nivernois
> Frontin, Le marquis de Gontaut
> Un Laquais, Le marquis de Clermont-d'Amboise
> Florise, La duchesse de Brancas
> Chloé, La comtesse de Pons

---

69 « De mon aveu » c'est-à-dire « *autorisée par moi* ».
70 *Mercure de France*, août 1747, p. 170-172. Le texte de cette lettre a reparu dans Cayrol, vol. I, p. XVIII-XX.
71 Sainte-Beuve, article rédigé en 1845 repris dans *Portraits contemporains*, 1876, t. V, notes des p. 91-92. Cité par Jules Wogue, p. 105.
72 *Id.*
73 D'après les registres de la Comédie françaises, il y eut 135 représentations en trois ans, ce qui constitue un indéniable triomphe.
74 Adolphe Jullien, *Histoire du théâtre de Madame de Pompadour, dit Théâtre des petits cabinets*, Paris, Baur, 1874, p. 23.

La base César rapporte que *Le Méchant* fut joué au théâtre des Petits Cabinets le 5 février 1748. Madame de Pompadour y interprétait le rôle de Lisette dans son théâtre, devant un public choisi tandis que le duc de Nivernois jouait le rôle de Valère en acteur passionné. Une tradition, rapportée par Laujon, affirme que Madame de Pompadour, séduite par le jeu nuancé de cet acteur « amateur », souhaita que Roselli fût invité à Versailles afin de s'inspirer du jeu du duc dans ses interprétations ultérieures à Paris.

Il y a tout lieu de croire que Laujon se trompe, car la seconde représentation du *Méchant* à Versailles n'eut lieu que deux ans plus tard ; on aurait dû jouer Le *Méchant* le dimanche 10 mars 1750, mais le duc de Nivernois se trouva indisposé. Le samedi 16 mars, ce fut au tour de la marquise d'être dans l'incapacité de jouer. On ne reprit le *Méchant* que le 18 avril 1750 ; on ne l'avait plus joué depuis plus de deux ans. M. de Monaco remplaça M. de Nivernois dans le rôle de Valère.

> M. le duc de Nivernois excella dans le rôle de Valère, dit Pierre Laujon. Dans sa première scène[75] (qui avait pour objet d'annoncer l'adresse habituelle du *Méchant*, toujours occupé de séduire), le ton ingénu que M. de Nivernois prêtait à Valère, sa promptitude à céder sans réflexion à l'homme dont l'esprit lui paraissait bien supérieur au sien, l'orgueil de se rapprocher de lui, présenté avec une franchise faite pour rendre Valère intéressant, en offrant en lui plus de faiblesse que de penchant pour le vice ; voici qui avait échappé à l'acteur[76] qui, le premier, jouait ce rôle sur le Théâtre-Français » Tel fut l'effet de cette représentation, ajoute Laujon, que Madame de Pompadour obtint du roi de faire venir à la seconde Roselli, qui fut surpris de voir le parti que tirait de ce rôle M. de Nivernois : il en profita et se modela si bien sur lui, qu'à Paris l'ouvrage dut à cet heureux changement une recrudescence de succès. 'Je me trouvais à cette seconde représentation, et j'étais à côté de Roseli. Le monologue de Valère y fit verser des larmes, et je fus témoin et de la joie de Gresset de voir son idée si bien rendue, et de la surprise que causait à Roseli le caractère noble et attendrissant que M. de Nivernois donnait à ce rôle[77].

Étant donné l'abondance de modèles littéraires pour le type du *Méchant*, ce ne peut être que par l'effet d'une mémoire courte que le marquis d'Argenson enregistra les modèles supposés dont se serait inspiré Gresset, au moment où en décembre 1747 l'on commença de répéter *Le Méchant* à Versailles :

---

75   A II, sc. VII.
76   M. Grandval.
77   Adolphe Jullien, *Histoire du théâtre de Madame de Pompadour, op. cit.*, p. 23.

On apprend les rôles de la comédie du *Méchant,* par le sieur Gresset ; plus je revois cette pièce de notre théâtre, plus j'y trouve des études faites d'après nature. Cléon ou le *Méchant* est composé du caractère de trois personnages que j'y ai bien reconnus : M. de Maurepas pour les tirades et les jugements précipités tant des hommes que des ouvrages d'esprit, le duc d'Ayen pour la médisance et le dedans de tous, et mon frère pour le fond de l'âme, les plaisirs et les allures. Géronte et Valère couvrent des noms trop respectables pour les articuler ici ; ce sont des âmes bonnes et simples que séduit la méchante compagnie qui les entoure. Ariste est partout, ou doit être dans les honnêtes gens qui raisonnent bien ; Florise dans quantité de femmes trompées ; Pasquin est le président Hainault, bonne *caillette*[78], quoique avec l'esprit des belles-lettres, etc. Ainsi l'on doit dire : *Mutato nomine de te fabula narratur*[79].

Le petit monde de la Cour crut pouvoir identifier Jean-Frédéric Phélipeaux, comte de Maurepas, secrétaire d'état aux nombreux portefeuilles, dont on savait qu'il était en mauvais termes avec la marquise de Pompadour, à Cléon[80].

Indépendamment des allusions si faciles[81] à saisir c'était une entreprise un peu téméraire pour des amateurs que de s'essayer dans un ouvrage supérieurement interprété par les Comédiens-Français ; et cependant, malgré le récent succès de cette pièce, jouée à la Comédie le 15 avril 1747,

---

78   *Caillette* : se dit, dans le style familier et badin, d'une femme frivole et babillarde (*Trévoux*, 1771). La réflexion du marquis d'Argenson montre que le mot peut aussi désigner un homme frivole et babillard. Furetière signale qu'il s'agit d'un mot *bas*, ce qui explique qu'il soit imprimé en italique. Duclos utilise le mot, également écrit en italiques, pour définir l'une de ses trois maîtresses : « elle était trop ce qu'on appelle vulgairement *caillette*. Celle de ce caractère, ou plutôt de cette espèce, n'a ni principes, ni passions, ni idées. Elle ne pense point et croit sentir ; elle a l'esprit et le cœur également froid et stérile [...] La *caillette* de qualité ne se distingue de la *caillette* bourgeoise que par certains mots d'un meilleur usage et des objets différents ; la première vous parle d'un voyage de Marli, et l'autre vous ennuie d'un souper du Marais » (*Les Confessions du comte de* ***, Amsterdam, 1741, t. II, p. 29-31).
79   Horace, Livre I, satire première, vers 69 « Pour peu qu'on change le nom, c'est de toi qu'il est question dans la fable ». – Jullien, Adolphe, *Histoire du théâtre de Madame de Pompadour, dit Théâtre des petits cabinets,* Paris, Baur, 1874, p. 23.
80   Jullien, Adolphe, *Histoire du théâtre de Madame de Pompadour, dit Théâtre des petits cabinets, op. cit.,* p. 175 ; voir aussi Hourcade, Philippe, « Le répertoire comique du théâtre des petits appartements » dans études sur le XVIIIe siècle. *Les théâtres de société au XVIIIe siècle,* Marie-Emmanuelle Plagnol-Dieval et Dominique Quéro éd. éditions de l'ULB, Bruxelles, 2005, p. 51.
81   Dans ses deux comédies qui datent à peu près des mêmes années, Rose de Staal-Delaunay exploite elle aussi les traits comiques que lui offrent les modèles présents dans la petite société des spectateurs ; voir de Staal-Delaunay (de), Rose, *L'Engouement* et *La Mode,* Jacques Cormier éd., Paris, L'Harmattan, 2005.

malgré des comparaisons si dangereuses, la troupe des petits cabinets remporta une belle victoire. Le marquis d'Argenson conclut :

> On a joué, dans les cabinets, la comédie du *Méchant* avec grand applaudissement, mais je crains que les peintures spirituelles des vices du temps n'aient plus réjoui que converti à la vertu[82].

Dans la foulée, Gresset, élu à l'Académie française le 28 mars 1748[83], avait été reçu en remplacement d'Antoine Danchet le 4 avril. Dans son discours de réception, il avait tracé un portrait chaleureux de son prédécesseur en rappelant ses productions et son rôle. Un tel succès acquis en moins de dix ans ne manqua pas de susciter des jalousies d'autant qu'il n'avait donné aucun gage au clan des philosophes.

En 1750 encore, il obtient, grâce à l'intervention du duc de Chaulnes, l'établissement à Amiens d'une société littéraire érigée en Académie des sciences, belles-lettres et arts. En adressant à Gresset les lettres patentes, le roi le désigne comme président perpétuel de cette Académie, titre que l'écrivain refuse par modestie.

Le 22 février 1751, il épouse Françoise-Charlotte Galland, parente d'Antoine Galland, le traducteur des *Mille et Une Nuits* et fille d'un notable, l'ancien maire d'Amiens François Galland. Dorénavant Gresset et son épouse animeront les réceptions chez le duc de Chaulnes au château de Chaulnes et dans les salons de l'archevêché d'Amiens.

À l'occasion de la naissance le 13 septembre 1751 d'un petit-fils de Louis XV, Louis-Joseph-Xavier duc de Bourgogne[84], Gresset compose trois scènes allégoriques destinées à être mises en musique, ce qui confirme qu'il est bien en cour[85].

Le 19 décembre 1754, Gresset, à ce moment directeur de l'Académie française, répond au discours de réception de d'Alembert qui venait

---

82 Adolphe Jullien, *Histoire du théâtre de Madame de Pompadour, dit Théâtre des petits cabinets*, Paris, Baur, 1874, p. 23.
83 En guise de félicitations, Piron lui décoche une épigramme agressive : En France, on fait par un plaisant moyen / Taire un auteur quand d'écrits il assomme. / Dans un fauteuil d'académicien / Lui quarantième on fait asseoir mon homme : / Lors il s'endort, et ne fait plus qu'un somme ; / Plus n'en avez phrase, ni madrigal. / Au bel esprit, ce fauteuil est en somme / Ce qu'à l'amour est le lit conjugal.
84 Ce petit duc de Bourgogne, frère aîné de Louis XVI, mourut prématurément le 22 mars 1761 à l'âge de neuf ans.
85 Texte dramatique retrouvé et publié par Victor de Beauvillé, *Poésies inédites de Gresset, précédées de recherches sur les manuscrits de Gresset*, Paris, J. Claye, 1863, p. 148-153.

d'être élu le 28 novembre en remplacement de Jean-Baptiste de Surian, évêque de Vence. Dans son panégyrique du défunt, Gresset exalte les qualités de ce dernier et dénonce énergiquement les évêques mondains qui ne respectent pas leurs obligations de résidence :

> Arrivé à l'épiscopat sans brigues, sans bassesses et sans hypocrisie, il [Jean-Baptiste de Surian] y vécut sans faste, sans hauteur, et sans négligence. Ce ne fut point de ces talents qui se taisent dès qu'ils sont récompensés ; de ces bouches que la fortune rend muettes, et qui, se fermant dès que le rang est obtenu, prouvent trop que l'on ne prêche pas toujours pour des conversions. Dévoué tout entier à l'instruction des peuples confiés à son zèle, il leur consacra tous ses talents, tous ses soins, tous ses jours ; pasteur d'autant plus cher à son troupeau, que, ne le quittant jamais, il en était plus connu : louange rarement donnée et bien digne d'être remarquée ! Dans le cours de plus de vingt années d'épiscopat, M. l'évêque de Vence ne sortit jamais de son diocèse que quand il fut appelé par son devoir à l'assemblée du clergé : bien différent de ces pontifes agréables et profanes, crayonnés autrefois par Despréaux, et qui, regardant leur devoir comme un ennui, l'oisiveté comme un droit, leur résidence naturelle comme un exil, venaient promener leur inutilité parmi les écueils, le luxe et la mollesse de la capitale, ou venaient ramper à la cour et y traîner de l'ambition sans talent, de l'intrigue sans affaires et de l'importance sans crédit[86].

Cette dénonciation qui s'inscrivait dans une tradition oratoire, ne visait personne en particulier, mais certains auditeurs malintentionnés voulurent voir dans les reproches adressés aux prélats de cour des accents anticléricaux. Informé, Louis XV manifeste sa désapprobation : on fait rayer du recueil des publications de l'Académie la dernière phrase. Pire encore, lorsque Gresset se rend à Versailles pour présenter son discours, le roi, le considérant comme « un esprit fort », lui tourne ostensiblement le dos. Gresset se sent fort seul. Il y a longtemps que ses amis du Caveau sont dispersés. Ébranlé par cette disgrâce, il retourne à Amiens. Revenu dans son pays natal, il se confie à son confesseur Monseigneur Louis-François-Gabriel d'Orléans de La Motte. Las, ce vieil ami, qu'il connaît depuis son entrée dans le cercle des familiers de la duchesse de Chaulnes[87],

---

86 Renouard, *Principaux traits de la vie privée et littéraire de Gresset*, dans *Œuvres de Gresset*, Paris, A.A. Renouard, MDCCCXI, t. I, p. XXV.
87 Voir n. 20. Louis-François-Gabriel d'Orléans de La Motte mourut le 10 juin 1774 ; Gresset le pleura publiquement dans sa réponse au discours de réception de Suard le 4 août 1774 (Renouard, *Principaux traits de la vie privée et littéraire de Gresset*, dans *Œuvres de Gresset*, *op. cit.*, t. II, p. 412).

n'est plus le joyeux compagnon qu'il a connu à Paris. Devenu conscient de ses devoirs apostoliques depuis qu'il réside à Amiens, l'évêque profite du désarroi du dramaturge pour lui rappeler la réprobation constante de l'Église vis-à-vis du théâtre, doctrine fondée sur des préceptes qui remontent à Saint-Augustin, et sont défendus par Bossuet[88], par Nicole[89], par Bourdaloue et par une foule d'autres théologiens. Monseigneur Louis-François-Gabriel d'Orléans de La Motte le convainc de renoncer à la scène. Gresset aurait pu se contenter de ne plus écrire, mais il désavoue entre les mains de l'évêque les œuvres qui ont fait son succès et rédige une *Lettre sur la comédie* au ton solennel qui paraîtra le 14 mai 1759. Il y déclare renoncer au théâtre pour des motifs de religion :

> Dieu a daigné éclairer entièrement mes ténèbres, et dissiper à mes yeux tous les enchantements de l'art et du génie. Guidé par la foi, ce flambeau éternel devant qui s'évanouissent toutes les rêveries sublimes et profondes de nos esprits forts, ainsi que toute l'importance et la gloriole du bel-esprit, je vois sans nuage et sans enthousiasme que les lois sacrées de l'évangile et les maximes de la morale profane, le sanctuaire et le théâtre sont des objets inalliables ; tous les suffrages de l'opinion, de la bienséance, et de la vertu purement humaine fussent-ils réunis en faveur de l'art dramatique, il n'a jamais obtenu, il n'obtiendra jamais l'approbation de l'Église[90].

Dans la même lettre adressée à l'évêque d'Amiens, il formule une rétractation de ses « bagatelles rimées dont on a multiplié les éditions » et évoque ses « nouvelles comédies[91], dont deux ont été lues, Monsieur, par vous seul ».

Sa carrière de dramaturge s'interrompt brutalement sur ce retournement. Suivant l'exemple de Louis Racine, il se refuse désormais à toute nouvelle production dramatique.

---

88 Dans ses *aphorismes et réflexion sur la Comédie* (1694), Bossuet dénonce Molière comme auteur : « des pièces où la vertu et la piété sont toujours ridicules, la corruption toujours excusée et toujours plaisante ; et la pudeur toujours offensée, ou toujours en crainte d'être violée par les derniers attentats, je veux dire par les expressions les plus impudentes, à qui l'on ne donne que les enveloppes les plus minces… » (p. 6)
89 *Traité de la Comédie*, 1659.
90 Renouard, *Principaux traits de la vie privée et littéraire de Gresset*, dans *Œuvres de Gresset*, Paris, A.A. Renouard, MDCCCXI, t. II, p. 390.
91 Terminées en 1751 et destinées aux spectacles de la cour, l'*Esprit à la mode*, et l'*École de l'amour-propre*, deux comédies en cinq actes, ont disparu. Il n'en subsiste que les titres. Encore peut-on se demander, en déchiffrant un des feuillets du manuscrit d'Amiens, si l'*Esprit à la mode*, ne désigne pas *Le Méchant* : on lit sur ces feuillets qui conservent les ébauches du *Méchant* « Le titre est *L'Esprit à la mode* c'est-à-dire La méchanceté est le vice du temps et l'esprit à la mode », et plus loin « titre *L'esprit de méchanceté* ».

INTRODUCTION GÉNÉRALE 31

En réaction, Piron et Voltaire lui décochent des satires blessantes[92] auxquelles il ne répondra pas[93]. Pris par d'autres urgences, Gresset renonce au projet qu'il avait formulé dans sa lettre du 30 août 1747 parue dans *Le Mercure de France* : il ne mettra jamais au point l'édition définitive de ses œuvres qu'il avait promise. D'autres pièces ont connu le même sort que l'*Esprit à la mode* et l'*École de l'amour-propre*. Il n'en reste que les titres : *Le Secret de la comédie*, *Le Monde comme il est*, *Le Parisien* et *Le Secret à la Mode*. Le *Secret de la comédie* était, aux dires de deux amis auxquels il l'avait lue, « pleine de la meilleure gaieté[94] ».

92 Piron écrit : « Gresset pleure sur ses ouvrages / En pénitent des plus touchés / Apprenez à devenir sages, / Petits écrivains débauchés. / Pour nous, qu'il a si bien prêchés, / Prions tous que dans l'autre vie / Dieu veuille oublier ses péchés, / comme en ce monde on les oublie ». – Voltaire attaque Gresset dans le *Pauvre Diable* (composé en 1758 ou 1760, mais qui ne parut qu'en 1771) : « Gresset doué du double privilège d'être au collège un bel esprit mondain, / Et dans le monde un homme de collège ; / Gresset dévot, longtemps petit badin ; / Sanctifié par ses palinodies, / Il prétendait avec componction / qu'il avait fait jadis des comédies / dont à la Vierge il demandait pardon. / Gresset se trompe, il n'est pas si coupable ; / un vers heureux et d'un tour agréable / ne suffit pas ; il faut une action, / de l'intérêt, du comique, une fable, / des mœurs du temps un portrait véritable, / pour consommer cette œuvre du démon ». Voltaire laisse circuler une épigramme plus agressive et moins plaisante : « Certain cafard, jadis jésuite, / Fat écrivain, depuis deux jours / ose gloser sur ma conduite, / Sur mes vers, et sur mes amours ; / En bon chrétien je lui fais grâce, / Chaque pédant peut critiquer mes vers ; / Mais sur l'amour, jamais un fils d'Ignace / Ne glosera que de travers. » La plaisanterie est d'autant plus drôle qu'elle se retourne implicitement sur son auteur, lui aussi ancien élève des jésuites.
93 Dans son *Épître à ma muse* (Paris, Prault, 1736), Gresset avait annoncé qu'il ne répondrait pas à ses censeurs, qu'il refuserait d'entrer dans la polémique : « Et, sans jamais t'avilir à répondre, / Laisse au mépris le soin de les confondre, / Rendre à leurs cris des sons injurieux, / C'est se flétrir et ramper avec eux ». Le mépris ! Palissot rappelle dans la dernière page de la préface de sa *Dunciade* la maxime de Gresset : « Un écrit clandestin n'est pas d'un honnête homme » (*Le Méchant*, vers 2199). – Il n'empêche que l'envie de répondre à Voltaire ne lui a pas manqué, ce dont témoigne une feuille retrouvée et publiée par de Cayrol. On y lit : « Voltaire qui se croit le conquérant de la littérature, n'en est que le Don Quichotte ; il croit toutes les régions de l'esprit humain volcanisées à son nom, comme le rêveur de Cervantès voyait des armées imaginaires subjuguées par sa lance [...] Il a recueilli çà et là les résultats des arts, de la morale, des sentiments, de la nature ; il s'approprie tout ce qu'il a pillé ; les ignorants se persuadent que tout ce qu'il étale est son bien. Ceux qui ont voyagé dans les pays de l'esprit ont reconnu l'éternel plagiaire. À la faveur de quelques surfaces qui imposent beaucoup plus par les mots saillants que par les choses, il a donné pour neuf, comme de lui, ce qui était ailleurs et souvent partout... » (Cayrol, p. 76).
94 Père Ignace de Castelvadra (pseudo) Cubières, Michel (Cubières-Palmézeaux), Épitre à Gresset au sujet de la reprise du *Méchant*, Paris, Moronval, 1812.

S'il rédige encore des poésies de circonstance, il s'attache à faire disparaître ses œuvres antérieures et demande à ses exécuteurs testamentaires de détruire celles de ses pièces qui pourraient encore être en circulation après son décès.

On sait qu'il avait rédigé un 5ᵉ et un 6ᵉ chants de *Ver-Vert*; il avait lu le 5ᵉ chant intitulé *L'Ouvroir ou le Laboratoire de nos sœurs* au cours d'une séance publique de l'académie d'Amiens en 1753.

Suivant un témoignage de l'abbé de Richery, en mai 1767, à son retour d'Angleterre, Jean-Jacques Rousseau qui avait presque trois ans de moins que Gresset mais qui avait au moins autant de raisons que lui de se plaindre du jugement de ses anciens amis philosophes, passa par Amiens et lui rendit visite. Gresset l'invita à dîner. Au cours du repas, Rousseau lui raconta qu'à « la première du *Méchant*, quelques Zoïles[95] de l'ancien café Procope prétendirent que cette pièce portait à faux, et que Cléon n'était point ce qu'on appelle un homme méchant ». Rousseau leur aurait rétorqué : « Il ne vous paraît point assez méchant, parce que vous l'êtes plus que lui ». Gresset et J.-J. Rousseau qui se connaissaient pour avoir fréquenté les mêmes milieux se quittèrent fort contents l'un de l'autre. En sortant, Rousseau aurait confié à son hôte : « Je suis persuadé qu'avant de m'avoir vu, vous aviez de moi une opinion bien différente ; mais vous faites si bien parler les perroquets qu'il n'est pas étonnant que vous sachiez apprivoiser les ours ». Cette boutade de Rousseau révèle une heureuse complicité entre les deux hommes.

Le 30 mai 1772, il remercie Charles Desprez de Boissy de lui avoir fait parvenir un exemplaire de la quatrième édition de ses *Lettres sur les spectacles, avec une histoire des ouvrages pour et contre les théâtres*, ouvrage qui le confortait dans l'opinion qu'il avait exprimée contre le théâtre dans sa lettre de 1759[96].

> Une indisposition, Monsieur, m'a empêché de répondre plus tôt à la lettre que vous m'avez fait l'honneur de m'écrire. Recevez mes excuses de ce délai très involontaire, et tous mes remerciements du présent que vous avez bien voulu me faire d'un exemplaire de la quatrième édition de vos *Lettres sur les spectacles*.
>
> Vous avez doublé le bienfait par la manière obligeante dont vous me l'annoncez.

---

95 Voir n. 50.
96 Voir n. 90.

J'ai relu votre ouvrage avec un très grand plaisir. La raison et la religion, à qui il sera toujours cher, l'ont dicté ; et tout esprit fait pour entendre et suivre l'une et l'autre, ne peut se refuser à l'évidence de vos principes, et à la justesse des conséquences. On ne peut, Monsieur, être plus sensible que je le suis, à la bonté que vous avez eue de penser à moi.

Je suis avec tous les sentiments d'un respectueux attachement, Monsieur, votre très humble et très obéissant serviteur

Gresset,
Amiens, 30 mai 1772

Le 5 juin 1774, il est à nouveau directeur trimestriel de l'Académie française[97], et devant la Cour, à l'occasion d'une harangue qu'il fait à Louis XVI et à Marie-Antoinette pour leur avènement au trône, il lit une nouvelle version du 5ᵉ chant de *Ver-Vert* qu'il avait déjà présenté devant l'académie d'Amiens en 1753.

Le 4 août suivant, lors de la réception de Jean-Baptiste-Antoine Suard à l'Académie française, Gresset une nouvelle fois directeur trimestriel de l'Académie prononce un discours ayant pour thème l'influence des mœurs sur le langage. Il y dénonce les « révolutions de mode dans les usages[98] », les anglicismes et le ridicule des altérations subies par le français à cette époque. Le discours est mal accueilli par les partisans des encyclopédistes.

En 1775, indifférent à ces réactions, Louis XVI lui accorde des lettres de noblesse ; il le fait nommer chevalier de l'Ordre de Saint-Michel en 1777, tandis que son frère, le comte d'Artois, le fait désigner comme historiographe de l'Ordre de Saint-Lazare. Gresset n'a pas l'occasion de profiter longtemps de ces marques d'honneur : il meurt à Amiens le lundi 16 juin 1777.

Depuis de nombreuses années, il secourait en secret les miséreux de la ville et sa mort est l'occasion d'un deuil public. Il est enterré modestement le 17 juin dans le cimetière Saint-Denis au chevet de la cathédrale. Après la révolution, ses restes sont transférés au pied d'un pilier dans le transept nord de la cathédrale où une discrète dalle de marbre noir signale l'emplacement de sa sépulture.

Il n'avait cependant pas détruit tous ses manuscrits : il laissait de nombreux papiers disparates, liés à son activité littéraire. Un neveu de

---

97 *Mémoires de l'Académie des Sciences, Agriculture, Commerce, Belles-Lettres et Arts du département de la Somme*, 1827, p. 277, n. 1.
98 *Œuvres de Gresset*, Paris, A.A. Renouard, MDCCCXI, t. I, p. xxxj.

Gresset, M. Léonard-Marie Galland de Longuerue[99], les découvrit en 1787 dans une malle oubliée. Il les confia à son ami Jean-Charles Duméril qui fit paraître au début de l'année 1800, dans le tome II du *Conservateur*, *l'Abbaye* poème violemment antimonastique conservé jusque-là dans les papiers retrouvés par Galland de Longuerue. Par la suite, Victor de Beauvillé acquit une partie de ces documents, en publia certains[100] mais les autres disparurent. La publication tardive du *Parrain magnifique*[101], et d'un fragment du *Gazetin*, n'ajouta rien à la réputation de Gresset.

---

99 Léonard Galland de Longuerue mourut à Orléans le 13 août 1800.
100 Victor de Beauvillé, *Poésies inédites de Gresset, précédées de recherches sur les manuscrits de Gresset*, Paris, J. Claye, 1863.
101 Poème en 10 chants, dans les 113 dernières pages du second volume des *Œuvres de Gresset*, Paris, A.A. Renouard, MDCCCXI, t. I, p. xxxj.; *Le Gazettin*, *Ibid.*, t. II, supplément *in fine*, p. 1-113.

ÉDOUARD III[1]

---

1 Édouard III, / Tragédie / De *Monsieur* GRESSET / Représentée pour la première fois, sur le Théâtre de la Comédie Française, le vingt-deux Janvier 1740 / ... *Civis erat qui libera posset / Verba animi proferre, et vitam impendere vero.* / Juvenal / Le prix est de douze sol // À PARIS, / Chez PRAULT père, / au Paradis / MDCCXL / *Avec Approbation et Privilège du Roi.*

EDOUARD III.

TRAGÉDIE

De Monsieur GRESSET.

Représentée pour la premiere fois, sur le Théatre de la Comédie Françoise, le vingt-deux Janvier 1740.

> . . . . *Civis erat qui libera posset*
> *Verba animi proferre, & vitam impendere vero.*
>   Juven.

Le prix est de trente sols.

A PARIS,
Chez PRAULT pere, Quay de Gêvres, au Paradis.

M. DCC. XL.
Avec Approbation & Privilege du Roi.

2

Page de titre de l'édition originale d'*Edouard III*, Paris, Prault, 1740.
Collection particulière. Crédit photographique : Bernard Juncker.

INTRODUCTION
Édouard III

Gresset souhaite s'imposer sur la scène française. Il a donc examiné ce qui était le mieux à même de satisfaire le public de son temps. Avec *Édouard III*, il répond au goût des spectateurs pour les scènes de violence et les épisodes sanglants.

Il innove sur le plan thématique en ne recourant ni au fonds historique gréco-romain ni au fonds mythologique connu des spectateurs mais en développant une intrigue située au moyen-âge. Gresset précise dans l'avertissement de sa tragédie qu'*Édouard III* se réfère effectivement au petit-fils de Philippe le bel, Édouard III Plantagenêt (1312-1377). C'est à ce souverain qu'on attribue la création de l'ordre de la jarretière en 1344 ou 1347 en l'honneur de sa maîtresse, la comtesse de Salisbury, présente dans sa pièce sous le nom d'Eugénie. C'est en gagnant la bataille de Crécy le 26 août 1346, qu'Édouard III Plantagenêt, adversaire de la France de Philippe VI de Valois, déclenche la guerre de cent ans. C'est sous son règne que se passe l'épisode des bourgeois de Calais, rapporté par Froissart. Mais ces événements n'interviennent aucunement dans la tragédie de Gresset. Il y est vaguement fait allusion aux relations conflictuelles entre l'Angleterre et le royaume d'Écosse, relations qui ont toujours été belliqueuses jusqu'à la ratification de l'Acte d'union signé par la reine Anne en 1707, Acte qui fit définitivement passer l'écosse sous l'autorité de la couronne britannique.

Avec cette première pièce, Gresset ne souhaite pas écrire une tragédie historique au sens que les écrivains romantiques donneront à cette désignation. Une Angleterre de convention, un moyen-âge de fantaisie servent de cadre à un drame sanglant où se mêlent les passions amoureuses et le goût du pouvoir. Si Gresset n'illustre pas un événement historique, il met en place une dramaturgie de la violence qui se situe de façon originale au confluent de Corneille, de Racine, de Crébillon et de Shakespeare. Telle quelle, la tragédie contient suffisamment de barbarie et de sang pour qu'on puisse la rapprocher du spectacle frénétique que Corneille avait composé près de cent ans auparavant en rédigeant *Rodogune*[1] et qu'on continuait à jouer régulièrement avec succès.

En situant sa tragédie dans un moyen-âge de convention, Gresset s'inscrit dans l'émergence du style Troubadour ; il prend l'air du temps. Sa tragédie suit *Zaïre* (1732) et *Adélaïde du Guesclin* (18 janvier 1734), mais précède une troisième pièce historique de Voltaire *Tancrède* (3 septembre 1760), et d'autres pièces du même genre : *Le Siège de Calais* (1765) de du Belloy, *Jean Hennuyer, évêque de Lizieux* (1772) de Louis-Sébastien Mercier, *Adélaïde de Hongrie* (1774-1778) de Dorat...

En dépit de la similitude de son titre, la tragédie de Gresset ne doit rien à une pièce homonyme, parue en 1596 et qu'une tradition attribue à Shakespeare. Gresset se contente d'emprunter à l'histoire les noms de certains de ses personnages : Édouard III, Vorcester, Arondel, Volfax,... et quelques rares éléments qui évoquent l'Écosse, sa capitale Edimbourg, et l'Angleterre dans un temps éloigné et indéterminé où la Normandie était encore appelée la Neustrie.

UNE TRAGÉDIE RACINIENNE
À LA MODE ANGLAISE

Même si Gresset fait allusion à la *Rodogune* de Corneille dans une note de son Avertissement[2], la rivalité qui oppose Eugénie et Alzonde/Aglaé rappelle plus directement la situation que traite Racine dans son *Iphigénie*[3] où deux femmes, Iphigénie et Ériphile, sont amoureuses du même héros, Achille.

La tragédie se fonde sur deux intrigues qui se résolvent à la fin de la pièce, par la mort des deux femmes éprises d'Édouard III.

La première intrigue présente une héroïne, victime du syndrome de Stockholm, qu'on ferait mieux d'appeler le syndrome d'Ériphile[4] puisque

---

1 Représentation en 1644 ou 1645 (édition originale en 1647).
2 Voir ci-dessous p. 50, n. 7.
3 Représentation le 18 août 1674 (édition originale en 1675).
4 Du nom du personnage de Racine qui, dans *Iphigénie*, II, 5, v. 670-690, présente les symptômes du même syndrome. Prisonnière d'Achille qui a tué ses proches à Lesbos,

c'est Racine qui en a donné le premier une description psychologique précise dans son *Iphigénie*. Alzonde, reine d'Écosse, a été capturée par les troupes d'Édouard III. Prisonnière à la cour du roi d'Angleterre sans avoir été identifiée par ses ennemis, elle découvre la séduction de celui qui la tient en esclavage et tombe sous son charme. Sous le nom d'Aglaé, elle est devenue la confidente et l'amie d'Eugénie, la fille de Vorcestre, l'homme de confiance d'Édouard III : les deux jeunes femmes peuvent s'entendre pour évoquer le charme du souverain jusqu'à ce qu'Aglaé découvre accidentellement que la seule Eugénie est l'objet de l'ardente passion d'Édouard III. Cela suffit pour que la sympathie qu'Alzonde/Aglaé éprouvait pour Eugénie se transforme en féroce jalousie dans l'esprit de l'Écossaise. Elle décide de supprimer sa rivale. Le moment où ce renversement – cette catastrophe, au sens étymologique – se produit est marqué de façon remarquable dans la tragédie de Gresset par des moyens linguistiques empruntés à Racine qui méritent d'être soulignés. C'est en conversant avec Édouard III (vers 890) qu'Alzonde/Aglaé s'aperçoit qu'elle n'existe pas aux yeux du souverain et que, lors même qu'il lui parle, son discours s'adresse à Eugénie qu'il évoque et qu'il croit voir en face de lui. Il va même jusqu'à parler à la femme qu'il aime alors que la seule femme à qui il parle réellement est Alzonde/Aglaé. Il ne saurait mieux faire comprendre à cette dernière qu'elle n'existe pas à ses yeux. Comme tous ses contemporains, Gresset connaît la technique racinienne et s'en sert lorsque l'évocation d'Eugénie se fait en passant du « elle » au « tu », ce qui ramène dans la conscience des acteurs et des spectateurs la présence de l'amante absente. Dans le discours d'Édouard III, Eugénie, absente et condamnée parce qu'elle refuse de déclarer ses sentiments au roi, supplante Alzonde/Aglaé qui est, au même moment, priée d'aider sa rivale (III, 2, 891-904) !

La seconde intrigue, imbriquée dans la première, oppose le père d'Eugénie, Vorcestre, au roi Édouard III. Conseillé par Volfax, Édouard III rêve de conquêtes et de gloire militaire, tandis que Vorcestre, habité par un dévouement total au service de l'État, est convaincu que la seule façon de pacifier les relations entre l'Écosse et la Grande Bretagne repose sur un mariage diplomatique, arrangé entre le roi d'Angleterre et la reine d'Écosse Alzonde (I, 6). Encore faudrait-il réussir à retrouver cette

---

Ériphile s'est éprise du meurtrier de sa famille et revit dans sa mémoire les épisodes violents du massacre pour exalter la passion qu'elle éprouve pour l'assassin de ses proches.

dernière. Édouard III, persuadé qu'un roi ne doit pas se soumettre à de telles règles, archaïques, veut suivre ses sentiments et épouser Eugénie, la fille de son premier ministre Vorcestre, précisément l'homme qui lui déconseille une alliance fondée sur sa passion. Vorcestre, faisant passer ses convictions politiques avant les intérêts de sa fille, refuse de cautionner le choix du roi. Ce faisant, il signe sa disgrâce. Gresset marque la rupture entre les deux hommes en mettant habilement en œuvre, ici encore, des moyens linguistiques : il joue de façon remarquable avec les pronoms personnels, passant du « tu » qui traduit le rapprochement affectif au « vous » qui rétablit la distance (I, 6, 419-422), autre héritage racinien.

Eugénie est confrontée à un conflit de loyauté : ou bien elle renonce à sa passion, pour obéir à la volonté paternelle, ou bien elle répond à l'amour d'Édouard III, ce qui entraîne *de facto* la mort de Vorcestre qui ne survivrait pas à un tel désaveu. Quoique conditionnée par les maximes de son père, elle se sent incapable d'expliquer à Édouard III les raisons de sa réserve et sombre dans le désespoir.

Alzonde/Aglaé sollicite l'aide de Volfax, capitaine des gardes ambitieux, fourbe et cruel, pour que Vorcestre soit mis en en prison pour trahison : elle compte bien que le procès du père de sa rivale suffira à séparer les deux « amants », à écarter Eugénie du trône.

Édouard III, informé de l'incarcération de Vorcestre, envisagerait bien de le sauver mais il faudrait du moins qu'Eugénie accepte de lui dire qu'elle l'aime, ce qu'elle ne peut faire sans trahir les volontés de son père. Le piège ourdi par Alzonde et Volfax fonctionne à merveille. Édouard III, ne comprenant pas les réticences d'Eugénie, se laisse convaincre de l'infidélité de son premier ministre.

Alzonde a confié à Amélie que Volfax est un traître (76) ; à charge de revanche, ce dernier laisse croire à Alzonde qu'il travaille pour elle, mais dans un monologue (IV, 3) il révèle au public toute sa perversité : il ne s'est associé à Alzonde que pour abattre Vorcestre, il est décidé à révéler l'identité de la reine d'Écosse dès que Vorcestre aura été exécuté, ce qui entraînera aussitôt la perte de cette dernière.

Le retour inopiné d'Arondel, ami fidèle et désintéressé de Vorcestre, change la donne. En apprenant la venue d'un inconnu dans le royaume, Volfax le fait interner intentionnellement dans le même cachot que Vorcestre pour écouter en secret leur conversation et découvrir les raisons de la présence d'Arondel au château, celui-ci propose d'abord à son ami de s'échapper en revêtant sa cape et en prenant son identité. Devant le refus de Vorcestre de fuir son destin, Arondel confie à son ami qu'il a les moyens de sauver au moins sa réputation, en lui permettant de se suicider. Vorcestre remercie Arondel de son dévouement mais, s'il refuse de se donner la mort, il veut lui confier des documents qui prouvent la duplicité de Volfax. Ce dernier, en entendant que Vorcestre dispose de documents accablants qui risqueraient de le discréditer s'ils tombaient entre les mains d'Édouard III, fait irruption dans le cachot. À peine a-t-il le temps de surgir et d'ordonner aux gardes d'incarcérer les deux amis dans des geôles de sécurité qu'Arondel le poignarde avec l'arme qu'il voulait confier à Vorcestre. Arrêté sur-le-champ, Arondel affirme qu'il sacrifie volontiers son existence pour son ami. Édouard III comprendra trop tard qu'il a été manipulé par Alzonde et par Volfax, tous deux complices dans leur volonté d'abattre Vorcestre et de perdre Eugénie.

Édouard III répond au goût constant du public désireux de voir des tragédies sanglantes[5]. Depuis sa création en 1644 ou 1645, le succès de *Rodogune*, à laquelle se réfère Gresset, ne s'est jamais démenti. Le respect des bienséances, une simple convention qui voulait qu'un personnage ne meure pas sous les yeux des spectateurs afin de ménager leur délicatesse, n'empêchait pas le public d'apprécier les situations les plus terribles qui faisaient le succès des tragédies de Crébillon.

La mort apparaît à plusieurs reprises dans *Édouard III*, que ce soit par le poignard, par le poison ou par l'évocation du suicide, mais plus que le dénouement de la tragédie, c'est la scène (IV, 8) au cours de laquelle Arondel poignarde Volfax, qui a retenu l'attention des premiers spectateurs et marqué les critiques du temps. Gresset souligne cette originalité dramaturgique dans l'*Avertissement*[6] qu'il dispose en tête de sa tragédie pour justifier cette innovation au titre qu'il s'agit d'un « assassinat moral[7] » qui répondrait au souhait du public de voir puni de mort un personnage détestable. La mort de Volfax était la mort d'un comparse et le châtiment d'un personnage antipathique, punition que le public ratifiait :

> La maxime de ne point ensanglanter la scène ne doit s'entendre que des actions hors de la justice et de l'humanité : Médée égorgeant publiquement ses

---

5   Voir Jean-Pierre Perchellet, *Ibid.*, p. 251-252.
6   Voir ci-dessous p. 50, n. 8.
7   Expression de Jean-Pierre Perchellet, *Ibid.*, p. 261.

enfants révolterait la nature et ne produirait que l'horreur[8] ; mais la mort d'un scélérat, en offrant avec terreur le châtiment du crime, satisfait le spectateur.

Ce que Voltaire n'avait pas eu l'audace de faire le 15 août 1732[9] à la fin de sa tragédie *Zaïre*, dans laquelle l'héroïne, poignardée en scène par Orosmane, se dirige vers les coulisses pour y rendre son dernier soupir, Gresset le réalise le 22 janvier 1740 sur la scène de la Comédie-Française. Mais les deux morts ne sont en rien comparables puisque Volfax, poignardé et mort en scène, n'est qu'un comparse et que sa mort située dans l'avant-dernier acte de la pièce (IV, 8) n'a pas de conséquence directe sur l'action, tandis que *Zaïre* s'achève sur la mort de l'héroïne éponyme, ce qui met un terme à l'action.

Dans un bel article consacré à l'inspiration racinienne dans *Édouard III*, Renaud Bret-Vitoz[10] rapproche *Édouard III* de *Britannicus* et analyse le fonctionnement de cette scène en faisant remarquer que chez Racine tout se passe dans le domaine psychologique et que Néron, invisible aux spectateurs, se réjouit de torturer Junie[11], alors que, dans *Édouard III* (IV, 4, 2 – 5), la confrontation des trois acteurs « dispose [...], en trois scènes successives, un espace scénique qui n'est plus la salle du trône à volonté, mais un lieu écarté et hermétiquement clos, un lieu nouveau, propice au crime [...] qui rappelle celui de l'entretien de Britannicus et Junie, arrangé par Néron, lui-même caché derrière un rideau pour tout entendre ». Mais à la différence de ce qui se produit dans *Britannicus*, Arondel et Vorcester ignorent qu'ils sont espionnés. L'irruption de Volfax introduit un rebondissement dramatique en interrompant brutalement

---

8   Ce qui n'empêche pas Corneille de justifier sa *Médée*, voir Jean-Pierre Perchellet, *L'Héritage classique ; la tragédie entre 1680 et 1814*, Paris, Honoré Champion, 2004, p. 251.
9   À la scène IX de l'acte V de *Zaïre*, Orosmane, convaincu de l'infidélité de Zaïre, la poignarde. Au moment où elle s'exclame « Je me meurs, ô mon Dieu ! », une didascalie précise *tombant dans la coulisse*. Conformément à ce que veulent les bienséances dramaturgiques du temps, Zaïre ne meurt donc pas en scène. Mais Voltaire ménage une lecture différente de la représentation : les *lecteurs* de cette tragédie comprenaient bien que l'action devait implicitement se produire sous les yeux des *spectateurs*, même si, lors de la représentation théâtrale, les bienséances étaient respectées par les metteurs en scène de l'époque... !
10 Renaud Bret-Vitoz, « Meurtres à l'anglaise ou l'apparition du lieu du crime dans la tragédie du XVIIIe siècle (1707-1758) », dans *Littératures classiques*, n° 67 – Automne 2009 : « Réécritures du crime : L'acte sanglant sur la scène (XVIe-XVIIIe siècles) », journée d'études à Paris-Sorbonne, p. 171-186.
11 Racine, *Britannicus*, II, 4-6.

la conversation des deux amis, ce qui provoque une pulsion de mort dans l'esprit d'Arondel (IV, 7-8). Volfax meurt en scène.

Le mouvement est brutal et spectaculaire et sur le plan dramatique Gresset innove en utilisant de façon efficace un espace secret contigu à la scène. Dans *Britannicus*, Néron caché en coulisse n'interrompt pas la conversation en cours ; il attend que la scène s'achève pour entrer.

Peut-être y-a-t-il dans la mort de Volfax un souvenir du meurtre de Polonius dans *Hamlet* de Shakespeare. Dans les deux cas, il s'agit de supprimer le témoin gênant d'une conversation délicate. Mais, tant chez Shakespeare que chez Gresset, l'acte sanglant est présenté comme un coup de théâtre épisodique, et non comme un dénouement sur lequel s'achève l'intrigue.

En revanche, à la fin de la pièce, le dénouement des deux actions, l'action sentimentale et l'action politique, est spectaculaire. Sans que les spectateurs puissent savoir comment elle s'y prend, Alzonde réussit à empoisonner Eugénie et se poignarde elle-même pour échapper à la punition de l'homme qu'elle aimait mais qui avait le tort de vouloir épouser sa rivale. Ces deux ultimes morts violentes, l'empoisonnement final d'Eugénie et le suicide d'Alzonde/Aglaé, pouvaient retenir l'attention des spectateurs de 1745. Pourtant par respect des bienséances voulues par les conventions dramaturgiques, Gresset signale par de prudentes didascalies que ces morts n'ont pas lieu sur la scène mais dans les coulisses. Comme l'examen des variantes permet de le constater, il avait pourtant envisagé une scène finale beaucoup plus dramatique dans lequel les deux héroïnes seraient mortes en scène et dans laquelle Alzonde aurait eu le dernier mot avant de rendre son dernier soupir.

En marge de cette double intrigue, Gresset consacre au thème de l'amitié et de la solidarité contre un pouvoir injuste une scène admirable (IV, 7) dans laquelle Arondel et Vorcestre font assaut de générosité pour savoir qui rendra le plus de services à l'autre à l'instant suprême. La mort rôde autour de ces deux personnages et le thème du suicide stoïcien est exposé et défendu par Arondel parce qu'il permet à celui qui choisit de se tuer d'éviter la honte d'être mis à mort par le tyran qui détient le pouvoir. Cette joute verbale annonce le dialogue qui opposera Sidney à Hamilton dans *Sidney* (II, 6). Par son lyrisme, cette scène fait aussi songer au dialogue du marquis de Posa et de Don Carlo dans l'opéra éponyme de Verdi et, sans qu'aucun lien autre que thématique puisse être établi, à la célèbre scène de *La Condition humaine* de Malraux dans laquelle Katow partage « son » cyanure entre Suen et son compagnon. Le fait qu'on puisse envisager de rapprocher ces deux passages de la scène d'*Édouard III* suffit à souligner la densité des échanges.

Par ses qualités dramatiques, cette pièce historique constitue un brillant exercice de style qui justifie le succès honorable remporté lors des représentations de janvier 1740 et l'intérêt que lui manifestera Diderot[12]. Gresset y campe dans Vorcestre la figure d'un homme d'état intègre et avisé en qui le cardinal de Fleury – aux dires de Valéry Giscard d'Estaing, « le meilleur Premier ministre que la France ait eu entre 1725 et 1745, un homme provincial, rigoureux, qui a redressé les comptes du pays sans s'enrichir lui-même[13] » – aurait eu tort de ne pas se reconnaître.

LA DISTRIBUTION

Gresset a construit sa tragédie en fonction des acteurs dont il disposait dans la troupe du Théâtre-Français. Le jeu contrasté des deux jeunes actrices aimées du public Mlles Gaussin[14] et Dumesnil[15] suffisait à donner vie au couple antagoniste d'Eugénie et d'Alzonde. Voltaire, qui avait déjà fait appel aux mêmes interprètes en 1732 pour jouer dans *Zaïre*, fait allusion dans une lettre adressée à Jeanne-Françoise Quinault, interprète d'Amélie, le 16 février 1740[16] à cette même distribution en signalant

---

12 Voir p. 134, n. 10.
13 Propos recueillis par Franz-Olivier Giesbert dans *Le Point* du 13/05/2014.
14 Voir p. 17, n. 40.
15 Duménil (la Demoiselle Dumesnil) débuta à la Comédie Française à l'âge de 22 ans, le 6 août 1737 ; *Clitemnestre* dans *Iphigénie*, *Phèdre* et *Elisabeth* furent ses essais, et elle s'acquitta de ces rôles avec tant de succès, qu'on crut ne pouvoir faire assez d'éloges de ses talents. Elle est de Paris, et avait joué deux ans à Strasbourg avant de venir faire l'ornement de notre théâtre, dans les rôles de fureur. Cette actrice a la voix nette et flexible, beaucoup d'intelligence, de feu, de justesse, une expression unie et modérée, et un geste des plus nobles et des plus expressifs [...] Elle fut reçue dans la troupe le 8 octobre 1737. (Léris, *Dictionnaire portatif des Théâtres*, *op. cit.*, p. 435)
16 « Tout ce que je peux avoir l'honneur de vous dire sur *Zulime*, c'est que je ne m'en avouerai jamais l'auteur, et que je ne la ferai point imprimer eût-elle 40 représentations [il y en eut nettement moins et l'impression se fit qu'en 1760]. Il se peut faire que le jeu des acteurs, le contraste de Mlles Gaussin et Dumesnil, l'avantage de paraître après Édouard III, lui

qu'à elle seule elle devrait suffire à assurer le succès de sa pièce *Zulime* dont les représentations ont suivi immédiatement celles d'*Édouard III* ; il évoque ce qui oppose Mlles Gaussin et Dumesnil. On sait d'autre part que Grandval jouait Édouard III et que Dufresne, le fameux Quinault Dufresne[17], qui avait joué Orosmane dans *Zaïre* en 1732, interprétait cette fois le rôle d'Arondel.

---

donnent quelque cours... », Voltaire, *Correspondance*, Besterman éd., Pléiade, t. II. D. 1338, p. 303-304.

17 « Un des plus grands acteurs pour le tragique et le comique noble que nous ayons eu depuis longtemps, avait débuté le 8 septembre 1713 [...] il se retira du théâtre le 19 mars 1741, laissant le regret de ses talents supérieurs et de sa figure avantageuse. » (Léris, *Dictionnaire portatif des théâtres, contenant l'origine des différents théâtres...*, Paris, 1754, p. 509-510).

LE TEXTE

Nous suivons le seul texte qu'il faille prendre en compte, l'édition originale : Gresset, *Édouard III*, Paris, Prault père, MDCCXL, in-8 br. de 98 pages[1].

Trois exemplaires de cette édition Prault père sont conservés à la BnF : Tolbiac Z Rotschild – 4676 et 4677, et Arsenal GD 20169.

Édouard III, connaît au moins deux contrefaçons la même année 1740 ; mais elles ne présentent aucune variante :
- Une édition Étienne Ledet, à Soleure, 1740 est conservée à la BnF Richelieu 8-RF-10423 / Arsenal GD-23157
- Une édition, La Haye, à la sphère, Benjamin Gibert, 1740, est conservée à la BnF Richelieu en deux exemplaires 8-REC-10 (5, 33) / 8-REC-11 (11, 70)

GRESSET, *Œuvres*, en trois parties, Genève, Pellissari & Compagnie, MDCC.XLIII, 1743. (contient une copie fidèle de la première pièce de théâtre : *Édouard III*).

GRESSET, *Œuvres*, en quatre parties, Genève, Pellissari & Compagnie, MDCC.XLVI, 1746. (contient les deux premières pièces de théâtre : *Édouard III*, *Sidney*).

De plus, un manuscrit autographe de Gresset est conservé à la bibliothèque de la Comédie-Française (Ms158) : de nombreux projets

---

1 « Coup d'essai dans lequel on trouva bien des beautés de détail. C'est la première fois qu'on a hasardé de faire tuer un des personnages en présence des spectateurs. Cette hardiesse prit fort bien ; l'action fut à la vérité exécutée par le célèbre Dufresne, qui jouait le rôle d'Arondel », (chevalier de Mouhy, *Tablettes dramatiques contenant l'abrégé de l'Histoire du théâtre François*, Paris, Sébastien Jorry, 1752, p. 80) ; voir aussi Léris, *Dictionnaire portatif des théâtres, contenant l'origine des différents théâtres…* « qui n'a pas eu un succès aussi brillant qu'elle le méritait. C'est le premier ouvrage dramatique de cet auteur, et aussi le premier où l'on ait hasardé de faire tuer un des personnages en présence des spectateurs » (Paris, 1754, p. 122).

de rédaction et de modifications y sont consignés. C'est un manuscrit de composition, ou de rédaction déjà fort proche de ce que sera le texte de l'édition Prault père, mais conservant encore de nombreux développements auxquels Gresset renoncera. Ce manuscrit enregistre la trace d'ajustements effectués au cours des répétitions et consigne certainement la transcription d'apports personnels de l'auteur, et peut-être de suggestions des acteurs, menant au texte définitif publié en 1740.

Ce document comporte nombre de ratures autographes : c'est un texte en gestation. Les variantes présentent un grand intérêt parce qu'elles permettent de voir comment Gresset organise ses répliques, comment il modifie un premier jet de vingt vers pour n'en garder que deux qu'il replace ailleurs dans un autre contexte. On voit entre autres dans ce manuscrit qui constitue un brouillon fort élaboré, qu'il a complètement réécrit la fin de sa pièce. Cette version du texte montre que la tragédie aurait pu être plus audacieuse encore si Gresset avait osé maintenir à la scène ce qu'il avait d'abord imaginé et dont ce manuscrit enregistre le témoignage.

La pièce aurait dû s'achever, sous les yeux des spectateurs, sur deux morts brutales : l'empoisonnement d'Eugénie et le suicide d'Alzonde[2]. Au moment de passer à la mise au point définitive de sa tragédie, Gresset a été retenu par les conventions dramaturgiques en vigueur de son temps et a transposé dans un discours ce qu'il avait d'abord envisagé de faire représenter. Dans le texte édité, les dernières paroles d'Alzonde et son suicide sont rapportés dans le discours de Glaston, un officier subalterne, tandis qu'Eugénie disparaît dans les coulisses pour y rendre son dernier soupir.

Le texte subira encore de nombreuses modifications avant l'édition de 1740. L'examen de cette version d'*Édouard III*, devrait paraître ultérieurement sous la forme d'un article. Nous avons relevé dans les variantes les différences entre le Ms158 et l'édition Prault père.

La tragédie sera rééditée régulièrement au cours du XVIIIe siècle dans les *Œuvres* de Gresset. Les premiers éditeurs reproduisent l'édition Prault père de 1740. Les éditeurs suivants multiplient les erreurs, chacun se reportant directement à l'édition précédente mais ne se référant jamais à l'édition originale.

---

2   Gresset avait envisagé dans un premier temps qu'Alzonde se suicide en scène (voir p. 123, variante cr).

ÉDOUARD III

Tragédie

Représentée pour la première fois le 22 janvier 1740
sur le théâtre de la Comédie Française par les Comédiens
ordinaires du Roi

PROLOGUE[1]

> ... *Civis erat qui libera posset*
> *Verba animi proferre, et vitam impendere vero.*
> Juvenal[2]

J'avais à peindre un Sage, heureux, digne de l'être,
L'oracle de la Probité,
Le Père des Sujets, le conseil de son Maître,
L'honneur de la Patrie et de l'Humanité ;
Dans cette image fidèle,
France, tu reconnaîtras
Que je n'en dois point le modèle
Aux vertus des autres Climats[3].

---

1 Ce prologue précède l'avertissement dans l'édition de 1740.
2 « Il était un citoyen capable de dire librement ce qu'il pensait et de consacrer sa vie à la vérité », Juvénal, *Satire* X, vers 90-91.
3 Éloge qui s'adresse implicitement au tout-puissant cardinal André-Hercule de Fleury, de fait le premier ministre de Louis XV, depuis 1726, voir p. 9, n. 5.

AVERTISSEMENT

On ne trouvera ici de vraiment historique que l'amour d'Édouard III pour la comtesse de Salisbury, l'héroïque résistance de cette femme illustre et le renouvellement des prétentions d'Édouard I sur l'Écosse[4]. Tout le reste ajusté à ces faits principaux, est de pure invention[5]. Je ne me sers point des droits de la Tragédie Anglaise pour répondre à quelques difficultés qu'on m'a faites sur le coup de théâtre du quatrième acte[6], spectacle offert en France pour la première fois ; je dirai seulement, autorisé par le législateur même ou le créateur du Théâtre Français, que la maxime de ne point ensanglanter la scène[7], ne doit s'entendre que des actions hors de la justice ou de l'humanité : Médée égorgeant publiquement ses enfants, révolterait la nature, et ne produirait que de l'horreur ; mais la mort d'un scélérat, en offrant avec terreur le châtiment du crime, satisfait le spectateur[8]. Pour démontrer d'ailleurs que cet événement est dans la nature, je n'ai besoin d'autre réponse que l'applaudissement général dont le public l'a honoré dans toutes les représentations. Je n'entreprendrai pas de répondre à toutes les autres objections qu'on a faites, ni de prévenir celles qu'on peut faire encore sur cet essai ; on doit s'honorer des critiques, mépriser les satires, profiter de ses fautes, et faire mieux.

Tragédie

---

[4] C'est bien Édouard Ier qui entreprend en 1296 l'annexion de l'Écosse ; cette annexion finira par être ratifiée en 1707 par la signature de l'Acte d'union décidée par la reine Anne.

[5] Gresset reconnaît qu'il invente intégralement son sujet. Il ne se sert aucunement de la situation historique qui voit les débuts de la Guerre de Cent ans ni de l'*Édouard III* attribué à Shakespeare, dont il n'a probablement pas eu connaissance.

[6] D'après les témoignages du chevalier de Mouhy (p. 47, n. 1) et de Léris, la mort de Volfax n'a aucunement choqué les spectateurs du temps, même si c'était le premier ouvrage dramatique où l'on ait osé hasarder sur la scène française de faire tuer un des personnages en présence des spectateurs.

[7] *Discours de l'utilité et des parties du poème dramatique* de Pierre Corneille (voir aussi l'*Examen* de 1660). « Cléopâtre dans *Rodogune* est très méchante ; il n'y a point de parricide qui lui fasse horreur, pourvu qu'il le puisse conserver sur un trône qu'elle préfère à toutes choses, tant son attachement à la domination est violent, mais tous ses crimes sont accompagnés d'une grandeur d'âme qui a quelque chose de si haut qu'en même temps qu'on déteste ses actions, on admire la source dont elles partent ».

[8] Voir ci-dessous p. 130, les commentaires de Voltaire sur ce coup de théâtre.

LES PERSONNAGES

ÉDOUARD III, Roi d'Angleterre[9].
ALZONDE, héritière du royaume d'Écosse, *sous le nom d'*AGLAÉ[10].
Le duc de VORCESTRE, ministre d'Angleterre.
EUGÉNIE, fille de Vorcestre, veuve du comte de Salisbury[11].
Le comte d'ARONDEL[12].
VOLFAX, capitaine des gardes.
GLASTON, officier de la garde.
ISMÈNE, confidente d'Eugénie
AMÉLIE, suivante d'Alzonde[13].
GARDES.

La scène est à Londres.

---

9   Interprété à la création par Grandval, voir p. 22, n. 60.
10 Interprété [?] à la création par Mlle Dumesnil, voir p. 44, n. 15.
11 Interprété à la création par la Gaussin, voir p. 17, n. 40.
12 Interprété à la création par le fameux Dufresne, Quinault Dufresne : « un des plus grands acteurs pour le tragique et le comique noble que nous ayons eu depuis longtemps, avait débuté le 8 septembre 1713 [...] il se retira du théâtre le 19 mars 1741, laissant le regret de ses talents supérieurs et de sa figure avantageuse. » (Léris, *Dictionnaire portatif des théâtres, contenant l'origine des différents théâtres...*, Paris, 1754, p. 509-510)
13 Interprété [?] à la création par Jeanne-Françoise Quinault d'après le témoignage de Voltaire qui fait allusion à la répétition du 5 janvier 1740, préalable à la première du 22 janvier 1740 [Voltaire, *Correspondance*, Besterman éd., Pléiade, t. II. D. 1318]. Jeanne-Françoise Quinault (née à Strasbourg le 13 octobre 1699 et morte à Paris le 18 janvier 1783) était issue d'une famille de comédiens, fille de Jean Quinault de la Comédie-Française, Jeanne-Françoise débuta à la Comédie-Française en 1718 comme tragédienne, avant de jouer les rôles de soubrettes, de caractères et de ridicules. C'est elle qui donna à Nivelle de La Chaussée l'idée du *Préjugé à la mod*e et à Voltaire celui de *L'Enfant prodigue*. Elle quitta le Théâtre-Français en 1741. Voir d'autres information dans Françoise Rubellin, *Lectures de Marivaux, La Surprise de l'amour, La seconde Surprise de l'amour, Le Jeu de l'amour et du hasard*, Presses universitaires de Renne, 2009, p. 46.

ACTE PREMIER

Scène première
ALZONDE *sous le nom d'Aglaé*, AMÉLIE

ALZONDE
Par de faibles conseils ne crois plus m'arrêter.
Au comble du malheur, que peut-on redouter ?
Oui, je vais terminer ou mes jours ou mes peines ;
Qui n'ose s'affranchir est digne de ses chaînes.
Depuis que, rappelée où régnaient mes aïeux,
J'ai quitté la Norvège et qu'un sort odieux[14]
À[a] la cour d'Édouard et me cache et m'enchaîne,
Que de jours écoulés ! Jours perdus pour ma haine !
L'Écosse cependant élève en vain sa voix
Vers ces bords où gémit la fille de ses rois.
Pour chasser ses tyrans, pour servir ma vengeance,
Pour renaître, Édimbourg n'attend que ma présence ;
D'un vil déguisement c'est trop longtemps souffrir ;
Il faut fuir, Amélie, et régner, ou mourir.

AMÉLIE
Ah ! Madame, arrêtez. Que prétendez-vous faire[b] ?
Le conseil du courroux est toujours téméraire.
Dissimulez encor, assurez vos projets,
Et ne quittez ces lieux qu'à l'instant du succès.
Votre déguisement est sans ignominie ;
Depuis le jour fatal où la flotte ennemie,
Détruisant votre espoir, traîna dans ces climats
Le vaisseau qui devait vous rendre à vos États,
Prise[c] par vos vainqueurs sans en être connue,
Sans honte vous pouvez vous montrer à leur vue.
Vous auriez à rougir si vos fiers ravisseurs,
Voyant Alzonde en vous, voyaient tous vos malheurs ;

---
14 Diérèse : trois syllabes.

Mais du secret encor vous êtes assurée,
Et la honte n'est rien quand elle est ignorée.

ALZONDE

Vous parlez en esclave ; un cœur né pour régner
30 D'un joug même ignoré ne peut trop s'éloigner :
Ne dût-on jamais voir la chaîne qui l'attache,
Pour en être flétri, c'est assez qu'il le sache ;
Le secret ne peut point excuser nos erreurs,
Et notre premier Juge est au fond de nos cœurs.
35 Dans l'affreux désespoir où mon destin me jette,
Crois-tu donc que pour moi la paix soit encore faite ?
Condamnée aux fureurs, née au sein des exploits,
Et des maux que produit l'ambition des rois,
Fugitive au berceau, quand mon malheureux père,
40 Au glaive d'un vainqueur prétendant me soustraire,
Au Prince de Norvège abandonna mon sort,
M'éloigna des États que me livrait sa mort.
Pensait-il, qu'unissant tant de titres de haine,
Devant poursuivre un jour sa vengeance et la mienne,
45 Héritière des Rois, élève des héros,
Je perdrais un instant dans un lâche repos ?
Dans l'asile étranger qui cacha mon enfance,
J'ai pu, sans m'avilir, suspendre ma vengeance,
La sacrifier même à l'espoir de la paix,
50 Tandis qu'on m'a flattée, ainsi que mes sujets,
Qu'Édouard, pour finir les malheurs de la guerre,
Pour unir à jamais l'Écosse et l'Angleterre,
Allait m'offrir sa main, et, par ce juste choix,
Réunir nos drapeaux, nos sceptres et nos droits.
55 Mais par tant de délais, dès longtemps trop certaine
Que l'on osait m'offrir une espérance vaine.
Quand ce nouvel outrage ajoute à mon malheur,
Attends-tu la prudence où règne la fureur ?
S'élevant contre moi de la nuit éternelle,
60 La voix de mes aïeux dans leur séjour m'appelle ;
Je les entends encor : « Nous régnions, et tu sers !

Nous te laissons un sceptre, et tu portes des fers !
Règne, ou prête à tomber, si l'Écosse chancelle ;
Si son règne est passé, tombe, expire avant elle ;
65 Il n'est dans l'univers, en ce malheur nouveau,
Que deux places pour toi, le trône ou le tombeau. »
Vous serez satisfaits, Mânes que je révère ;
Vous connaîtrez bientôt si mon sang dégénère ;
Si le sang des héros a passé dans mon cœur,
70 Et s'il peut s'abaisser à souffrir un vainqueur.

AMÉLIE
J'attendais cette ardeur[d] où votre âme est livrée ;
Mais comment, sans secours, d'ennemis entourée...

ALZONDE [7]
Parmi ces ennemis j'ai conduit mon dessein,
Et prête à l'achever, je puis t'instruire enfin :
75 Ce Volfax que tu vois le flatteur de son maître,
Comblé de ses bienfaits, ce Volfax n'est qu'un traître ;
De Vorcestre surtout ennemi ténébreux,
Rival de la faveur de ce ministre heureux,
Trop faible pour atteindre à ces degrés sublimes
80 Par l'éclat des talents, il y va par les crimes.
D'autant plus dangereux pour son roi, pour l'État,
Qu'il unit l'art[15] d'un fourbe à l'âme d'un ingrat.
J'emprunte son secours. Je sais trop, Amélie,
Qu'un traître l'est toujours, qu'il peut vendre ma vie ;
85 Mais son ambition me répond de sa foi.
Assuré qu'en Écosse il règnera sous moi,
Il me sert. Par sa main, de ce séjour funeste,
J'écris à mes sujets ; j'en rassemble le reste.
J'ai fait plus : par ses soins j'ai nourri dans ces lieux
90 Du parti mécontent l'esprit séditieux[16] ;

---

15 *Art* : signifie ici « artifice, déguisement – quelque profonds que soient les Grands de la Cour, et quelque art qu'ils aient pour paraître ce qu'ils ne sont pas, et pour ne pas paraître ce qu'ils sont, ils ne peuvent cacher leur malignité – [La Bruyère] » (*Furetière et Basnage de Beauval*, 1727).
16 Diérèse : quatre syllabes.

J'en dois tout espérer. Chez ce peuple intrépide
Un projet n'admet point une lenteur timide ;
Ce peuple impunément n'est jamais outragé,
Il murmure aujourd'hui, demain il est vengé[e] ;
95 Des droits de ses aïeux jaloux dépositaire,
Éternel ennemi du pouvoir arbitraire, [8]
Souvent juge du trône et tyran de ses rois,
Il osa... Mais on vient. C'est Volfax que je vois.

Scène 2
ALZONDE, VOLFAX, AMÉLIE

VOLFAX
Trop longtemps votre fuite est ici différée[17],
100 Madame, à s'affranchir l'Écosse est préparée ;
Tout conspire à vous rendre un empire usurpé,
D'autres soins vont tenir le vainqueur occupé,
Le trouble règne ici. Formé par la victoire,
Le soldat redemande Édouard et la gloire.
105 Le peuple veut la paix. Au nom de nos héros
Je vais porter le prince à des exploits nouveaux.
Je ne crains que Vorcestre ; âme de cet empire,
Il range, il conduit tout à la paix qu'il désire ;
Contraire à mes conseils, s'il obtient cette paix,
110 Je le perds par là-même, et suis sûr du succès.
Son rang est un écueil que l'abîme environne.
Déjà par des avis parvenus jusqu'au trône,
Je l'ai rendu suspect. J'ai noirci ses vertus, [9]
Encore un pas enfin, nous ne le craignons plus ;
115 Du progrès de mes soins l'Écosse est informée.
Paraissez, un instant vous y rend une armée.

ALZONDE
D'une nouvelle ardeur[f] enflammez Édouard.
Je vais tout employer pour hâter[g] mon départ ;

---

17 *Différer* ; « délayer, retarder, remettre à une autre temps. » (*Acad.*, 1694).

On me soupçonnerait si j'étais fugitive ;
120 J'obtiendrai le pouvoir de quitter cette rive.
Allez, ne tardez plus^h, achevez vos projets,
Un plus long entretien trahirait nos secrets.

Scène 3
ALZONDE, AMÉLIE

ALZONDE
Tout est prêt, tu le vois. Une crainte nouvelle
Me détermine à fuir cet asile infidèle ;
125 On a vu – d'un des miens si j'en crois le rapport –
Arondel cette nuit arriver en ce port.
En Norvège souvent cet Arondel m'a vue ;   [10]
S'il était en ces lieux j'y serais reconnue ;
Le temps presse, il faut fuir, ménageons les instants,
130 Ce jour passé, peut-être il n'en serait plus temps

AMÉLIE
Mais ne craignez-vous point d'obstacle à votre fuite ?

ALZONDE
Sous le nom d'Aglaé dans ce palais conduite,
On me croit neustrienne[18], on ne soupçonne rien.
Appui des malheureux, Vorcestre est mon soutien ;
135 Il permettra sans peine, exempt de défiance,
Que je retourne enfin aux lieux de ma naissance :
Je viens pour ce départ demander son aveu[19],
Et je croyais déjà le trouver en ce lieu :
Mais, s'il faut t'achever un récit trop fidèle,

---

18 La Neustrie, ancienne dénomination de la Normandie, désigne au temps des Mérovingiens le royaume de l'Ouest alors que l'Austrasie désigne l'Est de la France. Pépin le Bref unifia la Neustrie et l'Austrasie en devenant roi de France en 751. En janvier 1740, l'utilisation anachronique d'un terme lié au contexte chronologique des Mérovingiens place l'action dans un passé lointain. – On observera l'anacoluthe qui fait disparaître de la phrase Alzonde/Aglaé pour ne laisser la place qu'à un simple « me » confronté à ses geôliers.
19 *Aveu* : « approbation ; ordre ou consentement donné. Il n'a rien fait que par l'aveu du Roi et par son ordre. » (*Furetière et Basnage de Beauval*, 1727).

140 Le pourras-tu penser ? quand le trône m'appelle,
Quand l'Écosse gémit, quand tout me force à fuir,
Prête à quitter ces lieux, je tremble de partir.

AMÉLIE

Qui peut vous arrêter ? Comment pourrait vous plaire
Ce palais décoré d'une pompe étrangère ?
145 Tout ici vous présente un spectacle odieux[20],
Ce trône annonce un maître, et le vôtre en ces lieux ;
Ces palmes d'un vainqueur retracent la conquête,   [11]
L'oppresseur de vos droits, l'usurpateur...

ALZONDE
                                Arrête.
Tu parles d'un héros, l'honneur de l'univers,
150 Et tu peins un tyran. Dans mes affreux revers
J'accuse le destin plus[i] que ce prince aimable,
Et mon cœur est bien loin de le trouver coupable.
Tu m'entends, j'en rougis. Vois tout mon désespoir ;
Sur ces murs la vengeance a gravé mon devoir,
155 Je le sais ; mais tel est mon destin déplorable,
Qu'à la honte, aux malheurs du revers qui m'accable,
Il devait ajouter de coupables douleurs,
Et joindre l'amour même à mes autres fureurs !
J'arrivais en courroux ; mais mon âme charmée,
160 À l'aspect d'Édouard se sentit désarmée.
Sans doute que l'amour, jusqu'au sein des malheurs
S'ouvre par nos penchants le chemin de nos cœurs.
Connaissant ma fierté, mon ardeur pour la gloire,
Il prit pour m'attendrir la voix de la victoire ;
165 Il me dit qu'enchaînant le plus grand des guerriers,
Qui partageait son cœur, partageait ses lauriers.
Où commande l'amour, il n'est plus d'autres maîtres :
J'étouffai dans mon sein la voix de mes ancêtres,

---

20 Diérèse : trois syllabes.

Je ne vis qu'Édouard ; captive sans ennui[21], [12]
170 Des chaînes m'arrêtaient, mais c'était près de lui.
Pourquoi me rappeler la honte de mon âme,
Et toutes les erreurs où m'entraînait ma flamme ?
Un plus heureux objet a fixé tous ses vœux.
C'en est fait, ma fierté doit étouffer mes feux ;
175 Les faibles sentiments que l'amour nous inspire,
Dans les cœurs élevés n'ont qu'un moment d'empire ;
Régner est mon destin, me venger est ma loi ;
Un instant de faiblesse est un crime pour moi.
Fuyons ; mais pour troubler un bonheur que j'abhorre,
180 Renversons, en fuyant, l'idole qu'il adore.
Parmi tant de beautés qui parent cette cour,
J'ai trop connu l'objet d'un odieux[22] amour.
On trompe rarement les yeux d'une rivale,
Ma haine m'a nommé cette beauté fatale ;
185 Si dans ces tristes lieux l'amour fit mes malheurs,
J'y veux laisser l'amour dans le sang, dans les pleurs ;
Mais Vorcestre paraît. Laisse-nous, Amélie,
Du destin qui m'attend je vais être éclaircie.

Scène 4 [13]
ALZONDE, *sous le nom d'Aglaé*, VORCESTRE,

ALZONDE
Vous, dont le cœur sensible a comblé tous les vœux
190 Que porta jusqu'à vous la voix des malheureux,
Jetez les yeux, Milord, sur une infortunée
Dont vous pouvez changer la triste destinée.
Je me dois aux climats où j'ai reçu le jour.
Par vos soins honorée, et libre en cette cour,
195 Je sais qu'à plus d'un titre elle a droit de me plaire ;
Mais, quels que soient les biens d'une terre étrangère,
Toujours un tendre instinct, au sein de ce bonheur,

---

21 *Ennui* : « Lassitude d'esprit, causée par une chose qui déplaît, par elle-même ou par sa durée. Il signifie aussi fâcherie, chagrin, déplaisir, souci. » (*Furetière et Basnage de Beauval*, 1727)
22 Diérèse : trois syllabes.

Vers un séjour plus cher rappelle notre cœur :
Souffrez donc, qu'écoutant la voix de la patrie,
200 Je puisse retourner aux rives de Neustrie ;
Du sort des malheureux adoucir la rigueur,
C'est de l'autorité le droit le plus flatteur.

VORCESTRE

Si par mes soins ici le Ciel plus favorable
Vous a donné, Madame, un asile honorable,
205 Unie avec ma fille, heureuse en ce palais,
De votre éloignement différez les apprêts ;
À mon cœur alarmé vous êtes nécessaire ;
Eugénie, immolée à sa tristesse amère,
Demande à quitter Londres, et changeant de climats
210 Veut cacher des chagrins qu'elle n'explique pas[j] ;
Depuis que son époux a terminé sa vie,
Je croyais sa douleur par le temps assoupie ;
Mais je vois chaque jour croître ses déplaisirs ;
Je la vois dans les pleurs, je surprends des soupirs :
215 C'est prolonger en vain des devoirs trop pénibles,
Et de Salisbury les cendres insensibles
Ne peuvent exiger ces regrets superflus,
Qui consacrent aux morts des jours qui nous sont dus.
L'abandonnerez-vous, quand l'amitié fidèle
220 Doit par des nœuds plus forts vous attacher près d'elle ?
Pour l'arrêter ici par zèle, par pitié,
Joignez à ma douleur la voix de l'amitié.
Dans quels temps fuiriez-vous les bords de la Tamise ?
Connaissez les dangers d'une telle entreprise ;
225 D'armes et de débris voyez les flots couverts,
La discorde a troublé la sûreté des mers ;
Un reste fugitif de l'Écosse asservie,
Sur ces côtes errant, sans espoir, sans patrie,
Au milieu de son cours troublant votre vaisseau,
230 Pourrait vous entraîner dans un exil nouveau ;
Attendez que la paix, rendue à ces contrées,
Vous ouvre sur les eaux des routes assurées.

ALZONDE,
L'amour de la patrie ignore le danger,
Et les cœurs qu'il conduit ne savent point changer ;
235 Vous ne souffrirez[23] point, jusqu'ici plus sensible,
Que la plainte aujourd'hui vous éprouve inflexible,
Qu'on perde devant vous des larmes et des vœux,
Et qu'il soit des malheurs où vous êtes heureux.

VORCESTRE,
Heureux ! Que dites-vous ! Apparence trop vaine !
240 Le bonheur est-il fait pour le rang qui m'enchaîne ?
Vous ne pénétrez point les sombres profondeurs
Des maux qui sont cachés sous l'éclat des grandeurs :
Quel accablant fardeau ! Tout prévoir, tout conduire,
Entouré d'envieux unis pour tout détruire ;
245 Responsable du sort et des événements,
Des misères du peuple, et des brigues des grands ;
Réunir seul enfin, par un triste avantage,   [16]
Tous les soins, tous les maux que l'empire partage :
Voilà le joug brillant auquel je suis lié,
250 Sort toujours déplorable et toujours envié !
C'est peu que les périls, l'esclavage et la peine,
Que dans tous les états le ministère entraîne ;
Jugez quels nouveaux soins exigent mes devoirs ;
Ministre d'un empire où règnent deux pouvoirs,
255 Où je dois, unissant le trône et la patrie,
Sauver la liberté, servir la monarchie,
Affermir l'un par l'autre, et former le lien
D'un peuple toujours libre et d'un roi citoyen[24].
Ma fortune est un poids que chaque jour aggrave :
260 Maître et juge de tout, de tout on est esclave[k],
Et régir des mortels le destin inconstant,
N'est que le triste droit d'apprendre à chaque instant
Leurs méprisables vœux, leurs peines dévorantes,

---

23 *Souffrir* au sens classique de « tolérer, supporter ».
24 Cette apologie d'une monarchie constitutionnelle préfigure le régime que tentera de mettre en place la Révolution de 1789, avant la Terreur.

Leurs vices trop réels, leurs vertus apparentes,
265 Et de voir de plus près l'affreuse vérité
Du néant des grandeurs et de l'humanité.
Mais le roi vient. Allez, consolez Eugénie ;
Vous verrez par mes soins votre peine adoucie.

Scène 5 [17]
ÉDOUARD, VORCESTRE,
VOLFAX, GLASTON, GARDES

ÉDOUARD, *à Volfax.*
Je souscris à vos vœux[1] et consens aux exploits
270 Qu'un peuple de héros brigue par votre voix ;
Les bornes qu'à ces lieux la nature a prescrites
De mes destins guerriers ne sont pas les limites ;
Bientôt sur d'autres bords on verra mes drapeaux,
Et les lois d'Albion chez des peuples nouveaux ;
275 De mes ordres, Volfax, vous instruirez l'armée[m] ;
Que ma flotte en ces ports ne soit plus renfermée ;
Qu'arbitre des combats, souveraine des mers,
Elle enchaîne l'Europe, étonne l'univers.
Que, terrible et tranquille au milieu des tempêtes,
280 Londres puisse compter mes jours par ses conquêtes.
Allez.
(Aux gardes.)
Vous, qu'on me laisse.

Scène 6 [18]
ÉDOUARD, VORCESTRE

VORCESTRE
                    À cet ordre, Seigneur,
Je ne puis vous cacher mon trouble et ma douleur ;
Lorsque le peuple anglais, au sein de la victoire,
Attendait son repos d'un roi qui fit sa gloire,
285 Entraîné par la voix d'un conseil de soldats,

Allez-vous réveiller la fureur des combats ?
Je n'ai jamais trahi mon austère franchise,
Et, si dans ces dangers elle est encore permise,
J'en dois plus que jamais employer tous les droits ;
290 Un peuple libre et vrai vous parle par ma voix.
La guerre fut longtemps un malheur nécessaire ;
L'Écosse était pour vous un trône héréditaire ;
Les droits que votre aïeul sur elle avait acquis
Exigeaient que par vous ce bien fût reconquis.
295 Vous y régnez enfin ; mais pour finir la guerre
Dont ce peuple indocile au joug de l'Angleterre
Nous fatigue toujours, quoique toujours vaincu, [19]
Vous savez à quels soins l'État s'est attendu.
Vous avez consenti d'unir par l'hyménée
300 L'héritière d'Écosse à votre destinée,
Sûr que ce peuple altier adoptera vos lois,
En voyant près de vous la fille de ses rois.
Je sais que ce royaume affaibli par ses pertes,
Compte peu de vengeurs dans ses plaines désertes ;
305 Tout retrace à leurs yeux vos exploits, leur devoir,
L'image de leur joug et de votre pouvoir ;
Mais, armant tôt ou tard ses haines intestines,
L'Écosse peut encore sortir de ses ruines,
Surprendre ses vainqueurs, rétablir son destin ;
310 Un bras inattendu porte un coup plus certain.
Jamais dans ces climats on n'est tranquille esclave,
Et pour la liberté, le plus timide est brave.
Tous leurs chefs ont péri ; mais, en de tels complots,
Le premier téméraire est un chef, un héros.
315 Sous l'astre dominant de cette destinée,
Qui tient à vos drapeaux la victoire enchaînée,
On craint peu, je le sais, leurs efforts superflus ;
Leur révolte est pour vous un triomphe de plus,
Mais le plus beau triomphe est un honneur funeste,
320 La victoire toujours fut un fléau céleste,
Et tous les rois au Ciel, qui les laisse régner, [20]
Sont comptables du sang qu'ils peuvent épargner.

Remplissez donc, Seigneur, l'espoir de l'Angleterre ;
Vos essais éclatants[n] ont appris à la terre
325 Que vous pouviez prétendre au nom de conquérant ;
Passez le héros même ; un roi juste est plus grand.
Hâtez-vous d'obtenir ce respectable titre,
Parlez, donnez la paix dont vous êtes l'arbitre ;
Et, pour en resserrer les durables liens,
330 Que vos ambassadeurs, aux champs norvégiens
Envoyés dès demain, demandent la princesse ;
C'est l'espoir de l'État, et c'est votre promesse.

ÉDOUARD

Quelle image à mon cœur venez-vous retracer ?
Quel hymen ! Non, Vorcestre, il n'y faut plus penser.

VORCESTRE

335 Seigneur, que dites-vous ? Quelle triste nouvelle… !
Mais non, à la vertu votre grand cœur fidèle,
Se respectant lui-même en ses engagements,
Ne démentira point ses premiers sentiments.
Votre parole auguste au trône appelle Alzonde ;
340 La parole des rois est l'oracle du monde.
D'ailleurs, vous le savez, la patrie a parlé ;
Confirmé par la voix de l'État assemblé,
Votre choix par ce frein devient inviolable ; [21]
D'affreux dangers suivraient un changement semblable.
345 Ce peuple en sa fureur ne connaît plus ses rois[o]
Dès qu'ils ont méconnu l'autorité des lois[25].
Le trône est en ces lieux au bord d'un précipice,
Il tombe quand pour base il n'a plus la justice ;
Et si mon zèle ardent, pour votre sûreté,
350 M'autorise à parler avec sincérité,
Contemplez les malheurs des jours de nos ancêtres :
Leurs vertus sont nos lois, leurs malheurs sont nos maîtres.

---

25 Pour Vorcestre, la légitimité du pouvoir royal s'appuie sur le respect des lois du royaume : le roi n'est pas au-dessus des lois. Cette conception s'oppose à celle d'Édouard pour qui sa légitimité réside dans ses exploits guerriers.

Je dis plus, au-dessus des timides détours,
J'ose vous rappeler l'exemple de nos jours :
355 Nous avons vu, Seigneur, tomber ce diadème.
Du trône descendu, votre père lui-même
Avant ses jours a vu son règne terminé ;
Il pouvait[26] vivre heureux et mourir couronné,
S'il n'eût point oublié qu'ici, pour premiers maîtres,
360 Marchent, après le Ciel, les droits de nos ancêtres ;
Qu'en ce même palais l'altière liberté
Avait brisé déjà le trône ensanglanté ;
Qu'ici le despotisme est une tyrannie,
Et que tout est vertu pour venger la patrie.

ÉDOUARD [22]
365 Un trône environné des héros que j'ai faits
N'a plus à redouter de semblables forfaits ;
Et, si jusques à moi la révolte s'avance,
Tant de bras triomphants sont prêts pour ma vengeance[27].
Quelle est donc la patrie ? et le brave soldat,
370 Le vainqueur, le héros ne sont-ils point l'État ?
Quoi ! d'obscurs sénateurs que l'orgueil seul inspire,
Sous le titre imposant de zèle pour l'empire,
Croiront-ils, à leur gré, du sein de leur repos,
Permettre ou retarder la course des héros ?
375 Vainement on m'annonce un avenir funeste,
Fondé sur ces appuis, je crains peu tout le reste :
Héritier de leur nom, si j'imite vos rois,
Je n'imite que ceux qui vous firent des lois ;
Ce n'est que des vainqueurs que je reçois l'exemple ;
380 Et chargé d'un destin que l'univers contemple,
Je n'examine point ce que doit applaudir
Un peuple audacieux[28], mais fait pour obéir.
Tout changement d'ailleurs plaît au peuple volage,

---

26 *Il pouvait* : c'est-à-dire « il aurait pu ». Dans la langue classique, « devoir » et « pouvoir » revêtent à l'imparfait les fonctions du conditionnel passé.
27 *Pour ma vengeance* : c'est-à-dire « pour me venger ».
28 Diérèse : quatre syllabes.

C'est sur l'événement[29] qu'il règle son suffrage :
385 À quelque extrémité qu'on se soit exposé,
Qui parvient au succès n'a jamais trop osé.

VORCESTRE [23]

Puissiez-vous l'ignorer ! mais, j'oserai le dire,
La force assure mal le destin d'un empire ;
Le peuple, aux lois d'un seul asservissant sa foi,
390 Crut se donner un père en se donnant un roi :
Il n'a point prétendu, par d'indignes entraves[p],
Dégrader la nature et faire des esclaves,
On vous chérit, Seigneur, c'est le sceau de vos droits ;
Le bonheur des sujets est le titre des rois[30].

ÉDOUARD

395 Eh bien ! vous le pouvez : procurez à l'empire
Ce repos, ce bonheur où l'Angleterre aspire.
Non moins zélé sujet que sage citoyen,
Bannissez la discorde, il en est un moyen.
On demande la paix ; je voulais la victoire.
400 Mais au bonheur public j'en immole la gloire,
Si, changé par vos soins, ce sénat aujourd'hui
Se prête à mes désirs, quand je fais tout pour lui.
Vous avez son estime, et vous serez son guide.
Du trône et de ma main que mon cœur seul décide ;
405 D'un douteux avenir c'est trop s'inquiéter,
L'Écosse dans les fers n'est plus à redouter.
Vous donc qu'à mon bonheur un vrai zèle intéresse,
Vous qui savez ma gloire, apprenez ma faiblesse.
Quand le sort le plus beau semble combler mes vœux, [24]
410 Couronné, triomphant, je ne suis point heureux ;
Et cherchant les hasards dans ma tristesse extrême[31],
Si je fuis le repos, c'est pour me fuir moi-même.

---

29 *Événement* : « procéder, émaner,... être produit » (*Furetière et Basnage de Beauval*, 1727).
Il faut comprendre : « ce qui s'est produit ; le résultat d'une action politique ».
30 Apologie de la monarchie qui va dans le même sens que le titre de « Bien aimé » décerné à Louis XV en 1744.
31 *Tristes*se extrême : abattement, dégoût de vivre.

VORCESTRE
Quel bien manque, Seigneur... ?

ÉDOUARD
                    Un amour généreux
Ne craint point les regards d'un mortel vertueux.
415 Je vous estime assez pour vous ouvrir mon âme.
Recevez, le premier, le secret de ma flamme.
Les grâces, les vertus sont au-dessus du sang,
Et marquent la beauté que j'élève à mon rang.
Pourras-tu[32] sur mon choix me condamner encore
420 Quand tu sauras le nom de celle que j'adore ?
Ô père trop heureux !... Mais quoi ! vous frémissez !
De quel soudain effroi vos sens sont-ils glacés ?

VORCESTRE
L'orgueil n'aveugle point ceux que l'honneur éclaire,
Et je suis citoyen avant que d'être père.
425 Mon sang serait en vain par le sceptre illustré,
Si moi-même, à mes yeux, j'étais déshonoré.
Ces titres de l'orgueil, les rangs, les diadèmes,
Idoles des humains, ne sont rien par eux-mêmes.
Ce n'est point dans des noms que réside l'honneur,   [25]
430 Et nos devoirs remplis font seuls notre grandeur[q].
Mais de vos sentiments je connais la noblesse,
Maître de vous, Seigneur, vainqueur d'une faiblesse,
Vous n'immolerez point vos premières vertus,
Et la paix et la gloire, et peut-être encor plus.
435 Oui, je crains tout pour vous ; vieilli sur ces rivages,
J'en connais les écueils, j'en ai vu les naufrages.
La plus faible étincelle embrase ce climat,
Et rien dans ces moments n'est sacré que l'État.
Qui vous en dirait moins dans ce péril extrême,
440 Trahirait la patrie, et l'honneur, et vous-même.

---

32 Traditionnellement, le passage au tutoiement traduit une plus grande intimité entre les personnages. Ici, la réaction, muette mais explicite, de Vorcestre, amène le roi à rétablir brutalement les distances et à repasser au vouvoiement.

ÉDOUARD

Votre zèle m'est cher ; mais un injuste effroi
Vous fait porter trop loin vos alarmes pour moi ;
Élevé dans la paix, nourri dans des maximes
Dont le préjugé seul fait des droits légitimes,
445 Vous pensez qu'y souscrire et régner faiblement,
Est l'unique chemin pour régner sûrement[r].
Mais des maîtres du monde et des âmes guerrières
Le Ciel étend plus loin l'espoir et les lumières ;
Et couronnant nos faits, il apprend aux États
450 Qu'un vainqueur fait les lois, et qu'il n'en reçoit pas.
Par quel ordre en effet faut-il que je me lie
Aux exemples des temps qui précèdent ma vie ;
Qu'esclave du passé, souverain sans pouvoir, [27]
Dans les erreurs des morts je lise mon devoir,
455 Et que d'un pas tremblant je choisisse mes guides
Dans ce peuple oublié de monarques timides,
Qu'on a vus, l'un de l'autre imitateurs bornés
Obéir sur le trône, esclaves couronnés ?
Vous savez mes desseins, c'est à vous d'y répondre.
460 On m'apprend qu'Eugénie est prête à quitter Londres.
Qu'elle reste en ces lieux. Vous-même, en cet instant,
Allez lui déclarer que le trône l'attend.
Fiez-vous à mon sort, à quelque renommée,
Ou, s'il le faut enfin, au pouvoir d'une armée,
465 De la force des lois que ma voix prescrira,
Et du soin d'y ranger qui les méconnaîtra.

VORCESTRE

Vous voulez accabler un peuple magnanime.
Vous voyez devant vous la première victime :
Oui, de mes vrais devoirs instruit et convaincu,
470 S'il faut les violer, prononcez, j'ai vécu.
Je connais Eugénie, et j'ose attendre d'elle
Qu'à tous mes sentiments elle sera fidèle ;
Elle n'a pour aïeux que de vrais citoyens,
Des droits de la patrie inflexibles soutiens ;

475 Et le sceptre, à ses yeux, sera d'un moindre lustre
Qu'un refus honorable ou qu'un trépas illustre;
Mais si, trompant mes soins, ma fille obéissait, [28]
Si, changé jusque-là, son cœur se trahissait...
Un exil éternel[s]...

ÉDOUARD
Arrêtez, téméraire,
480 Exécutez mon ordre, ou craignez ma colère.
Quant aux soins de l'État, je saurai commander,
Et je n'ai plus ici d'avis à demander.

Scène 7

VORCESTRE, *seul.*
Quel sinistre pouvoir, malheureuse Angleterre,
Éternise en ton sein la révolte et la guerre!
485 Incertain, alarmé[t] dans cet état cruel,
Que n'ai-je tes conseils, ô mon cher Arondel!
Quel désert te renferme, ô sage incorruptible!
Faut-il que la vertu, la sagesse inflexible,
Qui t'éloignent des soins, des chaînes de la cour,
490 Me laissent si longtemps ignorer ton séjour[33]!
Ciel! je me reste seul; mais ton secours propice
Vient toujours seconder qui défend la justice.
Allons sur un héros faire un dernier effort;
S'il n'est plus qu'un tyran, allons chercher la mort.

Fin du premier acte.

---

33 *Séjour* : « la demeure qu'on fait en un lieu » (*Acad.*, 1694). « *Séjour* se dit et du *temps*, pendant lequel on demeure dans un même lieu (...) et du *lieu* considéré par rapport à la demeure qu'on y peut faite », (Féraud, *Dictionnaire critique de la langue française*, 1787-1788). Ici : « le lieu où tu séjournes ».

ACTE II

Scène première
EUGÉNIE, ISMÈNE

ISMÈNE

495 Que craignez-vous ? Pourquoi regrettez-vous, Madame,
De m'avoir dévoilé le secret de votre âme ?
Ce penchant vertueux, ce sentiment vainqueur
Pour le plus grand des rois, honore votre cœur.
La vertu n'exclut point une ardeur légitime ;
500 Quel cœur est innocent, si l'amour est un crime ?[u]

EUGÉNIE

Cruelle ! par quel art[34] viens-tu de m'arracher
Un secret qu'à jamais je prétendais cacher[35] ?
D'un cœur désespéré respectant la faiblesse,
Ah ! tu devais[36] l'aider à taire sa tendresse.
505 Mais à ce nom trop cher que tu m'as rappelé,
Puisqu'enfin, malgré moi, mes larmes ont parlé,
Remplis du moins l'espoir, l'espoir seul qui me reste,
Jamais ne m'entretiens de ce secret funeste ;
Que moi-même à tes yeux je doute désormais
510 Si tu le sais encor, si tu le sus jamais.

ISMÈNE

On soulage son cœur en confiant sa peine !
Pourquoi m'avoir caché...

---

34 *Art* : voir p. 55, n. 15. « Procédés retors » ; c'est dans ce sens que ce mot se rattache à « artifices » et « artificieux »
35 Rappel de la *Phèdre* de Racine dans laquelle Phèdre avoue de la même manière ses sentiments à Hippolyte : « Ah ! cruel, tu m'as trop entendue / Je t'en ai dit assez pour te tirer d'erreur. » (A. II, sc. 5)
36 *Devais* : c'est-à-dire « tu aurais dû ». On retrouve ici l'emploi classique de l'imparfait au lieu du conditionnel passé pour les verbes *devoir* et *pouvoir*. Voir n. 26.

EUGÉNIE
Moi-même, chère Ismène,
Victime du devoir, de l'amour, du malheur,
Osais-je me connaître et lire dans mon cœur ?
515 De lui-même jamais ce cœur fut-il le maître ?
Jointe à Salisbury sans presque le connaître[37],
L'amour n'éclaira point un hymen malheureux,
Dont le sort sans mon choix avait formé les nœuds.
J'estimai d'un époux la tendre complaisance,
520 Mais il n'obtint de moi que la reconnaissance ;
Et, malgré mes efforts, mon cœur indépendant,
Réservait pour un autre un plus doux sentiment.
De la Cour à jamais que ne fus-je exilée ! [30]
Par mon nouveau destin en ces lieux appelée,
525 Je vis... Fière vertu ! pardonne ce soupir ;
J'en adore à la fois et crains le souvenir.
Dans ce jeune héros je sentis plus qu'un maître,
Mon âme à son aspect reçut un nouvel être.
Je crus que jusqu'alors ne l'ayant point connu,
530 Ne l'ayant point aimé, je n'avais pas vécu.
Que te dirai-je enfin[38] ? Heureuse et désolée,
Maîtresse à peine encor de mon âme accablée,
Trouvant le désespoir dans mes plus doux transports,
Au sein de la vertu j'éprouvai des remords[v].
535 C'en est fait ; libre enfin, je dois fuir et me craindre,
J'ai su cacher ma honte, et j'ai pu me contraindre,
Tandis que le devoir défendait ma vertu ;
Mais aujourd'hui mon cœur est trop mal défendu.
Te dirai-je encor plus ? On croit tout, quand on aime ;
540 Oui, depuis le moment que je suis à moi-même[39],
Cet amour malheureux et nourri de mes pleurs,
Ose écouter l'espoir et chérit ses erreurs ;
Quand je vois ce héros, interdite, éperdue,

---
37 Eugénie est devenue comtesse de Salisbury à la suite d'un mariage arrangé ou forcé.
38 Hémistiche présent dans Racine, *Bérénice*, 1, 4 : « Que vous dirai-je enfin ? ».
39 Devenue veuve du comte de Salisbury, Eugénie peut envisager sans être fautive les sentiments qu'elle éprouve pour Édouard III.

Je crois voir ses regards s'attendrir à ma vue ;
545 Je crois... Mais où m'emporte un aveugle transport ?
Le Ciel n'a fait pour moi qu'un désert et la mort,
Ne puis-je cependant entretenir mon père ? [31]
Pourquoi m'arrête-t-il où tout me désespère ?

ISMÈNE
Vous l'allez voir ici. Mais pourquoi fuir la Cour,
550 Et rejeter l'espoir qui s'offre à votre amour ?
Le trône à vos attraits...

EUGÉNIE
              Que dis-tu, malheureuse ?
Quel fantôme brillant, quelle image flatteuse
À mes sens égarés as-tu fait entrevoir ?
Garde-toi de nourrir un dangereux espoir ;
555 Tu me rendrais heureuse en flattant ma tendresse ;
Mais je crains un bonheur qui coûte une faiblesse[w].
Allons ; c'est trop tarder ; abandonnons des lieux
Où j'ose à peine encor lever mes tristes yeux[x] ;
Je veux ne point aimer ; je fuis ce que j'adore[40] ;
560 J'implore le trépas, et je soupire encore !
La mort seule éteindra mon déplorable amour ;
Mais du moins, en fuyant ce dangereux séjour,
Cruelle à mes désirs, à mes devoirs fidèle,
J'aurai fait ce que peut une faible mortelle ;
565 Si le reste est un crime, il est celui des Cieux,
Et j'aurai la douceur d'être juste à mes yeux[y].
Tu n'auras pas longtemps à souffrir de ma peine ; [32]
La mort est dans mon cœur ; suis-moi, ma chère Ismène.
Ton zèle en a voulu partager le fardeau,
570 Ne m'abandonne pas sur le bord du tombeau.
Fuyons. Là, pour briser le trait qui m'a blessée,
Pour bannir ce héros de ma triste pensée,
Souvent tu me diras qu'il n'est pas fait pour moi ;

---

40 L'échange de répliques entre Eugénie et Ismène rappelle la fameuse conversation de Phèdre et d'Œnone dans la *Phèdre* de Racine (II, 5) Gresset est pénétré du texte de Racine.

ÉDOUARD III

    Cache un mortel charmant, ne me montre qu'un roi ;
575 Dis-moi que les attraits de quelqu'amante heureuse
    Ont sans doute enchaîné cette âme généreuse ;
    Dis-moi que nés tous deux sous des astres divers,
    Il ignore et ma peine et mes vœux les plus chers,
    Et qu'il n'existe plus que pour celle qu'il aime.
580 Je t'aide, tu le vois, à me tromper moi-même.
    Peut-être à tes discours, oubliant mes regrets...
    Je m'abuse... Ah ! plutôt, ne le nomme jamais[z].
    Pour quels crimes, ô Ciel ! par quel affreux caprice
    Le charme de ma vie en est-il le supplice ?
585 Par la gloire inspiré, par l'honneur combattu,
    Mon amour était fait pour être une vertu !
    On vient ; éloigne-toi.

Scène 2
VORCESTRE, EUGÉNIE

EUGÉNIE
              Je vous cherchais, mon père ;
    Mon départ était prêt, quel ordre le diffère ?
    Jusqu'ici toujours tendre et sensible à ma voix,
590 Me refuseriez-vous pour la première fois ?
    Vous ne répondez rien ; une sombre tristesse...

VORCESTRE
Laissez aux faibles cœurs une molle tendresse ;
Les destins sont changés, ma fille, et d'autres temps
Veulent d'autres discours et d'autres sentiments ;
595 Connaissez-vous le sang dont vous êtes sortie,
Et le nom des héros que lui doit la patrie ?

EUGÉNIE
Je sais qu'il n'a produit que de vrais citoyens ;
Et pour leurs sentiments, je les sais par les miens.

VORCESTRE

L'univers sait nos faits ; le Ciel seul sait nos vues :
600 S'il faut que dans ce jour les vôtres soient connues,
Soutiendrez-vous l'honneur de ces noms éclatants ? [34]

EUGÉNIE

L'ordre de la nature, ou l'usage des temps,
À mon sexe laissant la faiblesse en partage,
Sembla de nos vertus exclure le courage ;
605 De défendre l'État le droit vous fut donné ;
À l'orner par nos mœurs notre sort fut borné.
Mais, soit l'instinct du sang, soit l'exemple d'un père,
Je ne partage point la faiblesse vulgaire ;
Que la patrie ordonne, et mon cœur aujourd'hui
610 En sera, s'il le faut, la victime ou l'appui.
Le Ciel, qui voit mon âme au devoir asservie,
Sait combien faiblement elle tient à la vie,
Et je l'atteste ici que mon sang répandu...

VORCESTRE

Laissez de vains serments, j'en crois votre vertu,
615 J'en crois mon sang. Montrez cette âme magnanime ;
Vous pouvez, par l'effort d'une vertu sublime,
Dans nos fastes brillants précéder les héros ;
Quelque degré d'honneur qu'atteignent[aa] leurs travaux
Au-delà de leur sort la gloire vous appelle ;
620 Le Ciel a fait pour vous une vertu nouvelle ;
Même au-dessus du trône il est encore un rang ;
Et ce rang est à vous, si vous êtes mon sang.

EUGÉNIE [35]

De mon cœur, de mes jours que mon père dispose,
Pour en être estimée, il n'est rien que je n'ose.

VORCESTRE

625 Un mot va vous juger ; si détruisant nos droits,
Et la foi des traités, et le respect des lois,

Le sort à votre père offrait un diadème,
Et qu'entre la patrie et le pouvoir suprême
Il parût balancer à choisir son destin,
630 Que conseilleriez-vous à son cœur incertain ?

EUGÉNIE
Le refus de ce trône, un trépas honorable ;
Un juste citoyen est plus qu'un roi coupable.

VORCESTRE
La vertu même, ici, par ta bouche a parlé ;
C'est ton propre destin que ce choix a réglé,
635 C'est le sort de l'État. Généreuse Eugénie,
Il faut, du peuple anglais tutélaire génie,
Faire plus qu'affermir, plus qu'immortaliser,
Plus qu'obtenir le trône, il faut le refuser.
Oui, c'est toi, qu'au mépris d'une loi souveraine,
640 Au mépris de l'État, Édouard nomme reine,
Et pour un rang de plus, si tu démens tes mœurs,
Tu l'épouses demain, tu règnes, et je meurs.
Tu frémis... Je t'entends ; tu prévois les disgrâces   [36]
Que ce fatal amour entraîne sur ses traces ;
645 Je reconnais ma fille à ce noble refus,
Et mon cœur paternel renaît dans tes vertus.
Qu'espérait Édouard ? Comment a-t-il pu croire
Qu'instruit par des aïeux d'immortelle mémoire,
Blanchi dans la droiture et la fidélité,
650 Dans le zèle[41] des lois et de la liberté,
J'irais d'un lâche orgueil, méprisable victime,
Avilir ma vieillesse et finir par un crime ?
Non, j'ai su respecter la terre où je suis né ;
Je t'en devais l'exemple et je te l'ai donné.
655 Bien loin qu'à ton départ je sois contraire encore,
Je vais fuir sur tes pas un palais que j'abhorre.
À moi-même rendu, je retourne au repos ;

---

41 *Zèle* : « Attachement pur et éclairé pour le bien public » (*Trévoux*, 1771).

Je ne demande point le prix de mes travaux.
Quel prix plus doux pourrait flatter mon espérance !
660 Le Ciel, dans tes vertus, a mis ma récompense.
Je vais tout disposer. Édouard amoureux
Doit lui-même bientôt t'instruire de ses vœux.
Je m'en remets à toi du soin de les confondre[42],
Et je veux te laisser la gloire de répondre.

Scène 3 [37]

EUGÉNIE

665 Ainsi tous mes malheurs ne m'étaient pas connus !
Il m'aimait, et je pars[43] !... Je ne le verrai plus !...
Toi qui fais à la fois mon bonheur et ma peine,
Le sort avait donc fait mon âme pour la tienne !
Mais de ce même sort quel caprice cruel
670 Élève entre nous deux un rempart éternel ?
Cher Prince, il faudra donc que cette bouche-même
Qui devait mille fois te jurer que je t'aime,
Trahisse, en te parlant, le parti de mon cœur !...
Fuyons... Mais le roi vient ! Toi qui vois ma douleur,
675 Ciel, cache-lui du moins...

Scène 4 [38]
ÉDOUARD, EUGÉNIE

ÉDOUARD
Quelle crainte imprévue
Vous éloigne, Madame, et vous glace à ma vue ?

EUGÉNIE
Les Cieux me sont témoins que l'aspect de mon roi
N'a jamais eu, Seigneur, rien de triste pour moi.

---

42 *Confondre* : « Faire échouer, réduire à l'impuissance ».
43 Rappel de la situation de Titus et de Bérénice dans la tragédie de Racine.

ÉDOUARD

Votre roi ! sort cruel ! Ne puis-je donc paraître
680 Sous des titres plus doux que le titre de maître ?
Malheureux sur le trône, et toujours redouté,
N'ai-je d'autre destin que d'être respecté ?
Souveraine des rois, la beauté n'est point née
Pour une dépendance au peuple destinée ;
685 L'empire est son partage, et c'est elle en ce jour,
C'est elle qu'avec moi va couronner l'amour,
Si, moins contraire enfin au bonheur où j'aspire,
Le sort veut terminer les maux dont je soupire.

EUGÉNIE [39]

Laissez aux malheureux la plainte et les douleurs.
690 Le Ciel, pour Édouard, a-t-il fait des malheurs ?
S'il se mêle à vos jours quelque peine légère,
La gloire vous appelle, et s'offre à vous distraire ;
L'Univers vous attend[ab], et vos premiers travaux
De ce siècle déjà vous ont fait le héros.
695 Soumettez les deux mers aux lois de l'Angleterre ;
Allez, soyez l'arbitre et l'amour de la terre !
Je rendrai grâce au Ciel, quand le bruit de vos faits
Viendra dans la retraite où je fuis pour jamais.

ÉDOUARD

Ah ! cruelle, arrêtez ; vous avez dû m'entendre[ac][44].
700 Tout vous a dit l'ardeur de l'amant le plus tendre ;
Et, pour prix de mes feux, vous fuiriez des climats
Que je veux avec moi soumettre à vos appas !
Ne me dérobez point le seul bien où j'aspire.
Je ne commencerai de compter mon empire,
705 D'être, d'aimer mon sort, que du moment heureux
Où vous partagerez ma couronne et mes feux…
Mais non… Ce sombre accueil m'apprend que je m'abuse,
Et ce n'est point vous seule ici que j'en accuse.

---

44 Souvenir de *Phèdre* « Ah ! cruel, tu m'as trop entendue… » (II, 5). – « Vous avez dû » signifie : « Vous auriez dû ».

####### EUGÉNIE

Ne soupçonnez que moi. Sur mon devoir, Seigneur,
710 Je ne connus jamais de maître que mon cœur.
(Elle sort.)

Scène 5

####### ÉDOUARD

Elle fuit ! Quelle haine, et quel sensible outrage !
Superbe[45] citoyen, voilà donc ton ouvrage !
On t'accusait, mon cœur n'osait te soupçonner.
Ne m'offres-tu donc plus qu'un traître à condamner ?[ad]
715 Où me réduit l'ingrat ! Que sert ce diadème
Si je ne puis enfin couronner ce que j'aime ?
Mais quel est cet hymen dont on défend les droits ?
Quels sujets orgueilleux ! Est-ce un peuple de rois ?
Quelles sont ces vertus farouches et bizarres ?
720 Le devoir en ces lieux fait-il donc des barbares ?
Par un terrible exemple il faut leur enseigner
Qu'il n'est ici qu'un maître, et que je sais régner.
Holà, Gardes !

Scène 6
####### ÉDOUARD, VOLFAX

####### ÉDOUARD

Volfax, venge-moi d'un rebelle.

####### VOLFAX

Seigneur, nommez le traître, et cette main fidèle…

####### ÉDOUARD

725 Au nom du criminel tu frémiras d'effroi,

---

45 *Superbe* : « vain, orgueilleux, qui marque de la présomption, une trop bonne opinion de lui-même. » (*Furetière*, 1690). Édouard imagine qu'Eugénie obéit aux ordres de son père, ordres qui s'opposent à sa volonté.

Ce sage révéré, cet ami de son roi,
Comblé de mes bienfaits, chargé de ma puissance,
Le croiras-tu ? Vorcestre, oui, Vorcestre m'offense.
Il ose me trahir.

VOLFAX
Vorcestre ! lui, Seigneur !
730 Lui, qui parut toujours l'oracle de l'honneur[ad] ?
Peut-être en croyez-vous un douteux témoignage[ae] ?

ÉDOUARD
Je n'en crois que moi-même, et j'ai reçu l'outrage[af] :
Cet esprit de révolte éclaire enfin mes yeux,
Et me confirme trop des soupçons odieux[46].

VOLFAX
[42]
735 On vient de m'annoncer la trame la plus noire…
Je le justifiais !… O Ciel, qu'on doit peu croire[ag]
Aux dehors imposants des humaines vertus !

ÉDOUARD
Parle : que t'a-t-on dit ? Rien ne m'étonne plus.

VOLFAX
Dispensez-moi, Seigneur, d'en dire davantage.
740 Il est d'autres témoins des maux que j'envisage,
Et je crois avec peine un si noir attentat.

ÉDOUARD
Achève, je le veux. Je crois tout d'un ingrat.

VOLFAX
J'obéis, puisqu'enfin ce n'est plus qu'un coupable.
Je vois que son forfait n'est que trop véritable ;
745 Je rapproche les temps, ses projets, ses discours.
Dans le Conseil, Seigneur, vous l'avez vu toujours

---

46 Diérèse : trois syllabes.

Contraire à vos desseins[ah], contraire à votre gloire,
Il tâchait d'étouffer l'amour de la victoire.
Je vois trop maintenant par quels motifs secrets
750 Ses dangereux conseils ne tendent qu'à la paix[ai].

ÉDOUARD

Oui, tu m'ouvres les yeux ; aujourd'hui même encore,
Trahissant le renom dont l'univers m'honore[aj],
Il m'osait conseiller un indigne repos[ak]. [43]

VOLFAX

Pour en savoir la cause, apprenez ses complots :
755 Dans la sécurité d'une paix infidèle,
On vous laisse ignorer que l'Écosse rebelle…[al]

ÉDOUARD

Je ne le sais que trop. De fidèle sujets
M'ont découvert sans lui ces mouvements secrets.

VOLFAX

De ces déguisements l'honneur est-il capable ?
760 Qui peut taire un complot, lui-même en est coupable.
Peut-être jusqu'au trône osant porter ses vœux,
Appui des Écossais, il veut régner sur eux.
C'est pour favoriser ses ligues ennemies
Qu'il prétend séparer vos forces réunies,
765 En des ports différents disperser vos vaisseaux,
Et borner à régner le destin d'un héros.
Il avait des vertus, il avait votre estime,
Seigneur ; mais pour régner, quand il ne faut qu'un crime,
L'honneur est-il un frein à l'orgueil des mortels ?
770 L'espoir du trône a fait les fameux criminels ;
Et, fausse trop souvent, cette altière sagesse
N'attend qu'un crime heureux pour montrer sa bassesse.

ÉDOUARD [44]

Le perfide !

VOLFAX

Je crains autant que sa fureur
Ce renom de vertu que lui donne l'erreur.
Par ses vains préjugés[am], entraînés dans ses[an] brigues,
Tous croiront vous servir en servant ses intrigues.
De la rébellion l'étendard abhorré
Deviendrait dans ses mains un étendard sacré...[ao]

ÉDOUARD

Va : qu'on l'amène ici... Mais que vois-je ? Il s'avance.

Scène 7
ÉDOUARD, VORCESTRE, VOLFAX

VORCESTRE

Daignez remplir, Seigneur, ma dernière espérance ;
Si le Ciel m'eût permis de consacrer toujours
Au bien de cet État mes travaux et mes jours,
J'eusse été trop heureux. Par un destin contraire,
Forcé, vous le savez, au malheur de déplaire,
Trop vrai pour me trahir, je dois, fuyant ces lieux,
Soustraire à vos regards un objet odieux.
Souffrez donc qu'aujourd'hui, dans un obscur asile,
Inutile à l'État, moi-même je m'exile[ap] ;
Ne tenant plus à rien que par de tendres vœux
Pour la félicité d'un peuple généreux,
J'attendrai sans regret la fin de ma carrière,
Si d'un dernier regard, honorant ma prière,
Vous conservez, Seigneur, par de justes projets,
Le premier bien d'un roi, l'amour de vos sujets[aq].

ÉDOUARD

Vous apprendrez dans peu ma volonté suprême ;
Sortez[47].

---

47 Souvenir de la dernière réplique de Roxane dans *Bajazet* de Racine (V, 4).

Scène 8
ÉDOUARD, VOLFAX

ÉDOUARD
Qu'ai-je entendu ? Qu'en croiras-tu toi-même ?
Peut-on le soupçonner de tramer un forfait,
Quand il fuit et ne veut qu'un exil pour bienfait ?

VOLFAX [46]
Seigneur, ainsi que vous, sa démarche m'étonne.
800 Que ne puis-je penser qu'à tort on le soupçonne[ar] ?
Mais deux garants trop sûrs de[as] cette trahison,
Malgré moi, m'ont conduit au-delà du soupçon.
Je dirai plus, Seigneur, le zèle qui m'éclaire
Me fait jour à travers ce ténébreux mystère.
805 Par le pas qu'il a fait, je le crois convaincu ;
Le crime prend souvent la voix de la vertu.
Oui, ce même départ qu'apprête l'infidèle,
Est de sa trahison une preuve nouvelle ;
S'il vous fait consentir à son éloignement,
810 C'est pour tromper vos yeux et fuir plus sûrement.
Cet exil prétendu que ses vœux vous demandent
Joindra peut-être un chef aux traîtres qui l'attendent ;
Dans ces climats conquis, placés tous par son choix,
Ceux qui règnent pour vous, marcheront à sa voix.
815 Tout le seconde enfin, et tout veut qu'on le craigne ;
S'il demeure, il conspire ; et s'il échappe, il règne.
Tout dépend d'un instant ; il peut vous prévenir[48].
Sous des prétextes vains, sa fille prête à fuir,
Va sans doute habiter une terre ennemie ;
820 Et dans ce même instant peut-être qu'Eugénie…

ÉDOUARD [47]
Elle fuit !… C'en est trop ; prévenons[49] des ingrats.

---

48 *Prévenir* : « agir avant que son adversaire n'ait eu le temps de prendre une décision et de passer à l'action ».
49 *Idem.*

Je m'en fie à ton zèle, observe tous leurs pas[at] ;
Je veux dès ce moment m'éclaircir sur son crime ;
Et, s'il n'est que trop vrai que, trompant mon estime,
825 Il s'armait contre moi de mes propres bienfaits,
Je n'aurai pas longtemps à craindre des forfaits[au].

Fin du second acte

ACTE III [48]

Scène première
ALZONDE, VOLFAX

VOLFAX
Non, Madame, à vos vœux rien ici ne s'oppose,
Le roi veut[av] vous parler, j'en ignore la cause ;
Mais ne redoutez rien ; Vorcestre dans les fers
830 Met enfin votre espoir à l'abri des revers ?
Sur la foi des témoins que j'ai su lui produire,
Édouard convaincu me laisse tout conduire.
Dans son courroux pourtant, inquiet, consterné,
Il paraît[aw] regretter l'ordre qu'il a donné ;
835 Mais il vient.

Scène 2 [49]
ÉDOUARD, ALZONDE,
sous le nom d'Aglaé.

ALZONDE
Par votre ordre en ces lieux appelée,
Quel soin vous intéresse au sort d'une exilée[50] ?

---

50 L'anacoluthe souligne le trouble d'Alzonde.

Puis-je espérer, Seigneur, qu'un secours généreux
Va mettre fin aux maux d'un destin rigoureux[ax]?

ÉDOUARD
Oui, fidèle Aglaé, pour terminer vos peines,
840 Attendez tout de moi, si vous calmez les miennes.
De ce funeste jour vous savez les malheurs,
Vous pouvez prévenir de plus grandes douleurs.
Accablé de remords, de tristesse et de crainte,
Mais comptant sur vos soins, je parle sans contrainte.
845 Vous me voyez rempli du désespoir amer
D'affliger, d'alarmer ce que j'ai de plus cher;
L'amitié, je le sais, avec elle vous lie;
C'est vous intéresser que nommer Eugénie.
Si vous chérissez donc sa gloire et son bonheur, [50]
850 Et si jamais l'amour a touché votre cœur,
Sauvez-la, sauvez-moi; par un récit fidèle
Allez la rassurer dans sa frayeur mortelle.
On accuse son père, il n'est point condamné.
À la rigueur des lois s'il semble abandonné,
855 Des fureurs d'un amant qu'elle excuse le crime;
J'ai moins prétendu perdre un sujet que j'estime
Qu'arrêter Eugénie au point de fuir ma cour.
L'amour va réparer le crime de l'amour...
Oui, fût-il condamné, le sang de ce que j'aime
860 Est sacré dans ces lieux ainsi que le mien même;
Sans le sceau de ma main, les lois ne peuvent rien.
Le coupable est son père, et son père est le mien.
Qu'elle vienne; elle sait mon trouble et sa puissance,
Qu'un seul de ses regards enchaîne ma vengeance.
865 J'espère tout du sort, puisqu'il a confié
La cause de l'amour aux soins de l'amitié.
Je ne veux qu'une grâce; à mes feux moins contraire[ay],
Qu'elle n'écoute plus un préjugé sévère.
Que par un tendre amant son front soit couronné;
870 Qu'elle accepte mon cœur, et tout est pardonné.

ALZONDE [51]
Seigneur, si vous voulez le bonheur de sa vie,
Si vous daignez m'en croire, oubliez Eugénie.
On n'attend point l'amour d'un cœur infortuné,
Par lui-même à l'exil, aux larmes, condamné.
875 Sans lui faire acheter la grâce qu'elle espère,
Sans troubler son repos, terminez sa misère.
N'attendez pas qu'ici pleurante à vos genoux,
Elle vienne arrêter un funeste courroux.
Sûre que l'équité va lui rendre son père,
880 Sa vertu ne sait point descendre à la prière.
Mettez fin à ses maux, si vous y prenez part,
Et faites son bonheur en souffrant[51] son départ.

ÉDOUARD
Moi ! que pour son bonheur je m'intéresse encore,
Tandis que sur la foi des feux que je déplore,
885 La cruelle se plaît à faire mon malheur,
Me brave avec orgueil, me fuit avec horreur !
Il en faut à ma gloire épargner la faiblesse,
Vengeons d'un même coup mon trône et ma tendresse.
Pour sauver un proscrit, que peut-elle aujourd'hui
890 Quand elle est à mes yeux plus coupable que lui ?...
Que dis-je ? Quand je puis terminer tes[52] alarmes[az],
Quand la main d'un amant doit essuyer tes larmes,
Je livrerais ton père au glaive d'un bourreau ! [52]
J'attacherais tes yeux sur un affreux tombeau !
895 Ô ma chère Eugénie ! ah ! punir ce qu'on aime,
Frapper un cœur chéri, c'est se frapper soi-même.
Non, son seul souvenir désarme mon transport,

---

51 *Souffrir* : « tolérer, autoriser ».
52 *Tes alarmes* : alors qu'Alzonde voulait persuader Édouard d'abandonner sa rivale et de la laisser partir, ce dernier, hanté par l'image d'Eugénie et qui parlait jusqu'ici d'elle à la troisième personne, en vient à adresser la parole à Eugénie comme si elle était présente à ses yeux, d'où « tes larmes », « ton père », « tes yeux » dans les trois vers qui suivent. Alzonde comprend qu'elle a perdu la partie. Le manuscrit conservé à la bibliothèque de la Comédie française garde la trace d'une rédaction antérieure ce qui permet de saisir sur le vif le moment où Gresset a imaginé ce puissant effet dramatique.

Il faut, chère Aglaé, faire un dernier effort.
S'il reste quelqu'espoir à mon âme enflammée,
900 Rassurez, ramenez Eugénie alarmée.
Qu'abrégeant à la fois sa peine et mon tourment,
Au tribunal d'un juge elle trouve un amant.
Dites-lui mon amour, mes pleurs, ma fureur même,
Tout est justifié par un amour extrême.
905 Mais, si fidèle encore à de fausses vertus,
Si pour le vain honneur d'un superbe[53] refus,
Trop sûre qu'arrêtant un jugement sévère,
Mon cœur va prononcer la grâce de son père,
Évitant ma présence, et fuyant ce palais,
910 Elle bravait mes feux, mon courroux, mes bienfaits,
Il m'en coûtera cher, mais j'atteste la gloire,
Que de ses vains attraits j'efface la mémoire ;
Et son père, à l'instant déchu de tous ses droits,
N'est plus qu'un criminel que j'abandonne aux lois.
915 Ne perdez point de temps ; allez, je vous confie
Mes desseins, mon espoir, le secret de ma vie,
Priez, promettez tout, effrayez, s'il le faut. [53]
Un mot va décider le trône ou l'échafaud.
Son sort est dans ses mains. Allez, qu'elle prononce :
920 Le destin de mes jours dépend de sa réponse.

Scène 3

ALZONDE,
sous le nom d'Aglaé

Je ne formais donc pas un frivole soupçon !
Trop heureuse rivale... Ah ! que dis-je ? Et quel nom ?
N'ai-je point immolé mon amour à ma gloire,
Et rendu tout mon cœur aux soins de la victoire !...
925 Quoi ! des soupirs encore reviennent me trahir !
Fallait-il le revoir, s'il fallait le haïr ?

---

53 *Superbe* : « vain, orgueilleux, qui marque de la présomption, une trop bonne opinion de lui-même » (*Furetière*, 1690). Voir n. 45.

Ton supplice est entier, amante infortunée !
Il ne manquait aux maux qui font ta destinée,
Que d'entendre d'un cœur dont tu subis la loi,
930 Des soupirs échappés pour une autre que toi !
Je n'en puis plus douter, et, pour comble d'outrage,
On veut que leur bonheur soit encor mon ouvrage !
J'en rends grâce au destin. Ce soin qui m'est commis
M'aide à désespérer mes cruels ennemis ;
935 Dans le sang le plus cher, répandu par ma haine, [54]
Que tout ici gémisse et souffre de ma peine ;
On retranche à l'horreur de ses maux rigoureux
Ce qu'on en peut verser sur d'autres malheureux.
Tremble, crédule amant ; en frappant ce qu'il aime
940 L'amour est plus cruel que la haine elle-même.
Mais ma rivale vient ; cachons-lui son bonheur,
Dissimulons ma rage, et trompons sa douleur.

Scène 4
ALZONDE,
sous le nom d'Aglaé, EUGÉNIE

EUGÉNIE
Ah ! ma chère Aglaé ! dans quel temps déplorable
Me laissez-vous livrée à l'effroi qui m'accable !
945 Ismène ne vient point en dissiper l'horreur ;
Tout me fuit, tout me laisse en proie à ma douleur[ba].

ALZONDE
Si vous en voulez croire et ma crainte et mon zèle,
Fuyez, chère Eugénie, une terre cruelle ;
Des mêmes délateurs je redoute les coups. [55]
950 Peut-être leur fureur s'étendrait jusqu'à vous ;
Il en est temps encor ; fuyez.

EUGÉNIE
              Moi, que je fuie ?
Je crains, mais pour mon père, et non pas pour ma vie[bb].

Scène 5
ALZONDE,
sous le nom d'Aglaé, EUGÉNIE, ISMÈNE

EUGÉNIE
Eh bien, que m'apprends-tu ?

ISMÈNE
                Le silence et l'effroi
Environnent les lieux qui nous cachent le roi ;
955 Je n'ai vu que Volfax ; il me suit, et peut-être
Mieux instruit des revers que ce jour a vu naître,
Madame, vous pourrez les apprendre de lui[bc].

EUGÉNIE
Vous, ma chère Aglaé, vous, mon unique appui,
Pénétrez jusqu'au prince ; allez, tâchez d'apprendre
960 Si, suspendant ses coups, il daigne encor m'entendre ;
De la vertu trahie exposez le malheur,
Et s'il parle de moi... dites-lui ma douleur,
Dites-lui que j'expire en proie à tant d'alarmes,
Que je n'aurais pas cru qu'il fît couler mes larmes,
965 Qu'il voulût mon trépas, et qu'aujourd'hui sa main
Dût conduire le fer qui va percer mon sein.

Scène 6
EUGÉNIE, VOLFAX, ISMÈNE

EUGÉNIE
Rassurez-moi, Milord ; quel forfait se prépare ?
De l'auteur de mes jours quel malheur me sépare ?

VOLFAX
Un ordre souverain l'a commis à mes soins ;
970 C'est tout ce que je sais.

EUGÉNIE
Puis-je le voir du moins ?
Vous le plaignez sans doute ; une âme généreuse
Ne voit point sans pitié la vertu malheureuse.
Venez, guidez mes pas, il n'est point de danger, [57]
Point de mort qu'avec lui je n'ose partager.

VOLFAX
975 Vous ne pouvez le voir, et ses juges peut-être
Devant eux à l'instant vont le faire paraître.

EUGÉNIE
Des juges ! De quel crime a-t-on pu le charger ?
Quel citoyen plus juste ose l'interroger ?...

VOLFAX
Quand du pouvoir des rois la fortune l'approche,
980 Un sujet rarement est exempt de reproche.

EUGÉNIE
Arrêtez ; à ses mœurs votre respect est dû ;
La vertu dans les fers est toujours la vertu.
Sa probité toujours éclaira sa puissance ;
Que pour des cœurs voués au crime, à la vengeance,
985 Le premier rang ne soit que le droit détesté
D'être injuste et cruel avec impunité ;
Pour les cœurs généreux que l'honneur seul inspire,
Ce rang n'est que le droit d'illustrer[54] un empire,
De donner à son roi des conseils vertueux,
990 Et le suprême bien de faire des heureux[bd].
Toi qui, peu fait sans doute à ces nobles maximes,
Oses ternir l'honneur par le soupçon des crimes,
Tu prends pour en juger des modèles trop bas ; [58]
Respecte le malheur, si tu ne le plains pas.
995 Apprends que dans les fers la probité suprême
Commande à ses tyrans, et les juge elle-même ;

---

54 *Illustrer* : « rendre illustre » (*Fur.* 1690).

Mais c'est trop m'arrêter, et tu pourrais penser
Qu'à briguer ton appui, je daigne m'abaisser ;
Le trône seul a droit de me voir suppliante ;
1000 Je vais...

VOLFAX

Un ordre exprès s'oppose à votre attente ;
Du trône, dans ce jour, tout doit être écarté,
Madame, et votre nom n'en est pas excepté[be].

Scène 7
EUGÉNIE, ISMÈNE

EUGÉNIE

D'un tribunal cruel on m'interdit l'entrée.
Ô mon père ! ô forfait ! sa perte est assurée.
1005 Du parricide affreux qu'apprête leur fureur,
Mon sang glacé d'effroi me présage l'horreur.

ISMÈNE

Ses amis, sa vertu, la voix de la Justice...

EUGÉNIE

Est-il des droits sacrés, si l'on veut qu'il périsse ?
Et des amis, dis-tu ? Quel nom dans ce séjour !
1010 La sincère amitié n'habite point la Cour ;
Son fantôme hypocrite y rampe aux pieds d'un maître.
Tout y devient flatteur, tout flatteur cache un traître.
Eût-il gagné les cœurs par des bienfaits nombreux,
Ose-t-on être encor l'ami d'un malheureux ?
1015 De la Cour un instant change toute la face ;
Tout vole à la faveur, tout quitte la disgrâce.
Ceux même[bf] qu'il servit ne le défendront pas.
Le jour d'un nouveau règne est le jour des ingrats[bg].
Mais quel affreux silence, et quelle solitude[bh] !
1020 Chaque moment ajoute à mon inquiétude.
Instruite de ma crainte, Aglaé ne vient pas ;

Allons la retrouver... elle me fuit... hélas !
Je ne le vois que trop ; sa tendresse sans doute
Craint de me confirmer le coup que je redoute.

Scène 8
ARONDEL, EUGÉNIE, ISMÈNE

ARONDEL
1025 Dans ce séjour coupable, où tout change aujourd'hui,
Où les cœurs vertueux ont perdu leur appui,
Si par des sentiments au-dessus du vulgaire
Jusque dans ses malheurs la vertu vous est chère,
Qu'en ces funestes lieux par vous je sois guidé ;
1030 Parlez, daignez m'apprendre où Vorcestre est gardé.

EUGÉNIE
Généreux étranger, mortel que je révère,
Qui vous rend si sensible au malheur de mon père ?

ARONDEL
Vous, sa fille ? ô bonheur !...

EUGÉNIE
Quelle tendre pitié,
Quel héroïque effort vous conduit ?

ARONDEL,
L'amitié.
1035 D'un cœur solide et vrai[bi] vantez moins la constance ;
Le devoir n'a point droit à la reconnaissance.
Le trône est entouré d'un peuple adulateur,
Et l'ami d'un heureux n'est souvent qu'un flatteur.
J'étais de sa vertu l'adorateur fidèle ;
1040 Elle reste à son cœur, je lui reste avec elle.
Je serais ignoré dans ce séjour nouveau ;
Car, quoique cette Cour ait été mon berceau,
Mes traits changés aux lieux où j'ai caché ma vie,

Me rendent étranger au sein de ma patrie.
1045 Mais puisqu'encor propice en ce jour de courroux,
Le Ciel daigne m'entendre et m'adresser à vous,
Madame, à vos regards je parais sans mystère.
Vous voyez Arondel, l'ami de votre père.
Tandis qu'on ne l'a vu que puissant et heureux,
1050 J'ai fui de la faveur le séjour fastueux,
Et je n'ai point grossi cette foule importune
Qui venait à ses pieds adorer la fortune ;
Mais lorsque tout s'éloigne, et qu'il est oublié,
Je reviens, et voici le jour de l'amitié.

EUGÉNIE
1055 Ô présage imprévu d'un destin plus prospère !
Puisqu'il vous rend à nous, le Ciel est pour mon père.

ARONDEL
Quand, pour lui revenu, j'apportais des secrets
Dus au soin d'un État heureux par ses bienfaits ;
Quoi ! je le vois trahi dans ces mêmes contrées
1060 Où je comptais revoir ses vertus adorées !
Quels lâches imposteurs ont causé ces revers ?
Tout abandonne-t-il Vorcestre dans les fers ?
N'est-il plus à la Cour une âme assez hardie
Pour oser s'élever contre la calomnie ?
1065 Ô toi, qui, dans des temps dont je garde les mœurs,
Inspirais nos aïeux, et faisais les grands cœurs,
Vérité généreuse, es-tu donc ignorée,
Et du séjour des rois à jamais retirée !
Nourri[55] loin du mensonge et de l'esprit des Cours,
1070 J'ignore de tout art[56] les obliques détours ;
Mais, libre également d'espérance et de crainte,
J'agirai sans faiblesse et parlerai sans feinte.
On expose toujours avec autorité
La cause de l'honneur et de la vérité.

---

55 *Nourri*, c'est-à-dire « élevé, instruit, éduqué » (*Fur.* 1690).
56 *Art*, technique avec le sens péjoratif déjà rencontré p. 55, n. 15.

1075 Commandez, j'obéis ; nul péril ne m'étonne :
Qui ne craint point la mort, ne craint point qui la donne.

EUGÉNIE

Que puis-je décider ? Vous-même guidez-moi ;
Je ne sais que gémir[bj] en ces moments d'effroi.
Volfax garde mon père ; il en veut à sa vie.
1080 J'ai vu dans ses discours la bassesse et l'envie.
Ah ! si dans cet instant des juges ennemis [63]
Décidaient qu'en secret... Ah ! Milord, j'en frémis !
Allons, servez de guide à mon âme égarée[bk] ;
Du lieu qui le renferme environnons l'entrée ;
1085 Et si des assassins lui vont percer le flanc,
Ils n'iront jusqu'à lui que couverts de mon sang.

ARONDEL

Non ! il faut plus ici qu'une douleur stérile ;
Forcez des courtisans la cohorte servile ;
Confondez l'imposture, éclairez l'équité,
1090 Et jusqu'au trône enfin, portez la vérité.
Au zèle d'un ami laissez le soin du reste,
Vorcestre confondra cette ligue funeste ;
Ou, si pour le sauver, mes soins sont superflus,
Quand il expirera, je n'existerai plus.
(Il sort.)

Scène 9
EUGÉNIE, ISMÈNE

EUGÉNIE

1095 Allons, puisqu'il le faut, tâchons de voir encore
Celui que je devrais haïr, et que j'adore !
Il me rendra mon père. Oui, son cœur n'est point fait [64]
Pour commander le meurtre, et souscrire au forfait.
Mais si pour le fléchir, pour vaincre l'imposture,
1100 Ce n'était point assez des pleurs de la nature,
Toi, dont je n'eus jamais imploré le secours,

Si je ne l'implorais pour l'auteur de mes jours ;
Amour, viens dans son cœur guider ma voix tremblante,
Et prête ta puissance aux larmes d'une amante.

Fin du troisième acte

ACTE IV [65]

Scène première
ALZONDE, AMÉLIE

ALZONDE
1105 As-tu servi les vœux d'un cœur désespéré ?
Au gré de ma fureur tout est-il préparé ?

AMÉLIE
Vos ordres sont remplis.

ALZONDE
Au milieu de ma haine,
Mon cœur frémit du crime où la rage l'entraîne.
Mon sort me veut coupable, il y faut consentir ;
1110 Ne laissons plus au roi l'instant d'un repentir.
L'infidèle rapport que je viens de lui faire,
Vainement a paru redoubler sa colère.
Incertain, furieux, attendri tour à tour, [66]
Jusque dans sa fureur j'ai connu son amour.
1115 Il nommait Eugénie ; il partage sa peine.
S'il l'entend, il sait tout ; s'il la voit, elle est reine.
La grâce de Vorcestre est le prix d'un soupir.
Je connais trop l'amour, il ne sait point punir.
Quoi ! ces périls, ces pleurs n'auraient servi qu'à rendre
1120 Ma rivale plus chère et son amant plus tendre !
Il est temps de frapper ; pour combler tes rigueurs,
N'était-ce point assez d'unir tous les malheurs,

Ciel ! fallait-il aussi rassembler tous les crimes ?
Et devais-tu m'offrir d'innocentes victimes ?
1125 Vengeance, désespoir, vertus des malheureux,
Je n'espère donc plus que ces plaisirs affreux
Que présente à la haine, à la rage assouvie,
L'aspect d'un ennemi qu'on arrache à la vie ?

Scène 2
ALZONDE, VOLFAX, AMÉLIE

ALZONDE
Eh bien ! qu'attendez-vous ? Quelle lente fureur !
1130 Un crime sans succès perd toujours son auteur.
Songez que si le roi voit Eugénie en larmes…

VOLFAX
Madame, épargnez-vous d'inutiles alarmes ;
Aux cris dont sa douleur vient remplir ce palais,
Du trône jusqu'ici j'ai su fermer l'accès.
1135 Solitaire, et plongé dans un morne silence,
Édouard laisse agir mes soins et ma vengeance,
Et l'on n'interrompra ce silence fatal
Qu'en lui portant l'arrêt qui proscrit mon rival.
Tout nous seconde enfin[bl] ; sa ruine est certaine.
1140 Jaloux de son crédit, et liés à ma haine,
Ses juges vont hâter son arrêt et sa mort.
Vos vœux seront remplis, je commande en ce port,
Madame, et dès demain, cessant d'être captive,
Pour revoir vos États vous fuirez cette rive.

ALZONDE
1145 Perdez votre ennemi. Mon funeste courroux
Ne sera point oisif en attendant vos coups.

Scène 3

VOLFAX
L'abîme est sous tes pas, ambitieuse reine !
Tu crois que je te sers ; je ne sers que ma haine.
Mon rival abattu, je comble tes revers,
1150 Je me suffis ici ; je te nomme et te perds.
Mon sort s'affermira par leur chute commune ;
Point de lâches remords ; accablons l'infortune.
Mais quel est l'étranger qui s'est offert à moi ?
Il prétend voir, dit-il, ou Vorcestre ou le roi.
1155 Peu commune à la Cour, sa fermeté m'étonne ;
Je n'ai pu m'éclaircir sur ce que je soupçonne[57].
Pour surprendre un secret qu'il craint de dévoiler,
Je veux qu'à mon rival il vienne ici parler.

Scène 4 [69]
VOLFAX, GLASTON, GARDES

VOLFAX
Gardes ! faites venir Vorcestre en ma présence ;
1160 Vous, fidèle Glaston, veillez dans mon absence.
Caché près de ces lieux, tandis que j'entendrai
D'un entretien suspect le secret ignoré,
Que rien ici du roi ne trouble la retraite.
C'est son ordre absolu que ma voix vous répète[bm].

Scène 5 [70]
VORCESTRE, VOLFAX, GARDES

VORCESTRE
1165 Que dois-tu m'annoncer ? Ne faut-il que mourir ?

---

57 *Soupçonner* revêt ici le sens de « considérer comme probable » (*Littré*, soupçonner, 2°).

VOLFAX
Un étranger demande à vous entretenir ;
Vous entendrez ici ce qu'il prétend vous dire.
Édouard le permet.
(Aux gardes.)
Gardes qu'on se retire.

Scène 6

VORCESTRE, *seul.*
Eh ! qui peut me chercher dans ces funestes lieux ?
1170 Est-ce un heureux secours que m'adressent les Cieux ?
Quel que soit l'inconnu que je vais voir paraître, [71]
Dieu juste ! fais du moins qu'il ne soit point un traître ;
Que je puisse par lui détruire un attentat,
Non pour sauver mes jours, mais pour sauver l'État…
1175 Où respire, où gémit ma fille infortunée ?
Tu connais sa vertu, conduis sa destinée…
Quand j'éprouve des maux qui semblent n'être faits
Que pour être la honte et le prix des forfaits,
Je ne t'accuse point[bn], arbitre de ma vie.
1180 Lorsque la liberté, l'âme de la patrie,
Voit dégrader ses droits, voit tomber sa grandeur,
La mort est un bienfait, et non pas un malheur…
Ignorât-on le sort[bo] que nous devons attendre,
Et sous quels cieux nouveaux notre esprit va se rendre,
1185 Le désir du néant convient aux scélérats.
Non, je ne puis penser que la nuit du trépas
Éteigne avec nos jours ce flambeau de notre âme
Qu'alluma l'Immortel d'une céleste flamme.
La vertu malheureuse en ces jours criminels,
1190 Annonce à ma raison les siècles éternels.
Pour la seule douleur la vertu n'est point née,
Le Ciel a fait pour elle une autre destinée[58].

---

58 Dans ce monologue adressé à « l'arbitre de sa vie », Vorcestre, se sachant condamné au dernier supplice, affirme l'immortalité de l'âme au terme d'un raisonnement fondé sur un « juste espoir » : les malheurs des justes constitueraient une aberration logique

Plein de ce juste espoir, je m'élève aujourd'hui
Vers l'être bienfaisant qui me créa pour lui...^{bp}
1195 Mais qui s'avance ici ?

Scène 7 [72]
VORCESTRE, ARONDEL^{bq}

VORCESTRE
Quel dessein vous amène ?

ARONDEL *l'embrassant.*
Cher Vorcestre !...

VORCESTRE
Que vois-je ? Ah ! je m'en crois à peine...
Quoi ! c'est vous, Arondel ; c'est vous que je revois
Et que j'embrasse, hélas ! pour la dernière fois.
Dans cet instant mêlé de joie et de tristesse,
1200 De mes sens interdits soutenez la faiblesse...
Que venez-vous chercher aux portes de la mort ?
Pourquoi m'avez-vous fui dans un plus heureux sort[59] ?
Quel désert à mes soins cachait vos destinées ?
Privé de vous, hélas ! j'ai perdu mes années,
1205 Et ne vous vois-je enfin vous rendre à mes souhaits,
Que pour sentir l'horreur de vous perdre à jamais ?

ARONDEL [73]
Ne donnons point ce temps à d'inutiles plaintes,
Osez briser vos fers, et dissipez nos craintes.
Le jour déjà plus sombre aide à tromper les yeux,
1210 Je reste ici[60] pour vous^{br} ; abandonnez ces lieux,
Fuyez avec horreur une indigne patrie.

---

impossible à soutenir si « l'Immortel » ne les récompensait dans l'au-delà, dans la vraie vie, de ce qu'ils auront souffert sur terre.
59 C'est-à-dire « Pourquoi m'avez-vous fui quand ma situation politique était plus favorable ? ».
60 Arondel a l'intention de se substituer à Vorcestre en profitant de l'obscurité croissante, ce qui permettrait à ce dernier de sortir de la prison en se faisant passer pour le visiteur.

Déjà par mes conseils, par les soins d'Eugénie,
Une barque s'apprête. Allez, passez les mers ;
Vivez, si vous m'aimez^{bs} : cette garde, ces fers,
1215 Ces murs n'alarment point un ami^{bt} magnanime,
L'appareil[61] de la mort n'étonne que le crime.
Souffrez qu'en vous sauvant, l'intrépide amitié
Prenne l'emploi du Ciel qui vous laisse oublié.

VORCESTRE
J'emploierais pour la vie un lâche stratagème !
1220 Je pourrais à la mort exposer ce que j'aime !
Je ne crains rien pour moi, pour vous seul j'ai frémi ;
Fuyez, abandonnez un malheureux ami.
Je sens, comme ma fin, l'instant qui nous sépare ;
Mais fuyez, craignez tout dans ce palais barbare.
1225 Je mourrai doublement, si vous y périssez.

ARONDEL
J'aurais cru qu'en m'aimant vous m'estimiez assez
Pour devoir m'épargner le soupçon de la crainte, [74]
Et me croire au-dessus du sort et de la plainte ;
Vous me connaîtrez mieux. Si vous voulez périr,
1230 Je ne vous quitte point. Ami, je sais mourir ;
Convaincu, comme vous, du néant de la vie,
Pourrais-je regretter de me la voir ravie ?
Aveugle sur son être, incertain, accablé,
Dans ce séjour mortel le sage est exilé ;
1235 Il voit avec transport la fin de la carrière
Où doit naître à ses yeux l'immortelle lumière.
Dans cette nuit d'erreurs la vie est un sommeil,
La mort conduit au jour, et j'aspire au réveil.
Mais, suspendant ici cette sagesse austère,
1240 Ne songez aujourd'hui qu'au tendre nom de père.
Si de barbares mains ne l'éloignaient de vous,
Eugénie en ce lieu serait à vos genoux,

---

61 *Appareil* : « préparatifs, apprêts : *il vit le funeste appareil de son supplice.* » (*Fur.* Basnage de Beauval, 1728).

Prête à chercher la mort, résolue à vous suivre.
Ah ! si sa tendre voix vous conjurait de vivre,
1245 Vous refuseriez-vous à sa vive douleur ?
Pourriez-vous lui plonger le poignard dans le cœur ?...
Ignorez-vous l'opprobre[62] où vous expose un traître ?
Volfax peut tout. Bientôt un vil bourreau peut-être...
Ô honte ! quoi, tomber sous cette indigne main !
1250 Fuyez ; je crois déjà voir le glaive assassin.

VORCESTRE [75]
Quelle que soit la main qui m'ôtera la vie,
Qui meurt dans sa vertu, meurt sans ignominie.

ARONDEL
La gloire, je le sais, devrait suivre une mort,
L'ouvrage de la fraude et le crime du sort ;
1255 Mais à tout condamner la foule accoutumée,
Sur le crime apparent flétrit la renommée ;
Qui pourrait se défendre et ne le daigne pas,
Veut perdre avec le jour l'honneur de son trépas.

VORCESTRE
La vertu ne connaît d'autre prix qu'elle-même.
1260 Ce n'est point son renom, ce n'est qu'elle que j'aime.
Que l'univers approuve ou condamne mes fers,
Ami, vous m'estimez ; voilà tout l'univers.
À parler pour mes jours, si mon cœur se refuse,
Je sais mon plus grand crime, il n'admet point d'excuse,
1265 Et l'innocence enfin, peu faite à supplier,
Ne descend point au soin de se justifier.
En conservant mes jours, je perdrais votre estime
Si je pouvais ramper sous la main qui m'opprime,
Si l'aspect de ma fin pouvait m'intimider ;
1270 Je sais quitter la vie, et non la demander.
Retournez vers ma fille, et cessant de m'abattre, [76]

---

62 *Opprobre* : « Honte qui est attachée à une vilaine action ; injure, affront, ignominie. » (*Fur.* 1727)

Ami, ne m'offrez plus ses larmes à combattre ;
Les maux, les fers, la mort, je puis tout surmonter,
Je n'ai que sa douleur et vous à redouter.
1275 Épargnez-moi l'horreur où ce moment me livre,
Au nom de ma tendresse, ordonnez-lui de vivre ;
Au nom de l'amitié, dont les augustes nœuds
Survivent au trépas dans les cœurs vertueux,
Qu'elle me trouve en vous, et qu'elle vous soit chère ;
1280 Quand je meurs, mon ami de ma fille est le père.
Je vivrai dans vos cœurs ; que ma mort à jamais
Emporte votre estime et non pas vos regrets.

ARONDEL
Ainsi rien ne fléchit ce courage intrépide...
Je me livre moi-même au transport qui vous guide.
1285 Eh bien, cruel ami, puisqu'immolant vos jours,
Vous refusez de fuir, il faut d'autres secours.
Je vous dois des conseils dignes d'un cœur sublime.
Le supplice[bu] a toujours l'apparence du crime ;
Sauvez de cet affront votre nom respecté,
1290 Et marquez-le du sceau de l'immortalité.
Périr sous les regards du traître qui vous brave,
Périr dans les tourments, c'est périr en esclave.
Non, il faut mourir libre, et décider sa fin ; [77]
Un cœur indépendant doit faire son destin.
1295 Des sens épouvantés[bv] étouffant le murmure,
Un cœur vraiment anglais s'asservit la nature ;
Il chérit moins le jour qu'il n'abhorre les fers.
Il sait vaincre la mort, l'effroi de l'univers.
Pour vous affranchir donc au sein de l'esclavage,
1300 Pour tromper vos tyrans, et confondre[63] leur rage,
Je vais... glacé d'horreur et saisi de pitié,
Vous fournir un secours dont frémit l'amitié[64] !
Je frissonne en l'offrant... mais un devoir austère

---

63 *Confondre* : voir p. 76, n. 42.
64 En lui confiant un poignard, Arondel lui conseille implicitement de se suicider plutôt que d'accepter d'être exécuté : en se tuant, le condamné sauve du moins son honneur, voir

M'impose malgré moi ce cruel ministère[65],
1305 Vous êtes désarmé...[bw] ce poignard est à vous ;
Que votre sein ne soit percé que de vos coups.
Prenez ce fer, frappez, je m'en réserve un autre ;
Trop heureux que mon âme accompagne la vôtre,
Et qu'admirant un jour ce généreux courroux,
1310 Londres nomme l'ami qui tomba près de vous !

VORCESTRE

Quelque honneur qu'à ce sort la multitude attache,
Se donner le trépas est le destin d'un lâche ;
Savoir souffrir la vie, et voir venir la mort,
C'est le devoir du sage, et ce sera mon sort.
1315 Le désespoir n'est point d'une âme magnanime ; [78]
Souvent il est faiblesse, et toujours il est crime.
La vie est un dépôt confié par le Ciel[66] ;
Oser en disposer, c'est être criminel[67].
Du monde où m'a placé la Sagesse immortelle,
1320 J'attends que dans son sein son ordre me rappelle ;
N'outrons point les vertus par la férocité ;
Restons dans la nature et dans l'humanité.
Garde ce triste don ; ton ami ne demande
Qu'un service important que l'État te commande :
1325 Cet écrit que Volfax adresse aux ennemis
Par les soins d'un des miens venait d'être surpris,
Quand, l'apportant au roi, j'ai trouvé l'esclavage,
Porte-le ; d'un perfide il y verra l'ouvrage...

---

vers 1288 « Le supplice a toujours l'apparence du crime ». Arondel fait l'apologie du suicide dans un certain contexte qui préfigure le débat qui oppose Sidney à Hamilton dans *Sidney*.
65 *Ministère* : au sens traditionnel de « Charge, devoir. » (*Fur.* 1727)
66 Diérèse : deux syllabes.
67 Les formules lapidaires du sage stoïque, destinées à condamner le suicide, anticipent celles de Hamilton dans *Sidney* pièce dans laquelle Gresset revient sur ce thème en 1745.

Scène 8
VOLFAX, VORCESTRE, ARONDEL, GARDES [79]

VOLFAX
Holà, Gardes, à moi ! Saisissez-les tous deux.

ARONDEL,
frappant Volfax du poignard qu'il tenait encore[68].
1330 Voilà ton dernier crime ; expire, malheureux[69] !
(Il jette le poignard.)
(Aux gardes.)
Faites votre devoir, je suis prêt à vous suivre.
Vous vivrez, cher Vorcestre, ou je cesse de vivre.
(On l'emmène.)

VORCESTRE
Séparés si longtemps, deux vertueux amis
N'avaient-ils que les fers pour se voir réunis ?

Fin du quatrième acte

ACTE V [80]

Scène première
ÉDOUARD, GLASTON, GARDES

ÉDOUARD
1335 Oui, je vais confirmer l'arrêt de son supplice ;
Qu'avant tout cependant cet ami, ce complice,
Qui s'obstine au silence et brave le danger,
Soit conduit devant moi ; je veux l'interroger[bx].

---

68 L'exécution de Volfax en scène constitue une des audaces de la pièce soulignée par Mouhy dans son commentaire, voir p. 47, n. 1. « les applaudissements qui ont accueilli cette scène ont montré que si elle contentait la morale, elle ne choquait point le goût ».
69 *Malheureux* : « méchant, scélérat » (Fur. 1690).

GLASTON
Aux portes du palais Eugénie éplorée,
1340 Depuis longtemps, Seigneur, en demande l'entrée[by].

ÉDOUARD
Qu'elle paraisse. Allez.

Scène 2 [81]

ÉDOUARD
Je vais la voir enfin.
Je tremble... Je frémis... Quel sera mon destin !
Qu'Eugénie à mon cœur laisse au moins l'espérance,
Et je lui rends son père... Ô Ciel, elle s'avance !
1345 Sa grâce[70] est dans ses yeux.

Scène 3
ÉDOUARD, EUGÉNIE

EUGÉNIE
Pour la dernière fois
Je puis enfin, Seigneur, vous adresser ma voix.
Mon père est condamné. Souverain de sa vie,
L'abandonnerez-vous aux fureurs de l'envie ?

ÉDOUARD [82]
Je pouvais[71] le sauver, quoiqu'il fût convaincu[72].
1350 Il va mourir, Madame, et vous l'avez voulu.

EUGÉNIE
Le plus juste des rois permettra-t-il le crime ?
D'infâmes délateurs, qu'un vil espoir anime,
Ont osé le charger du plus faux attentat ;

---

70 *Sa grâce*, c'est-à-dire « la grâce de son père ».
71 À l'époque, *pouvoir* et *devoir* revêtent, à l'imparfait de l'indicatif, les emplois de l'actuel conditionnel passé. L'expression signifie donc : « j'aurais pu le sauver ». voir p. 65, n. 26.
72 « reconnu coupable ».

Des traîtres ont jugé le soutien de l'État.
1355 Que son maître le juge, ou, s'il faut qu'il périsse,
Si, détournant les yeux, vous souffrez l'injustice,
S'il n'obtient plus de vous un reste d'amitié,
À ma douleur du moins accordez la pitié.
Ma vie est attachée à celle de mon père ;
1360 Ainsi donc, par vos coups je perdrais la lumière !...
Mais dans vos yeux, Seigneur, je lis moins de courroux.
Achevez, pardonnez, je tombe à vos genoux.

ÉDOUARD, *la relevant.*
En quel état vous vois-je, ô ma chère Eugénie !
Vous, l'objet de mes vœux, vous, l'espoir de ma vie ;
1365 Commandez en ces lieux[bz], n'accablez plus mon cœur
Du remords d'avoir pu causer votre douleur.
Quoi, c'est vous qui priez ! c'est moi qui vous afflige !
À quels affreux excès votre haine m'oblige !
Terminez d'un seul mot ma peine et votre effroi, [83]
1370 Régnez ; au même instant donnant ici la loi,
Vous dérobez Vorcestre au coup qui le menace.
C'est moi qui, dans ce jour, vous demande sa grâce.

EUGÉNIE
C'en est donc fait, Seigneur, on versera son sang.
Vous savez quel devoir[73] m'éloigne de ce rang.

ÉDOUARD
1375 Oui, je sais mon malheur ; ce jour épouvantable,
Quand j'en doutais encor, et m'éclaire et m'accable.
Cessez de m'opposer des détours superflus ;
Cruelle, je vois trop d'où partent vos refus.
Vous ne pouvez m'aimer, mes vœux font votre peine.
1380 Sous le nom du[ca] devoir vous déguisez la haine,
Vous le voulez, Madame, il faut y consentir ;
De mon cœur déchiré cet amour va sortir.

---

73 Elle ne peut accepter de monter sur le trône qu'en ne respectant pas les conseils politiques que son père a formulés, les ordres qu'il lui a donnés. Voir plus haut, vers 635-652.

C'en est fait, mais songez qu'après cette victoire,
Si je puis l'obtenir, je suis tout à ma gloire,
1385 Qu'à ma gloire rendu, n'agissant plus qu'en roi,
Un pardon dangereux ne dépend plus de moi.
La justice a parlé, je lui dois sa victime...
Vous voyez la fureur et l'amour qui m'anime[cb] ;
Madame, prononcez... c'est le dernier moment ;
1390 Le[cc] maître va parler si l'on brave l'amant.

ÉUGÉNIE [84]
Où me réduisez-vous, Seigneur, jugez vous-même
À quel horrible état, à quel tourment extrême
Me condamne aujourd'hui cet amour malheureux,
Pour qui le Ciel n'a fait qu'un destin rigoureux.
1395 Tel est mon sort cruel, je veux sauver mon père,
Mais soit qu'à vos desseins je ne sois plus contraire,
Soit que je m'y refuse, en ce dernier moment,
Ce père infortuné périt également ;
Le supplice l'attend, si je vous suis rebelle[cd] ;
1400 Il meurt de sa douleur, si je trahis son zèle[cc][74].

ÉDOUARD
C'est trop prier en vain, et c'est trop m'avilir ;
Perdons des furieux, puisqu'ils veulent périr.
(Il veut sortir.)

ÉUGÉNIE
Ah ! Seigneur, arrêtez... et qu'enfin ma tendresse...
(À part.)
Que vais-je dire ?... Hélas !... Surmontons ma faiblesse...
1405 Puisqu'il est vrai, Seigneur, qu'un aveugle courroux
Est le seul sentiment qui vous reste pour nous ;
Accordez-moi du moins une grâce dernière ;
Qu'on ne me ferme plus la prison de mon père ;
Que l'embrassant encor, qu'expirant dans ses bras, [85]
1410 Je m'arrache à l'horreur d'apprendre son trépas.

---

74 *Zèle* : Dévouement à la cause publique.

ÉDOUARD

L'inflexible rigueur[cf] de cette âme hautaine
Ne ferait pour mes feux qu'affermir votre haine ;
Sans ses tristes conseils, sans son farouche esprit,
Pour me haïr toujours votre cœur vous suffit...
1415 Je ne me connais plus dans ce cruel[cg] outrage...
Vos malheurs et les miens vont être votre ouvrage[ch].
(Il sort.)

Scène 4

EUGÉNIE

Ô rigoureux devoir !... Mes cris sont superflus,
Et mes gémissements ne l'attendrissent plus...
Faut-il tout avouer ?... m'entendra-t-il encore ?...
(Des gardes entrent, précédant Arondel.)
1420 Quel est cet appareil[75], ce trouble que j'ignore ?

Scène 5
EUGÉNIE, ARONDEL, GARDES

EUGÉNIE

Ah ! Milord, c'en est fait ! je vais chercher la mort.

ARONDEL

Arrêtez... Elle fuit...

Scène 6
ARONDEL, GARDES

ARONDEL
                Quel est donc notre sort[ci] ?
Qu'attend-on ? Et pourquoi me laisse-t-on la vie ?
Ton crime est-il comblé[76], trop ingrate patrie ?

---

75 *Appareil* : voir p. 99, n. 61.
76 *Comblé*, c'est-à-dire « porté à son comble ».

1425 Renversant de tes lois le plus ferme soutien
As-tu sacrifié ton dernier citoyen ?
Qu'est devenu Vorcestre ? Affreuse incertitude !
Ne puis-je m'éclaircir dans mon inquiétude ?
Dans mon cœur déchiré, ce doute sur son sort
1430 Revient à chaque instant multiplier la mort.
(Aux gardes.) [87]
Vous, Ministres du meurtre et de la tyrannie,
Si chez vous la pitié n'est point anéantie,
Répondez ; rassurez mon esprit incertain,
Ou comblez les horreurs de mon affreux destin...
1435 Vous ne répondez rien ? Ce farouche silence,
Barbares, m'apprend trop ce qu'il faut que je pense ;
Il est donc mort ! Frappez, terminez mon malheur.
Qui versera mon sang sera mon bienfaiteur.
Achevez de briser la chaîne déplorable
1440 Qui captive mon âme en ce séjour coupable ;
Et délivrant mes yeux de l'aspect des mortels,
Sauvez-moi de l'horreur de voir des criminels.

Scène 7
GLASTON, ARONDEL, GARDES

GLASTON
Le roi vient en ces lieux, vous pourrez faire entendre
Ce qu'aux pairs assemblés vous refusez d'apprendre ?
1445 Et vous justifiant... [88]

ARONDEL
     Vos soins sont superflus,
À me justifier je ne m'abaisse plus.
Oui, je voulais parler ; j'eus servi l'Angleterre ;
Mais, par son noir forfait, cette coupable terre
Aujourd'hui, dans mon cœur, a perdu tous ses droits ;
1450 De la patrie enfin je n'entends plus la voix,
Des traîtres, des complots, qu'elle soit la victime ;
L'horreur doit habiter dans le séjour du crime ;

Que la guerre y répande et le deuil et l'effroi.
Mon ami m'est ravi ; tout est fini pour moi.
1455 L'univers ne m'est plus qu'un désert où j'expire...
Le supplice est-il prêt ? Je n'ai plus rien à dire.

Scène 8
ÉDOUARD, ARONDEL, GLASTON, GARDES

ÉDOUARD
Demeure : quel secret t'unit aux attentats
Du traître qui t'attend pour marcher au trépas ?

ARONDEL [89]
Qu'entends-je ! Il vit encore ! Appui de l'innocence,
1460 Je reconnais... Ô Ciel ! j'adore ta puissance ;
Je reverrai Vorcestre ! ô bonheur imprévu !
Je puis justifier, et sauver la vertu.

ÉDOUARD
Pour ton propre forfait quand la mort te menace,
Téméraire, oses-tu parler d'une autre grâce ?
1465 Crois-tu par ces dehors d'une fausse grandeur,
D'un infâme assassin ennoblir la fureur ?
Toi qui n'es dans ma Cour connu que par un crime,
Quel[77] es-tu ? quel dessein, quelle fureur t'anime ?

ARONDEL
Je reçois, sans rougir, les noms des scélérats ;
1470 L'apparence m'accuse, et je ne m'en plains pas ;
Mais, puisque vous daignez m'interroger, m'entendre,
À votre estime encor, Seigneur, je puis prétendre,
Je ne farderai point l'aveu que je vous dois.
Non, la vérité seule est la langue des rois.
1475 Souvent, dans les combats, le sang de mes ancêtres
A coulé pour les rois vos pères et nos maîtres ;
Et le nom d'Arondel, qui vit encore en moi,

---
77 C'est-à-dire « Qui es-tu ? ».

Ne vous annonce pas l'ennemi de son roi.
Au sein de ces honneurs qu'adore le vulgaire, [90]
1480 Je pouvais conserver un rang héréditaire ;
Mais, né libre, j'ai fui l'esclavage des rangs,
Et j'ai laissé ramper les flatteurs et les Grands[cj].
Spectateur des humains, citoyen de la terre,
Pour vivre indépendant, je quittai l'Angleterre ;
1485 Et si, changeant de soins, je revois ce séjour,
L'intérêt de l'État a voulu mon retour.
En Norvège informé de la fuite d'Alzonde,
Et d'une trahison qu'ici même on seconde,
J'en venais à Vorcestre éclaircir[78] les horreurs,
1490 Et j'arrivais enfin, quand j'appris ses malheurs.
Je ne le défends pas des crimes qu'on m'annonce ;
Défendu par ses mœurs, sa vie est ma réponse.
J'ai paru sans effroi ; plus stable que le sort,
L'amitié prend des fers et partage la mort.
1495 Si j'ai puni Volfax[ck], la plus pure lumière
Va rendre à la vertu sa dignité première.
Regardez cet écrit qu'a signé l'imposteur.
Vous connaissez la main ; lisez, voyez, Seigneur,
Si les tourments sont faits pour qui vous en délivre,
1500 Et jugez qui des deux a mérité de vivre.
[Édouard lit les documents que lui a remis Arondel]

ÉDOUARD [91]

Que vois-je ? avec Volfax Aglaé conspirait !
Dans quel abîme affreux le traître m'attirait !

ARONDEL

Son inflexible haine empêchait Eugénie[cl]
De confondre[79] à vos yeux la noire calomnie.

ÉDOUARD

1505 Mortel, ami des Cieux, vous que leur équité

---
78 *Éclaircir* : « expliquer, tirer au clair ».
79 *Confondre* : voir p. 76, n. 42.

A chargé d'apporter ici la vérité,
Vous verrez qu'Édouard est digne de l'entendre,
Et qu'il n'opprime point ceux qu'elle sait défendre.
Vorcestre dans mon cœur porte le coup mortel ;
1510 Tandis qu'un noir complot le peignait criminel,
Sans regret, sans pitié, j'attendais son supplice,
Mais le courroux se tait où parle la justice^{cm}.
(Aux gardes.)
Vorcestre est libre ; allez, qu'il paraisse à mes yeux.
Et, pour mieux éclaircir⁸⁰ ces projets factieux⁸¹,
1515 Qu'en ces lieux à l'instant, Aglaé soit conduite.
Ignorant ses complots, je permettais sa fuite.
Glaston, volez au port ; qu'aujourd'hui nul vaisseau
Ne s'éloigne d'ici sans un ordre nouveau.

Scène 9
ÉDOUARD, VORCESTRE, ARONDEL, GARDES

ÉDOUARD
Vorcestre, paraissez^{cn}. En vain la calomnie
1520 Vous a voulu ravir et l'honneur et la vie ;
Du Juge des humains l'immortelle équité
Des traits de l'imposteur sauve la probité^{co82}.
Briser d'injustes fers, c'est venger l'innocence ;
Vous rendre à votre rang, vous laisser ma puissance,
1525 C'est moins une faveur qu'un légitime choix^{cp}.
La vertu doit régner ou conseiller les rois.
Mais ces titres brillants s'obscurciraient peut-être,
S'il vous manquait celui d'ami de votre maître.
Vous savez trop pourquoi ce titre fut perdu ;
1530 Vous savez à quel prix il peut être rendu.

VORCESTRE
Si je pouvais changer, par cet opprobre insigne,

---
80 *Éclaircir* : voir p. 110, n. 78.
81 Diérèse : trois syllabes.
82 La justice immanente constitue l'un des attributs de Dieu.

De vos bienfaits, Seigneur, je me rendrais indigne.
Un lâche, au gré des temps, varie et se dément ;
Mais l'honneur se ressemble, et n'a qu'un sentiment.
1535 Qu'attendez-vous, Seigneur ? On murmure, on conspire, [93]
Un instant affermit ou renverse un empire.
De traîtres investi, l'État veut en ce jour
Des soins plus importants que les soins de l'amour.
La perfide Aglaé, ministre des rebelles,
1540 Peut seule en dévoiler[cq] les trames criminelles ;
Que tarde-t-on, Seigneur, à la conduire ici ?

ÉDOUARD
Mes ordres sont donnés ; on doit… Mais la voici.

Scène 10
ÉDOUARD, ALZONDE, VORCESTRE,
ARONDEL, GLASTON, GARDES

ARONDEL
En croirai-je mes yeux ? C'est elle-même…

ALZONDE
Arrête,
Je te connais, je vois l'orage qui s'apprête ;
1545 Mais lasse de la vie, et lasse de forfaits,
J'éclaircirai sans toi mes funestes secrets.
À Édouard. [94]
Toi qui fais ma disgrâce, et ma douleur profonde,
Respecte ton égale, et reconnais Alzonde.

ÉDOUARD
Alzonde !

ALZONDE
À tes malheurs tu la reconnaîtras.
1550 Mon nom est, je le sais, l'arrêt de mon trépas.
Mais quand toute espérance à mon âme est ravie,

Que craindre ? Tu ne peux m'enlever que la vie,
Tu perdras davantage, et j'aurai la douceur
De te voir, en mourant, survivre à ton malheur ;
1555 De mes ressentiments je te laisse ce gage...
Mais trop longtemps ici je contrains mon courage ;
Alzonde, toujours reine au milieu des revers,
Inconnue à tes yeux, fut libre dans tes fers ;
Et dans l'instant fatal où tu peux me connaître,
1560 Je sais comme[83] un grand cœur doit fuir l'aspect d'un maître[cr].
[Elle sort]

ÉDOUARD

Gardes, suivez ses pas.

Scène 11[cs]

ÉDOUARD, VORCESTRE, ARONDEL

ÉDOUARD
    Mon esprit agité
Ne peut de ses discours percer l'obscurité.
Quel est cet avenir, quelles sont ces disgrâces
Que m'annoncent ici ses altières menaces ?
1565 Que craindre ? Elle est captive, et ce ton menaçant
Est le dernier transport d'un courroux impuissant[ct].
Je ne sens aujourd'hui que le bonheur suprême
De voir, de consoler, d'obtenir ce que j'aime.
En faveur de mes vœux le Ciel s'est déclaré.
1570 Vous en voyez, Vorcestre, un présage assuré ;
Et lorsqu'en mon pouvoir il met mon ennemie,
Son choix n'est plus douteux, il couronne Eugénie.

---

83 *Comme* au sens de « comment ».

Scène 12
ÉDOUARD, VORCESTRE, ARONDEL, GLASTON

GLASTON

Seigneur, la fière Alzonde a su tromper nos yeux ;
Elle s'est poignardée au sortir de ces lieux.
1575 « On m'apprête la mort, je ne sais point l'attendre,
« Dit-elle ; c'est de moi que mon sort doit dépendre,
« Le poison m'a vengée ; en ce même moment
« Ma rivale périt. Frémis, funeste amant !
« Tu sauras qui j'aimais par l'effet de ma haine,
1580 « Je me venge en amante, et me punis en reine. »

ÉDOUARD

Quel noir pressentiment d'un barbare destin...
Que l'on cherche Eugénie, et qu'elle apprenne enfin...
(Eugénie arrive, soutenue par ses femmes.)
Ô Ciel, en quel état elle s'offre à ma vue !
Ô détestable Alzonde !

VORCESTRE

Ô disgrâce imprévue !

Scène 13 et dernière
ÉDOUARD, VORCESTRE, ARONDEL,
EUGÉNIE, ISMÈNE, GLASTON

EUGÉNIE

1585 Que[84] servent les regrets ? Laissez jouir mon cœur
Du peu de temps^{cv} que doit m'accorder ma douleur.
Le croirai-je ! ô mon père ! une juste puissance
A puni l'imposture et sauvé l'innocence.
Quel heureux changement, comblant tous mes désirs,
1590 Dans l'horreur du trépas m'offre encor des plaisirs...
Je renais un instant ; en perdant la lumière^{cw},

---

84 *Que* au sens de « à quoi ? ».

Je puis vous dévoiler mon âme toute entière.
J'ai trop longtemps gémi sous ce triste fardeau ;
Il n'est plus de secrets sur le bord du tombeau...
1595 Je dois bénir le coup qui du jour me délivre.
Victime de mon cœur, je ne pouvais plus vivre
Que dans l'horrible état d'un amour sans espoir,
Ou qu'infidèle aux lois ainsi qu'à mon devoir.
Pardonnez, ô mon père ! aux feux que je déplore ; [98]
1600 Ils seraient ignorés, si je vivais encore...
Oui, le Ciel l'un pour l'autre avait formé nos cœurs.
Prince... je vous aimais... Je vous aime... Je meurs...

VORCESTRE

Hélas !

ÉDOUARD

C'en est donc fait ! ô douleur immortelle !
Ô Ciel ! éteins mes jours ; ils n'étaient que pour elle.

(Fin de la tragédie d'Édouard.)

VARIANTES DE *ÉDOUARD III*

Nous suivons le texte de l'édition Gresset, *Édouard III*, Paris, Prault père, MDCCXL. Les variantes sont celles que nous avons déchiffrées sur le manuscrit dans Ms158 conservé à la bibliothèque de la Comédie Française.

a Dans le manuscrit de la Comédie Française Ms158, sous le « À » on déchiffre « Dans » biffé.
b Dans Ms158 ce vers remplace : « Qu'espérez-vous, Madame, hélas qu'osez-vous faire ? » encore lisible sous la rature.
c Ms158 porte : « nos ». 49, Prault1740, Pel43, Pel46, Kel48, Dumesnil82, Renouard1811 portent « vos ».
d Dans Ms158 « ardeur » remplace : « audace ? » encore lisible sous la rature.
e Dans Ms158, p. 11, on lit sous les ratures les vers suivants :
   « *Je ne crains que Vorcestre, âme de cet empire,*
   Il range, il conduit tout à la paix qu'il désire ; [ces deux vers se retrouvent aux vers 107-108]
   Il traverse mes plans et, d'un œil satisfait,
   Je vois de sa ruine avancer le projet ;
   Son rang est un écueil que l'abîme environne,
   Déjà par des avis parvenus jusqu'au trône [ces deux vers se retrouvent aux vers 111-112]
   On l'a rendu suspect : pour combler les soupçons
   En rejetant sur lui ses propres trahisons
   Volfax même n'attend qu'un instant favorable
   Je rougirais d'entrer dans ce projet coupable
   Si d'autres sentiments m'étaient encore permis
   Que l'ardeur d'assembler mes cruels ennemis ;
   Un motif plus pressant, une crainte nouvelle
   Me détermine à fuir *cet* asile infidèle... »
   [la suite des vers présents sur cette page manuscrite se retrouve aux vers 124-129.]
f Ms158 porte : « Redoublez votre zèle, enflammez... »
g Ms158 porte : « Je vais dès ce moment avancer... »
h Ms158 porte : Ne perdez point de temps, achevez...
i Ms158 porte par erreur : « moins ».
j Ms158 porte ici deux vers raturés qui se retrouvent aux vers 219-220 :
   L'abandonnerez-vous quand l'amitié fidèle
   Doit par des nœuds plus forts vous attacher près d'elle.
k Ms158 porte ici : « dont on est l'esclave ».
l À la place de ces cinq mots, Ms158 porte : « J'en accepte l'augure, et consens... ».
m Dans Ms158 ce vers surcharge : « Volfax, allez porter mes ordres à l'armée ».
n « éclatants » remplace le mot « glorieux » présent dans le Ms158.
o Dans Ms158, ce vers remplace un vers biffé :
   « ce peuple méconnaît la majesté des rois

Dès qu'ils ont méconnu la majesté des loix » ; ce dernier vers est encore corrigé : « quand ses rois ont détruit l'autorité des loix » avant la version que porte l'imprimé.
p   Ms158 porte ici : « se forger des entraves ».
q   Les vers 427-430 manquent dans Ms158.
r   Ms158 porte : « Vous pensez qu'y souscrire est régner faiblement, C'est l'unique chemin pour régner sûrement ».
s   Ces trois mots remplacent dans le Ms158 un hémistiche biffé : « cette main dans son sang... ».
t   Ms158 porte : « accablé ».
u   Ms158 porte quatre vers biffés :
    « Vous fuyez, vous pleurez... Eugénie, Quel pouvoir rigoureux
    Alluma le flambeau de mes jours malheureux
    Et pourquoi l'innocence est-elle la victime
    Des remords accablants qui n'étaient dus qu'au crime ».
v   Le vers 534 apparaît dans Ms158 sous la forme : « et malgré ma vertu livrée à des remords [raturés et remplacés par "Au sein de la vertu j'éprouvay des remords"] » suivi de huit vers biffés qui n'ont pas été repris ailleurs dans le texte :
    Je ne me connus plus, de moi-même ennemie
    Je détestai mon sang, je détestai la vie
    Et, et connue au ciel seul dans mon affreux tourment,
    Je lui redemandais le bienfait du néant :
    J'aurais quitté la Cour, mais par ma destinée
    Retenue en ces lieux, à mes maux enchaînée
    Tout m'offrait un héros qu'il fallait me cacher
    Tout enfonçait le trait qu'il fallait arracher ;
    C'en est fait... [vers 535].
w   Ms158 porte ici quatre vers raturés qui n'ont pas été repris ailleurs dans le texte :
    Résignée à mon sort, ne le redoutant plus
    Je veux de mes malheurs me faire des vertus ;
    Près des champs de l'Écosse un solitaire asile
    Séjour de mes aïeux m'offre un destin tranquille.
    Fuyons, c'est trop tarder... [Le manuscrit hésite dans la dernière phrase entre « Fuyons » et « allons »]
x   Ms158 porte ici quatre vers raturés qui n'ont pas été repris dans le texte imprimé :
    « Où tout m'offre l'amour dans toute sa puissance
    Peut-être la raison triomphe dans l'absence :
    Que dis-je ? évite-t-on son sort et ses erreurs,
    Et la faible raison conduit-elle les cœurs ?
    Je veux ne point aimer... »
y   Ms158 porte ici quatre vers biffés qui n'ont pas été repris ailleurs dans le texte imprimé :
    « J'espère que du sort la fureur assouvie
    Ne m'affligera point d'une plus longue vie,
    Et qu'un antre profond cachant mes déplaisirs
    Sera bientôt témoin de mes derniers soupirs ».
z   Dans Ms158, cet hémistiche remplace « ne m'en parle jamais » raturé.
aa Ms158 porte : « qu'aient atteint ».
ab Ms158 porte : « demande ».
ac Ms158 porte : « me comprendre ».
ad Ms158 porte quatre vers biffés, encore lisibles sous la rature :

VARIANTES DE *ÉDOUARD III*

« Quel mépris accablant ! La cruelle me quitte
sans doute pour hâter le moment de sa fuite.
Par l'intraitable orgueil de ta triste vertu,
Inflexible Vorcestre, à quoi me réduis-tu ?
Qu'ai-je besoin encor de ce vain diadème ? »

ae Ms158 porte :
« quelques vils courtisans que sa gloire importune
Ont noirci ses vertus pour changer sa fortune ;
L'envie à la faveur pardonne rarement
Et l'on n'est pas longtemps heureux impunément. »
sur lesquels s'achève la réplique de Volfax.

af Dans Ms158, le vers 732 est précédé par un vers raturé attribué à Édouard III :
« Je ne le juge point sur un tel témoignage ;
Je n'en crois que moi-même, et j'ai reçu l'outrage. »
Dans Ms158 raturé, les vers 733-734 n'existent pas et Volfax répond au vers 732 :
« Sur quoi compter encor, si le voile des mœurs
Avec les vertueux confond les imposteurs ! »
avant de retrouver le vers 735.

ag Dans Ms158, se lit un passage raturé :
« je le justifiais, j'hésitais à le croire ;
Quel prestige aveuglait mon esprit abusé ?
     ÉDOUARD
Que dis-tu ? de quel crime était-il accusé ? »
avant de retrouver le vers 739.

ah Ms158 porte « votre ardeur ».

ai Dans Ms158, le vers 750 apparaît sous la rature sous la forme : « Sa politique aspire au repos de la paix. »

aj Dans Ms158, le vers 752 apparaît sous la rature sous la forme : « Pour appuyer sans doute un projet que j'ignore. »

ak Dans Ms158, le vers 753 apparaît sous la rature sous la forme : « L'ingrat me conseillait cet indigne repos. »

al Dans Ms158, le vers 756 est suivi de quatre vers biffés dont les deux derniers réapparaissent aux vers 759-760 dans le texte imprimé :
« S'apprête sourdement à de nouveaux efforts,
Et que la fière Alzonde en a revu les bords.
De ces déguisements, l'honneur est-il capable ?
Qui peut taire un complot, lui-même en est coupable ; ».

am Ms158 porte : « Par cet appas puissant... ».

an *Sic* Ms158 ; Pel43, Kel48, Renouard1811 portent « ces »

ao Ms158 porte ici quatre vers raturés qui n'ont pas été conservés dans le texte publié :
« Quelque crédit pourtant que ce renom lui donne
Tout va l'abandonner si le sort l'abandonne
Le peuple fut toujours du parti des heureux
Et toujours la disgrâce est un crime à ses yeux. »

ap Ms158 porte ici deux vers biffés :
« [...] Emploi aux bienfaits que j'ai reçus de vous,
Ajoutez la faveur de les reprendre tous ».

aq Suivent quatre vers rendus illisibles par les ratures.

ar Deux vers biffés :

       « et que n'a-t-il toujours suivi les justes lois
       De la fidélité dont il n'a que la voix ».
as   Ms158 complète le vers 801 et poursuit :
       « Mais deux garants trop sûrs des complots qu'il anime
       Ne me permettent plus de douter de son crime ;
       Vous pouvez de leur bouche apprendre avec effroi
       Ce qu'un autre qu'un traître eût appris à son roi ».
at   Dans Ms158 ce vers 822 remplace :
       « Qu'on s'assure de lui ; va, tu m'en répondras »
       encore lisible sous la rature.
au Dans Ms158 les vers 821-826 remplacent onze vers que les ratures rendent illisibles.
av Ms158 porte « va ».
aw Ms158 porte « Il semble regretter ».
ax Dans Ms158, les vers 837-838 remplacent deux vers encore lisibles sous les ratures :
       « Daignez-vous adoucir mes destins rigoureux ?
       Le Ciel a fait les Rois, les Rois font les heureux ».
ay Dans Ms158, on lit comme second hémistiche « elle me sera chère ».
az Dans Ms158, Gresset avait d'abord écrit « *ses* alarmes », « *ses* larmes », « *son* père » et « *ses* yeux ».
ba Dans Ms158, les vers 945-946 remplacent deux vers encore lisibles sous les ratures :
       « Par mon ordre envoyée Ismène ne vient pas /
       M'apprendre si l'on veut ma vie ou mon trépas ».
bb Ms158 porte ici quatre vers biffés qui ont disparus dans le texte publié :
       J'ai suivi ses conseils, qu'on me juge par eux
       Qui l'écouta toujours ne fut que vertueux
       Il ne périra point s'il est quelque puissance
       Qui jugeant l'univers, punisse et récompense...
bc Ms158 porte : « Vous instruire avec lui ».
bd Dans Ms158, les vers 987-990 remplacent les vers suivants biffés :
       « Pour les cœurs vertueux, pour les âmes austères
       où l'honneur a gravé ses sacrés caractères
       ce rang n'est que le droit de répandre des biens
       et de se voir le dieu de ses concitoyens : »
be Ms158 porte ici une didascalie : « *Il sort* ».
bf *Sic* dans Ms158 et dans Renouard ; Pel43 et Kelmarneck portent « mêmes ».
bg Dans Ms158, la réplique d'Eugénie s'achève ici, et Ismène lui répond :
       Si sa vertu ne peut dissiper vos alarmes
       Fiez-vous de sa grâce au pouvoir de vos larmes
       Et surmontez l'effroi qui vous vient accabler
                   EUGÉNIE
       Non, cesse de me plaindre, et de me consoler.
       [82] Ismène, je dis plus, voir dans cette journée
       Pour la première fois bénir ma destinée ;
       Mon père va périr, c'est mon sort aujourd'hui
       Je ne le pleure plus mais j'expire avec lui.
       Pour soustraire au trépas une tête si chère
       Pour aller jusqu'au roi, pour fléchir sa colère
       Je saurai tout tenter, mais au même moment
       Un poignard va m'abattre aux pieds de mon amant

S'il ne me connaît plus, si mes larmes sont vaines ;
Bénis ce malheur même, il termine mes peines
Pour ce cœur trop sensible et né pour la douleur
La mort sera des cieux la première faveur
Et tu dois souhaiter de me voir affranchie
Du fardeau de mon être et du poids de la vie
Toi qui sais que les jours ne renaissent pour moi
Que pour renouveler ma peine et mon effroi
Ma gloire veut ma mort, à moi-même infidèle
Plus que jamais, hélas, je me sens criminelle...
En vain, en le fuyant je voudrais l'oublier
Mon amour me bannit de l'univers entier...
Que dis-je ! et dans quel émoi, ah ! pardonne à mon père
Tandis que sur ses jours le crime délibère,
Quoi mon cœur infidèle en cet affreux moment
Dans le tyran d'un père aime encor un amant,
Édouard un tyran ! non, à tort je l'accuse ;
Sans doute du pouvoir un imposteur abuse
Édouard est né fier, ardent, impétueux
Il aime, il est brave, mais il est vertueux ;
Et j'ai dans son grand cœur ma plus sûre espérance
Mais quelle solitude et quel affreux silence.

bh   Dans Ms158 ce vers reprend le dernier vers, biffé, du passage précédent, en inversant la rime :
     Mais quelle solitude et quel affreux silence.
bi   Dans Ms158 on lit comme premier hémistiche « d'un ami, ami stable et vrai ».
bj   *Sic* dans Ms158 et dans Prault père1740, alors que des éditions postérieures portent « frémir », ce qui introduit une répétition gênante puisque « frémis » apparaît au vers 1082.
bk   Dans Ms158 on lit encore sous les biffures : « Le temps presse, guidez ma douleur égarée ».
bl   dans Ms158 cet hémistiche remplace les mots suivants :
     « Tout conspire à nos vœux, sa ruine... »
bm Ms158 porte ici quatre vers qui n'ont pas été retenus dans la version imprimée :
     « Tandis que près d'ici, je vais, témoin secret,
     Entendre un entretien dont je suis inquiet
     Éloigne d'Édouard Eugénie éplorée ;
     Par ma fortune ici la tienne est assurée ».
bn Ms158 porte ici trois vers quasi illisibles, biffés, que surcharge le texte publié.
bo   Ms158 porte : « J'ignore le destin que nous devons... » raturé et remplacé par l'hémistiche publié.
bp   dans Ms158 les quatre vers qui précèdent sont biffés bien qu'ils soient présents dans l'édition Prault 1740.
bq   Ms158 porte une didascalie : « cachant ses pleurs ».
br   Dans Ms158 les cinq mots qui précèdent remplacent : « sous mon habillement » biffé.
bs   Dans Ms158 les trois mots qui précèdent remplacent : « je reste ici » utilisés dans la modification du vers 1210.
bt   *Sic* dans Ms158, Prault 1740, Pel43, Pel46 et Kel48 // Dumesnil82 et Renouard1811 portent « une âme magnanime » qui décontextualise l'observation.
bu   *Sic* dans Prault 1740 ; le Ms158 porte « La disgrâce ».
bv   Dans Ms158 cet hémistiche remplace « et chérir moins » raturé.
bw Ms158 porte « On vous a désarmé ».

bx Ms158 porte quatre vers raturés :
    « mais la fière Eugénie, en ce moment terrible
    Constante à m'éviter, reste-t-elle insensible ?
    Quelle haine produit cet orgueil obstiné ?
    Voit-elle sans effroi son père condamné ?
by Dans Ms158, les vers 1339-1340 surchargent deux vers raturés, mais restés lisibles :
    « Aux portes du palais, elle s'est présentée
    Mais vos ordres, Seigneur, l'y tenaient arrêtée. »
bz Dans Ms158 « en ces lieux » remplace « levez-vous » raturé.
ca *Sic* Prault 1740, BGibert, Pel43, Pel46, Kel48, Renouard1811. Le Ms158 porte « sous le nom *de* devoir ».
cb Sur le Ms158 suivent quatre vers qu'on arrive encore à lire malgré les biffures :
    « Par ces deux sentiments entraîné tour à tour
    Frappé dans ma fierté, blessé dans mon amour,
    Incertain, égaré, je me cherche et m'ignore.
    Il faut choisir. Enfin vous le pourriez encore. »
cc Sur le Ms158 on lit « un » que surcharge « Le ».
cd Ms158 porte un vers raturé : « Et si je suis vos vœux, hélas, sa main cruelle » remplacé par le vers 1400 qui n'apparaît pas dans le Ms158.
ce La page 154 ou 159 du Ms158 commence par une réplique d'Eugénie dont on ne trouve pas trace dans l'imprimé :
    « Par son sang répandu, punira mon erreur
    Il a réglé [biffé et remplacé par "juré"] sa mort, vous connaissez son cœur
    Il ne changera point ; austère [surcharge "encore"], inébranlable ;
    Il défend sans retour, ce qu'il croit équitable ; »
    Suit la réplique d'Édouard.
cf Dans Ms158, « L'inflexible rigueur » surcharge « Non, l'inflexible orgueil » raturé.
cg Ms158 porte « sensible ».
ch Les vers 1415-1416 surchargent deux vers biffés dans le Ms158 :
    « Il [votre cœur] est assez barbare, à mon tour je dois l'être
    Mon amour est donc vaincu, ma fureur va renaître.
    Qu'il meure » et une didascalie : « *il sort* ».
ci Dans Ms158, la réplique d'Arondel commence par les quatre vers qui précèdent le vers 1423. On les déchiffre sous la rature :
    « Non, on m'engage en vain au soin de me défendre
    Ce conseil de tyrans n'est pas fait pour m'entendre ;
    La force est dans leurs mains, ils peuvent m'accabler,
    Mais ce n'est qu'à leur roi que je pouvais [au sens de "aurais pu"] parler »
    Le texte donné par Prault1740 se trouve calligraphié en bas de la page précédente.
cj Dans Ms158 suivent quatre vers raturés :
    « À Vorcestre attaché dès mes tendres années
    Quand la faveur combla ses hautes destinées,
    L'espoir de m'élever par son autorité
    Ne me fit point au sort vendre ma liberté. ».
ck Dans Ms158, huit vers précèdent le vers 1495 :
    « C'est à ces sentiments qu'on peut me reconnaître,
    On peut juger par eux à quel sang je dois l'être [au sens de *l'existence*]
    Et si je n'apportais que les lâches desseins
    Qui produisent le crime et font les assassins

Pour me soustraire aux fers qu'apprêtait l'injustice,
Si du traître Volfax j'ai hâté le supplice
Ma vengeance n'a fait contre un monstre odieux
Que ce qu'eût fait un jour la vengeance des ~~dieux~~ cieux
~~Mais pour répandre ici~~ [Si j'ai puni Volfax] la plus pure lumière,
~~Et~~ [va] rendre à la vertu sa dignité première...
Ces deux derniers vers sont modifiés pour prendre la forme des vers 1495-1496 présents dans Prault1740.

cl   Dans Ms158, le vers 1503 surcharge une rédaction antérieure :
« Sa *fureur* empêchait la *plaintive* Eugénie ».

cm   Ms158 porte neuf vers raturés :
« Mais le courroux se tait où parle la justice
Que dites-vous ? Eh quoi, constante à me haïr
L'orgueilleuse Eugénie, obstinée à me fuir...
                ARONDEL
Elle, Seigneur, hélas, tremblante, consternée,
N'attendant que la mort pour toute destinée,
Elle tentait en vain d'arriver jusqu'à vous,
De vous offrir ses pleurs, et d'arrêter vos coups.
                ÉDOUARD
Mortel, ami des cieux, vous ranimez ma vie ;
À mon tour, il est temps que je me justifie :
Vorcestre est libre... »

cn   Dans Ms158 cet hémistiche remplace un hémistiche raturé mais resté lisible :
« Paraissez, cher Vorcester, ».

co   Ms158 porte : « Des pièges de l'erreur sauve la ~~vérité~~ probité » raturé et remplacé par le texte de Prault1740.

cp   Dans Ms158, le deuxième hémistiche remplace un demi vers illisible sauf les derniers mots « sont vos droits ».

cq   Sic Prault1740 ; Ms158 (p. 129) porte « *En* peut seule *éclaircir* les trames criminelles ».

cr   Ms158 (p. 130) porte ici quatre vers raturés dont les deux derniers sont repris aux vers 1579-1580 :
« je tombe sans regret dans l'éternelle nuit,
Tremble ; en ce même instant ma rivale périt.
Tu sauras qui j'aimais par l'effet de ma haine,
Je me venge en amante, et me punis en reine.
(*Elle se tue*) »

cs   Ms158 porte « scène 9ᵉ / le Roy, les mêmes / édouard »

ct   Dans Ms158, la scène s'achevait sur un vers et demi :
« Consoler Eugénie est le bien où j'aspire
Tout le reste n'est rien »
biffé et remplacé par les vers 1567-1572.

cu   Sur le Ms158, on lit sous les ratures :
« Seigneur, Alzonde expire /
D'un poignard que ses soins dérobaient à nos yeux
Elle s'est immolée [« poignardée » texte antérieur à la correction] au sortir de ces lieux ;

cv   Ms158 porte : « du peu d'instants que doit m'accorder... » biffé et remplacé par le texte de l'imprimé.

cw   Ms158 porte deux demi-vers : « à vos yeux inconnue / pour se montrer enfin [vers interrompu dans la rédaction] » biffés et remplacés par le texte de l'imprimé.

APPROBATION ET PRIVILÈGE DU ROI

APPROBATION

J'ai lu par ordre de Monseigneur le Chancelier, une Tragédie qui a pour titre, *Édouard III.* & je crois que l'on peut en permettre l'impression, 26 Février 1740. CRÉBILLON.

PRIVILÈGE DU ROI

LOUIS, par la Grace de Dieu, Roy de France & de Navarre : à nos amés & féaux Conseillers, les Gens tenans nos Cours de Parlement, Maîtres des Requêtes ordinaires de notre Hôtel, Grand Conseil, Prévôt de Paris, Baillifs, Sénéchaux, leurs Lieutenans Civils & autres nos Justiciers qu'il appartiendra ; SALUT. Notre bien amé PIERRE PRAULT père, libraire & Imprimeur de nos Fermes & Droits, à Paris, Nous ayant fait remontrer qu'il souhaiteroit faire imprimer ou imprimer, & donner au Public, *La Bibliothèque de Campagne,* ou *Recueil d'Avantures choisies, Nouvelles, Contes, Bons Mots,* & autres Pièces, tant en prose qu'en vers, pour servir de récréation à l'esprit, en six volumes, le Livre des Enfans, & le *Glaneur François,* s'il Nous plaisait lui accorder nos lettres de Privilege sur ce nécessaires, offrant pour cet effet de les imprimer ou faire imprimer en bon papier & beaux caracteres, suivant la feuille imprimée & attachée pour modele sous le contrescel des Présentes. À ces causes, voulant favorablement traiter ledit exposant, Nous lui avons permis & permettons par ces Presents de faire imprimer ou imprimer lesdits Livres ci-dessus spécifiés, en un ou plusieurs volumes, conjointement ou séparément, & autant de fois que bon lui semblera, sur papier & caracteres conformes à ladite feuille imprimée & attachée sous notre contrescel, & de les vendre, faire vendre & débiter par tout notre Royaume, pendant le tems de six années consécutives, à compter du jour de la date desdites Presentes. Faisons défenses à toutes sortes de personnes de quelque qualité & condition qu'elles soient, d'en introduire d'impression étrangere dans aucun lieu de notre obéissance : comme à tous Libraires, Imprimeurs, & autres, d'imprimer, faire imprimer, vendre, faire vendre, débiter ni contrefaire lesdits Livres ci-dessus exposés, en tout ni en partie, ni d'en faire aucuns extraits, sous quelque prétexte que ce soit, d'augmentation, correction, changement de titre, même en feuilles séparées, ni d'impression étrangère, ou autrement, sans la permission expresse & par écrit dudit Exposant, ou de ceux qui auront droit de lui, à peine de confiscation des Exemplaires contrefaits, de Six mille livres d'amende contre chacun des contrevenans, dont un tiers à Nous, un tiers à l'Hôtel-Dieu de Paris, l'autre tiers audit Exposant, & de tous dépens, dommages & intérêts, un tiers à l'Hôtel-Dieu de Paris, l'autre tiers audit Exposant, & de tous dépens, dommages & intérêts : à la charge que ces Présentes seront enregistrées tout au long sur le Registre de la Communauté des Libraires & Imprimeurs de Paris, dans trois mois de la date d'icelles ; que l'impression de ces Livres sera faite dans notre Royaume & non ailleurs, & que l'Impétrant se conformera en tout aux Reglemens de la Librairie, & notamment à celui du 10 Avril 1725 & qu'avant que de l'exposer en vente, les Manuscrits ou Imprimés qui auront servi de Copie à l'impression desdits Livres seront remis dans le même état où les Approbations y auront été données, ès mains de notre très cher & féal Chevalier Gardes [*sic*] Sceaux de France, le Sieur Chauvelin & qu'il en sera ensuite remis deux Exemplaires de chacun dans notre Bibliotheque publique, un dans celle de notre Château du Louvre & dans celle de notre très-cher & féal Chevalier Garde des Sceaux de France, le Sieur Chauvelin, le tout à peine de nullité des Présentes : Du contenu desquelles vous mandons & enjoignons de faire jouir l'Exposant ou ses ayans cause, pleinement & paisiblement, sans souffrir qu'il leur soit fait aucun trouble ou empêchement. Voulons que la Copie desdites Presentes, qui sera imprimée tout au long au commencement ou à la fin desdits Livres, soit tenuë pour duëment signifiée, & qu'aux copies collationnées par l'un de nos amés & féaux Conseillers & secrétaires, foi soit ajoûtée comme à l'Orignal : Commandons au premier notre Huissier ou Sergent, de faire pour l'exécution d'icelles tous Actes requis & nécessaires, sans demander autre permission, & nonobstant Clameur de Haro, Chartre Normande & Lettres à ce contraires. Car tel est notre plaisir. Donné à Versailles le seizième jour de Mars, l'an de Grace mil sept cens trente-six ; & de notre Regne le vingt-unième. Par le Roy en son Conseil. *Signé*, SAINSON.

Registré sur le Registre IX de la Chambre Royale des Libraires & Imprimeurs de Paris, N° 2624, Fol. 141. Conformément aux anciens reglemens, confirmés par celui du 10 février 1723. À Paris ce 18 mars 1736. Signé, G ; MARTIN, Syndic.

ACCUEIL ET ÉCHOS

Mercure de France [publié le 15 avril 1747]
    Écrit le 05 mai 1747
    Écho de la représentation p. 120.

« auteur connu par la finesse de ses pensées et la délicatesse naturelle de son style »

VOLTAIRE

Dans les premiers jours de janvier 1740, avant la première, Voltaire manifeste une vive curiosité. Il écrit à plusieurs de ses correspondants pour obtenir des informations sur l'*Eugénie* de Gresset, mais il lui faudra attendre la première, le 22 janvier pour découvrir que la pièce a changé de titre : elle s'appelle dorénavant *Édouard III*. Il envoie de Bruxelles le 26 janvier 1740 une lettre au prince héritier Frédéric qui contient un écho de la rumeur qui accompagne la représentation du 22 janvier :

> Voilà Gresset qui se pique d'honneur, et qui donne une tragédie, dont on m'a dit beaucoup de bien[1].

Le 23 février 1740, il ajoute :

> Je crois que V.A.R. aura incessamment la tragédie de Gresset ; on dit qu'il y a de très beaux vers[2].

---

1 Lettre de Voltaire à Frédéric II du 26 janvier 1740, Voltaire, *Correspondance*, Théodore Besterman éd., Gallimard, Pléiade, 1977, t. II, p. 290, 1328, D 2149 ; voir n. 2.
2 Lettre de Voltaire à Frédéric II du 23 février 1740, *Ibid.*, t. II, p. 310, 1397, D 2172.

Frédéric II répond à Voltaire trois mois plus tard avec beaucoup de finesse, et pas mal de perfidie dans la dernière phrase :

> La versification m'en a paru heureuse ; mais il m'a semblé que les caractères étaient mal peints. Il faut étudier les passions pour les mettre en action... Gresset n'a point puisé à la bonne source, autant qu'il me paraît : les beautés de détail peuvent rendre sa tragédie supportable à la lecture, mais elles ne suffisent pas pour la soutenir à la représentation : Autre est la voix d'un perroquet [celui de Ver-Vert !], / Autre est celle de Melpomène.

Après avoir reçu un exemplaire de la pièce que lui a envoyé Gresset, Voltaire, intéressé par l'audace dramaturgique du jeune auteur, lui en fait compliment :

> Vous êtes, Monsieur, comme cet Atticus, qui était à la fois ami de César et de Pompée. Nous sommes ici deux citoyens du Parnasse qui faisons la guerre civile et ne sommes, je crois, d'accord sur rien que sur la justice que nous nous rendons. [...]
> Je m'attendais bien que votre tragédie marquerait, comme vos autres ouvrages, un génie neuf et tout entier à vous [...]
> Vous avez un quatrième acte qui est bien court, mais qui paraît devoir faire au théâtre un effet admirable. Je vous avoue que je ne conçois pas pourquoi dans votre préface vous justifiez le meurtre de Volfax, par la raison, dites-vous, qu'on aime à voir punir un scélérat, qu'on pourrait exécuter derrière les coulisses et qu'on voudrait tuer sur le théâtre, ne serait pas toléré, et qu'une action atroce, mise sous les yeux sans nécessité, ne serait qu'un artifice grossier qui révolterait.
> La véritable raison, à mon gré, du succès de votre coup de poignard, qui devient un grand coup de théâtre, c'est qu'il est nécessaire. Volfax surprend et va perdre les deux hommes à qui le spectateur s'intéresse le plus. Il n'y a d'autre parti à prendre que de le tuer. Arondel ne fait que ce que chacun des auditeurs voudrait faire. Le succès est sûr quand l'auteur dit ou fait ce que tout le monde voudrait à sa place avoir fait ou avoir dit.
> Courage, Monsieur ! étendez la carrière des arts. Vous trouverez toujours en moi un homme qui applaudira sincèrement à vos talents et qui se réjouira de vos succès. Plus vous mériterez ma jalousie, et moins je serai jaloux. [...] Mme la marquise du Châtelet pense comme moi sur votre tragédie.
> Je serais charmé que cette occasion pût servir à me procurer quelquefois de vos nouvelles et de vos ouvrages. Vous ne pourriez en faire part à quelqu'un qui y prît plus d'intérêt
> Je suis, Monsieur, avec la plus sincère estime et une envie extrême d'être au rang de vos amis, votre[3]...

---

3   Lettre de Voltaire à Gresset du 28 mars 1740, Voltaire, *Correspondance*, Théodore Besterman éd., Gallimard, Pléiade, 1977, t. II, p. 324-326, D 2191.

Mais il est difficile de croire les compliments qu'il adresse au jeune dramaturge étant donné que sa « sincérité » est fonction du correspondant auquel il s'adresse.

Ainsi il écrit à l'abbé Moussinot :

> On m'a envoyé par la poste cette tragédie d'*Édouard* de Gresset : il m'en a coûté une pistole de port, que je regretterais beaucoup s'il n'y avait pas quelques beaux vers dans la pièce[4].

À Antoine Ferriol, comte de Pont de Veyle :

> J'ai lu *Édouard*. [...] J'ai répondu à Gresset une lettre polie et d'amitié. Je le crois un bon diable[5]

À M. de Formont :

> J'ai lu la tragédie de Ver-Vert [c'est-à-dire Gresset], qu'il m'a fait l'honneur de m'envoyer. Ainsi, il faut que j'en dise du bien : il y a d'ailleurs un certain air anglais qui ne me déplaît pas[6].

Mais c'est peut-être à Cideville qu'il livre le fond de sa pensée. Parlant des *Dehors trompeurs* [de Boissy], il écrit :

> Quel dommage ! il y a des scènes charmantes et des morceaux frappés de main de maître. Pourquoi cela n'est-il pas plus étoffé, et pourquoi les derniers actes sont-ils si languissants ? *Amphora cepit / institui ; currente rota, cur urceus exit ?* [L'ouvrage commencé était une amphore. Le tour continuant sa révolution, pourquoi en sort-il une cruche ?] Il en est à peu près de même de la pièce de Gresset, et qui pis est c'est une déclamation vide d'intérêt[7]...

---

4   Lettre de Voltaire à Bonaventure Moussinot du 26 [mars 1740], Voltaire, *Correspondance*, Théodore Besterman éd., Gallimard, Pléiade, 1977, t. II, p. 323, D 2189 ; voir n. 29.
5   Lettre de Voltaire à Antoine Ferriol, comte de Pont de Veyle, du 30 mars [1740], Voltaire, *Correspondance*, Théodore Besterman éd., Gallimard, Pléiade, 1977, t. II, p. 328, 1358, D 2193.
6   Lettre de Voltaire à Jean-Baptiste-Nicolas Formont, du 1 avril 1740, Voltaire, *Correspondance*, Théodore Besterman éd., Gallimard, Pléiade, 1977, t. II, p. 331-332, 1360, D 2195.
7   Lettre de Voltaire à Pierre-Robert Le Cornier de Cideville, du 25 avril 1740, Voltaire, *Correspondance*, Théodore Besterman éd., Gallimard, Pléiade, 1977, t. II, p. 342, 1365, D 2201.

Le père D'Aire insère dans le *Mercure de France* à la date du 20 mai 1740 (p. 875) des vers dithyrambiques, en vue de souligner l'originalité de la scène dans laquelle Arondel tue d'un coup de poignard Volfax, le complice d'Alzonde.

À M. Gresset, sur sa tragédie *Édouard III*

Loin d'ici ces auteurs timides
Qui craignent, par des homicides,
D'irriter nos cœurs et nos yeux ;
Quand ta main fait périr un traître,
C'est faire par un coup de maître,
Ce que chacun attend des Dieux.
Celui qui meurt dans la coulisse,
Dans l'esprit est encore vivant ;
Quand sur la scène il reçoit son supplice,
Il est vraiment puni, le parterre est content.
Oui, nos premiers auteurs vont suivre ton exemple ;
Tu touches ; le monde étonné,
À sa surprise abandonné,
S'apprête à t'élever un temple.
Du cœur de nos Français tu sais ouvrir la porte ;
Paris dans Arondel admire ton esprit.
J'aime à trouver en lui cette âme peu commune,
Qui sait aimer sans intérêt,
Qui nous fuyant dans la fortune,
N'attend que nos malheurs, pour combler [= porter à son comble] ses bienfaits.
L'Amour ne connaît point d'extrême :
Immoler un ami, c'est nous perdre nous-même
Oui ; Volfax doit périr et c'est peu du poison ;
Le poignard dans son sein venge sa trahison.
À fléchir Eugénie un prince amant conspire,
Il offre à ses faveurs la moitié de l'Empire.
Si le trône éblouit, Vorcestre à des vertus.
Élevé par son rang, plus grand par ses refus,
Il sait parler en père, en père il sait défendre
De livrer aux honneurs un cœur flexible et tendre.
Il voit avec plaisir qu'elle cède à ses lois.
Pour ses enfants un père est au-dessus des rois.
Ainsi se consacrant au bien de la patrie,
Il est prêt d'immoler et sa fille et sa vie.
Qu'un ministre prudent se distingue à ces traits.
Que tu possèdes l'art d'animer les portraits
Tes juges éclairés sont charmés d'y connaître

Que dans le même instant l'écolier devient maître
Mais pour tracer si bien un ministre accompli,
Pouvais-tu te méprendre, en copiant Fleury ?
N'attends pas que ma voix te flatte
Malgré tous tes heureux talents ;
Un bon père aime ses enfants,
Malheur à celui qui les gâte...

D'Aire C...
De Paris, ce 20 avril 1740

L'abbé Guyot Desfontaines, tout en accordant des éloges au style de la pièce proteste contre le coup de poignard par respect pour « l'essence de la tragédie, qui doit exciter la terreur et non pas l'horreur[8] ».

L'abbé Prévost dans le *Pour et le Contre*, rédige un inventaire scrupuleux, trop scrupuleux et trop symétriquement balancé, des mérites et des défauts et sa critique s'annule dans les détails[9].

DIDEROT

Dans une lettre du 6 janvier 1772, Diderot écrit à sa sœur Denise, religieuse à Langres, qui lui avait demandé quelle pièce de théâtre lui paraîtrait le mieux adaptée à une représentation dans le couvent. Il commence par déconseiller les représentations théâtrales dans un couvent parce que :

> L'on n'en retient qu'un esprit de vanité et de dissipation qu'on a dans la suite bien de la peine à réprimer.

Puis, comme elle avait pensé à *Édouard III*, il ajoute :

> Quant à la tragédie *Édouard III*, ce n'est pas un mauvais ouvrage ; mais il s'en manque bien que ce soit un chef-d'œuvre. Il serait facile de choisir mieux. Je le dirais devant l'auteur, qu'il ne serait pas assez sottement vain pour s'en

---
8   Cité par Cayrol, I, 145.
9   Antoine-François Prévost, *Le Pour et le contre*, 1740.

offenser. Les deux premiers actes sont une suite de discours politiques où de jeunes personnes n'entendront presque rien. Le reste de la pièce a des beautés ; mais ces beautés sont pour un théâtre fréquenté par des gens du monde et non dressés dans une maison religieuse. Croyez-vous qu'il convienne aux voûtes d'un cloître de retentir de ces vers : « Je dois bénir le coup qui du jour me délivre. / Victime de mon cœur, je ne pouvais plus vivre / Que dans l'horrible état d'un amour sans espoir, / Ou qu'infidèle aux lois ainsi qu'à mon devoir. / Pardonnez, ô mon père ! aux feux que je déplore. / Ils seraient ignorés, si je vivais encore... / Oui, le Ciel l'un pour l'autre avait formé nos cœurs. / Prince... je vous aimais... Je vous aime... Je meurs... ». « Cette mort est des plus touchantes, mais n'est pas des plus chrétiennes. Il y a dans *Édouard III* cent autres morceaux tels que celui-là, que nous admirons fort, nous autres profanes, mais qui doivent choquer les oreilles un peu scrupuleuses... Pourquoi ne pas se tenir à l'*Athalie* de Racine ? C'est une pièce sainte... Voici donc mon avis : ou point de tragédie du tout, ni *Édouard III* ou *Athalie*, ni aucune autre, ou, s'il y a nécessité de représenter une pièce de théâtre, que ce soit l'*Athalie* ou l'*Esther* de Racine. J'ai dit. Adieu »[10].

Palissot dans sa *Dunciade* dénonce l'anglomanie à la mode :

Vous y[11] brillez, Anglomanes jaloux,
Sifflés à Londres, applaudis parmi nous ;
Sombres cerveaux, dont la mélancolie
Mit un poignard dans la main de Thalie[12],
Et qui tout fiers du nom de novateurs,
Détruisez l'art en corrompant nos mœurs.
Pour admirer leurs lugubres merveilles,
Divin Molière, on néglige tes veilles,
On t'abandonne ; et, grâce à leur succès,
Bientôt en France, il n'est plus de Français[13].

Jean-François de La Harpe, généralement favorable à Gresset, rédige un commentaire totalement négatif sur cette tragédie. Rien n'échappe au feu de sa critique.

---

10 Diderot, Denis, *Correspondance*, Georges Roth et Jean Varloot éd., Paris, édition de Minuit, [1955-1970], 16 vol., vol. XII, p. 18-22.
11 à l'imitation d'Homère décrivant le bouclier d'Achille, Palissot décrit dans sa *Dunciade* les motifs décoratifs qui ornent le bouclier de Stupidité. Il songe à l'évidence aux scènes parisiennes marquées par l'anglomanie dont Gresset a été un précurseur.
12 Thalie est l'une des trois Grâces en même temps que la muse de la comédie et donc du théâtre en général.
13 Palissot, Charles, *La Dunciade*, Londres, 1764, chant III, vers 145-155 (p. 31 de l'éd. 1776).

Gresset méconnut entièrement le caractère de son talent et la mesure de ses forces quand ses succès le conduisirent au point de lui faire entreprendre une tragédie : il n'y a veine en lui qui tende au tragique[14].

Dans l'ensemble, les contemporains ont souligné la qualité de la versification de la tragédie et le goût des maximes de Gresset.

---

14   La Harpe, Jean-François de, *Lycée ou cours de littérature ancienne et moderne*, Paris, Ledoux et Tenré, 1817, t. VIII, p. 54.

MAXIMES DANS *ÉDOUARD III*

Qui n'ose s'affranchir est digne de ses chaînes.	vers 4
Et la honte n'est rien quand elle est ignorée.	vers 25
Et notre premier Juge est au fond de nos cœurs.	vers 34
À quelque extrémité qu'on se soit exposé, Qui parvient au succès n'a jamais trop osé.	vers 385-386
Le bonheur des sujets est le titre des rois.	vers 394
L'orgueil n'aveugle point ceux que l'honneur éclaire.	vers 423
Un juste citoyen est plus qu'un roi coupable.	vers 632
Le crime prend souvent la voix de la vertu.	vers 806
La sincère amitié n'habite point la Cour ; Son fantôme hypocrite y rampe aux pieds d'un maître. Tout y devient flatteur, tout flatteur cache un traître.	vers 1010-1012
Qui ne craint point la mort, ne craint point qui la donne.	vers 1076
Un crime sans succès perd toujours son auteur.	vers 1130
Qui meurt dans sa vertu, meurt sans ignominie.	vers 1252
Mais à tout condamner la foule accoutumée, Sur le crime apparent flétrit la renommée.	vers 1255-1256
La vertu ne connaît d'autre prix qu'elle-même.	vers 1259
Se donner le trépas est le destin d'un lâche. Savoir souffrir la vie, et voir venir la mort, C'est le devoir du sage, et ce sera mon sort.	vers 1312-1314
La vie est un dépôt confié par le Ciel ; Oser en disposer, c'est être criminel.	vers 1317-1318
Un lâche au gré des temps varie et se dément.	vers 1533

Quand du pouvoir des rois la fortune l'approche, vers 1979-1980
Un sujet rarement est exempt de reproche.

La vertu dans les fers est toujours la vertu. vers 1982

SIDNEY[1]

---

[1] Sidney / Comédie / Par M. Gresset / Représentée pour la première fois le 3 mai 1745 par les Comédiens / ordinaires du Roi / [filet] / Le prix est de 30 sols / À La Haye, / MDCC.XLV.

INTRODUCTION

Sidney

Si, comme l'affirme Jean Starobinski, « Les chefs-d'œuvre révèlent de nouvelles significations quand on leur pose de nouvelles questions[1] », *Sidney* pourrait bien être un chef-d'œuvre méconnu. En effet, dans cette pièce sans précédent, Gresset innove au moins sur deux plans : sur le plan dramaturgique, il invente un genre nouveau, que ses successeurs appelleront « drame », et, sur le plan thématique, il met en scène une apologie du suicide[2] dans laquelle il développe la justification du protagoniste qui revendique le droit d'être celui qui décide de choisir l'heure de sa mort et de déterminer, en fonction des plaisirs que l'existence peut encore lui réserver, le moment de mettre fin à son existence. Dans *Sidney*, Gresset dépeint bien l'abattement qui empêche le protagoniste d'éprouver aucun intérêt pour rien et l'associe au goût du suicide. Il met en évidence un sentiment qui n'avait pas encore été décrit avant lui.

Gresset avait pu découvrir une apologie du suicide dans le monologue d'*Hamlet*, « qui est su de tout le monde » et qui avait fait une telle impression sur Voltaire que le dramaturge français en avait proposé une transposition en alexandrins, dès 1734 dans ses *Lettres philosophiques*[3] :

---

[1] Jean Starobinski, « *Pouvoir et Lumières dans "La Flûte enchantée"* », Paris, *Revue Dix-Huitième siècle*, n° 10, 1978, p. 435.
[2] Une édition postérieure, Dijon, Defay fils, 1777, modifie le titre pour souligner le sens de l'œuvre : *Sydney ou le Suicide*.
[3] Voltaire, voir le chapitre consacré à la tragédie anglaise dans *Les Lettres philosophiques*, Amsterdam, E. Lucas, au Livre d'or, 1734, p. 216 (BnF, acq N° 51.267 ou Z Beuchot 519) ou *Œuvres diverses de M. de Voltaire*, Londres [Trévoux], Jean Nourse [pseudonyme d'un éditeur clandestin], 1746, t. IV, p. 134-138, *Mélanges de littérature, d'histoire & de philosophie, Lettres philosophiques ou Lettres anglaises, de La Tragédie*, chap. XXI, traduction de Voltaire du monologue d'Hamlet.

To be or not to be! That is the question...

Demeure, il faut choisir et passer à l'instant
De la vie à la mort, ou de l'être au néant.
Dieux cruels, s'il en est, éclairez mon courage
Faut-il vieillir courbé sous la main qui m'outrage,
Supporter, ou finir mon malheur et mon sort ?
Qui suis-je ? Qui m'arrête ? Et qu'est-ce que la mort ?
C'est la fin de nos maux, c'est mon unique asile,
Après de longs transports, c'est un sommeil tranquille.
On s'endort, et tout meurt ; mais un affreux réveil
Doit succéder peut-être aux douceurs du sommeil.
On nous menace, on dit que cette courte vie
De tourments éternels est aussitôt suivie.
O Mort ! moment fatal ! affreuse éternité !
Tout cœur à ton seul nom se glace épouvanté.
Eh ! qui pourrait sans toi supporter cette vie ;
De nos prêtres menteurs bénir l'hypocrisie ;
D'une indigne Maîtresse encenser les erreurs ?
Ramper sous un Ministre, adorer ses hauteurs ;
Et montrer les langueurs de son âme abattue
À des amis ingrats qui détournent la vue ?
La mort serait trop douce en ces extrémités.
Mais le scrupule parle, et nous crie : Arrêtez.
Il défend à nos mains cet heureux homicide...

Depuis le début de la parution du *Cléveland*, en 1732, une vague de *spleen* submerge les lecteurs de l'abbé Prévost. On voit surgir dans les romans du temps un *topos* : l'Anglais suicidaire qu'on rencontre dans *Sidney* fait écho au personnage de l'abbé Prévost[4] (1732-1739) et à l'Anglais qu'on découvre dans *La Mouche* de Mouhy (1736)[5]. Plus largement, on peut convenir qu'il s'agit d'un stéréotype dans lequel les Anglais sont présentés comme dépressifs et portés à la mélancolie. Il s'agit d'un lieu commun culturel solidement ancré dont Voltaire se fait incidemment l'écho quelques années plus tard dans une lettre adressée le 14 juillet 1752 à son amie Mme de Bentinck : « Je suis bien aise, Madame, que le livre des *Pensées funestes* n'existe pas. J'aurais cru que quelque Anglais prêt à se pendre aurait composé

---

4   Antoine Prévost d'Exiles, *Cléveland*, Jean Sgard et Philippe Stewart éd., Paris, Desjonquères, 2003.
5   Mouhy, *La Mouche*, Paris, Garnier, 2010, p. 59, p. 130-138.

cet ouvrage[6] ». En français, le mot *suicide* est d'ailleurs un terme d'importation anglaise.

Si l'origine anglaise de la famille paternelle de Gresset permet d'envisager qu'il soit attiré par des sujets anglais et par la dramaturgie anglaise, le fait que « l'Angleterre soit le pays où l'on se suicide le plus, du moins dans les textes littéraires, où la mélancolie et le *spleen* y représentent l'une des marques distinctives du caractère national[7] » a pu le pousser à situer dans la province anglaise son étude d'un cas clinique maniaco-dépressif à tendance suicidaire. C'est donc tout naturellement que son témoignage sur le *spleen* se trouve associé à cette région du globe.

Pourtant, le sentiment qu'observe Gresset a des antécédents dans la tradition classique : il avait déjà retenu l'attention à l'époque romaine. Lucrèce et Sénèque, à l'œuvre duquel Gresset emprunte d'ailleurs l'exergue de la pièce, utilisent le terme *taedium vitae* pour cerner ce malaise existentiel :

> ... *Hinc illud est taedium & displicentia sui... fastidio esse cœpit vita & ipse mundus, & subit illud rabidarum deliciarum, quousque eadem ?* SENECA. (*De tranquillitate animi*, chap. II, 10[8])

---

6   Besterman [D4942], *Voltaire et sa grande amie, correspondance complète de Voltaire et de Mme Bentinck*, Frédéric Deloffre et Jacques Cormier éd., Voltaire Foundation, Oxford, 2003, p. 132.
7   *Nouvelles françaises du XVIIIe siècle*, Marc André Bernier et Réal Ouellet éd., Québec, L'Instant même, 2005, p. 122.
8   [2, 10] De là naît cet ennui et ce dégoût de soi-même, [...] La vie et le monde même commencent à inspirer du dégoût, et au milieu des jouissances débridées s'insinue furtivement la question : « Jusques à quand [sera-ce toujours] la même chose ! » [ma traduction] / M. et Mme Dacier traduisent « Ils étaient dégoûtés de la vie et du monde même. Et dans l'ennui que leur causaient tous ces plaisirs usés, ils disaient souvent : Jusques à quand donc les mêmes choses ? » (*Réflexions morales de l'empereur Marc Antonin* [Marc-Aurèle] *avec des remarques de M. et Mme Dacier*, Paris, Claude Barbin, 1690, tome II, Livre VI, remarque XLVI, p. 351, ou Amsterdam, François L'Honoré et fils, 1740, t. II, p. 34, livre VI, note de la maxime XLVI. La citation de M. et Mme Dacier porte *tabidarum* au lieu de *rabidarum*, *lapsus calami* ou autre leçon du texte, qui semble mieux convenir vu le contexte, *tapidus* signifiant « corrompu, qui corrompt, destructeur, consumé de chagrin ». Je remercie Michèle Wauthier-Hermans de m'avoir aidé à éclaircir le problème philologique posé par cette citation de Sénèque bien connue des auteurs classiques puisque M. et Mme Dacier l'utilisent dans leur commentaire des *Pensées* de Marc-Aurèle (livre VI, pensée 46). – Paul Veyne traduit : « ... ils prennent en dégoût la vie et l'univers et sentent en eux le cri des cœurs que pourrit la jouissance : Eh quoi ! toujours la même chose ? ».

Le droit d'un particulier de choisir de se supprimer lorsque l'existence ne lui réserve plus qu'un avenir rempli de misères physiques ou psychologiques entre en contradiction avec la justice du temps influencée par l'enseignement traditionnel de l'Église[9] puisqu'en 1745 les suicidés étaient encore considérés comme des meurtriers d'eux-mêmes et que leurs dépouilles, après avoir été traînées dans les rues la tête en bas sur des claies, puis pendues par les pieds et exposées vingt-quatre heures, étaient interdites de sépulture dans un cimetière. À cette peine physique s'ajoutait un châtiment pécuniaire puisque les biens du suicidé étaient en théorie confisqués. « Sous l'Ancien Régime, le suicide fait partie des crimes, comme celui de lèse-majesté divine ou humaine, où la mort du prévenu ne suffit pas à éteindre les poursuites et où l'on peut faire un procès au cadavre, lequel est même écroué le temps de la procédure au grand dam des autres prisonniers incommodés par les pestilences de la putréfaction[10] ». En 1745, celui qui se suicidait était encore vu comme un pécheur ou un criminel. Pour échapper à ces peines infâmantes, il restait à supposer que celui qui attentait à sa personne était atteint de folie. Dans la pratique, la famille d'un suicidé essayait de camoufler le décès en une mort naturelle pour éviter les conséquences dramatiques de ce type de mort sur le plan civil. C'est ce qu'a maladroitement essayé de faire le père Calas à Toulouse en octobre 1761, avec les conséquences dramatiques que l'on connaît et l'implication de Voltaire dans « l'affaire Calas » qui passionne l'opinion publique du temps. En 1766, en réaction à sa lecture du traité *Des délits et des peines* de Beccaria, Voltaire soulignera

---

9   Jean Dumas, *Traité du suicide ou du meurtre volontaire de soi-même*, Amsterdam, Changuion, 1773. Pasteur protestant français à Leipzig, l'auteur réfute d'un point de vue théologique les arguments en faveur du suicide et analyse en détail l'apologie qui en est faite dans la philosophie de son temps : en particulier Rousseau pour *La lettre à M. de Voltaire* et *La Nouvelle Héloïse*, Montesquieu pour les *Lettres persanes* et d'Holbach pour *Le système de la nature*. « C'est une action criminelle, contraire à l'ordre de Dieu et indigne du sage (ch. I, p. 4). La proposition est fausse si l'on entend qu'on peut se tuer soi-même de dessein formé, pour prévenir ou terminer des souffrances qu'on redoute plus que la mort et dont on ne voit pas d'autre moyen de s'affranchir. Quelque rigoureux que soit son sort, il est du devoir de l'homme de conserver sa vie ; pour Dieu, qui, en le plaçant ici-bas a eu des vues sages, qu'il appelle à remplir ; pour lui-même et pour ses semblables, à qui ces vues sont également avantageuses ; aussi longtemps qu'il le peut légitimement, sans nuire aux intérêts éternels de son âme, à ceux de la religion et de la société... il n'a pas le droit de se l'arracher à lui-même [...] en nous laissant la puissance d'anticiper notre mort, [Dieu] ne nous en donne pas le droit » (p. 13). Jean Dumas cite les vers 1313-1314 d'*Édouard III* en épigraphe de son livre.
10 Dominique Godineau, *S'abréger les jours. Le suicide en France au XVIIIᵉ siècle*, Paris, Armand Colin, 2012.

INTRODUCTION

que, si le suicide n'était pas interdit par le droit romain, la répression du suicide « est dérivée de notre droit canon, qui prive de la sépulture ceux qui meurent d'une mort volontaire. On conclut de là qu'on ne peut hériter d'un homme qui est censé n'avoir point d'héritage au ciel[11] ». La dépénalisation du suicide n'aura lieu qu'en 1791. On imagine sans peine les débats qui ont surgi dans le public sur un sujet tellement sensible.

En 1770, Naigeon, le secrétaire de Diderot, fit paraître à Amsterdam, chez Marc-Michel Rey un recueil de quinze dissertations d'auteurs différents ; la troisième dissertation du second volume, attribuée à d'Holbach, constitue un ardent plaidoyer en faveur du suicide considéré paradoxalement par l'auteur comme un phénomène naturel, une manifestation de la volonté divine, au même titre que les éruptions volcaniques ou les tremblements de terre ; d'Holbach n'aurait été que le traducteur d'un texte rédigé par Hume[12].

On ne peut se fier aux onze représentations du mois de mai 1745 sur la scène du Théâtre-Français pour apprécier la réception du drame de Gresset ; c'est un succès estimable pour l'époque[13]. La pièce a été fort lue et sa diffusion par le livre a permis aux lecteurs de prendre conscience d'un état d'âme que la médecine du temps ne désignait pas encore sous le terme de « neurasthénie ». Le diagnostic de Gresset qui identifie un sentiment perçu jusque-là comme un des aspects de la mélancolie est précoce, et d'autant plus qu'il exclut la culpabilité du meurtrier de lui-même. En présentant cette maladie mentale comme un malaise psychologique qui s'associe à la tentation du suicide, Gresset cerne ce qu'on appellera le *spleen*, terme emprunté un peu plus tard à l'anglais pour désigner une maladie psychologique à laquelle les Anglais sont censés être particulièrement sujets. Voltaire[14] et le baron Grimm[15] connaissent cet état dépressif et le terme *spleen* qui le désigne.

---

11 Voltaire, *Commentaire sur le livre* Des délits et des peines, 1766, ch. XIX.
12 *Recueil philosophique ou Mélange de pièces sur la Religion & la Morale*. Par différents Auteurs [Holbach, Diderot, Hume, Mirabaud, Fréret, Naigeon etc.]. Londres [Amsterdam, Marc-Michel Rey], 1770. Première et unique édition collective de ces essais matérialistes dont certains ne furent jamais réimprimés. (Vercruysse, 1770/B2. Jessop, p. 36). « Exemple parfait de la collaboration d'Holbach et ses amis. Le *Recueil* a été préparé par Naigeon et publié à Amsterdam. Il contient quinze dissertations, dont cinq sont attribuées à Holbach et trois traductions de Hume » (D'Holbach et ses amis, 1556/7). Tome II, p. 50-69 : *Dissertation sur le suicide* (Hume traduit par d'Holbach).
13 Voltaire a obtenu 11 représentations pour *Adélaïde Du Gesclin*.
14 *Dialogue* XXIV, 17.
15 *Correspondance littéraire et philosophique et critique*, Paris, 1812, t. I, p. 234).

Au tournant du siècle, le thème du dégoût de l'existence marque toute une génération. Les contemporains de Chateaubriand recourent à l'expression « mal du siècle » pour désigner l'ennui qui habite les romantiques après la parution de *René* (24 avril 1802). Chateaubriand présente en effet dans ce bref roman une image renouvelée du *taedium vitae* de ce sentiment lié à une aspiration à la mort. Musset utilise le mot *spleen* pour désigner l'hypochondrie. Mais c'est Baudelaire qui associe définitivement le mot *spleen* à un état dépressif qui mène au suicide. L'auteur des *Fleurs du mal* avait-il lu *Sidney*? On n'en trouve pas de preuve irréfutable dans ses écrits, mais du moins une référence présente dans sa correspondance prouve-t-elle que le Théâtre de Gresset se trouvait avant ses treize ans dans sa bibliothèque[16].

Gresset intervient le premier dans un débat qui va passionner l'opinion publique et les distiques énergiques et émouvants qu'il frappe sont destinés à s'inscrire dans la mémoire des spectateurs et des lecteurs. Si ces formules résonnent comme étonnamment « modernes » aux oreilles de nos contemporains désireux de revendiquer le droit à l'euthanasie, les raisons qu'avance le protagoniste pour se suicider préfigurent les thèmes exploités par les dramaturges romantiques : on peut mettre fin à ses jours à la suite d'une déception sentimentale. Si *Sidney* préfigure directement *Werther* (1774), un lien implicite rattache l'intrigue de *Sydney* à *Chatterton* (1835) de Vigny.

INTRIGUE ET CONDUITE DE LA PIÈCE

Comme le précisait Madame de Graffigny, la tradition voulait qu'une pièce en trois actes soit, « toujours censée être une farce, ou au moins très comique ». *Sidney* commence de façon burlesque par le monologue du valet de chambre, Dumont qui, isolé dans la campagne anglaise, s'explique sur ce qu'il éprouve depuis qu'il a quitté Londres et la cour trois jours plus tôt. La campagne est un lieu où l'on s'enterre vivant tant l'ennui y

---

16 Voir Baudelaire, *Correspondance*, Claude Pichois éd. avec la coll. De Jean Ziegler, Paris, Gallimard, Pléiade, 1973, t. II, p. 24, lettre à sa mère du 6 fév. 1834 (?). Il fait allusion à un choix d'œuvres de Gresset qui sont « dans [mon] armoire ».

est grand. Dumont regrette les amies qu'il a laissées en ville mais se fait apostropher par Mathurine, la fille du jardinier Henri. Mathurine, qui prend Dumont pour son maître, vient au château chargée de la mission d'introduire une voisine qui souhaite « un moment d'entretien » avec le maître de maison, Sidney. Les spectateurs comprendront plus tard que cette inconnue, hébergée chez une amie dans un château voisin depuis quatre ans, est précisément la femme que Sidney recherche en vain depuis longtemps.

Mais la confrontation plaisante de Dumont, désireux de retourner en ville et d'y retrouver ses amies, et de Sidney, ce maître sombre et taciturne décidé à ne pas s'expliquer avec son valet sur les raisons de sa décision de renoncer à la vie trépidante de la capitale, introduit un changement d'atmosphère. Le rire de Dumont cède la place à la dépression nerveuse de Sidney. Ce dernier serait-il un misanthrope comme l'Arnolphe de Molière ? Non, son problème est autre et les spectateurs le découvriront progressivement.

Les signes inquiétant de son dégoût de l'existence se multiplient : il n'éprouve plus d'intérêt pour rien. Et même l'annonce inattendue de sa désignation à la tête d'un régiment, désignation qu'il avait ardemment souhaitée jusque-là, ne peut lui redonner goût à l'existence. Les spectateurs apprennent qu'il a recherché en vain, durant plus d'un mois (vers 662), une femme dont il était épris, mais avec qui il avait rompu toute relation après lui avoir infligé une humiliation terrible. Revenu à de meilleurs sentiments à son égard, il a voulu la revoir mais ses recherches frénétiques durant les derniers temps se sont soldées par un échec douloureux : il n'est pas parvenu à retrouver la moindre trace d'elle.

Sidney charge son valet d'aller à Londres remettre à Milord Hamilton, son vieil ami, une lettre dans laquelle il lui demande de ne pas venir le rejoindre dans sa résidence de campagne. Mais, Hamilton, désireux de ramener son ami à la Cour au plus vite pour qu'il remercie en personne ceux qui l'ont fait désigner à la tête de son régiment, se présente chez Sidney avant que Dumont soit parti pour la capitale. D'ailleurs Dumont qui a mieux à faire que de jouer au courrier – il veut prendre soin de son maître pour éviter qu'il ne se suicide – a délégué sa mission au jardinier Henri. En quittant la maison, Henri croise justement Hamilton et lui remet *illico* la lettre en mains propres, en pensant s'épargner une course. C'est donc par le plus grand des hasards que Hamilton déchiffre beaucoup plus tôt que ne l'avait prévu Sidney ce message. En le lisant Hamilton comprend instantanément que Sidney veut se suicider et s'attache ardemment à l'en dissuader. Au terme d'une émouvante discussion, Sidney abandonne un instant Hamilton qui croit déjà avoir convaincu son ami de renoncer à son funeste projet ; mais Sidney est passé dans un cabinet voisin pour y avaler le poison qu'il s'est préparé.

Lorsqu'il revient dans la salle où l'attend Hamilton c'est pour l'y retrouver en conversation avec la femme qu'il recherchait, Rosalie. Hamilton lui précise justement que les sentiments de Sidney à son égard n'ont pas changé depuis qu'ils se sont quittés. Sidney voulait la revoir : il l'aime à la folie. La preuve en est le testament qu'il a confié à Hamilton et par lequel il lui lègue tous ses biens.

Il faut renoncer à présenter les dernières scènes parce qu'elles ne ressortissent plus du domaine théâtral mais s'apparentent à une opération cathartique et qu'il faut que les spectateurs ou les lecteurs éprouvent l'émotion qui bouleverse les acteurs du drame pour en ressentir toute la force.

Gresset souligne que les problèmes psychologiques s'inscrivent dans l'héritage familial. Dans la famille de Sidney, de génération en génération, de père en fils on est en proie à des tentations suicidaires. Sidney réussirait son suicide, comme son père, s'il n'était sauvé grâce à l'intervention de son personnel. C'est Henri, le paysan attaché depuis toujours à la maison, qui confie à Dumont, venu de Londres en compagnie de son maître, que les membres de la famille se transmettent le goût du suicide de père en fils (vers 253-273), observation qui permet à Dumont d'intervenir activement dans le drame. Gresset met en évidence l'importance de la solidarité qui unit les membres d'une communauté humaine, quel que soit le statut social des individus : un noble en détresse peut être sauvé par un domestique pour lequel il n'éprouvait pas plus de considération que pour un animal de compagnie, mais qui est habité par un sentiment de bienveillance.

Le drame n'avait de sens que tant que Sidney exhalait dans sa plainte son dégoût de vivre et sa volonté d'en finir avec l'existence. Une fois Rosalie retrouvée, Sidney n'a plus aucune raison de vouloir céder à la tentation du suicide. Mais il est trop tard. Il ne peut que gémir sur l'absurdité de son sort, sur cette fatalité qui l'amène à retrouver la femme qu'il recherchait au moment précis où il a avalé le poison mortel. La logique du drame aurait voulu que Sidney meure et que Rosalie devienne une amante inconsolable ou qu'elle se suicide elle aussi à l'instar de la Juliette de Shakespeare, ce qui se comprendrait sans peine vu qu'elle est aussi dépressive que Sidney aux dires de Dumont, et de son propre aveu (vers 693-605 et 708).

Gresset pouvait-il laisser les spectateurs de 1745 plongés dans une situation aussi traumatisante ? Dumont, interprété par Armand connu pour son tempérament comique, qui avait été chargé de faire rire au cours des trois premières scènes, était bien capable de faire disparaître une tension dramatique aussi oppressante. À la suite de ce coup de théâtre, la pièce s'achève dans une allégresse paradoxale. Dumont déride les spectateurs ce qui leur permet d'échapper à l'ambiance funèbre du drame qui vient de se dérouler sous leurs yeux.

Peut-être y a-t-il dans la fin de *Sidney* un souvenir des scènes finales du *Roméo et Juliette* de Shakespeare, mais Roméo et Juliette meurent l'un après l'autre, alors que Gresset aime trop ses personnages pour les faire mourir en scène : un happy-end sauve Sidney *in extremis*. À moins que, retenu par les bienséances, Gresset n'ait pensé que le public parisien ne supporterait pas la mort d'un héros aussi émouvant.

Outre le choix du sujet, ce qui surprend dans ce drame, c'est l'absence quasi totale de références religieuses. À l'exception du vers 600 « Un frein sacré s'oppose à votre cruauté », dans lequel une timide expression voile la référence aux commandements de l'Église, on ne trouve que l'expression d'un vague déisme attestant l'existence d'un père céleste bienveillant qui comprend la souffrance des hommes et accepte qu'ils veuillent s'y soustraire par une mort douce, celle que procure le poison. En revanche, ce qui est sacralisé, c'est le devoir que l'on doit à la Patrie : « Vous n'êtes point à vous [...] Rien ne vous appartient, Tout est à la Patrie [...] vous vous devez d'ailleurs à la société ». Hamilton souligne que choisir la mort est un acte incivique : un individu ne s'appartient pas : tout citoyen se doit à l'État et nul ne peut disposer librement de son sort.

Gresset avait d'abord pensé intituler sa pièce *L'Ennui de vivre*[17]. Jules Wogue qui avait pu consulter certains des brouillons de Gresset signale que « l'intention première de Gresset avait été de faire précéder sa pièce d'un prologue dénonçant le suicide », en indiquant « que c'est une folie,

---

17   Ce titre apparaît dans le canevas qu'il avait laissé et qui « se trouve éparpillé sur une soixantaine de brouillons de toutes les dimensions », Cayrol, vol. 1, p. 215.

qui est du ressort de Thalie[18] ». Mais Gresset revint sur cette décision en écrivant sur un autre billet : « Non, point de prologue, la mode en est passée ». Sans doute s'était-il rendu compte que la force de son drame résidait précisément dans la fascination qu'exerçait le sujet et que rappeler lui-même la solution que l'Église et la tradition proposaient risquait de désamorcer la tension dramatique sur laquelle reposait sa pièce.

UNE CONVENTION LINGUISTIQUE

Pour indiquer clairement que le drame se déroule en Angleterre, les noms des personnages sont anglais, mais Gresset recourt à un procédé utilisé couramment à la comédie française : pour souligner que nous sommes à la campagne, le jardinier Henri ne parle pas un français académique, mais recourt au langage conventionnel qu'utilisent, au Théâtre-Français, les personnages de paysans et de paysannes. Un langage codifié par la tradition théâtrale qui recourt aux formes conventionnelles des verbes et de certains noms : « je sommes » pour « je suis », « j'ons vu » et « j'avons vu » pour « j'ai vu », « je n'ons pas pris la peine » pour « je n'ai pas pris… », « je plantions » pour « je plantais », « l'iau » pour l'eau, « châtiau », un « biau jour »…

LA DISTRIBUTION

Les trois protagonistes, Sidney, Hamilton et Rosalie, associant les spectateurs à leurs inquiétudes, à leur douleur et à leur désespoir croissant, les plongeaient dans le désespoir. L'acteur Armand, dans le rôle de Dumont, se devait d'amuser le public au début de la pièce et de permettre aux spectateurs d'échapper *in fine* à l'ambiance funèbre oppressante. Les rôles masculins étaient bien tenus. Grandval[19], acteur fort apprécié du

---
18 Jules Wogue, *op. cit.*, p. 162.
19 Voir p. 22, n. 60.

INTRODUCTION   151

public, jouait le rôle de Sidney. Sarrazin[20] qui était l'interprète préféré des rôles de vieillards pathétiques comme Lusignan, lui donnait la réplique dans le rôle d'Hamilton. Pour les deux interprètes féminines, La Gaussin[21], aimée du public pour sa sensibilité, tira certainement des larmes des spectateurs et Mlle Dangeville[22], qui avait été Marton dans *Le Petit-Maître corrigé* de Marivaux le 7 novembre 1734, était très à même de donner de l'épaisseur au rôle un peu conventionnel de Mathurine, la soubrette de Rosalie. Montmény, qui avait interprété précédemment des rôles de jeunes premiers, était capable de jouer le petit rôle du jardinier, tandis qu'Armand[23] donnait corps aux aspects comiques du valet, emploi qu'il tenait avec brio sur les planches du Théâtre-Français où il était entré en 1723. Cette distribution permet de comprendre qu'en dépit de sa dominante tragique, la pièce comportait une composante comique importante dans les trois premières scènes et dans la dernière. Le drame s'achevait sur un renversement paradoxal.

---

20 Sarrazin débuta à la Comédie-Française le 2 mars 1729, par le rôle d'*Œdipe*, de Corneille, et fut reçu le dernier jour de cette année. Tout le monde connaît ses talents pour les rôles de tyrans et de Vieillard pathétiques, comme *Lusignan*, dans *Zaïre* » (Léris, *Dictionnaire portatif des Théâtre contenant l'origine des différents théâtres...*, Paris, C.A. Jombert, 1754, p. 525)
21 Rappelons que la Gaussin avait joué le rôle-titre de *Zaïre* lors de la première de cette tragédie neuf ans plus tôt le 28 avril 1731 ; voir p. 17, n. 40.
22 Voir p. 23, n. 65.
23 Voir n. 66.

LE TEXTE

Nous suivons le texte de l'édition originale, dans l'émission procurée à La Haye, dont voici la description :

SIDNEY,
COMÉDIE
Par M. Gresset
Représentée pour la première fois le 3 mai 1745
par les Comédiens ordinaires du Roi[1]
[filet]
Le prix est de 30 sols
À La Haye,
MDCC.XLV

Plusieurs exemplaires de cette édition sont conservés à la BnF, Tolbiac, sous les cotes 8YTH 16435, 8YTH 16436, 8YTH 16437 ; à l'Arsenal sous les cotes 21929 et THN 1049.

La Koninklyke Bibliotheek de La Haye (Den Haag : KW 2210 C27 gd 1821 et la Bibliothèque de l'Université de Leuven (KU Leuven magasin 7A2428 III) conservent chacune un exemplaire identique. Numérisation de l'exemplaire de la BnF 8YTH 16435 sur Gallica.

À Genève, parut une édition soignée des deux premières pièces de théâtre : *Édouard III* et *Sidney* : « GRESSET, *Œuvres*, en quatre parties, Genève, Pellissari & Compagnie, MDCC.XLVI ». La seule différence entre cette édition et l'édition originale réside dans la notation de l'une ou l'autre didascalie neuve, que nous avons signalées dans les variantes.

À Amsterdam, Desbordes dit Bordesius, le fameux éditeur du Rabelais de Le Duchat, donna, toujours en 1747, une copie très fidèle de l'édition originale. Ces deux éditions confirment la valeur du texte de La Haye,

---

[1] C'est notre édition de référence. Nous n'avons pas retrouvé la trace des brouillons dont parle Cayrol.

[Neaulme] 1745 pour *Sidney*. Les éditions qui suivent reproduisent d'abord la première édition puis elles se recopient les unes les autres, en introduisant plusieurs erreurs ; voir les variantes.

Les éditions consultées pour l'établissement du texte :

GRESSET, Sidney, À La Haye, [Neaulme], MDCC.XLV, 1745, [Abréviation : N45]

GRESSET, *Œuvres*, en quatre parties, Genève, Pellissari & Compagnie, MDCC.XLVI, 1746. (contient les deux premières pièces de théâtre : *Édouard III, Sidney*). [Abréviation : Pel46]

GRESSET, *Recueil de poësies de M. Gresset*, Amsterdam, Jacques Desbordes, MDCC XLVII, 1747. (*Édouard III, Sidney, Le Méchant* se trouvent dans le tome second). [Abréviation : Desbordes47]

GRESSET, Jean-Baptiste, Louis, *Œuvres*, Londres, Édouard Kelmarneck, MDCC XLVIII, 1748. (*Édouard III, Sidney, Le Méchant* se trouvent dans le tome second). [Abréviation : Kel48]

GRESSET, Jean-Baptiste, Louis, *Œuvres*, tome Ier et second, Rouen, veuve Pierre Dumesnil, MDCC XLXXXII, 1782 (le second tome contient *Les Églogues de Virgile, Édouard III, Sidney, Le Méchant*). [Abréviation : Dum82]

GRESSET, Jean-Baptiste, Louis, *Œuvres complètes*, Paris, Antoine-Augustin Renouard, MDCCC XI, 1811, 2 vol. in-8° (le tome second contient *Les églogues de Virgile, Édouard III, Sidney, Le Méchant*. Édition revue et complétée ; introduction de Renouard) [Abréviation : Renouard1811]

SIDNEY

LES PERSONNAGES

SIDNEY	[Grandval]
ROSALIE, amante de Sidney[1]	[Gaussin]
HAMILTON, ami de Sidney[2]	[Sarrasin]
DUMONT, valet de chambre de Sidney	[Armand]
HENRI, jardinier	[Montmesnil]
MATHURINE, fille de Henri	[Dangeville]

La scène est en Angleterre, dans une maison de campagne

---

1   Didascalie absente dans Neaulme 1745 et Pellissari 1746.
2   *Ibid.*

SIDNEY

Comédie

... Hinc illud est taedium & displicentia sui... fastidio esse cœpit vita & ipse mundus, & subit illud rabidarum deliciarum, quousque eadem ? SENECA. (*De tranquillitate animi*, chap. II, 10)

SIDNEY [1]
Comédie

ACTE PREMIER

Scène première

DUMONT
Il fallait, sur ma foi, que le mauvais poète
Qui chanta le premier l'amour de la retraite
Fût un triste animal. Quel ennuyeux séjour
Pour quelqu'un un peu fait à celui de la Cour !
5 Depuis trois mortels jours qu'en ce manoir champêtre
Je partage l'ennui dont se nourrit mon maître,
J'ai vieilli de trois ans. Est-il devenu fou,
Monsieur Sidney ? Quoi donc, se nicher en hibou,
Lui, riche, jeune, exempt de tout soin incommode,
10 Au milieu de son cours de femmes à la mode,
À la veille morbleu d'avoir un régiment,
Planter là l'univers, s'éclipser brusquement,
Quitter Londres et la Cour pour sa maudite terre ?

Si je savais du moins quel sujet nous enterre
15 Dans un gîte où jamais nous ne sommes venus ; [2]
Mais j'ai beau lui parler, il ne me répond plus.
Depuis un mois entier c'est le silence même.
Oh ! je saurai pourquoi nous changeons de système ;
Il ne sera pas dit que nous nous ennuierons,
20 Sans que de notre ennui nous sachions les raisons.
Allons... J'allais me faire une belle querelle.
(Revenant sur ses pas.)[1]
Il m'a bien défendu d'entrer sans qu'il appelle.
Il n'a point amené seulement un laquais ;
Il faut qu'en ce désert je sois tout désormais,
25 Et qu'un valet de chambre ait la peine de faire
Le service des gens, outre son ministère[2] ;
Ah ! La chienne de vie !... Encore si dans ces bois,
Pour se désennuyer, on voyait un minois,
Certain air, quelque chose enfin, dont au passage
30 On pût avec honneur meubler son ermitage,
On prendrait patience, on aurait un maintien ;
Mais rien n'existe ici, ce qui s'appelle rien ;
C'est pour un galant homme un pays de famine.
J'ai pourtant entrevu certaine Mathurine,
35 Fille du jardinier, gentille[3] ; mais cela
M'a l'air si sot, si neuf... Ah ! parbleu, la voilà.
Bonjour, la belle enfant.

Scène 2 [3]
DUMONT, MATHURINE
faisant plusieurs révérences.

DUMONT
Point de cérémonie,
Approchez... Avez-vous honte d'être jolie ?

---

1 Didascalie absente dans Neaulme 1745 mais présente dans Pellissari 1746 et Kelmarneck48.
2 *Ministère* : « profession, charge ou emploi où l'on rend service [...] à quelque particulier » (*Fur.*).
3 *Gentil* : « beau, joli, mignon, en style familier ou bas » (*Fur.*, Henri Basnage de Beauval et Jean-Baptiste Brutel de la Rivière, 1727).

Pourquoi cette rougeur et cet air d'embarras ?

MATHURINE
Monsieur...

DUMONT
Ne craignez rien. Où portiez-vous vos pas ?

MATHURINE
Monsieur, je vous cherchais.

DUMONT, *à part.*
Ceci change la note.
Me chercher ? mais vraiment, elle n'est pas si sotte.

MATHURINE
Vous êtes notre maître ?

DUMONT
À peu près ; mais voyons,
Comme au meilleur ami, contez-moi vos raisons.

MATHURINE
Pour une autre que moi, Monsieur, je suis venue...

DUMONT
Oh ! je vous vois pour vous.

MATHURINE
Une dame inconnue,
Depuis quatre ans entiers toujours dans le chagrin,
Demeure en ce pays, dans un château voisin[4].

DUMONT
Achevez, dites-moi, que veut cette inconnue ?

---

4   Information qui préfigure le dénouement du drame.

MATHURINE

50 Vous voudrez l'obliger dès que vous l'aurez vue ;
Je ne sais quel service elle espère de vous ;
Mais sitôt qu'elle a su que vous étiez chez nous,
J'étais près d'elle alors, j'ai remarqué sa joie ;
Et, si je viens ici, c'est elle qui m'envoie
55 Vous demander, Monsieur, un moment d'entretien ;
Elle vous croit trop bon pour lui refuser rien.

DUMONT

Des avances ! Oh, oh ! le monde se renverse !
On a raison, l'aisance[5] est l'âme du commerce[6].
Oui, qu'elle se présente ; au reste, elle a bien fait
60 De vous donner en chef le soin de son projet.
Quel mérite enfoui dans une terre obscure !
J'admire les talents que donne la nature ;
Déjà dans l'ambassade ! aurait-on mieux le ton,
Et l'air mystérieux de la profession
65 Quand on aurait servi vingt petites maîtresses,
Et de l'art du message épuisé les finesses ?
Mais ce rôle pour vous, ma fille, est un peu vieux ;
Votre âge en demande un que vous rempliriez mieux ;
Et sans négocier pour le compte des autres,
70 Vous devriez n'avoir de secrets que les vôtres.

MATHURINE

Je ne vous entends point.

DUMONT

           Je vous entends bien, moi.
(À part.)
Ma foi, je la prendrais, si j'étais sans emploi[7]...
Tenez, je ne veux point tromper votre franchise, [5]
Monsieur est là-dedans, vous vous êtes méprise ;

---

5 *Aisance* : équivaut à l'actuel *entregent* « adresse à se conduire en société, à lier d'utiles relations ».
6 *Commerce* : « relation, fréquentation, société... *se séquestrer de ses amis* : rompre tout commerce avec eux » (*Furetière*, Basnage de Beauval, 1727).
7 *Être sans emploi* : « Ne pas être engagé sentimentalement avec quelqu'un » (*Fur.*).

Je ne suis qu'en second, mais cela ne fait rien ;
Je parlerai pour vous, et l'affaire ira bien.
C'est un consolateur de beautés malheureuses,
Qui fait, quand il le veut, des cures merveilleuses.

MATHURINE

À tout autre qu'à lui ne dites rien surtout,
On vient... Chut, c'est mon père.

DUMONT

Oh ! Des pères partout.

Scène 3
DUMONT, HENRI, MATHURINE

HENRI,
portant un paquet de lettres.
Ah ! Ah ! c'est trop d'honneur, Monsieur, pour notre fille.

DUMONT

Vraiment, maître Henri, je la trouve gentille.

HENRI

Ça ne dit pas grand'chose.

DUMONT

Oh ! que cela viendra.
Le temps et ton esprit... Mais que portes-tu là ?

HENRI, *lui donnant les lettres.*
Un paquet, qu'un courrier[8] m'a remis à la porte.

DUMONT

Et qu'est-il devenu ?

HENRI

Bon, le diable l'emporte,

---

8 *Courrier* : « porteur de lettres ou de dépêches ».

Et ne le renverra que dans trois jours d'ici. [6]

DUMONT
J'entends, je crois, mon maître... Oui, sortez, le voici.

Scène 4
SIDNEY *lisant quelques papiers*, DUMONT

DUMONT
Oserais-je, Monsieur, (cela sans conséquence,
90 Et sans prétendre après gêner votre silence)
Vous présenter deux mots d'interrogation ?
Comme j'aurais à prendre une précaution,
Si nous avions longtemps à rêver[9] dans ce gîte,
Faites-moi le plaisir de me l'apprendre vite,
95 Vu que, si nous restons quatre jours seulement,
Je voudrais m'arranger, faire mon testament,
Me mettre en règle... Enfin, Monsieur, je vous le jure,
Je ne puis plus tenir dans cette sépulture ;
Étant seul on raisonne, on bâille en raisonnant,
100 Et l'ennui ne vaut rien à mon tempérament...

SIDNEY
Une table, une plume.

DUMONT
Eh mais !...

SIDNEY
Point de répliques ;
Qu'on tienne un cheval prêt.

DUMONT
Nous sommes laconiques.
(Il sort.)

---

9 Rêver : « Appliquer son esprit à raisonner sérieusement sur quelque chose » (*Fur.*) « Penser, méditer profondément sur quelque chose » (*Ac.* 94).

Scène 5

[7]

SIDNEY, *assis*
Depuis qu'à ce parti mon esprit s'est rangé,
Du poids de mes ennuis[10] je me sens soulagé ;
105 Nulle chaîne, en effet, n'arrête une âme ferme,
Et les maux ne sont rien quand on en voit le terme.
(Après avoir écrit quelques lignes.)
Ô vous que j'adorai, dont j'aurais toujours dû
Chérir le tendre amour, les grâces, la vertu,
Vous, dont mon inconstance empoisonna la vie,
110 Si vous vivez encor, ma chère Rosalie,
Vous verrez que mon cœur regretta nos liens[f].
Des mains de mon ami vous recevrez mes biens ;
Il ne trahira point les soins dont ma tendresse
Le charge, en expirant, dans ces traits que je laisse.
(Il écrit.)

Scène 6
SIDNEY, DUMONT

DUMONT
115 Ma requête, Monsieur, touchant notre retour,
– À quoi vous répondrez, on ne sait pas le jour –
M'avait fait oublier ce paquet…
(Il met les lettres sur la table.)
(À part.)
Il envoie
Sans doute un homme à Londres ; usons de cette voie.
(Il prend une plume qu'il taille.)

---

10 *Ennuis* : Au milieu du XVIIIe siècle, le sens ancien du mot *Ennuis* : « chagrin, tristesse, souci, déplaisir » (Furetière, Basnage de Beauval…1727) est en train de changer. Plus tard, Littré donnera deux définitions du mot ; toutes deux s'appliquent parfaitement au sentiment que décrit Gresset : « 1, tourment de l'âme causé par la mort de personnes aimées, par leur absence, par la perte d'espérances, par des malheurs quelconques. 2, Sorte de vide qui se fait sentir à l'âme privée d'action ou d'intérêt aux choses ».

SIDNEY, *écrivant*. [8]
Que vas-tu faire ?

DUMONT
Moi ? Mes dépêches. Parbleu,
120 Il faut mander[11] du moins, que je suis en ce lieu.
Croyez-vous qu'on n'ait point[g] aussi ses connaissances ?
Vous m'avez fait manquer à toutes bienséances,
Partir sans dire adieu, se gîter sans dire où...
Dans ma société[12] l'on[h] me prend pour un fou ;
125 D'ailleurs, quitter ainsi la bonne compagnie,
Monsieur, c'est être mort au milieu de sa[i] vie ;
Vous avez, il est vrai, des voisins amusants,
D'agréables seigneurs, des campagnards plaisants,
Qui vous diront du neuf sur de vieilles gazettes :
130 Cela fera, vraiment, des visites parfaites.

SIDNEY
Console-toi, demain Londres te reverra.

DUMONT
Vous me ressuscitez, j'étais mort sans cela.

SIDNEY, *continuant d'écrire*.
Tu ne te fais donc point[j] au pays où nous sommes ?

DUMONT
Moi ! J'aime les pays où l'on trouve des hommes[13].
135 Quel diable de jargon ! Je ne vous connais plus ;
Vous ne m'aviez pas fait au métier de reclus.
Depuis votre retour du voyage de France,

---

11 *Mander* : « envoyer un message à quelqu'un pour lui faire savoir quelque chose » (Furetière, Basnage de Beauval...1727).
12 Diérèse : quatre syllabes. *Ma société*, c'est-à-dire « mon entourage ».
13 Au XVIIIe siècle, la campagne paraît inhabitée aux yeux d'un citadin. On peut se rappeler que La Bruyère à la fin du XVIIe siècle désignait dans ses *Caractères* les paysans pauvres comme des « animaux farouches » et ne leur concédait le nom d'« hommes » qu'à la fin du paragraphe.

Où mon goût, près de vous, me mit par préférence[14],
Je n'avais pas encore regretté mon pays ;
140 Je me trouvais à Londres aussi bien qu'à Paris ;
J'étais dans le grand monde employé près des belles ;
Je portais vos billets, j'étais bien reçu d'elles ;
De l'amant en quartier[15] on aime le coureur[16] :
Je remplissais la charge avec assez d'honneur ;
145 En un mot, je menais un train de vie honnête ; [9]
Mais ici je me rouille, et je me trouve bête.
Ma foi, nous faisons bien de partir promptement,
Et d'aller à la Cour, notre unique élément.
Mais, puisque nous partons, qu'est-il besoin d'écrire ?

SIDNEY
150 Tu pars ; je reste moi.

DUMONT
Quel chagrin vous inspire
Ce changement d'humeur, cette haine de tout,
Et l'étrange projet de s'ennuyer par goût ?
Je devine à peu près d'où vient cette retraite,
Oui, c'est quelque noirceur que l'on vous aura faite ;
155 Quelque femme, abrégeant son éternelle ardeur,
S'est-elle résignée à votre successeur ?
Il est piquant pour moi, qui n'ai point de querelles,
Et suis en pleine paix avec toutes nos belles,
D'être forcé de vivre en ours, en hébété,
160 Parce que vous boudez, ou qu'on vous a quitté.

SIDNEY
Chez Milord Hamilton tu porteras ma lettre.

---

14 Dumont est donc français, et parisien de surcroît.
15 *En quartier* : « espace de trois mois, quart d'année, servant à désigner des fonctions où l'on se relève de trois en trois mois » / Fig. et par plaisanterie. « Un sien amant étant lors de quartier », La Fontaine Gag. / Fig. « avoir des amants par quartier, avoir des amants qui n'occupent chacun qu'une partie du cœur » (*Littré*, Quartier 21).
16 *Coureur* : « Homme aux gages d'une personne de qualité qui l'envoyait à une ou plusieurs personnes et qui lui donnait ordre d'en rapporter réponse » (*Littré*).

DUMONT

C'est de lui le paquet qu'on vient de me remettre ;
Sur l'adresse, du moins, je l'imagine ainsi.

SIDNEY

Comment ? Par quel hasard me sait-il donc ici ?
(Il lit une lettre, et laisse les autres sans les ouvrir.)
165 Il me mande qu'il vient ; mais j'ai quelques affaires
Que je voudrais finir en ces lieux solitaires ;
Il faut, en se hâtant, l'empêcher de partir...

DUMONT

Et vous laisser ici rêver, sécher, maigrir,
Entretenir des murs, des hiboux et des hêtres... [10]
170 Mais j'ai vu quelquefois que vous lisiez vos lettres[17].
(Dumont lit les adresses.)
Ou je suis bien trompé, Monsieur, ou celle-ci
Est de quelque[k] importance ; elle est de la Cour...

SIDNEY, *l'ayant lue.*

Oui,
Et j'ai ce régiment...

DUMONT

Je ne me sens pas d'aise !
Allons, Monsieur, je vais préparer votre chaise[18] ;
175 Sans doute nous partons ; il faut remercier...
Mais quel est ce mystère ? Il est bien singulier
Qu'après tant de désirs, de poursuites, d'attente,
Obtenant à la fin l'objet qui vous contente,
Vous paraissiez l'apprendre avec tant de froideur !

SIDNEY, *écrivant toujours.*
180 Es-tu prêt de partir ? J'ai fait[19].

---

17 *Vos lettres* : C'est-à-dire les lettres qui vous sont destinées.
18 *Chaise* : « voiture pour aller assis et à couvert tant dans la ville qu'à la campagne. » (*Fur.*)
19 *J'ai fait* : c'est-à-dire « J'ai fini ».

DUMONT
Sur mon honneur,
Je reste confondu ; cet état insensible,
Votre air froid, tout cela m'est incompréhensible.
Et, si jusqu'à présent je ne vous avais vu
Un maintien raisonnable, un bon sens reconnu,
185 Franchement, je croirais... Excusez ce langage...

SIDNEY
Va, mon pauvre Dumont, je ne suis que trop sage.

DUMONT
Et pour nourrir l'ennui qui vous tient investi,
Vous entretenez là votre plus grave[20] [1] ami.
Ce n'est qu'un philosophe. Au lieu de cette épître,
190 Qui traite sûrement quelque ennuyeux chapitre, [11]
Que ne griffonnez-vous quelques propos plaisants
À ces autres amis, toujours fous et brillants,
Qui n'ont pas le travers[21] de réfléchir sans cesse ?

SIDNEY
Pour des soins importants à lui seul je m'adresse ;
195 Tous ces autres amis, réunis par l'humeur,
Liés par les plaisirs, tiennent peu par le cœur ;
Je me fie au seul d'eux que je trouve estimable,
L'homme qui pense est seul un ami véritable.

DUMONT
Du moins, en vous quittant, je prétends vous laisser
200 En bonne compagnie ; on vient de m'adresser
Une nymphe affligée, et qui, lasse du monde,
Cache dans ce désert sa tristesse profonde ;

---

20 *Grave* se justifie pleinement dans le contexte ; « *grave* se dit figurément en morale de ce qui est majestueux, sérieux, posé [...] la continuation de la définition associe "grave et sérieux" ou "grave et concerté" » (Trévoux 1721).
21 *Travers* : « se dit aussi pour marquer ce qu'il y a de peu juste dans l'esprit et de bizarre dans l'humeur » (*Furetière*, Basnage de Beauval, 1727). Ici, il s'agit donc d'un défaut caractérisé par l'esprit de sérieux.

Cela sent l'aventure ; elle veut, m'a-t-on dit,
De ses petits malheurs vous faire le récit.
205 Outre qu'elle est en pleurs, on dit qu'elle est charmante.
Si cela va son train, gardez-moi la suivante,
Vous savez là-dessus les usages d'honneur.

SIDNEY

Laisse tes visions[22].

DUMONT

Des visions, Monsieur !
C'est parbleu du solide, et tel qu'on n'en tient guère.
210 J'ai lâché pour nous deux quelques préliminaires ;
Ne vous exposez pas à les désespérer,
Et pour tuer le temps laissez-vous adorer.
Irai-je, en votre nom, comme l'honneur l'ordonne,
Leur dire...

SIDNEY

Laisse-moi ; je ne veux voir personne.

DUMONT

[12]

215 Oh ! Pour le coup, Monsieur, je vous tiens trépassé ;
Vous ne sentez plus rien.

SIDNEY,
se levant et emportant ce qu'il vient d'écrire.

Attends-moi, j'ai laissé
Un papier important...
(Il sort.)

Scène 7

DUMONT

Je n'y puis rien connaître :
La tête, par ma foi, tourne à mon pauvre maître,

---

22 Diérèse : trois syllabes.

Et me voilà tout seul chargé de la raison,
220 Et du gouvernement de toute la maison.
Il est blasé sur tout, tandis qu'un pauvre diable
Comme moi, goûte tout, trouve tout admirable.
On est fort malheureux avec de pareils rats[23].
Je suis donc heureux, moi ! Je ne m'en doutais pas ;
225 Il partira, s'il veut que je me mette en route ;
Et sa lettre... attendez... Henri !

HENRI *derrière le théâtre.*
Monsieur !

DUMONT
Écoute.
Il a beau commander, je ne partirai pas,
Son air m'alarme trop pour le quitter d'un pas.

Scène 8 [13]
DUMONT, HENRI

DUMONT
Il faut aller à Londres, et porter une lettre.

HENRI
230 Deux, Monsieur, s'il le faut.

DUMONT
On va te la remettre...,
Il est malade ou fou, peut-être tous les deux ;
Quel est donc le malheur de tous ces gens heureux ?
Ils nagent en pleine eau, quel diable les arrête ?

HENRI
Tenez, Monsieur Dumont, je ne suis qu'une bête,

---

23 *Rat* : « Quand un homme est plein de caprices et de fantaisie, on dit qu'il a des rats dans la tête. On l'appelle ratier » (*Trévoux*, 1771) ; « figuré et familièrement, Caprice, fantaisie ; *avoir des rats* signifie aussi avoir l'esprit fécond en saillies plaisantes » (*Littré*). Ici, il s'agit d'idées folles qui n'ont rien de plaisant.

235 Mais voyant notre maître, et rêvant[24] à part moi,
J'estime, en ruminant, avoir trouvé pourquoi ;
Étant chez feu Monsieur, j'ons[25] vu la compagnie,
J'ons entendu causer le monde dans la vie :
Tous ces grands seigneurs-là ne sont jamais plaisants,
240 Ils n'ont pas l'air joyeux, ils attristent les gens ;
Comme ils sont toujours bien, leur joie est toute usée,
Vous ne les voyez plus jeter une risée ;
Il leur faudrait du mal et du travail parfois ;
Pour rire d'un bon cœur, parlez-moi d'un bourgeois !
245 Mais, pour en revenir au mal de notre maître,
Je sommes, voyez-vous, pour nous y bien connaître,
Puisque j'ons vu son père aller le même train[26].
Il fera tout de même[27] une mauvaise fin,
Si cela continue, et ce serait dommage
250 Qu'un si brave seigneur, si bon maître, si sage... [14]

DUMONT
Oui vraiment ; mais dis-moi, qu'avait son père ?

HENRI
                                      Rien ;
Le mal qui tue ici ceux qui se portiont[28] bien.

DUMONT
Comment donc ?

HENRI
            Ah ! ma foi, qui l'entendra l'explique ;
Je ne sais si chez vous c'est la même rubrique
255 Comme en ce pays-ci ; mais je voyons des gens
Qu'on ne soupçonnait pas d'être fous en dedans,

---

24 *Rêvant* : « réfléchissant ».
25 *J'ons* : abréviation patoisante de « *j'avons* », utilisé dans le jargon conventionnel des paysans en lieu et place de « *j'ai* » ; de même au vers 246 « je sommes » et au vers 255 « je voyons ».
26 Gresset pressent que le goût du suicide peut résulter d'une fragilité héréditaire.
27 *Tout de même*, c'est-à-dire : « de la même manière ».
28 *Portiont* : forme patoisante pour « portent ».

SIDNEY

  Qui, sans aucun sujet, sans nulle maladie,
  Plantiont[29] là brusquement toute la compagnie,
  Et de leur petit pas[m] s'en vont chez les défunts,
260 Sans prendre de témoins, de peur des importuns.
  Tenez, défunt son père, honneur soit à son âme,
  C'était un homme d'or, humain comme une femme,
  Semblable à son enfant comme deux gouttes d'iau,
  Si bien donc qu'il s'en vint dans ce même châtiau,
265 Jadis il me parlait, il avait l'âme bonne ;
  Or, il ne parlait plus pour moi ni pour parsonne[n] ;
  Mais la parole est libre, et cela n'était rien.
  Je le voyons varmeil comme s'il était bien.
  Point du tout ; un biau jour il dormit comme un diable,
270 Si bien qu'il dort encore. On trouva sur sa[o] table
  Un certain brimborion[30], où l'on sut débrouiller
  Qu'il s'était endormi pour ne plus s'éveiller.
  C'était un grand esprit.

      DUMONT   [15]
      C'était un très sot homme ;
  Le fils pourrait fort bien faire le second tome.
275 Laisse-moi faire, il vient… allons, va t'apprêter,
  Reviens vite.

Scène 9
SIDNEY, DUMONT

SIDNEY
Es-tu prêt ?

DUMONT
Oui, tout prêt à rester.

---

29 *Plantiont* : forme patoisante pour « plantent ».
30 *Brimborion* : le terme est normalement féminin pluriel « babioles, colifichets ; on se sert aussi de ce mot pour exprimer certaines choses qu'on méprise et qu'on ne veut point nommer » (*Fur.* Basnage de Beauval, 1727).

SIDNEY

Comment ?

DUMONT

J'ai réfléchi... D'ailleurs l'inquiétude...
Et puis de certains bruits sur votre solitude...

SIDNEY

Quoi ! que t'a-t-on dit ? qui ?

DUMONT

Je ne cite jamais.
280 Il suffit qu'à vous voir triste dans cet excès,
Et changé tout-à-coup de goût et de génie,
On vous croirait brouillé, Monsieur[P], avec la vie.
Vous ne venez, dit-on, ici vous enfoncer,
Que pour vous y laisser lentement trépasser.

SIDNEY

285 Où prends-tu cette idée ?

DUMONT [16]

Il est vrai qu'elle est folle ;
Mais la précaution n'est pas un soin frivole.
La vie est un effet[31] dont je fais très grand cas,
Et j'y veille pour vous, si vous n'y veillez pas.

SIDNEY

Dumont, à ce propos, s'aime donc bien au monde ?

DUMONT

290 Moi, Monsieur ! Mon projet, si le Ciel le seconde,
Est de vivre content jusqu'à mon dernier jour.
On ne vit qu'une fois, et puisque j'ai mon tour,
Tant que je le pourrai, je tiendrai la partie.
J'aurais été héros sans l'amour de la vie ;

---

31 *Effet* : « terme de commerce. Billet à ordre, lettre de change » Littré ; « marchandise ».

295 Mais, dans notre famille, on se plaît ici-bas.
Vous savez que des goûts on ne dispute pas.
Mon père et mes aïeux, dès avant le déluge,
Étaient dans mon système autant que je le juge ;
Et mes futurs enfants, tant gredins que seigneurs,
300 Seront du même goût, ou descendront d'ailleurs.
Les grands ont le brillant d'une mort qu'on publie,
Nous autres, bonnes gens, nous n'avons que la vie ;
Nous avons de la peine, il est vrai ; mais enfin
Aujourd'hui l'on est mal, on sera mieux demain.
305 En quelque état qu'on soit, il n'est rien tel que d'être...

SIDNEY
Laisse là ton sermon, et va porter ma lettre.

DUMONT
J'en suis fâché, Monsieur, cela ne se peut pas.

SIDNEY
De vos petits propos, à la fin, je suis las ;
J'aime assez, quand je parle, à voir qu'on obéisse ;
310 Et quand un valet fat[32] montre quelque caprice, [17]
Je sais congédier.

DUMONT
Ayez des sentiments !
Voilà tout ce qu'on gagne à trop aimer les gens.
Est-ce pour mon plaisir (j'enrage quand j'y pense)
Que je demeure ici ? La belle jouissance !
315 Si mon attachement...

SIDNEY
Cessez[33] de m'ennuyer,

---

32 *Fat* : « Sot, sans esprit, qui ne dit que des fadaises. » (*Fur.* 1690). Mais le mot change de sens : « impertinent, sans jugement, plein de vanité, et qui fait tout par ostentation. Fat et petit-maître sont synonymes. Un fat, d'après La Bruyère, est entre l'impertinent et le sot, plus ridicule que le sot. Il manque plutôt de jugement que d'esprit » (*Trévoux*, 1771).
33 Jusqu'ici Sidney tutoyait familièrement Dumont : le passage au vouvoiement traduit son irritation.

Et partez, ou sinon…
(*On entend le bruit d'un fouet.*)

DUMONT
Voilà votre courrier.
(*Henri paraît.*)

SIDNEY
Qui ?

DUMONT
Lui, c'est mon commis.

Scène 10
SIDNEY, DUMONT, HENRI

SIDNEY
Faquin[34], quel[35] est le maître ?

DUMONT
Monsieur, je sais fort bien que c'est à vous à l'être ;
Mais enfin, dans la vie, il est de certains cas…
320   Battez-moi, tuez-moi, je ne partirai pas.
Je ne puis vous quitter dans l'état où vous êtes ;
Et plus vous me pressez, plus mes craintes secrètes…

SIDNEY   [18]
(*À Henri.*)
Henri, partez pour Londres, et portez dans l'instant
À Milord Hamilton ce paquet important.
(*À Dumont.*)[36]
325   Vous, sortez de chez moi, faites votre mémoire[37],

---

34 *Faquin* : « homme de néant, un homme sans mérite, sans honneur, sans cœur, vil, méprisable ». (*Fur. Basnage de Beauval*, 1727).
35 *Quel*, c'est-à-dire « Qui ? ».
36 Didascalie absente dans les éditions anciennes.
37 *Le mémoire* : « écrit sommaire qu'on donne à quelqu'un pour le faire souvenir de quelque chose. Voilà le mémoire de la dépense » (*Fur*). « se dit dans le cas d'un domestique pour

Après quoi, partez.
(*Il sort.*)

DUMONT (*seul en scène*)
Bon, me voilà dans ma gloire ;
Vous me chassez, tant mieux, je m'appartiens ; ainsi
Je m'ordonne séjour, moi, dans ce pays-ci...
Il n'aura pas le cœur de me quitter ; il m'aime,
330 Et je veux le sauver de ce caprice extrême.
Les maîtres, cependant, sont des gens bien heureux
Que souvent nous ayons le sens commun pour eux.

ACTE II [19]

Scène première
HAMILTON, DUMONT

DUMONT
Vous me tirez, Monsieur, d'une très grande peine,
Et je bénis cent fois l'instant qui vous amène.
335 Voyez mon pauvre maître, et traitez son cerveau ;
Peut-être saurez-vous par quel travers nouveau
Lui-même il se condamne à cette solitude.
Et s'il veut, malgré moi, s'en faire une habitude.
Il vient de vous écrire ; et sans doute ici près
340 Vous aurez en chemin rencontré son exprès[38].

HAMILTON
Non ; mais j'ai remarqué, traversant l'avenue,
Deux femmes, dont je crois que l'une m'est connue ;
Mais ma chaise a passé, je n'ai pu les bien voir ;

---

le décompte de ce que le maître lui doit ». C'est-à-dire ici : « Faites le compte de ce que je vous dois ; vous êtes congédié. »
38 *Exprès* : « un courrier, ou celui qui est chargé de remettre un courrier » (*Fur.*).

T'a-t-on dit ce que c'est ? Pourrait-on le savoir ?

DUMONT
345 Je devine à peu près ; au pays où nous sommes,
Il faut, Monsieur, qu'il soit grande disette d'hommes,
Dès qu'on a su mon maître établi dans ces lieux,
Ambassade aussitôt, sans prélude ennuyeux.
Mais lui, comme il n'est plus qu'une froide statue,
350 Il a tout nettement refusé l'entrevue.
Moi qui ne suis point fait à de telles rigueurs, [20]
Je prétends m'en charger ; j'en ferai les honneurs[39].
Je les prends pour mon compte, et je sais trop le monde[40].
Si le cœur vous en dit…

HAMILTON
Va, fais qu'on te réponde,
355 Instruis-toi de leurs noms… Mais est-il averti ?

DUMONT
Oui, j'ai fait annoncer que vous êtes ici.
Il promène ici près sa rêverie[41] austère.
Vous l'avez vu là-bas changer de caractère,
De ses meilleurs amis éviter l'entretien,
360 Tout fuir, jusqu'aux plaisirs ; tout cela n'était rien.

HAMILTON
Mais que peut-il avoir ? Quelle serait la cause…

DUMONT
Il serait trop heureux, s'il avait quelque chose ;
Mais, ma foi, je le crois affligé sans objet.

---

39 *Faire les honneurs* de la maison : « recevoir selon les règles de la politesse ceux qui viennent dans la maison » (*Littré*).
40 *Savoir le monde* : « se dit de quelqu'un qui sait la manière de se conduire dans la société des hommes, particulièrement du grand monde » (*Trévoux*, 1771) ; l'expression est synonyme de savoir-vivre. Dumont affirme donc qu'il connaît les usages de la bonne société.
41 *Rêverie* : « se dit aussi des méditations, des applications, des inquiétudes ou des soins qui occupent l'esprit. » (*Fur. Basnage de Beauval*, 1727).

HAMILTON
De ce voyage, au moins, dit-il quelque sujet ?

DUMONT
365 Bon ! Parle-t-il encor ? Se taire est sa folie.
Ce qu'il vient d'ordonner, sur-le-champ il l'oublie.
Il m'avait chassé, moi, malgré notre amitié,
Et j'enrageais très fort d'être congédié ;
Quelques moments après je sers à l'ordinaire,
370 Il dîne[42] sans me dire un mot de notre affaire.
Voilà ce qui m'afflige, et non sans fondement.
Je l'aimerais bien mieux brutal, extravagant,
Je lui croirais la fièvre, et puisqu'il faut le dire,
Je voudrais pour son bien qu'il n'eût qu'un bon délire ;
375 On saurait le remède en connaissant le mal. [21]
Mais, par un incident et bizarre et fatal,
Grave dans ses travers[43], tranquille en sa manie,
Il est fou de sang-froid, fou par philosophie,
Indifférent à tout comme s'il était mort.
380 Il n'aurait autrefois reçu qu'avec transport
Un régiment ; eh bien, il en a la nouvelle,
Sans qu'au moindre plaisir ce titre le rappelle !
Il avait, m'a-t-on dit, certain père autrefois,
Qui, cachant comme lui sous un maintien sournois,
385 Sa tristesse, ou plutôt sa démence profonde,
Ici même, un beau jour, s'escamota du monde.
C'est un tic de famille, et j'en suis pénétré ;
Enfin, sans vous, Monsieur, c'est un homme enterré.
Voyez, interrogez ; il vous croit, il vous aime,
390 Je vous laisserai seuls... Mais le voici lui-même.

---

42 *Dîner* : « prendre le repas de midi ».
43 *Travers* : « figuré, se dit quelquefois, mais seulement dans la conversation familière, pour une sorte d'accident, de malheur. » (*Furetière*, Basnage de Beauval, 1727).

Scène 2
SIDNEY, HAMILTON

HAMILTON
J'ai voulu le premier vous faire compliment,
Ami, c'était trop peu qu'écrire simplement,
Et je viens vous marquer, dans l'ardeur la plus vive,
Combien je suis heureux du bien qui vous arrive ;
395 Mais je suis fort surpris de vous voir en ce jour
Un air si peu sensible aux grâces de la Cour.

SIDNEY
Je vais vous avouer avec cette franchise,
Que l'amitié sincère entre nous autorise,
Que j'aurais mieux aimé, je vous le dis sans fard, [22]
400 Ne vous avoir ici que quelques jours plus tard.
Dans ce même moment on vous porte ma lettre
Sur un point important qui ne peut se remettre ;
Et si vous entriez dans mes vrais intérêts...

HAMILTON
Je vous laisserais seul dans vos tristes forêts ?
405 Je ne vous conçois pas ; cet emploi qu'on vous donne,
Pour en remercier, vous demande en personne.
Quoi ! Restez-vous ici ?

SIDNEY
                        Je ne vous cache pas,
Que dégoûté du monde, ennuyé du fracas,
Fatigué de la Cour, excédé de la Ville,
410 Je ne puis être bien que dans ce libre asile.

HAMILTON
Mais enfin, au moment où vous êtes placé,
Ce projet de retraite aura l'air peu sensé,
Et sur quelques motifs que votre goût se fonde,

Vous allez vous donner un travers[44] dans le monde ;
415 Il ne lui faut jamais donner légèrement
Ces spectacles d'humeur, qu'on soutient rarement.
On le quitte, on s'ennuie, on souffre, on dissimule,
On revient à la fin, on revient ridicule :
Un mécontent d'ailleurs est bientôt oublié,
420 Tout meurt, faveur, fortune, et jusqu'à l'amitié.
Son histoire est finie, il s'exile, on s'en passe,
Et lorsqu'il reparaît, d'autres ont pris la place :
Ne peut-on autrement échapper au chaos ?
Pour s'éloigner du bruit, pour trouver le repos,
425 Faut-il fuir tout commerce et s'enterrer d'avance ?
L'homme sensé, qu'au monde attache sa naissance, [23]
Sans quitter ses devoirs, sans changer de séjour,
Peut vivre solitaire au milieu de la Cour.
S'affranchir sans éclat, ne voir que ce qu'on aime,
430 Ne renoncer à rien ; voilà le seul système.
Mais parlez-moi plus vrai ; d'où vous vient ce dessein ?
Quel chagrin avez-vous ?

SIDNEY
Moi, je n'ai nul chagrin,
Nul sujet d'en avoir.

HAMILTON
C'est donc misanthropie ?
Prévenez, croyez-moi, cette sombre manie ;
435 Quels que soient les humains, il faut vivre avec eux.
Un homme difficile est toujours malheureux ;
Il faut savoir nous faire au pays où nous sommes,
Au siècle où nous vivons.

SIDNEY
Je ne hais point les hommes,
Ami, je ne suis point de ces esprits outrés,

---

44 *Travers* : « se dit [...] pour marquer ce qu'il y a de peu juste dans l'esprit et de bizarre dans l'humeur » (*Furetière*, Basnage de Beauval, 1727).

440 De leurs contemporains ennemis déclarés,
Qui ne trouvant, ni vrai, ni raison, ni droiture,
Meurent en médisant de toute la nature.
Les hommes ne sont point dignes de ce mépris,
Il en est de pervers, mais dans tous les pays
445 Où l'ardeur de m'instruire à conduit ma jeunesse,
J'ai connu des vertus, j'ai trouvé la sagesse,
J'ai trouvé des raisons d'aimer l'humanité,
De respecter les nœuds de la société,
Et n'ai jamais connu ces plaisirs détestables
450 D'offenser, d'affliger, de haïr mes semblables.

HAMILTON [24]
Pourquoi donc à les fuir êtes-vous obstiné ?

SIDNEY
Qu'auriez-vous fait vous-même ? Aux ennuis[45] condamné,
Accablé du fardeau d'une tristesse extrême[46],
Réduit au sort affreux d'être à charge à moi-même,
455 J'épargne aux yeux d'autrui l'objet fastidieux[47]
D'homme ennuyé partout, et partout ennuyeux ;
C'est un état qu'en vain vous voudriez combattre ;
Insensible aux plaisirs dont j'étais idolâtre,
Je ne les connais plus ; je ne trouve aujourd'hui
460 Dans ces mêmes plaisirs que le vide et l'ennui.
Cette uniformité des scènes de la vie
Ne peut plus réveiller mon âme appesantie ;
Ce cercle d'embarras, d'intrigues, de projets,
Ne doit nous ramener que les mêmes objets ;
465 Et, par l'expérience instruit à les connaître,
Je reste sans désirs sur tout ce qui doit être.
Dans le brillant fracas où j'ai longtemps vécu,
J'ai tout vu, tout goûté, tout revu, tout connu[48],

---
45 *Ennuis* : voir p. 163, n. 10.
46 *Triste*sse *extrême* : abattement, dégoût de vivre voir p. 66, n. 31.
47 *Fastidieux* : diérèse quatre syllabes.
48 Lamartine fait écho à ce développement : « J'ai trop vu, trop senti, trop aimé dans ma vie ; / Je viens chercher vivant le calme du Léthé… » (*Le Vallon*, vers 25-26).

J'ai rempli pour ma part ce théâtre frivole.
470 Si chacun n'y restait que le temps de son rôle[49],
Tout serait à sa place, et l'on ne verrait pas
Tant de gens éternels dont le public est las.
Le monde, usé pour moi, n'a plus rien qui me touche ;
Et c'est pour lui sauver[50] un rêveur si farouche,
475 Qu'étranger désormais à la société,
Je viens de mes déserts chercher l'obscurité.

HAMILTON
Quelle fausse raison, cher ami, vous égare
Jusqu'à croire défendre un projet si bizarre ?
Si vous avez goûté tous les biens des humains, [25]
480 Si vous les connaissez, le choix est dans vos mains ;
Bornez-vous aux plus vrais, et laissez les chimères,
Dont le repentir suit les lueurs passagères.
Quel fut votre bonheur ! À présent sans désirs,
Vous avez, dites-vous, connu tous les plaisirs.
485 Eh quoi ! N'en est-il point au-dessus de l'ivresse,
Où le monde a plongé notre aveugle jeunesse ?
Ce tourbillon brillant des[r] folles passions,
Cette scène d'erreurs, d'excès, d'illusions,
Du bonheur des mortels bornent-ils donc la sphère ?
490 La raison à nos vœux ouvre une autre carrière ;
Croyez-moi, cher ami, nous n'avons pas vécu.
Employer ses talents, son temps et sa vertu,
Servir au bien public, illustrer sa patrie,
Penser enfin, c'est là que commence la vie[51].
495 Voilà les vrais plaisirs dignes de tous nos vœux,
La volupté par qui[52] l'honnête homme est heureux ;
Notre âme pour ces biens est toute neuve encore...
Vous ne m'écoutez pas ! Quel chagrin vous dévore ?

---

49 Souvenir du monologue de Hamlet.
50 *Sauver quelque chose* à quelqu'un : « la lui épargner, l'en délivrer, ne pas la lui envoyer » (Trévoux 6ᵉ éd., 1771), voir p. 348, n. 160 du *Méchant*.
51 Ces trois vers définissent un programme stoïcien d'existence tout entier voué au bien du public.
52 *Qui* : « laquelle ».

SIDNEY
Je connais la raison, votre voix me l'apprend,
Mais que peut-elle enfin contre le sentiment ?
Marchez dans la carrière où j'aurais dû vous suivre,
Pour moi, je perds déjà l'espérance de vivre ;
En vain à mes regards vous offrez le tableau
D'une nouvelle vie et d'un bonheur nouveau.
Tout vrai bonheur dépend de notre façon d'être,
Mon état désormais est de n'en plus connaître.
Privé de sentiment, et mort à tout plaisir,
Mon cœur anéanti n'est plus fait pour jouir.

HAMILTON [26]
Connaissez votre erreur ; cet état méprisable,
Ce néant déshonore une âme raisonnable.
Quand[53] il vous faudrait fuir le monde et l'embarras,
L'homme qui sait penser ne se suffit-il pas ?
Dans cet ennui de tout, dans ce dégoût extrême,
Ne vous reste-t-il point à jouir de vous-même ?
Pour vivre avec douceur, cher ami, croyez-moi,
Le grand art est d'apprendre à bien vivre avec soi,
Heureux de se trouver, et digne de se plaire ;
Je ne conseille point une retraite entière,
Partagez votre goût et votre liberté
Entre la solitude et la société.
Des jours passés ici dans une paix profonde
Vous feront souhaiter le commerce du monde ;
L'absence, le besoin vous rendront des désirs.
Il faut un intervalle, un repos aux plaisirs ;
Leur nombre accable enfin, le sentiment s'épuise,
Et l'on doit se priver[s] pour qu'il se reproduise.
Vous en êtes l'exemple, et tout votre malheur
N'est que la lassitude et l'abus du bonheur.
Ne me redites pas que vous n'êtes point maître
De ces noirs sentiments ; on est ce qu'on veut être ;

---

53 *Quand* : « même si ».

Souverain de son cœur, l'homme fait son état,
Et rien sans^t son aveu ne l'élève ou l'abat[54].
Mais enfin parlez-moi sans fard, sans défiances,
Quelque dérangement, causé par vos dépenses,
535 N'est-il point le sujet de ces secrets dégoûts ?
Je puis tout réparer, ma fortune est à vous[55].

SIDNEY
Je sens, comme je dois, ces procédés sincères.
Mais nul désordre, ami, n'a troublé mes affaires.
Vous verrez quelque jour, que du côté du bien
540 J'étais fort en repos, et que je ne dois rien^u[56].

HAMILTON
Ami, vous m'affligez ; votre état m'inquiète ;
Ce sinistre discours…

SIDNEY
        Peut-être la retraite
Saura me délivrer de tous ces sentiments ;
Il faut, pour m'y fixer, quelques arrangements ;
545 Ma lettre vous instruit, suivez mon espérance[57],
Tout mon repos dépend de votre diligence.
Au reste, en attendant que j'aille au premier jour,
De ce nouveau bienfait remercier la Cour ;
Vous m'y justifierez. D'une pareille absence
550 Ma mauvaise santé sauvera l'indécence.
Après ces soins remplis[58], je vous attends ici ;
Partez, si vous aimez un malheureux ami.

---

54 Admirable formule qui définit la maîtrise de soi par la volonté.
55 Quatre vers qui rappellent le lyrisme de La Fontaine dans *Les Deux Amis*.
56 Diérèse : deux syllabes.
57 *Mon espérance* : « ce que j'espère ».
58 C'est-à-dire : « Après avoir rempli ces soins… ».

Scène 3

HAMILTON (*Seul*)
Ce ton mystérieux, cette étrange conduite,
Ne m'assurent que trop du transport qui l'agite :
555 Il cache sûrement quelque dessein cruel,
Et sa tranquillité n'a point l'air naturel...

Scène 4
HAMILTON, HENRI

HENRI
On m'a dit votre nom à la poste prochaine,
Monsieur, d'aller plus loin je n'ons pas pris la peine ;
Notre maître vers vous nous envoyait d'ici,
560 Mais, puisque vous voilà, voici la lettre aussi.

HAMILTON
Donne ; cela suffit. Tu peux aller lui dire
Qu'elle est entre mes mains.

Scène 5

HAMILTON
Qu'a-t-il donc pu m'écrire ?
(*Il lit.*)
Recevez, cher Ami, mes éternels adieux.
Vous savez à quel point j'adorai Rosalie,
565 *Et que j'osai trahir un amour vertueux.*
J'ignore son destin. Si la rigueur des cieux
Permet qu'on la retrouve et conserve sa vie,
Je lui donne mes biens par l'écrit que voici,
Et remets son bonheur aux soins de mon ami.
570 *Daignez tout conserver, si sa mort est certaine.*
Épargnez sur mon sort des regrets superflus,
J'étais lassé de vivre, et je brisé ma chaîne.

Quand vous lirez ceci, je n'existerai plus.
Sidney
Quel déplorable excès, et quelle frénésie !
575 Allons le retrouver, prévenons[59] sa furie. [29]

Scène 6
SIDNEY *entrant d'un air égaré,* HAMILTON

HAMILTON,
après l'avoir embrassé en silence.
Reprenez ce dépôt qui me glace d'effroi ;
Vous me trompiez, cruel !
(Il lui rend sa lettre.)

SIDNEY
      Que voulez-vous de moi ?
Puisque vous savez tout, plaignez un misérable[60] ;
Ma funeste existence est un poids qui m'accable.
580 Je vous ai déguisé ma triste extrémité,
Ce n'est point seulement insensibilité,
Dégoût de l'univers à qui le sort me lie,
C'est ennui de moi-même, et haine de ma vie.
Je les ai combattus, mais inutilement ;
585 Ce dégoût désormais est mon seul sentiment.
Cette haine, attachée aux restes de mon être,
A pris un ascendant dont je ne suis plus maître.
Mon cœur, mes sens flétris, ma funeste raison,
Tout me dit d'abréger le temps de ma prison.
590 Faut-il donc sans honneur attendre la vieillesse,
Traînant pour tout destin les regrets, la faiblesse,
Pour objet éternel l'affreuse vérité,
Et pour tout sentiment l'ennui d'avoir été ?
C'est au stupide, au lâche, à plier sous la peine,

---

59 C'est-à-dire : « Intervenons avant qu'il ne se livre à sa furie ».
60 *Misérable* : « celui qui est dans la misère […] celui qui donne de l'horreur et qui attire la compassion » (Trévoux, 1777). C'est déjà le sens que Victor Hugo donne au mot dans le titre de son roman *Les Misérables*.

À ramper, à vieillir sous le poids de sa chaîne ;
Mais, vous en conviendrez, quand on sait réfléchir,
Malheureux sans remède, on doit savoir finir[61].

HAMILTON [30]
Dans quel coupable oubli vous plonge ce délire.
Que la raison sur vous reprenne son empire,
Un frein sacré s'oppose à votre cruauté ;
Vous vous devez d'ailleurs à la société ;
Vous n'êtes point à vous, le temps, les biens, la vie,
Rien ne vous appartient, tout est à la Patrie[62] ;
Les jours de l'honnête homme, au conseil, au combat,
Sont le vrai patrimoine et le bien de l'État.
Venez remplir le rang où vous devez paraître ;
Votre esprit occupé va prendre un nouvel être ;
Tout renaîtra pour vous… Mais, hélas ! Je vous voi[s]
Plongé dans un repos qui me remplit d'effroi.
Quoi ! Sans appréhender l'horreur de ce passage,
Vous suivrez de sang-froid dans leur fatal courage
Ces héros insensés…

SIDNEY
Ce courage n'est rien,
Je suis mal où je suis, et je veux être bien ;
Voilà tout. Je n'ai point l'espoir d'être célèbre,
Ni l'ardeur d'obtenir quelque éloge funèbre,
Et j'ignore pourquoi l'on vante en certains lieux
Un procédé tout simple à qui veut être mieux.

---

61   Justification du suicide dépourvue de presque toute considération religieuse surprenante à cette date. Seul le vers 600 rappelle très discrètement l'interdit religieux, lequel se trouve remplacé par le devoir envers la Patrie.
62   *Devoir envers la Patrie* : cette sacralisation de la patrie est précoce en 1747. Pourtant dans l'*Encyclopédie*, on voit que l'individu ne s'appartient pas mais qu'il doit son temps et son travail à la patrie : à l'article *Monastère*, le chevalier de Jaucourt signale qu'un trop grand nombre de monastères contribue directement à la dépopulation des États car les hommes y sont oisifs et « la force et la conservation du royaume consiste dans la multiplicité des hommes occupés ». à l'article *Politique arithmétique*, Diderot reprochera aux moines de ne pas procréer, ce qui prive la patrie d'une main-d'œuvre qui devrait permettre à l'État de s'enrichir. La sacralisation de l'État sera l'un des points prônés par les révolutionnaires de 1789.

D'ailleurs, que suis-je au monde ? Une faible partie
Peut bien, sans nuire au tout, en être désunie.
620 À la société je ne fais aucun tort,
Tout ira comme avant ma naissance et ma mort ;
Peu de gens, selon moi, sont assez d'importance
Pour que cet univers remarque leur absence.

HAMILTON
Continuez, cruel ; calme dans vos fureurs,
625 Faites-vous des raisons de vos propres erreurs.
Mais l'amitié du moins n'est-elle point capable
De vous rendre la vie encore désirable ?

SIDNEY
Dans l'état où je suis, on pèse à l'amitié ;
Je ne puis désirer que d'en être oublié.

HAMILTON
630 Vous m'offensez, Sidney, quand votre âme incertaine
Peut douter de mon zèle à partager sa peine.
Mais cette Rosalie, adorée autrefois,
Sur ce jour qui vous luit[63] n'a-t-elle point des droits ?
Sont-ce là les conseils que l'amour vous inspire ?
635 Que ne la cherchez-vous ? Sans doute elle respire,
Sans doute vous pourrez la revoir quelque jour.

SIDNEY
Ah ! Ne me parlez point d'un malheureux amour !
Je l'ai trop outragé[w64] ; méprisable, infidèle,
Quand[65] je la reverrais, suis-je encor digne d'elle ?
640 Et les derniers soupirs d'un cœur anéanti
Sont-ils faits pour l'amour qu'autrefois j'ai senti ?
Témoin de mes erreurs, vous n'avez pu comprendre
Comment j'abandonnai l'amante la plus tendre.

---

63 *Ce jour qui vous luit* c'est-à-dire « Ce jour qui luit pour vous ».
64 L'antécédent est « un malheureux amour ».
65 *Quand* : « même si » voir p. 182, n. 53.

Le savais-je moi-même ? Égaré, vicieux[66],
645 Je ne mériterais pas ce bonheur vertueux,
Ce cœur, fait pour l'honneur comme pour la tendresse,
Que j'aurais respecté jusques dans sa faiblesse.
Lui promettant ma main, j'avais fixé son cœur,
Je la trompais. Enfin, lassé de sa rigueur,
650 Lassé de sa vertu, j'abandonnai ses charmes,
J'affligeai l'amour-même ; indigne de ses larmes,
Je promenai partout mes aveugles désirs,
J'aimai sans estimer, triste au sein des plaisirs.
Errant loin de nos bords, j'oubliai Rosalie ; [32]
655 Elle avait disparu, pleurant ma perfidie.
Hélas ! Peut-être, ami, j'aurai causé sa mort !
Depuis que je suis las du monde, et de mon sort,
Au moment de finir ma vie, et mon supplice,
J'ai voulu réparer ma honteuse injustice ;
660 Pour lui donner mes biens, comme vous savez tout,
Je l'ai cherchée à Londres, aux environs, partout ;
Mais depuis plus d'un mois les recherches sont vaines.

HAMILTON
Du soin de la trouver fiez-vous à mes peines.

SIDNEY
Non, quand[67] je le pourrais, je ne la verrais plus.
665 Mes sentiments troublés, tous mes sens confondus,
Tout me sépare d'elle, et mon âme éclipsée,
De ma fin seule, ami, conserve la pensée.
Je ne voulais savoir sa retraite et son sort
Que pour la rendre heureuse, au moins après ma mort ;
670 Et ne prétendais pas à reporter près d'elle
Un cœur déjà frappé de l'atteinte mortelle.

HAMILTON
Elle oubliera vos torts, en voyant vos regrets ;

---
66 Diérèse : trois syllabes.
67 *Quand* : « même si » voir p. 182, n. 53.

L'amour pardonne tout ; laissez d'affreux projets ;
Différez-les du moins, rassurez ma tendresse ;
675 Votre âme fut toujours faite pour la sagesse ;
Vous entendrez sa voix, vous vaincrez vos dégoûts,
Je ne veux que du temps ; me le promettez-vous ?
Mon cher Sidney, parlez.

SIDNEY
J'ai honte de moi-même.
Laissez un malheureux qui vous craint et vous aime.
Dumont paraît.
680 J'ai besoin d'être seul… je vous promets, ami, [33]
De revenir dans peu vous retrouver ici.

HAMILTON
Non, je vous suis.

Scène 7
HAMILTON, DUMONT

DUMONT,
arrêtant Hamilton qui sort.
Monsieur, un mot de conséquence.

HAMILTON
Hâte-toi, je crains tout.

DUMONT
Quoi ! Son extravagance…

HAMILTON
Il veut se perdre : il faut observer tous ses pas,
685 Le sauver de lui-même.

DUMONT
Oh ! Je ne le crains pas.
J'ai pris ses pistolets, son arsenal est vuide,

Et j'ai su m'emparer de tout meuble homicide[68].
Consignez-moi sa vie en toute sûreté.
S'il vous voit à le suivre un soin trop affecté,
690 Il pourrait bien...

HAMILTON
Va donc, ne le perds point de vue,
Vois si je puis entrer.

DUMONT, *revenant sur ses pas.*
À propos, l'inconnue...
Mais ce goût de mourir, Monsieur, il faut ma foi [34]
Que cela soit dans l'air, et j'en[x] tremble pour moi.
Ce travers tient aussi l'une des pèlerines[69];
695 J'ignore le sujet de ses vapeurs chagrines,
Vous allez le savoir, ma course a réussi,
Mon maître est réformé, c'est vous qu'on veut ici.
Elle dit vous connaître; elle est ma foi jolie,
Cela rappellerait le défunt à la vie.
700 Des façons, des propos, des yeux à sentiments;
Un certain jargon tendre, imité des romans,
Tout cela... vous verrez; on vient, je crois... C'est elle,
Je cours dans mon donjon me mettre en sentinelle.

Scène 8
ROSALIE, HAMILTON

HAMILTON
Que vois-je ? Rosalie ! Ah ! Quel moment heureux !
705 Que je bénis le sort qui vous rend à nos vœux !

---

68 *Meuble* : « tout ce qui est destiné au service d'une maison [...] tant pour la garnir, que pour l'exploiter et la faire valoir » (Trévoux, 1771). Il faut donc comprendre ici tout objet (corde, couteaux, épées, poison...) avec lequel on peut se tuer, soit « tout instrument mortifère » comme disent les avocats de notre temps.
69 *Pèlerine* : « figuré et bas ; c'est un rusé, un matois. Voilà une bonne pèlerine, une fine, une dangereuse femelle » (*Furetière, Basnage de Beauval, Brutel de la Rivière*, 1727). En 1788, Jean-François Féraud précise : « fig, familier, personne adroite, fine et dissimulée ».

ROSALIE
Ces transports sont-ils faits pour une infortunée,
Prête à voir terminer sa triste destinée ?
J'ose à peine élever mes regards jusqu'à vous.
Quelle étrange démarche ! Ah ! Dans des temps plus doux,
J'étais bien sûre, hélas ! d'obtenir votre estime ;
Mais de tout au malheur on fait toujours un crime.
Vous me condamnez.

HAMILTON
Non, vivez, cet heureux jour
N'est point fait pour les pleurs, il est fait pour l'amour.

ROSALIE [35]
Que dites-vous ? Ô Ciel ! Ma surprise m'accable...

HAMILTON
Sidney dans les remords...

ROSALIE
Quel songe favorable !
Il m'aimerait encore !

HAMILTON
Il est digne de vous.
Vous finirez ses maux, il sera votre époux.

ROSALIE
Laissez-moi respirer, vous me rendez la vie.
Quel heureux changement dans mon âme ravie !
Tous mes jours ressemblaient au moment de la mort.
Mais ne flattez-vous point un crédule transport !

HAMILTON
Non, croyez votre cœur, vous êtes adorée ;
Mais par quel heureux sort, en ces lieux retirée...

ROSALIE
Je n'ai point à rougir aux yeux de l'amitié ;
725 Vous connaissez mon cœur, il est justifié.
Oui, je l'aimais encor, même sans espérance,
C'est un bien que n'a pu m'ôter son inconstance ;
Et si malgré l'excès de mon accablement,
J'ai vécu jusqu'ici, c'est par ce sentiment.
730 Victime du malheur, quand Sidney m'eut trahie,
Privée au même temps d'une mère chérie,
Je vins cacher mes pleurs, et fixer mon destin
Auprès d'une parente en ce château voisin ;
Mais loin de voir calmer ma vive inquiétude,
735 Je retrouvai l'amour dans cette solitude ;
Voisine de ces lieux soumis à mon amant,
J'y venais, malgré moi, rêver incessamment. [36]
Tout m'y parlait de lui, tout m'offrait son image,
J'avais tout l'univers dans ce séjour sauvage ;
740 Mille fois j'ai voulu fuir dans d'autres déserts[70],
Mais un charme secret m'attachait à mes fers.
Après quatre ans entiers d'une vie inconnue,
Quel trouble me saisit, quand j'appris sa venue.
Pour la dernière fois je voulais lui parler,
745 Des adieux de l'amour je venais l'accabler ;
Je succombais[71], sans doute, à ma douleur mortelle,
Si je ne l'eusse vu que toujours infidèle.
Mais pourquoi retarder le bonheur de nous voir ?
Venez, guidez mes pas, et comblez mon espoir.

HAMILTON
750 Commandez un moment à votre impatience,
Je conçois pour vos vœux la plus sûre espérance ;
Mais il me faut d'abord disposer votre amant
Au charme inespéré de cet heureux moment.
Il est dans la douleur, égaré, solitaire...

---

70 *Désert* : « lieu sauvage, inculte et inhabité [...] lieux solitaires où il n'y a point ou peu d'habitants » (Trévoux, 1771).
71 *Je succombais* : il faut comprendre « j'aurais succombé ».

755 Je vous éclaircirai[72] ce funeste mystère ;
Qu'il vous suffise ici de savoir qu'en ce jour,
Fidèle, heureux par vous, il vivra pour l'amour.
Je diffère à regret l'instant de votre joie ;
Mais enfin, avant vous, il faut que je le voie.

ROSALIE
760 Tous ces retardements me pénètrent d'effroi...
Vous me trompez ; Sidney ne pensait plus à moi.

HAMILTON
Je ne vous trompe pas ; si je pouvais vous dire
Ce qu'il faisait pour vous[73]... Mais non, je me retire ;
Je vais hâter l'instant que nous désirons tous.

ROSALIE [37]
765 Du destin de mes jours, je me remets à vous ;
Songez que ces délais, dont mon âme est saisie,
Sont autant de moments retranchés à[y] ma vie.

ACTE III

Scène première

SIDNEY
C'en est donc fait enfin, tout est fini pour moi !
Ce breuvage fatal, que j'ai pris sans effroi,
770 Enchaînant tous mes sens dans une mort tranquille,
Va du dernier sommeil assoupir cette argile[74] !
Nul regret, nul remords ne trouble ma raison.

---

72 *Éclaircir quelqu'un* : « instruire quelqu'un d'une vérité, d'une chose dont il doutait » (*Trévoux*, 1771).
73 Il la désignait comme son héritière, (voir vers 568).
74 Aux termes de la *Genèse* Dieu a formé l'homme en modelant de l'argile qu'il a animée de son souffle.

L'esclave est-il coupable en brisant sa prison[75] ?
Le juge qui m'attend dans cette nuit obscure,
775 Est le père et l'ami de toute la nature ;
Rempli de sa bonté, mon esprit immortel
Va tomber, sans frémir, dans son sein paternel[76].

Scène 2 [38]
SIDNEY, HAMILTON

HAMILTON
Qu'aux peines d'un ami vous êtes peu sensible !
Pourquoi donc, cher Sidney, vous rendre inaccessible ?
780 Depuis une heure entière en vain je veux vous voir,
Et dissiper l'horreur d'un cruel désespoir ;
Je n'ai pu pénétrer dans votre solitude.
Enfin vous m'arrachez à mon inquiétude,
Et la raison sur vous va reprendre ses droits.

SIDNEY
785 Embrassons-nous, ami, pour la dernière fois.

HAMILTON
Quel langage accablant ! Dans cette léthargie,
Quoi ! je retrouve encor votre âme ensevelie.

SIDNEY
De mes derniers désirs, de ma vive douleur
J'ai déposé l'espoir au fond de votre cœur.
790 Que mon attente un jour par vos soins soit remplie...
Si la mort a frappé la triste Rosalie...

HAMILTON
Non, elle vit pour vous ; répondez par pitié,
Répondez à l'espoir, aux vœux de l'amitié ;

---

75 La vie étant une servitude à laquelle le suicide permet d'échapper, celui qui met fin à ses jours est pleinement justifié.
76 Définition d'un Dieu bienveillant à qui le suicide est indifférent.

Parlez, si Rosalie à votre amour rendue,
Dans ces lieux, aujourd'hui, s'offrait à votre vue,
Telle encor qu'elle était dans ces heureux moments
Où vous renouveliez les plus tendres serments ;
Sensible à vos remords, oubliant votre offense,
Fidèle à son amour, malgré votre inconstance,
Enfin avec ces traits, cette ingénuité,
Cet air intéressant qui pare la beauté,
Pourriez-vous résister à l'amour de la vie,
Au charme de revoir une amante attendrie,
De faire son bonheur, de réparer vos torts,
De partager ses vœux, sa vie et ses transports ?

SIDNEY
Je rendrais grâce au Ciel de l'avoir conservée.
Vous savez mes projets, si je l'eusse trouvée ;
Je recommanderais son bonheur à vos soins,
Mais dans ce même jour, je ne mourrais pas moins.

HAMILTON
Puisqu'en vain l'amitié vous conseille et vous prie,
L'amour doit commander ; paraissez, Rosalie.

SIDNEY
Rosalie !... Est-ce un songe ? En croirai-je mes yeux ?
Vous, Rosalie, ô Ciel ! et dans ces tristes lieux ?

Scène 3
ROSALIE, SIDNEY, HAMILTON

ROSALIE
Oui, c'est moi qui, malgré mon injure[77] et ma peine,
N'ai jamais pu pour vous me résoudre à la haine,
C'est moi qui viens jouir d'un repentir heureux ;
Votre cœur m'appartient, puisqu'il est vertueux...

---

77 *Mon injure* : c'est-à-dire « l'injure qui m'a été faite ».

Mais que vois-je ? Est-ce là l'effet de ma présence ?
On me trompe, Hamilton ; ce farouche silence...

SIDNEY

820 Confondu des chagrins que j'ai pu vous causer,
Que répondre quand tout s'unit pour m'accuser ?
Vous daignez oublier mes fureurs, mon caprice ;
Puis-je m'en pardonner la cruelle injustice ?
Du sort, sans murmurer, je dois subir les coups ;
825 Je ne méritais pas le bonheur d'être à vous !

ROSALIE

J'ai pleuré vos erreurs, j'ai plaint[z] votre faiblesse ;
Mais mon malheur jamais n'altéra ma tendresse.

SIDNEY

Ne me regrettez plus ; c'est pour votre bonheur
Qu'à d'autres passions le Ciel livra mon cœur.
830 L'état, que m'apprêtaient mes tristes destinées,
Aurait semé d'ennuis[aa] vos plus belles journées ;
Le destin vous devait des jours pleins de douceur :
Mon triste caractère eût fait votre malheur.

ROSALIE

Le pouvez-vous penser ? Quelle injustice extrême !
835 Est-il quelques malheurs, aimé de ce qu'on aime ?
Sensible à vos chagrins, et sans m'en accabler,
Je ne les aurais vus que pour vous consoler ;
Si mes soins redoublés, si ma vive tendresse
N'avaient pu vous guérir d'une sombre tristesse,
840 Je l'aurais partagée, et sans autres désirs,
J'aurais du monde entier oublié les plaisirs !
Rosalie avec vous ne pouvait qu'être heureuse.

SIDNEY

Vous ne connaissez pas ma destinée affreuse.
Insensible à la vie au milieu de mes jours,

845 Il m'était réservé d'en détester le cours,
De voir pour l'ennui seul renaître mes journées,
Et de marquer moi-même un terme à mes années.

ROSALIE

Que dites-vous, cruel, quelle aveugle fureur
Vous inspire un dessein qui fait frémir mon cœur ?
850 Calmez l'état affreux d'une amante alarmée ;
Vous aimeriez vos jours, si j'étais plus aimée.
Dans le sein des vertus, dans les nœuds les plus doux,
L'image du bonheur s'offrant encore à vous,
Affranchirait vos sens d'une langueur mortelle.
855 Le véritable amour donne une âme nouvelle ;
Sans doute l'union de deux cœurs vertueux,
L'un pour l'autre formés, et l'un par l'autre heureux,
Est faite pour calmer toute aveugle furie,
Pour adoucir les maux, pour embellir la vie.

SIDNEY

860 Qu'entends-je ! Je pouvais[78] me voir encore heureux !
Quel bandeau tout-à-coup est tombé de mes yeux ?
Tout était éclipsé, tout pour moi se ranime,
Et tout dans un moment retombe dans l'abîme !
Quel mélange accablant de tendresse et d'horreur !
865 D'un côté Rosalie, et de l'autre... ô douleur !
Malheureux ! Qu'ai-je fait ?... Fuyez...

ROSALIE

       De ma tendresse
Voilà donc tout le prix !
(À Hamilton.)
      Vous trompiez ma faiblesse !
(Elle veut sortir.)

SIDNEY,
se jetant aux genoux de Rosalie.

Non, s'il vous a juré mon sincère retour,

---

78 *Je pouvais* : « j'aurais pu ».

S'il a peint les transports d'un immortel amour,
870 Il ne vous trompait pas, ma chère Rosalie. [42]
Je déteste à vos pieds le crime de ma vie ;
Je déteste ces jours où l'erreur enchaînait
Les sentiments d'un cœur qui vous appartenait.
Ah ! Si par mes fureurs vous fûtes outragée,
875 Si je fus criminel, vous êtes trop vengée.
L'amour pour me punir attendait ce moment.

ROSALIE
Que dites-vous, Sidney ? Quel triste égarement...

SIDNEY
Je ne dis que trop vrai ; plaignez mon sort funeste ;
Au sein de mon bonheur le désespoir me reste ;
880 L'amour rallume en vain ses plus tendres transports,
Mon cœur n'appartient plus qu'à l'horreur des remords.
Oui, d'une illusion échappée à ma vue,
Je découvre trop tard l'effrayante étendue.
Quels lieux vous dérobaient ? Quelle aveugle fureur
885 Égara ma raison et combla mon malheur !

ROSALIE
Laissons des maux passés l'image déplorable,
Non, mon cœur ne sait plus que vous fûtes coupable.
Je vous vois tel encor que dans ces jours heureux
Où l'amour et l'honneur devaient former nos nœuds.
890 Mais, pourquoi me causer de nouvelles alarmes ?
Vous vous troublez, vos yeux se remplissent de larmes.

SIDNEY
Vaine félicité qu'empoisonne l'horreur !
Oubliez un barbare indigne du bonheur.
Je vous revois trop tard, ma chère Rosalie,
895 Je vous perds à jamais ; c'en est fait de ma vie.
Je touche, en frémissant, aux bornes de mon sort ;
Oui, cette nuit me livre au sommeil de la mort ; [43]
Apprenez, déplorez le plus affreux délire,

Vous m'aviez dit trop vrai, le voile se déchire,
900 Je suis un furieux que l'erreur a conduit,
Que la terre condamne et que le Ciel poursuit.
*(Il donne à lire à Rosalie
la lettre écrite à Hamilton.)*
Voyez ce que pour vous mon amour voulut faire
Dans les extrémités d'un malheur nécessaire...

ROSALIE

Que vois-je ! Ayez pitié de mon cœur alarmé,
905 Laissez...

SIDNEY

Il n'est plus temps, le crime est consommé ;
Tout secours est sans fruit, toutes plaintes sont vaines,
Un poison invincible a passé dans mes veines...

ROSALIE

Barbare !

HAMILTON

Malheureux !

ROSALIE

Il faut sauver ses jours ;
Peut-être en ce malheur il est quelque secours.

HAMILTON

910 Je me charge de tout ; comptez sur moi. J'y vole ;
Ne l'abandonnez pas.
(Il sort.)

SIDNEY
Espérance frivole ?

Scène 4
SIDNEY, ROSALIE

ROSALIE
Était-ce donc ainsi, cruel, que vous m'aimiez ?

SIDNEY
Moi, si je vous aimais... ! Ah ! Si vous en doutiez,
Ce soupçon me rendrait la mort plus douloureuse.
915 Voyant que ma recherche était infructueuse,
J'ai méprisé des jours qui n'étaient plus pour vous.
À la mort condamné, j'ai devancé ses coups.
J'aurais vu naître, au sein des ennuis et des larmes,
Un nouvel univers embelli par vos charmes.
920 La vérité trop tard a levé le bandeau[79]
Pour ne me laisser voir que l'horreur du tombeau.
Soumis à mon Auteur[80], je devais[81] sur moi-même
Attendre en l'adorant, sa volonté suprême ;
Puisqu'il vous conservait, il voulait mon bonheur.
925 J'ai blessé sa puissance, il en punit mon cœur.

Scène 5
HAMILTON, SIDNEY, ROSALIE, DUMONT

HAMILTON *à Dumont.*
Que ne m'obéis-tu ?

SIDNEY
Non, ma mort est trop sûre.

DUMONT
Ah ! Vous vous regrettez ? J'entreprends cette cure[82]...

---
79 *Le bandeau* : L'allégorie suppose que la Vérité ôte le bandeau qui couvre les yeux de la victime de l'illusion ou du mensonge.
80 Dieu.
81 *Je devais* : « j'aurais dû ».
82 *Cure* : guérison, « Succès heureux d'une maladie. Ce médecin a fait une belle cure » (*Furetière, Basnage de Beauval, Brutel de La Rivière*, 1727).

SIDNEY
Chassez cet insensé.

DUMONT
Vous êtes fort heureux
Que loin d'extravaguer, j'étais sage pour deux.
930 Je vous gardais à vue, et d'une niche obscure
J'avais vu des apprêts de fort mauvais augure.
Distrait, ne voyant rien, en vous-même enfoncé,
Dans votre cabinet vous êtes repassé ;
Par l'alcôve et sans bruit, durant cet intervalle,
935 Je suis venu changer cette liqueur fatale,
Et je ne vous tiens pas plus trépassé que moi.

ROSALIE
Je renais

HAMILTON
Ô bonheur !

SIDNEY
À peine je le crois...
(Il baise la main de Rosalie et embrasse Hamilton et Dumont)[ab]
Rosalie... Hamilton... et toi dont l'heureux zèle
Me sauve des excès d'une erreur criminelle,
940 Comment puis-je payer ?...

DUMONT
Vivez, je suis payé ;
Les gens de mon pays[83] font tout par amitié ;
Ils n'envisagent point d'autre reconnaissance.
Le plaisir de bien faire est notre récompense.

SIDNEY
Ô vous, dont la vertu, les grâces, la candeur,
945 Vont fixer sur mes jours les plaisirs et l'honneur ;

---

83 *Pays* : Il est un valet de chambre français !

Vous, par qui je reçois une plus belle vie,
Oubliez mes fureurs, ma chère Rosalie;
Ne voyez que l'amour qui vient me ranimer,
Le jour ne serait rien sans le bonheur d'aimer;
950 Partagez mes destins, je vous dois tout mon être;
C'est pour vous adorer que je viens de renaître.

DUMONT
Ne savais-je pas bien qu'on en revenait-là?
Ennui, haine de soi, chansons que tout cela!
Malgré tout le jargon de la philosophie,
955 Malgré tous les chagrins, ma foi, vive la vie!

Fin de la comédie de Sidney

VARIANTES DE *SIDNEY*

Les abréviations se réfèrent aux éditions qui ont été présentées p. 153-154. La première indication renvoie à notre texte ; les autres indications renvoient à d'autres éditions que nous mentionnons pour information.

a   L'édition N 45 (Neaulme 1745) tout comme Desbordes47 portent bien *Sidney* pour désigner le héros. Les autres éditions consultées portent *Sidnei*.
b   *Sic* N 45, Pel 46, Desbordes47 et Kel48 // Dum82 porte « Emmené ».
c   *Sic* N45, Pel46, Desbordes47, Kel48 et Renouard1811 // Dum82 porte « Déjà de l'ambassade aurait-on mieux le ton ».
d   N45 et Desbordes47 portent « du message » // Pel46, Kel48, Dum82 et Renouard1811 corrigent en mettant « des messages », ce qui semble une *lectio facilior*.
e   *Sic* N45, Pel46, Desbordes47, Kel48 et Renouard1811 // Dum82 porte « des lettres ».
f   *Sic* N45 // « vos liens » Pel46, Desbordes47, Kel48, Dum82 et Renouard1811.
g   *Sic* N45 et Desbordes47 // « pas aussi ses connaissances » Pel46, Kel48, Dum82 et Renouard1811.
h   *Sic* « l'on » N45, Desbordes47, Dum82 // « on » Pel46, Kel48 et Renouard1811.
i   *Sic* N45, Pel46, Desbordes47, Kel48 et Renouard1811 // « la » Dum82.
j   *Sic* « point » N45, Pel46, Desbordes47, Kel48 et Renouard1811 // Dum82 « pas ».
k   *Sic* N45, Desbordes47, Renouard1811 // « quelqu' » Pel46, Kel48, Dum82.
l   *Sic* « grave » N45 et Desbordes47 // Pel46, Kel48, Dum82 et Renouard1811 portent une *lectio facilior* « grand ».
m   *Sic* N45, Pel46, Desbordes47, Kel48 et Renouard1811 // Dum82 porte « leurs petits pas ».
n   *Sic* N45, Pel46, Desbordes47, Kel48 // Dum82 et Renouard1811 portent « personne ».
o   *Sic* N45, Pel46, Desbordes47, Kel48, Renouard1811 // Dum82 porte « la ».
p   *Sic* « brouillé, Monsieur » N45, Pel46, Desbordes47, Kel48, Renouard1811 // Dum82 porte « Monsieur, brouillé ».
q   *Sic* N45, Desbordes47 // Pel46, Kel48, Dum82, Renouard1811 portent « revers ».
r   *Sic* « des folles passions » N45, Pel46, Desbordes47 // « de folles passions » Kel48, Dum82, Renouard1811.
s   *Sic* « se priver » N45, Desbordes47 // Kel48, Dum82, Renouard1811 portent « s'en priver », ce qui semble une *lectio facilior*.
t   *Sic* N45, Pel 46, Desbordes47, Kel48, Renouard1811 // Dum82 porte « dans ».
u   *Sic* « que je ne dois rien » N45, Pel46, Desbordes47 // Kel48, Dum82, Renouard1811 portent « que ne devais rien ».
v   *Sic* N45, Pel 46, Desbordes47, Kel48, Renouard1811 // Dum82 porte « *j'ai brisé* ».
w   *Sic* « outragé » dans N45, Pel 46, Desbordes47, Kel48 et Renouard1811 // Dum82 porte « outragée ».
x   *Sic* « j'en tremble » dans N45, Pel 46, Desbordes47, Kel48, Renouard1811 // Dum82 porte « je tremble ».

y   Sic dans N45, Pel46, Renouard1811 // Desbordes47, Kel48, Dum82 portent « de ma vie ».
z   Sic « j'ai plaint » dans N45, Pel 46, Desbordes47, Kel48, Renouard1811 // Dum82 porte « je plains ».
aa Sic « ennuis » N45, Renouard1811 // Pel46, Desbordes47, Kel48, Dum82 portent « ennui ».
ab Sic N45, Pel46, Desbordes47 // Didascalie absente dans Kel48, Dum82, Renouard1811.

ACCUEIL ET ÉCHOS

Une note manuscrite de Gresset conserve la trace de sa réaction à la suite du succès *médiocre*, au sens classique de « moyen », de la première représentation :

> « Réponse aux critiques ; elle est due… mépris aux satires, aux libelles, et à leurs auteurs ; je ne réponds point à tout cela, c'est à l'ouvrage seul à parler. S'il est mauvais, nulle apologie ne peut le relever ; s'il est bon, il se défend de lui-même contre les petits efforts de l'envie, les parodies de la malignité et le jargon de la mauvaise plaisanterie… L'homme sensé qui le lit *[Sid*ney] est son défenseur. / lire la préface d'*Alzire*[1], et mes morceaux divers sur Desf[ontaines ?][2] ».

L'abbé Desfontaines : « j'ai lu peu de pièces avec autant de satisfaction. Le style en est ingénieux, et on ne peut rien reprocher au plan ni à la conduite : je ne crains pas même d'avouer que l'ouvrage m'a semblé admirable, en sorte que je crois que quelque succès qu'il ait au théâtre, il a été au-dessous de son mérite, et qu'on peut l'appeler le chef-d'œuvre du poète[3]… ».

D'Arnaud [Baculard]
En vain, de ce pinceau conduit par le génie
Tu nous peins les dégoûts et les chagrins divers
Dont l'humaine nature est sans cesse assaillie ;
Tu sais la faire aimer, Gresset. Qui lit tes vers,
Trouve qu'il est encore des plaisirs dans la vie[4].

Sidney, 3 mai 1745
Mercure de France [mai 1745, p. 132 *sq.*]

---
1 Dans le *Discours préliminaire* de sa tragédie Voltaire examine comment réagir aux attaques.
2 Cité par de Cayrol, *op. cit.*, p. 217.
3 Abbé Desfontaines, *Jugements sur quelques ouvrages nouveaux*, 1745, tome IX, p. 138 et 186. Cité par de Cayrol, p. 216.
4 *Ibid.*

Le 3 mai les comédiens ordinaires du Roi donnèrent une pièce nouvelle en trois actes et en vers, intitulée *Sidney*. Malgré le double désavantage de la guerre [bataille de Fontenoy] et de la saison, les représentations de cette pièce sont suivies avec assez d'affluence pour en décider le succès ; les applaudissements qu'elle continue d'avoir en constatent encore mieux le mérite [...] l'exposition claire et naturelle du sujet et des caractères, leur disposition et leur ordonnance, la marche de l'action, les gradations et les nuances de l'intérêt qui en est l'âme et le ressort, le touchant des situations, la précision et la justesse du dialogue, la noblesse et la pureté d'un style toujours soutenu par l'esprit et par le sentiment dans un ton neuf, saillant et philosophique ; voilà ce qu'on a applaudi dans *Sidney* [...] Son objet est de peindre un de ces travers de l'humanité, qui tient plus au sentiment qu'à l'esprit, et sur lequel la raison n'a point de prise, une de ces maladies de l'âme dont un caractère malheureux est le principe et dont la plus funeste catastrophe est la conséquence. Sidney, jeune, riche aimable, livré avec emportement, plus par oisiveté que par goût, à toutes les passions de son âge, mais dont l'esprit fait pour être occupé, n'a trouvé que du vide dans la dissipation, nous représente le caractère, la façon de penser et les différentes situations d'un homme dans qui l'habitude, l'abus et la lassitude des plaisirs et du bonheur ont usé le sentiment, qui n'en a plus d'autre que l'ennui de soi-même et le dégoût de la vie. Il en est si pénétré que raisonnant conséquemment d'après cette funeste apathie, il prend de sens-froid la résolution d'abréger des jours qui lui sont à charge ; il y persiste avec une opiniâtreté aussi tranquille qu'invincible à la raison et à l'amitié, il n'imagine pas même pouvoir trouver dans la maîtresse la plus tendre et qu'il adore encore sans s'en douter, des raisons de supporter une vie importune et odieuse ; il exécute enfin son projet avec une indifférence raisonnée, aussi peu suspecté d'humeur et de mélancolie, que du courage fanatique des suicides. On voit par-là que le lieu de la scène était donné dans un pays où ces sortes de caractères et de situations, ainsi que les catastrophes qui les terminent, sont plus communes qu'ailleurs. Un sujet aussi étranger à nos mœurs qu'à notre climat avait sans doute bien des écueils, capables de rebuter tout esprit timide, et qui n'eût pas eu ni senti en soi-même ces puissantes ressources que l'audace du génie suppose toujours, et qui ne lui manquent presque jamais. Mais que ne peut un esprit créateur qui connaît dans sa nation un goût pour le neuf, d'autant plus ardent et d'autant plus insatiable, qu'il a été plus satisfait, qui se dit à soi-même :

> *Nil intentatum nostri liquere poetae*[5]

Et qui malgré l'indigence où semble devoir réduire la multitude des sujets épuisés, trouve dans son âme l'ambition généreuse d'enrichir son siècle, et dans son invention l'heureuse fécondité nécessaire pour y parvenir ? Il est peut-être vrai de dire aujourd'hui sur tous les genres

> *Nunc vivimus ambitiosa*
> *Paupertate omnes*[6]

Cette disette générale contre laquelle il est si louable de se révolter, et l'avidité constante de la nation pour la nouveauté suffiraient donc seules sans doute pour faire passer au moins le choix d'un sujet aussi bizarre que celui de l'ouvrage dont nous parlons. Mais pourquoi justifier une entreprise dont le succès est l'excuse et qui ne mérite que des éloges ? Peut-être faudrait-il en donner encore à meilleur marché à tous ceux qui étendent la carrière des arts pour nous procurer de nouveaux plaisirs. Nous ne devions pas moins attendre que du neuf en ce genre de l'ingénieux auteur de *Vert-ver* et de la *Chartreuse*, etc. On reconnaît dans *Sidney* le même génie dont le coup d'essai pour le tragique a désabusé du préjugé de ne point ensanglanter la scène, et l'a enrichie d'une situation et d'un coup de théâtre que personne n'avait osé risquer avant lui. Mais la bizarrerie et la noirceur du sujet de *Sidney* étaient encore moins un écueil pour le faire goûter que pour l'exécuter et le remplir. Il fallait bien des ressources dans l'invention pour saisir et peindre dans toutes ses nuances un caractère et une situation dont on n'a point vu de modèle qui puisse en fournir les premiers et les principaux traits. Il fallait donc en quelque sorte créer ce caractère, en marquer le principe, en développer les gradations d'une manière assez vive et assez vraisemblable pour le faire reconnaître à ceux qui ne l'avaient vu, et qui n'en avaient peut-être pas même d'idée. C'était un de ces tours de force qui paraîtraient encore au-dessus de l'invention si le succès n'en était la preuve et l'éloge ; mais comment jugerait-on de ce mérite particulier de

---
5   « Il n'est pas un seul genre que n'aient abordé nos poètes », Horace, *Art poétique*, vers 285.
6   « Maintenant, nous vivons tous dans une pauvreté prétentieuse », Juvénal, *Satire III*, vers 183.

Sidney sur un extrait ? La lecture peut seule confirmer la décision que le public a portée à cet égard en la voyant représenter. Le choix du sujet de *Sidney* avait encore une autre difficulté aussi réelle et aussi rebutante. Le théâtre est la représentation de la vie humaine dans les différents états et dans les différentes situations dont ils sont susceptibles ; mais toutes les situations quelque intéressantes qu'elles soient, ne présentent pas un intérêt aussi agréable et aussi flatteur [137] et l'intérêt le plus agréable est celui qui saisit le plus et qui fait l'impression la plus générale et la plus sûre parce qu'on ne s'intéresse peut-être que pour avoir du plaisir. On pouvait donc craindre que le caractère sombre et noir de Sidney loin de saisir ne révoltât. On regarde avec plus de complaisance le coloris tendre et gracieux de l'Albane que les touches savantes, fortes et rembrunies de Rubens et du Titien, on se livre de soi-même à l'intérêt de l'oracle, etc. Il fallait que Sidney arrachât l'aveu de l'esprit par la vérité la plus frappante et celui du cœur par la plus touchante situation ; il fallait aussi que l'état de l'âme de Sidney et son caractère fussent présentés d'abord de la manière la plus sensible et la moins révoltante, afin que le spectateur pût se familiariser avec eux ; il fallait intéresser sa curiosité à voir les progrès d'une situation aussi neuve et aussi critique, pour l'amener de là sans peine à la catastrophe qui en est la suite. Tous ces différents objets paraissent remplis avec une intelligence fine et délicate. Le caractère et la situation de l'âme de Sidney sont si décidés qu'ils ont percé, quoique malgré lui, aux yeux même de Dumont [138 son valet de chambre].

Dans son *Dictionnaire portatif des théâtres, contenant l'origine des différents théâtres...*, Paris, 1754, p. 305, Léris formule un jugement enthousiaste : « Cette pièce malgré le sublime qu'on y trouve et sa versification coulante et châtiée, n'eut pas à Paris tout le succès qu'elle eût pu avoir à Londres ; le héros de la pièce étant un seigneur anglais dégoûté de la vie, et qui veut y renoncer volontairement ».

Devaux, le correspondant de Mme de Graffigny, témoigne son admiration pour *Sidney*, tout en consignant son embarras devant le genre dramatique dans lequel devrait se classer cette pièce : « Le sujet n'est assurément pas [du] théâtre mais c'est le seul défaut. Le style, les détails, l'intrigue, les caractères, tout est beau. En un mot, j'en suis enchanté ; mais en avouant que c'est un très bon ouvrage, je dis que c'est une fort mauvaise pièce. Elle est triste sans être fort touchante. L'intérêt dont elle est susceptible est trop noir [...] Il y a quantité de vers charmants. Je voudrais presque la savoir par cœur toute entière[7] ».

Quelques années plus tard, au lendemain de la première du *Méchant*, Devaux revient sur l'intérêt de *Sidney* :

> Vous me donnez une grande curiosité de la pièce [*Le Méchant*] de Gresset. J'attends tout du charmant et sublime auteur de *Sidney*[8].

L'abbé Sabatier de Castres, dans ses *Trois siècles de la littérature*[9], songe certainement, à Gresset, même s'il n'insère pas son nom parmi ceux de ces écrivains larmoyants qui s'apparentent à Sébastien Mercier et dont le pessimisme constitue le fonds de commerce :

> Ne paraîtra-t-il pas étrange de voir s'élever, chaque jour, parmi nous, de ces écrivains hypocondres, qui semblent avoir conjuré contre la gaieté de notre nation ? Ne vaut-il pas mieux ne point écrire, que de semer partout la doléance, et d'épaissir les vapeurs qui ne dominent déjà que trop dans la plupart des cerveaux ?

Il enchaîne en dénonçant un phénomène de mode :

> [...] ces sociétés mornes et prétendues sensibles, où les soupirs factices d'un héros sanglotant de trois points en trois points, sont toujours sûrs d'être merveilleusement accueillis. Mais ils ont trouvé des lecteurs, toujours prêts à dévorer ce qui est nouveau, et encore plus, tout ce qui est marqué au vénérable coin de l'affectation, de l'enflure, du pathos, style ordinaire de tous ceux qui veulent singer le sentiment.

---

7   Graffigny, *Correspondance*, VI, lettre 865, n. 34, p. 442.
8   Graffigny, *Correspondance*, VIII, lettre 1142, n. 11, p. 332.
9   Abbé Sabatier de Castres, *Les Trois siècles de notre littérature*, Amsterdam/Paris, Cueffier, Dehansi, 1763, tome II, p. 339-340.

MAXIMES DANS *SIDNEY*

Nulle chaîne, en effet, n'arrête une âme ferme, Et les maux ne sont rien quand on en voit le terme.	vers 105-106
L'homme qui pense est seul un ami véritable.	vers 198
On ne vit qu'une fois, et puisque j'ai mon tour, Tant que je le pourrai, je tiendrai la partie.	vers 293
Un mécontent d'ailleurs est bientôt oublié, Tout meurt, faveur, fortune, et jusqu'à l'amitié.	vers 419-420
Quels que soient les humains, il faut vivre avec eux. Un homme difficile est toujours malheureux ; Il faut savoir nous faire au pays où nous sommes, Au siècle où nous vivons.	vers 435-438
Tout vrai bonheur dépend de notre façon d'être.	vers 505
Le grand art est d'apprendre à bien vivre avec soi.	vers 516
Peu de gens, selon moi, sont assez d'importance Pour que cet univers remarque leur absence.	vers 622-623
Savoir souffrir la vie, et voir venir la mort, C'est le devoir du sage, et ce sera mon sort.	vers 1313-1314

LE MÉCHANT

LE MÉCHANT.

COMEDIE

En cinq Actes en Vers.

Par M. GRESSET
De l'Académie Royale des Sciences &
Belles-Lettres de PRUSSE.

Représentée par les Comédiens Ordinaires du Roy aux mois d'Avril & May 1747, & remise au Théatre aux mois de Novembre & Décembre de la même année.

Le prix est de trente sols.

A PARIS,
Chez SEBASTIEN JORRY, Quai des Augustins,
près le Pont S. Michel, aux Cigognes.

M. DCC. XLVII.
Avec Approbation & Privilége du Roy.

Page de titre de l'édition originale du *Méchant*, Paris, Sébastien Jorry, 1747. Collection particulière. Crédit photographique : Bernard Juncker.

INTRODUCTION

Le Méchant

Dans un essai paru en 2002, *Émulation des gens de lettres et création littéraire : fécondité des séries*[1], Sylvain Menant procède à l'examen du thème de l'émulation, thème dont les lecteurs du XXIe siècle, souvent ignorants de la réalité même des conditions de création des œuvres au XVIIIe siècle, ne perçoivent pas immédiatement l'importance. L'émulation apparaît de fait comme un élément déterminant dans la création littéraire du temps. Trop souvent, nos contemporains ne connaissent plus que quelques grandes œuvres qui ont survécu tandis que les autres productions de l'époque, même si elles ont recueilli du succès au moment de leur création, ont disparu de notre horizon culturel. Au XVIIIe siècle, la référence culturelle est permanente et toute création suppose donc l'émulation. L'œuvre nouvelle est bien présentée comme originale, mais le moteur de l'invention réside dans la lecture des œuvres précédentes. Le public, habitué des théâtres, reçoit les œuvres nouvelles en fondant son jugement sur un réseau de comparaisons : l'émulation est donc permanente. En outre, le cercle des spectateurs est relativement réduit. Ce sont toujours les mêmes spectateurs qui se retrouvent chaque soir ou chaque semaine, et ils comparent obligatoirement les pièces nouvelles à celles qu'ils ont déjà vues.

Dans son bel ouvrage consacré à *La tragédie entre 1680 et 1814*[2], Jean-Pierre Perchellet, en s'inscrivant dans les perspectives ouvertes par les recherches de Sylvain Menant, souligne, dans le domaine tragique, le rôle des séries constituées autour d'une situation ou d'un caractère. Or, bien qu'un livre équivalent sur le domaine comique fasse encore défaut,

---

1 *La Variation, travaux du groupe d'approche sérielle de la littérature du XVIIIe siècle*, sous la direction de Sylvain Menant, Paris, Presse de l'Université de Paris-Sorbonne, 2002, 3 volumes. / *Revue d'histoire littéraire de la France* 2011/1 (Vol. 111), p. 57-64.
2 Jean-Pierre Perchellet, *L'Héritage classique ; la tragédie entre 1680 et 1814*, Paris, Honoré Champion, 2004.

un phénomène similaire peut s'observer dans le genre comique. Frédéric Deloffre avait procédé naguère, dans son édition du *Petit-Maître corrigé*, à un recensement et à une analyse du thème du petit-maître qui permet « de suivre la naissance et l'évolution du thème sur les différentes scènes, Comédie Française, Comédie Italienne, Théâtre de la Foire et de l'Opéra-Comique, scènes de province, de collège ou de châteaux[3] ».

Ainsi, lorsqu'il compose *Le Méchant*, Gresset se souvient certainement de *Dom Juan* (1665), dont on peut relever des traces nombreuses dans le jeu que mène Cléon vis-à-vis de Florise et de ses proches. Gresset associe dans son personnage la fascination pour tant de grâce et d'esprit à la répulsion pour sa perversité : Cléon est odieux en tant que scélérat, mais il est intelligent, audacieux, gai, charmeur comme tout petit-maître se doit de l'être. Il manipule les autres par le jeu de sa parole et séduit par son indifférence à tout devoir social et même à l'existence d'autrui, par son mépris des convenances et des conventions. Les spectateurs ne se sont pas tellement trompés quand ils ont reconnu dans le personnage tel ou tel de leurs contemporains, mais c'est parce que le modèle renvoyait précisément à une caste de privilégiés. Si Gresset a retenu la leçon de Molière, ce sont bien les petits-maîtres à la mode qui lui ont servi de modèles. Il a réussi à rendre son personnage à la fois séduisant et repoussant, et le fait que ce soit l'acteur Grandval qui ait été chargé d'incarner le personnage au cours des premières représentations a renforcé son ambiguïté parce que les rôles que Grandval avait l'habitude de jouer étaient des personnages sympathiques.

Gresset se souvient aussi de *Tartuffe* (1664-1669), dont une situation au moins se retrouve directement dans le piège que Lisette tend à Cléon pour le démasquer aux yeux de Florise (IV, 9). Éliminant toute référence religieuse, Gresset n'a conservé qu'un aspect du modèle de l'imposteur qu'il pouvait trouver dans *Tartuffe* : Cléon n'est plus qu'un manipulateur qui s'enchante de ses talents de marionnettiste : il utilise Valère comme un golem, privé de jugement propre, mais envoûté par l'exemple et les discours de son Mentor. En outre Gresset s'inspire certainement du *Chevalier à la mode* de Dancourt (1687) et du *Flatteur* de Jean-Baptiste Rousseau (1696).

De plus, dans leurs *Anecdotes dramatiques* (1775), Clément et La Porte soulignent que *Le Méchant* « ressemble en beaucoup de choses au *Médisant*

---

[3] Marivaux, *Le Petit-Maître corrigé*, Frédéric Deloffre éd., Genève, Droz, 1955, p. 43-88. Le relevé effectué par F. Deloffre, quoique très ample, pourrait encore être complété.

(1715) de Néricault Destouches[4] ; il y a même des scènes qui en sont visiblement imitées ». Dans le *Médisant* de Destouches, le titre annonce une comédie de caractère mais, comme le rôle du médisant n'est pas au centre de l'action, la pièce, touffue, se réduit à une comédie d'intrigue avec déguisements d'identité et quiproquos. Le rôle du médisant Damon consiste à dire du mal de plusieurs personnages (III, 7), ce que fait aussi le Cléon de Gresset, mais à la différence de ce dernier on ne voit pas vraiment le Damon de Destouches tramer une action en dressant les membres de la petite société les uns contre les autres. D'autre part, si chez Destouches l'opposition plaisante entre le baron et la baronne préfigure les relations qu'entretiennent Géronte et Florise chez Gresset, la soubrette de Destouches, Lysette, se contente de commenter les propos des uns et des autres au lieu de jouer un rôle capital dans la conduite de l'intrigue. Fréron, effectue, pour sa part, des rapprochements entre *Le Méchant* et *Le Médisant* en soulignant des similitudes[5]. Gresset se souvient certainement aussi du *Petit-Maître corrigé*[6] (6 novembre 1734[7]) de Marivaux. Dans sa correspondance, Mme de Graffigny établit un autre rapprochement entre *Le Méchant* et une comédie de Boissy jouée le 18 février 1740, *Les Dehors trompeurs*[8].

Dans un article déjà ancien, bref mais stimulant, Donald Clive Stuart[9] effectue de nombreux rapprochements entre le *Double Dealer* (1693) de Congreve et *Le Méchant*. La pièce de Congreve ne fut traduite en français par Peyron qu'en 1776 (Paris, Ruault) sous le titre *Le Fourbe*. On ne sait si Gresset, malgré sa sympathie pour les Anglais, était à même de lire Congreve dans le texte mais Donald Clive Stuart observe que Pierre-Antoine de La Place qui travaillait entre 1744 et 1748 à la traduction en français de deux autres pièces de Congreve, *Love for Love* et le *Mourning*

---

4   Sur Destouches voir Karine Bénac-Giroux, *Masques et métamorphoses du moi*, Presses universitaires de Rennes, 2011, p. 530.
5   Fréron, *Année littéraire* (V, XIII, p. 159) ; voir aussi Charles Lenient, *La Comédie au XVIIIe siècle*, Paris, Hachette, 1888, vol 1, p. 244.
6   Voir Marivaux, *Le Petit-Maître corrigé*, Frédéric Deloffre éd., Genève, Droz, 1955 ; Petit de Juleville avait déjà signalé l'importance de cette pièce de Marivaux dans *Le Théâtre en France*, Paris, 1901, p. 291.
7   Mais imprimé chez Prault père en 1739.
8   Louis Boissy, *Les Dehors trompeurs ou l'Homme du jour*, voir Mme de Graffigny, 2001, VIII, lettre 1138, p. 319.
9   Donald Clive Stuart, *The Source of Gresset's Méchant*, – John Hopkins University Presse, vol. 27, n° 2, fév. 1912, p. 42-45.

bride, était à cette date un hôte assidu du duc et de la duchesse de Chaulnes. Il émet l'hypothèse que La Place aurait pu attirer l'attention de Gresset sur le *Double Dealer*, voire lui en présenter la matière, avant de conclure : « Certes, il y a entre la pièce française et la pièce anglaise un certain nombre de différences, mais on ne peut s'empêcher de penser que *Le Méchant* est le *Double Dealer* transposé dans un cadre français ».

Sylvain Menant souligne que l'action se passe dans un château à la campagne. « Les dialogues opposent maîtres et serviteurs, personnages sensés et personnages originaux ; la suivante au franc-parler, le jeune homme étourdi et la jeune fille naïve et sage sortent de cent comédies, et y retourneront[10] ». C'est dire si l'intrigue même de la pièce et de nombreux détails offrent des précédents identifiables.

L'ORIGINALITÉ DU *MÉCHANT*

Tartuffe s'appuyait sur les intérêts du Ciel pour opposer entre eux les membres de la famille d'Orgon et s'emparer de son épouse et de ses biens, Cléon cherche essentiellement son plaisir dans la manipulation. Il arrive ponctuellement que ses manœuvres visent à satisfaire son intention d'améliorer ses ressources financières, mais il ne s'agit là que d'un aspect accessoire de son action (II, 1/537-549). À l'origine du personnage de Cléon se trouve le *Tartuffe*, mais Tartuffe est seul alors que Gresset imagine un couple formé du pervers Cléon et de son jeune ami, le crédule Valère. Le comique surgit partiellement du dialogue qui s'instaure entre le dépravé qui pervertit pour dissiper son ennui son jeune disciple et ce dernier qui se laisse séduire par son aveugle admiration. Dans *Le Petit-Maître corrigé*, Marivaux avait opposé Dorante à Rosimond, le second étant un étourdi drôle, sympathique mais perfectible tandis que le premier était un coureur de dot plus âgé, chevalier d'industrie déjà conforté dans ses principes par ses expériences et par son âge. Gresset reprend ce couple mais modifie la relation qui les unit.

---

10 Sylvain Menant, « Le comique dans *Le Méchant* de Gresset », dans *L'art du théâtre. Mélanges en hommage à Robert Garapon*, Yvonne Bellanger, Gabriel Conessa, Jean Garapon, Charles Mazouer et Jean Serroy éd., Paris, P.U.F., 1992, p. 391-401.

Si Dorante et Rosimond sont rivaux chez Marivaux, Gresset introduit la sujétion de l'apprenti au maître dans la relation qui unit Valère et Cléon. Qui plus est Cléon est, devenu un personnage au moins aussi troublant que Tartuffe : le jeu qu'il mène ne vise pas uniquement un intérêt personnel : Il agit surtout pour le plaisir de nuire. (p. 530) Parmi la galerie d'aventuriers, de chevaliers à la mode, de chevaliers d'industrie, de médisants, d'hommes du monde moqueurs et cyniques qui peuplent la scène des théâtres parisiens dans la première moitié du XVIIIe siècle le *Méchant* de Gresset s'impose par sa dimension maléfique. Cléon est hypocrite, mais il lui arrive de lever le masque, d'exprimer impudemment ses sentiments profonds. Champion de la manipulation, il acquiert une dimension inquiétante par son mépris des autres et son besoin d'autoglorification.

Gresset a très bien identifié le personnage qui rôdait dans les salons parisiens, en quête de proies susceptibles de servir de dérivatifs à son ennui. Il présente un couple de personnages associés mais antagonistes : Cléon, un manipulateur-né – que le spectateur pourra voir à l'œuvre – lié à Valère, son jeune ami, candide et rempli d'émerveillement pour son modèle. Le comique surgit en partie du dialogue qui s'instaure entre le dépravé qui pervertit son disciple pour le plaisir et ce dernier qui se laisse séduire par son Mentor. La relation du pervers à son émule annonce celle qui unira Valmont et Danceny dans *Les Liaisons dangereuses* (1782). Tandis que Valère préfigure Danceny, la silhouette de Valmont se profile derrière le Cléon de Gresset. Le couple dynamique formé par Valère et Cléon impose sa relation à l'ensemble de la comédie. Au départ, Valère a choisi comme exemple celui dont il a fait connaissance à Paris au retour de quelques expéditions militaires. L'insolence, l'humour du « roué » ont séduit le jeune provincial qui rêve d'imiter « l'élégance » et la désinvolture de son aîné parisien. Valère est ravi d'échapper au destin tout tracé que lui ont choisi ses proches. Il garde certes le souvenir de Chloé, sa camarade de jeux perdue dans les souvenirs de son enfance ; mais il n'ose pas s'avouer qu'il craint de retrouver une jeune fille à qui manqueront l'élégance et la fantaisie des « grandes dames » que Cléon lui a fait rencontrer dans la capitale.

Valère a confié à Cléon la mission de le débarrasser de cette alliance convenue. Introduit dans la demeure de campagne de sa future par le jeune étourdi, le pervers hypocrite s'amuse à y semer la mésentente : il s'ingénie à empêcher le mariage de Valère avec Chloé, la nièce du châtelain Géronte. La comédie ne s'appelle pas *Les Liaisons dangereuses*, mais elle mériterait de s'intituler *Une Liaison dangereuse* parce que Cléon a tout d'un prototype de Valmont.

Une fois dans le château, il se charge de brouiller Valère avec tous les membres de la famille en le rendant haïssable : il lui faut s'occuper de l'oncle de Chloé, le vieux Géronte qui tient tellement à unir sa nièce avec le fils d'un voisin pour assurer la transmission de son héritage, de son château et de ses terres, tous biens qui sans ce mariage arrangé seraient l'objet de procès interminables. Cléon va donc intervenir dans cet univers harmonieux où tout est sur le point de s'arranger au mieux, pour que Valère se fasse détester par tout le monde. Il va donner des conseils à Valère pour qu'il dise et fasse ce qui le rendra tellement détestable que Géronte décidera *in fine* d'annuler avec perte et fracas une union qui comblait pourtant ses vœux. Mais pour que Valère soit vraiment discrédité, il faut que Cléon paraisse ne pas comprendre le comportement de son jeune ami et manifeste hypocritement son adhésion aux jugements de Géronte. Seul, Ariste, conscience morale de ce petit milieu et vieil ami de Géronte, a percé à jour l'esprit malfaisant de Cléon, mais son action se réduit à affirmer des valeurs morales fondées sur la sociabilité, l'entraide et la générosité.

Pour sa part, Cléon s'intéresse à Chloé, d'abord parce qu'il a accepté, à la demande de son jeune ami, d'intervenir dans l'intrigue pour séparer les deux promis ; ensuite parce que, charmé par cette jeune beauté, il accepterait volontiers de l'épouser lui-même, d'autant qu'elle présente l'avantage non négligeable d'être une future héritière bien rentée. Accessoirement, il séduit la mère de Chloé, Florise, la sœur de Géronte, qui, pour sa part, envisagerait volontiers de se remarier avec un homme aussi charmant, aussi drôle et tellement caustique que Cléon, ce Cléon qui n'arrête pas, tout en la flattant, de lui dire du mal de son entourage. Chloé, la fille de Florise, dont le mariage avec Valère était sur le point d'être célébré, ne constituerait pas un obstacle aux yeux de sa mère : il ne serait pas même nécessaire de lui demander son avis. Il suffirait de l'envoyer au couvent !

Dans la logique des choses, le stratagème mis en place par Cléon aurait dû se conclure par le triomphe du Méchant. Les spectateurs auront l'occasion de frémir en imaginant que le piège devrait logiquement fonctionner, et la comédie s'achever en drame par la victoire du manipulateur. Mais Gresset, comme Molière, est convaincu que le théâtre a un rôle moral à jouer. Il reprend la prétention multiséculaire de la comédie – *castigat ridendo mores*[11] ; en outre, il a très bien compris que la dynamique d'une pièce de théâtre pour être efficace repose obligatoirement sur un renversement de situation.

Si Ariste parle plusieurs fois d'agir contre Cléon, c'est la soubrette Lisette qui sera l'agent de ce retournement. Dès la première scène, elle avait deviné la capacité de nuisance de l'imposteur et s'était décidée, devant l'aveuglement de tous les membres de la famille, à prendre en charge, en dépit de sa situation sociale subalterne, la tâche de le démasquer.

Gresset reprend un procédé exploité magistralement dans le *Tartuffe* où le protagoniste n'apparaît que tardivement dans la pièce (III, 2) mais où son apparition est précédée d'une présentation de son caractère par différents familiers de sorte que les spectateurs sont prévenus contre lui bien avant qu'on ne le voie. Dans *Le Méchant* (II, 1-2), Lisette brosse un portrait à charge de Cléon qui devrait le discréditer aux yeux de Frontin, en même temps que dans l'esprit des spectateurs, avant qu'il ne paraisse sur scène.

Il faut d'abord que Lisette détache Frontin de son maître. Cela ne serait pas pour lui déplaire parce que Frontin en dépit de sa balourdise lui plaît par sa franchise. Et Frontin se laisserait volontiers séduire par Lisette mais, outre qu'il est lié à son maître par sa dépendance financière, l'humour et la désinvolture de ce dernier lui plaisent. Il faudra attendre que Cléon se moque de Lisette en disant à son valet que toutes les soubrettes sont des filles faciles et que les « grands sentiments » ne sont pas le fait de domestiques comme lui, pour que Frontin, dégrisé, n'apprécie plus autant « l'humour » de son maître et change de sentiment à son égard (II, 1-2).

Dans le dernier quart de la pièce, au cours d'une scène remarquablement efficace (IV, 8), Lisette mettra sa maîtresse Florise à même d'apprécier personnellement les véritables sentiments de Cléon à son égard. Elle la convaincra d'écouter, installée dans une pièce annexe, sa conversation avec Cléon. Gresset se souvient certainement de la grande scène de *Tartuffe* au cours de laquelle l'imposteur de Molière confie à Elmire les plans qu'il a

---

11 Formule traditionnelle attribuée à Jean Santeuil et reprise par Giuseppe Biancolelli et par Molière.

ourdis pour se débarrasser d'Orgon et pour la conquérir (IV, 4, 5). Mais le comique de Gresset refuse les procédés empruntés au théâtre de la foire auxquels Molière recourt à ce moment précis. L'aspect caricatural de la scène au cours de laquelle Orgon se glisse sous la table pour écouter la conversation cède la place, sous la plume de Gresset, à une comédie de salon dans laquelle les spectateurs imaginent ce qui se passe dans l'esprit de Florise tandis que Cléon explique à haute voix à Lisette ce qu'il pense vraiment de sa maîtresse. Lorsque Lisette ira vérifier si Florise écoute encore la conversation depuis un cabinet voisin, cette dernière aura disparu de là où elle s'était cachée pour tout entendre sans être vue. Florise, qui aura bu le calice jusqu'à la lie, ne s'expliquera pas vraiment avec Cléon. Elle n'aura pas de mots pour dire ce qu'elle éprouve : colère, haine, chagrin... (vers 2152-2153). Les grandes douleurs sont muettes.

Publiquement démasqué (V, 7, vers 2298-2300), Cléon ne s'avoue pas vaincu pour autant : il réagit par un éclat de rire. Ce rire constitue un élément qui caractérise la désinvolture de Cléon : aucun autre personnage de la pièce n'*éclate de rire*. Son échec ne le désarme pas vraiment. Il retournera à Paris pour répandre sa version des faits et ridiculiser dans le cercle de ses relations mondaines ce petit groupe de provinciaux honnêtes, crédules et « attardés » qu'il abandonnera dans leur château de province (2378-2379).

Il n'y a pas de repentir possible pour un tel personnage : il faudrait qu'il prenne conscience du mal qu'il commet, chose impensable pour quelqu'un dont l'essence même de la manière dont il envisage d'établir des relations avec son entourage se fonde sur le mépris des autres et dont la manipulation constitue un mode de jouissance.

Le Cléon de Gresset préfigure le Valmont des *Liaisons dangereuses*, mais la mort de Madame de Tourvel révélera à Valmont sa solitude et le statut d'instrument mortifère auquel l'aura réduit Madame de Merteuil dont il se croyait l'égal.

L'élément pivot qui fait basculer la pièce en renversant la sujétion de Valère à Cléon apparaît dans la scène dans laquelle Valère prend conscience de son amour pour Chloé et se rend compte de l'absurdité de son comportement (III, 12).

Dans le commentaire que le rédacteur du *Mercure de France* consacre à la pièce[12], il observe que Cléon ne retire aucun profit des stratégies qu'il met en place contre Florise, Valère ou Géronte, et conclut que le

---

12 Voir p. 372.

comportement de Cléon est donc absurde puisqu'il n'est pas motivé. Mais ce que ce critique néglige ou n'a pas voulu comprendre, c'est que Cléon ne manipule pas les autres uniquement en vue de retirer un intérêt pécuniaire, encore que celui-ci ne soit pas exclu (vers 545-552), mais en vue de combler le vide qui l'habite, ce vide existentiel que les romantiques découvriront quelques décennies plus tard.

Dans cette comédie, dans laquelle se retrouvent beaucoup d'éléments empruntés à d'autres comédies du temps, Gresset insère un échange remarquable dans lequel Cléon, le manipulateur, révèle ouvertement à Valère ce qu'il est en train de faire, en exprimant des réserves sur son propre comportement et sur ce qu'il conseille à sa victime de faire. Ce qu'il veut obtenir par cette confession, qui a toutes les apparences de la bonne foi, c'est que ce soit Valère, son jouet inconscient, qui revendique lui-même ce qui est opposé à ses intérêts et qui manifeste sa gratitude à son âme damnée pour les conseils nuisibles qu'il lui aura donnés (II, 7, v. 911-929). Comme le montrera Marivaux dans *Les Acteurs de bonne foi* (1757), la manipulation est un plaisir raffiné pour celui qui manipule les autres.

La jubilation qui anime Cléon dans cet échange révèle la noirceur du personnage dont la volonté de nuire ne se réduit pas à la simple médisance mais s'accompagne de la jouissance qu'éprouve le manipulateur à obtenir la soumission totale de celui qu'il a transformé en son pantin. La clé de cette observation se trouve dans un distique prononcé par Cléon : « Aujourd'hui dans le monde on ne connaît qu'un crime, / C'est l'ennui. Pour le fuir, tous les moyens sont bons » (IV, 7, v. 1978-1979). Étant donné cet aveu, on comprend sans peine que Cléon n'ait pas besoin de retirer un profit pécuniaire où sentimental pour donner un sens à son comportement. Baudelaire fera écho à cette formule de Gresset dans le rôle qu'il conférera à l'ennui dans *Les Fleurs du mal*[13].

Cette fêlure intérieure n'empêche pas Cléon d'être motivé par des mobiles plus sordides. Il ne veut pas seulement se donner le plaisir de manipuler celles et ceux qui l'entourent. Quand il décide de faire interdire[14] Géronte pour que la gestion de ses biens revienne à sa sœur,

---
13 Dans la ménagerie infâme de nos vices, / Il en est un plus laid, plus méchant, plus immonde ! / Il ferait volontiers de la terre un débris / Et dans un bâillement avalerait le monde ; / C'est l'Ennui ! *Les Fleurs du mal*, Au Lecteur.
14 Il prend la décision d'intervenir parce qu'il n'est pas sûr que Florise se décide à le faire elle-même. Il prend donc les choses en mains (II, 9). Sur le sens du mot *interdire* voir p. 275, n. 55.

c'est bien parce qu'il envisage à ce moment-là de vivre aux dépens de cette sœur et qu'il est dès lors indispensable qu'elle puisse disposer de la fortune de son frère.

PARIS ET LA PROVINCE

Issu lui-même de la province, Gresset présente une image négative du petit monde parisien. *Le Méchant* constitue une dénonciation de la malfaisance des salons : après lui, cette vision reste dans l'air puisque Duclos présente dans ses *Considérations sur les mœurs de ce siècle*[15] parus en 1751 de façon tout aussi négative la vie des salons, tandis que Jean-Jacques Rousseau fera de la dépravation des milieux aristocratiques l'objet de plusieurs lettres dans *La Nouvelle Héloïse* (1763) avant que Choderlos de Laclos n'oppose la perversion parisienne à la bienfaisance qui caractérise la vie de province.

Valère a beau exprimer son enthousiasme pour l'atmosphère très libre de Paris (vers 960 « Paris guérit tout ») qu'il oppose à la monotonie et au conformisme de la campagne (vers 862-885), c'est la grande tirade (vers 748-772) dans laquelle Cléon dénonce, hypocritement, les défauts des Parisiens qui suscita les applaudissements des premiers spectateurs. Elle venait particulièrement à son heure parce qu'elle préfigurait la confrontation qui allait devenir traditionnelle[16] entre la province conservatrice des bonnes mœurs, attachée aux choses essentielles et marquée par sa bienveillance coutumière, et la capitale où les Parisiens, uniquement préoccupés de futilités et sensibles aux caprices de la mode, s'amusent à inventer des « mystifications[17] » de plus en plus cruelles, condamnant comme démodé tout ce qui a plus de quinze jours ou un mois et disqualifiant ce qui constitue les fondements de la conscience et de la bonne-foi.

---

15   Voir ci-dessous p. 383-384.
16   On en trouve l'expression canonique dans le début des *Illusions perdues*, roman (1837-1843) dans lequel Balzac oppose Angoulême à Paris.
17   Diderot en rapporte au moins deux : celle qui est à l'origine de la rédaction de *La Religieuse*, le tour joué au marquis de Croismare (Diderot, *Contes et romans*, Michel Delon éd., Paris, Gallimard, Pléiade, 2004, p. 384) et dans *Jacques le Fataliste* l'épisode de « Madame de la Pommeraye et du marquis des Arcis » (*Ibid.*, p. 748-787).

NOTE SUR LA GESTATION DU *MÉCHANT*

Dans les brouillons qui ont été conservés à la Bibliothèque d'Amiens[18], figure notamment le feuillet ultime du manuscrit dont le déchiffrement se trouve ci-dessous : il permet d'entrer dans le processus de construction de l'intrigue. Gresset y présente le thème de la pièce d'une façon qui diffère en plusieurs points de la rédaction finale ; dans ces pages, Cléon s'appelle encore Dorante, et celui qui s'appellera Valère est « un homme qui est à l'armée et que son père veut marier malgré lui à son retour à *une fille qu'il ne connaît pas*, et d'ailleurs sans goût pour le mariage ». Dans le texte de la pièce imprimée en 1747, le père de Valère n'a aucun rôle – on ne fait d'ailleurs pas la moindre allusion à lui – mais surtout Chloé, n'est plus une « fille qu'il [Valère] ne connaît pas », mais une jeune fille qu'il connaît depuis toujours, ce qui confère à leur idylle le charme du vert paradis des amours enfantines. Vu sous cet angle, Valère préfigure le Perdican d'*On ne badine pas avec l'amour* d'Alfred de Musset, tandis que Chloé annonce Camille.

> « L'objet de la pièce est d'établir la nécessité de la bonté de caractère et de l'amour du genre humain pour conspirer au bonheur général. Un homme dans ces principes sera mis en contraste avec un caractère méchant, nuisant à tout, faux, tracassier, sans principes, sans mœurs, sans amis, donnant des leçons de méchanceté et un traité d'horreurs sur les hommes et les femmes à un jeune homme qui entre dans le monde, et que l'esprit et les airs du Méchant ont séduit.
>
> Mais comme une pièce demande une action et ne peut être une suite de chapitres de morale sans faits, mais une suite de faits où cette morale soit fondue, voici l'action :
>
> Un homme qui est à l'armée et que son père veut marier malgré lui à son retour à une fille qu'il ne connaît pas, et d'ailleurs sans goût pour le mariage, a écrit à Dorante (le Méchant) son ami, dont il connaît le talent pour la tracasserie, de faire tout ce qu'il pourra pour qu'il trouve à son retour le mariage rompu. Dorante brouille les deux pères, tous les parents, toute la maison, par des rapports, des suppositions, des lettres anonymes et toutes les ressources de l'esprit de fausseté, de tracasserie, de méchanceté. Il arrive, sur le chemin, que Dorante veut la fille (non pour sa beauté, ni son esprit, car

---

18   Voir les huit feuillets manuscrits conservés à la Bibliothèque de la société des antiquaires de Picardie, manuscrit in-8 (cote CB9). Voir p. 21, n. 58.

ces objets ne sont rien pour lui, mais pour son bien, qui est considérable), au moyen de quoi il va au-delà de ce que voulait son ami, il le trahit, le dessert, le peint odieusement, etc.

Le prétendu ou le futur, comme vous voudrez, arrive de l'armée. Il voit la fille, il en devient sérieusement épris et veut le mariage ; il développe toutes les noirceurs de Dorante, et donne la clé de toutes les brouilleries qui étaient inexplicables entre les parents. Dorante est démasqué et chassé de la maison. Le mariage se fait.

Nota que l'esprit de Dorante avait séduit le père de la fille et son fils, qui ne connaît point le monde et que Dorante prétend former.

La même séduction n'avait point eu son effet sur la fille qui n'a vu qu'un jargon aisé dont elle fait peu de cas, et d'ailleurs un air de fausseté contre lequel elle a été en garde, etc. »

Florise, la mère de Chloé sensible au charme pervers de Cléon, n'existe pas encore, ni le vieux Géronte capable de se laisser émouvoir par les souvenirs de jeunesse de Valère qu'il connaît depuis toujours... bref, il y a loin de cette esquisse à la pièce jouée en avril 1747.

En outre, Gresset consigne ponctuellement dans ces notes quelques sources d'inspiration qu'il avait l'intention d'exploiter pour certains détails. En écrivant :

À lire *Les Sincères* de Marivaux (sc. IV)... / Lire La Bruyère et *Le Misanthrope*...

il indique dans cet aide-mémoire que Marivaux a placé, dans la scène IV des *Sincères*, une galerie de portraits de provinciaux. Marivaux avait déjà étudié les petits nobles de province dans ses *Lettres au Mercure* (*cf.* IX, 395-396), mais ce type de scène appartient à une tradition : la « scène des portraits » dont un modèle se trouve effectivement dans *Le Misanthrope* (II, 4) que Gresset cite également. La présence dans *Le Méchant* de deux scènes de portraits qui peuvent rivaliser avec celles de ses devanciers (II, 3 et III, 9), prouve que Gresset se réfère certainement dans les deux cas à la « scène des portraits », indiquée dans les notes préparatoires conservées à Amiens. Mais ce type de scène apparaît aussi dans *Le Petit-Maître corrigé* de Marivaux que Gresset connaissait certainement, même s'il n'a pas songé à citer cette pièce dans ses notes[19].

---

19 Marivaux, *Le Petit-Maître corrigé*, Frédéric Deloffre éd., Genève, Droz, 1955, p. 274, n. 38.

LA PRÉFACE DU *MÉCHANT*

Contrairement aux usages, on ne trouve en tête du *Méchant* ni écrit encomiastique, destiné à mettre l'auteur sous la protection d'un personnage influent, ni préface pour indiquer au lecteur ou au spectateur comment il doit interpréter le message de la pièce. Gresset avait déjà procédé de la même façon pour *Sidney*.

Indépendamment du registre habituel auquel était associé Grandval, l'acteur chargé d'interpréter Cléon, l'absence de préface a pu être la cause de la façon dont la comédie a été comprise lors des premières représentations. Les spectateurs ont réagi en signalant que le comportement de Cléon était tout-à-fait banal, que le personnage ne présentait rien de répréhensible et que le titre ne se justifiait donc aucunement. Cléon ne faisait rien d'autre que ce que faisait tout le monde dans le milieu aristocratique. Dans un premier temps, l'idée que la pièce visait à dénoncer le rôle malfaisant d'un manipulateur médisant avait échappé à la majorité des spectateurs. Ils n'avaient pas compris que la pièce dénonçait le goût de nuire, dénonciation qui devait rapprocher plus tard Jean-Jacques Rousseau de Gresset.

Le titre, *Le Méchant*, insère la comédie dans la catégorie des comédies de caractère, mais il souligne aussi deux aspects, « perversité » et « médisance » qui constituent les deux composantes du personnage qui a succédé au roué et au petit-maître dans les salons parisiens. Il formule en même temps un jugement moral sur le personnage principal. Avant même qu'il n'ouvre la bouche, Cléon est jugé. Avant que sa comédie n'ait pris la forme que nous lui connaissons, au moment où Cléon s'appelait encore Dorante, Gresset avait prévu de révéler qu'il s'agissait d'une pièce à thèse dans une préface qui aurait indiqué l'objet de la démonstration dont sa comédie n'aurait été que l'illustration. En renonçant à publier ce texte liminaire dont il avait déjà commencé la rédaction, Gresset révèle qu'il a compris que l'exposé de la thèse et la démonstration ne se justifiaient pas, qu'il fallait laisser la place au jeu théâtral. Gresset a donc laissé vivre ses personnages et son projet de préface moralisant est resté dans ses cartons jusqu'à ce que Pierre Leroy l'y découvre[20].

---

20 Voir le projet de Préface ci-dessous p. 228, n. 21 et p. 21, n. 58.

Le manuscrit d'Amiens conserve un brouillon de ce texte, dont la rédaction est déjà bien avancée.

> Note pour la préface de la pièce du *Méchant*.
>
> Il y a une sorte de méchanceté établie contre les gens dont
> L'esprit ou le génie sont avérés et décidés quand
> L'amour-propre des sots a été forcé par le cri général
> de leur accorder ce mérite, il leur nie le reste pour se
> dédommager ; par exemple l'esprit de conduite, l'esprit
> d'affaires, tellement que s'il s'agit de prononcer entre
> un homme de génie et un stupide pour quelque place,
> quelque arrangement, il n'est pas douteux que la
> multitude se déclarera pour le second : on dit de lui
> ce n'est pas un de ces esprits brillants, mais il a du
> sens, de la réflexion, du solide ~~ou quoi~~ [que ce soit d'autre] ainsi un
> animal, une bête brute, obtient souvent la préférence
> et on ne fait pas même l'honneur au premier de
> balancer un moment sur la supériorité de l'autre.
> Quoi de plus déraisonnable. N'est-il pas évident
> que l'esprit, je dis le bon esprit, l'âme qui a une
> plus grande étendue de lumières, enfin l'esprit
> appliqué à différents objets est toujours le même ;
> je ne parle pas de ceux qui n'ont que de l'imagination
> et je craindrais leurs égarements ~~beaucoup plus~~
> autant dans leur conduite que dans leurs ouvrages,
> je parle de l'esprit raisonnable prouvé par les
> écrits et par le caractère dans le commerce de la vie.
> Comment se peut-il qu'un titre pareil fasse
> communément contre ceux qui l'ont dans tous leurs
> procès avec des âmes subalternes et pour qui
> même le nom d'âmes n'est pas fait[21]…

La publication de ce texte liminaire en 1747 aurait réduit la pièce à n'être qu'un *exemplum* dont la leçon aurait été trop évidente puisque déjà soulignée dans cette présentation. S'abstenir d'indiquer aux lecteurs ce qu'ils doivent penser de l'intrigue révèle de la part du dramaturge une habileté supérieure puisque c'est le spectateur lui-même qui décidera s'il s'agit d'une pièce à thèse ou d'une comédie de caractère et qui ratifiera ou non le jugement formulé dans le titre.

---

21 Déchiffrement personnel du manuscrit conservé à Amiens, in-8 (cote CB9).

INTRIGUE ET CONDUITE DE LA PIÈCE

Si le rédacteur du compte rendu paru dans le *Mercure de France* d'août 1749 juge que la pièce n'est pas vraiment comique, il relève néanmoins quatre situations susceptibles de provoquer l'hilarité du public. Ce qu'il épingle c'est proprement le comique de situation

> Sa comédie n'a de vraies scènes théâtrales que celle[22] dans laquelle Valère s'efforce de dégoûter Géronte de lui ; celle[23] dans laquelle Cléon, ignorant qu'il est entendu de Florise, en fait à Lisette un portrait si désavantageux ; celle[24] de la rupture de Florise avec le Méchant, et si l'on veut, celle[25] imaginée pour procurer à Lisette de l'écriture de Frontin.

Le critique du *Mercure* néglige le comique de répétition présent au moins deux fois (vers 38 / 46 et 1414 / 1888, 1889)

La comédie, que les contemporains ont pu croire une revue qui « mettait en boîte » un certain nombre de leurs contemporains, a l'ambition de dénoncer un comportement pervers qui n'est plus l'apanage de quelques particuliers mais l'état d'esprit de la « bonne Société parisienne ». Le persiflage est devenu omniprésent dans la vie quotidienne et la mystification est un jeu de société auquel tout le monde s'adonne. Gresset s'inscrit dans un courant qui considère ce mode de vie comme destructeur ; il veut réformer les mœurs dans la capitale et restaurer la bonne foi et la cordialité d'antan, ce que Jean-Jacques Rousseau fera plus tard, en rencontrant les déboires qu'on lui connaît.

Chacun des personnages est nettement typé et chacun revêt un rôle capital :

Le Méchant, Cléon, est moins un méchant ou un « blasé qui rêve d'une pureté à laquelle il ne croit plus[26] », qu'un manipulateur pervers qui trompe son ennui en s'amusant à faire jouer aux autres divers rôles. La caractéristique du pervers narcissique c'est qu'il n'aime personne mais

---
22   *Le Méchant*, IV, 9.
23   *Le Méchant*, III, 7.
24   *Le Méchant*, V, 7.
25   *Le Méchant*, V, 1.
26   Voir Marivaux, *Théâtre complet*, Frédéric Deloffre et Françoise Rubellin éd., Paris, Classiques Garnier, 1992, t. II, p. 148, ou Pochothèque, 2000, p. 1283.

que son plaisir réside dans le fait qu'il possède ou maîtrise les autres. Il explique lui-même le plaisir qu'il éprouve dans l'existence (509-512 et 573-580). De fait Cléon est nuisible pour son entourage, pour tous ceux qu'il fréquente : il fascine Dorante qui l'a pris comme modèle, et Frontin qui le dépeint comme « un honnête homme » (A I, s. 1, v. 28). Il séduit Florise la mère de Chloé ; Géronte ne jure que par lui. Il semble donc dominer pleinement la situation. Dans la logique de ce qu'il a mis en place et prévu, il dispose de plusieurs partisans de poids. Seul Ariste, incarnation d'une conscience lucide et éclairée, multiplie les discours pontifiants dans lesquels il imagine ce qu'il pourrait faire, alors que dans l'action ses plans se révèlent bien peu efficaces. L'agent du renversement de situation décisif c'est Lisette qui par sa lucidité et son habileté ruine les projets du Méchant. Elle met en place une véritable stratégie destinée à combattre l'influence malfaisante de Cléon et à le priver progressivement de ses partisans. Elle joue de son charme pour retourner le valet Frontin contre son maître. Lisette lui met en main un marché à prendre ou à laisser : s'il reste au service de Cléon il perd son amour ; s'il la choisit, il perd Cléon mais se fait engager par Valère. Convaincu par Lisette, Frontin, d'abord réticent à l'idée de perdre son maître, ne se résout à l'abandonner qu'à contrecœur avant de se révéler, dans les mains de Lisette, une arme redoutable contre Cléon dont il livre les projets.

Au cours d'une scène très efficace, Lisette amène Cléon à lui expliquer sincèrement et en détail les vrais sentiments qu'il éprouve pour Florise. Le fait que Cléon se livre aussi sincèrement à Lisette n'est pas une invraisemblance de l'auteur mais s'inscrit à merveille dans la logique du personnage qui n'a aucune considération pour les êtres subalterne qui sont à son service ou au service des autres : un domestique, Frontin ou Lisette, n'est jamais qu'un instrument, il n'existe pas en tant qu'être humain

Florise, présence invisible dissimulée à l'écart dans un cabinet discret, boit jusqu'à la lie les paroles de son amant supposé : elle est désabusée ! Gresset transforme le comique de farce auquel recourt Molière dans la scène dans laquelle Orgon écoute, caché sous la table, les propositions de Tartuffe à Elmire (*Tartuffe*, IV, 5, v. 1387-1528). Chez Gresset (IV, 3, v. 1673) il s'agit d'un comique de salon moins bouffon mais plus vraisemblable.

Mais Lisette, refusant d'être réduite au rôle que lui confère Cléon, convainc tous les autres personnages de revoir leur jugement sur lui, de modifier la façon dont ils le percevaient et ce qu'ils avaient prévu de faire sur ses conseils. Géronte est le plus réticent ; il conserve longtemps sa sympathie à Cléon en imaginant que si les autres habitants du château lui sont devenu hostiles c'est en raison de sa lucidité et de sa sincérité.

On comprend que Madame de Pompadour se soit identifiée au rôle de la soubrette lucide, manœuvrière et bienfaisante, et ait souhaité interpréter ce rôle.

Dans le retournement final, essentiellement dû à la clairvoyance et à l'habileté de Lisette, une suivante qu'il méprise, Cléon est prié de ne plus paraître devant ceux qui l'ont démasqué et ont compris qu'il était un redoutable manipulateur.

Florise constitue un superbe rôle, caricatural à souhait, elle est jalouse de sa fille Chloé et serait pour cette raison capable de la faire enfermer au couvent, comme ces mères que Madame de Staal-Delaunay a présentées, en s'inspirant de la duchesse du Maine, dans les deux pièces de théâtre de société qui furent jouées à Sceaux ou à Anet en 1747[27].

Cléon, personnage à situer entre Tartuffe et Valmont, préfigure *Il ne faut jurer de rien* d'Alfred de Musset[28]

LE COMIQUE

Conformément à la tradition qui veut que l'on présente au Théâtre-Français un type humain, Gresset présente un personnage hanté par un comportement typique sur le modèle du *Misanthrope*, de l'*Avare*... du *Joueur*, du *Distrait*, de l'*Irrésolu*, du *Complaisant*, du *Glorieux*... Il voulait assumer la charge de « corriger les mœurs par le rire ». Gresset exploite le comique de caractère en présentant des personnages caricaturaux proches du comique de marionnette avec le bêtifiant Géronte

---
27 Voir p. 27, n. 81.
28 Larroumet établit un rapprochement entre *Le Petit-maître corrigé* et *Il ne faut jurer de rien* de Musset (Gustave Larroumet, *Marivaux, sa vie et ses œuvres*, Paris, Hachette, 1882, p. 199, n. 1).

qui s'attendrit sur les souvenirs qu'il a gardés de Valère enfant, avec la femme sur le déclin qui rêve de pouvoir rivaliser avec sa fille pour séduire le manipulateur dont elle ne voit pas qu'elle est l'une de ses proies, avec le jeune Valère qui réalise trop bien les plans de Cléon en expliquant à Géronte comment il va transformer une maison qui ne lui appartient pas encore mais qu'il envisage de démolir de fond en comble pour la mettre au goût du jour. Reste encore le naïf Frontin qui ne voit pas où réside le mal dans le comportement de son maître Cléon ; bref une galerie de personnages pittoresques plus caricaturaux les uns que les autres. Gresset exploite un comique de situation quand Florise écoute les propos de Cléon qui confie sincèrement à Lisette ce qu'il pense vraiment de sa maîtresse. Il obtient encore un effet comique assuré par son emploi du comique de répétition : « je ne me pique pas d'avoir de la mémoire » (vers 38 et 46) et le comique de mots « elle avait de beaux yeux pour des yeux de province » qui s'ajoute au comique de répétition puisque cette formule prononcée mis une première fois dans la bouche de Valère avant de revenir une seconde fois dans la bouche de Géronte qui répète l'expression pour se moquer de Valère (vers 1414 et 1888-1889).

On rencontre plusieurs exemples de comique de situation entre autres cette scène dans laquelle Valère explique à Ariste, qu'il ne connaît pas, ce qu'il pense de l'intrigant qui influence sa mère : Ariste se contente de révéler à Valère qui il est et la difficulté qu'il éprouve, en conséquence, à croire ce que vient de lui dire Valère (vers 1251-1265).

Comme Gresset voulait rédiger une comédie « sérieuse » sur le modèle des comédies de Molière en vers, il emploie l'alexandrin, mais par moments il désarticule le vers pour le rapprocher de la prose. Ce qui retient en outre l'attention dans son écriture, c'est la façon dont il forge des maximes destinées à s'inscrire dans la mémoire des spectateurs : son style gnomique. Il avait déjà eu recours à ce procédé dans ses deux pièces précédentes. Ici, il le met en pratique avec une habileté consommée et nombre de formules sont passées en proverbes dès 1747.

LA DISTRIBUTION

Les spectateurs retrouvaient les acteurs qui jouaient déjà dans *Édouard III* et dans *Sidney* ; La Thorillière était venu s'y adjoindre pour interpréter Géronte, caricatural à souhait, et La Noue dans le rôle d'Ariste dont « la figure ingrate, la voix rauque et sans timbre » n'empêchaient pas qu'il fût reconnu comme un excellent acteur. La Gaussin, remarquable dans les rôles pathétiques, avait été écartée en faveur de Mlle Grandval pour interpréter Florise, dans un rôle caricatural de femme à caprices tandis que Mlle Mélanie jouait la jeune fille candide. Une distribution efficace et sans surprise qui ne pouvait que ravir les spectateurs tant les acteurs correspondaient aux rôles qui leur étaient impartis.

LE TEXTE

Nous transcrivons le seul texte qu'il faille prendre en considération, l'édition originale, fort soignée :

Le Méchant, / *Comédie* / En cinq Actes en Vers / par M. GRESSET / de l'Académie Royale des Sciences & Belles-Lettres de PRUSSE [filet] Représentée par les Comédiens Ordinaires / du Roy aux mois d'Avril & de Mai 1747, & remise / au Théâtre aux mois de Novembre & Décem – / bre de la même année / *Le prix est de trente sols* [filet] [fleuron] À PARIS / chez SÉBASTIEN JORRY, Quay des Augustins, / près le pont S. Michel, aux Cigognes [filet] MDCCXLVII / *Avec Approbation et Privilège du Roy.* In-12. 2 f. Acteurs et Lieu de l'action ; 1-152 texte de la pièce et Approbation de Crébillon. Conlon 47. 2525. [Abréviation : Jorry I][1].

Plus d'une douzaine d'exemplaires identiques de cette édition sont conservés à la BnF à Tolbiac sous les cotes : G D – 13867, THN 722, THN 10690, BRF 1031 et BBL – 13452 (3) à l'Arsenal et dans un recueil factice sous la cote THN 1038, un autre 8RF 10431 ASP à Richelieu, Arts du spectacle. La BnF conserve de plus dans son département des Manuscrits deux exemplaires (Rothschild 1193-1491 / Rothschild 1334 / (reliure Trautz-Beauzonnet) et à Tolbiac deux autres exemplaires sous les cotes ZRothschild 4678 (reliure quelconque du XIXe siècle) et 4679 (broché), à côté de dix autres (Tolbiac, rez de jardin, 8YTH11423, 8YTH11424, 8YTH11425, 8YTH11426, 8YTH11427, 8YTH11428, 8YTH11429, 8YTH11430, 8YTH11431, 8YTH11437). La BnF conserve encore un exemplaire de l'éd. Jorry, 1747 à la bibliothèque de l'opéra Garnier sous la cote : « MR-746 ». Un autre exemplaire de l'éd. Jorry,

---

1 Voir Léris, *Dictionnaire portatif des théâtres, contenant l'origine des différents théâtres…*, Paris, 1754, p. 216. « comédie donnée pour la première fois au Théâtre Français le 15 avril 1747, et remise le 23 nov. suivant. Cette pièce est extrêmement bien écrite, et eut en tout 24 représentations [cette année 1747].

1747, conservé à la Bibliothèque municipale de Lyon, Part-Dieu, 808870, a été numérisé sur Google Books.

L'Arsenal conserve une copie contemporaine, Amsterdam, aux dépens de la Compagnie, 1747 8BL10893.

Un manuscrit de souffleur est conservé à la Bibliothèque de la Comédie Française (MS 183). Il comporte quelques rares variantes autographes dont nous avons fait état. Mais surtout, la ponctuation de ce manuscrit, attentive à la respiration des acteurs, diffère de celle de l'imprimé : elle nous a servi pour établir la ponctuation de la présente édition.

La Société des Antiquaires de Picardie conserve dans son siège d'Amiens un volume in-8 (cote CB9) qui renferme huit feuillets manuscrits comportant des notes copieuses mais fragmentaires et difficiles à déchiffrer, sorte de brouillon qui permet d'entrer dans le travail d'élaboration de la pièce[2].

Nous avons recueilli en page 365 les variantes qui parsèment les éditions parues dans la seconde moitié du XVIIIe siècle, le lecteur les trouvera après le texte de la comédie : ce ne sont jamais que des erreurs diverses dues à l'incurie, la négligence ou l'imagination des imprimeurs qui se recopient les uns les autres, en ajoutant chacun de nouvelles erreurs aux précédentes.

GRESSET, Jean-Baptiste-Louis, *Le Méchant*, Comédie par M. Gresset de l'Académie Royale des Sciences & Belles-Lettres de Prusse, représentée [le 15 avril 1747] par les Comédiens Ordinaires du Roy aux mois d'Avril & de Mai 1747, & remise au Théâtre aux mois de Novembre & Décembre de la même année ; en cinq actes en vers. Le prix est de trente sols, à Paris, chez Sébastien Jorry, Quay des Augustins, près le pont S. Michel, aux Cigognes, MDCC XLVII, avec Approbation et Privilège du Roy [Abréviation : Jorry] (c'est l'originale, notre édition de référence pour *Le Méchant*).

GRESSET, Jean-Baptiste-Louis, *Le Méchant*, comédie en cinq actes en vers, par M. Gresset de l'Académie royale des sciences et Belles-Lettres de Prusse, La Haye, Jean Neaulme, MDCC XLVIII, 1748 [Abréviation : Neaulme]

---

2   L'ensemble du manuscrit montre comment les personnages évoluent en cours de rédaction. Il éclaire en particulier la mise au point d'une quarantaine de vers (acte IV, sc. VII, vers 1963-2003) ; voir l'étude de Pierre Leroy, p. 21, n. 58.

GRESSET, Jean-Baptiste-Louis, *Œuvres*, Londres, Édouard Kelmarneck, MDCC XLVIII, 1748. (*Édouard III, Sidney, Le Méchant* se trouvent dans le tome second). [Abréviation : Kelmarneck]

GRESSET, Jean-Baptiste-Louis, *Œuvres*, tome Ier et second, Rouen, veuve Pierre Dumesnil, MDCC XLXXXII, 1782 (le second tome contient *Les Églogues de Virgile, Édouard III, Sidney, Le Méchant*). [Abréviation : Dumesnil]

GRESSET, Jean-Baptiste-Louis, *Œuvres de M. Gresset de l'Académie française, nouvelle édition, revue avec soin, & augmentée de son éloge / par M. l'abbé Noël, Professeur de l'Université de Paris, au Collège de Louis-le-Grand*, Rouen, chez J. Racine, Libraire, rue Ganterie, MDCC LXXXVIII / 1788, avec permission. (*Édouard III, Sidney, Le Méchant* se trouvent dans le tome second). [Abréviation : Racine]

GRESSET, Jean-Baptiste-Louis, *Œuvres complètes*, Paris, Antoine-Augustin Renouard, MDCCC XI, 1811, 2 vol. in-8° (le tome I contient Ver-Vert ; le tome second *Les églogues de Virgile, Édouard III, Sidney, Le Méchant*. Édition revue et complétée ; introduction de Renouard) [Abréviation : Ren11]. Pour l'établissement des textes, Renouard recourt à l'édition de Robert FAYOLLE, *Œuvres de Gresset*, Paris, 1803, trois vol.

GRESSET, Jean-Baptiste-Louis, *Œuvres choisies* (l'introduction réunit les jugements de J-B Rousseau, La Harpe, Palissot et N. Lemercier) Mame-Delaunay, 1824.

GRESSET, Jean-Baptiste-Louis, *Œuvres choisies* (avec notice biobibliographique) par L. Derome, 1883.

GRESSET, Jean-Baptiste-Louis, *Le Méchant* dans *Théâtre du XVIIIe siècle*, textes choisis, établis, présentés et annotés par Jacques Truchet, Paris, Gallimard, Pléiade, 1972 (Tome I, *Le Méchant* se trouve p. 1203-1302 et les notes p. 1471-1478 [Abréviation : Truchet]). Dans ses notes précieuses qui soulignent l'intérêt et les qualités du *Méchant*, J. Truchet signale l'existence du manuscrit de souffleur conservé à la Comédie Française, mais il n'a pas dû le consulter : il s'est servi de l'édition établie avec certaines exigences critiques : GRESSET, *Œuvres*, Paris, Ant. Aug. Renouard, MDCCC XI.

LE MÉCHANT

LES PERSONNAGES

Cléon : Méchant   M. Grandval[1]
Géronte : frère de Florise   M. de la Thorillière[2]
Florise, mère de Chloé :   Mlle Grandval[3]
Chloé :   Mlle Mélanie
Ariste : ami de Géronte   M. De Lanouë[4]
Valère : amant de Chloé   M. Roseli[5]
Lisette : suivante   Mlle Dangeville[6]
Frontin : valet de Cléon   M. Armand[7]
Un laquais

La scène est à la campagne, dans un château de Géronte.

---

1   Voir p. 22, n. 60.
2   Voir p. 22, n. 61.
3   Voir p. 22, n. 62.
4   Voir p. 22, n. 63.
5   Voir p. 23, n. 64.
6   Voir p. 23, n. 65.
7   Voir p. 23, n. 66.

LE MÉCHANT

Comédie

ACTE PREMIER

Scène première
LISETTE, FRONTIN

FRONTIN
Te voilà de bonne heure, et toujours plus jolie !

LISETTE
Je n'en suis pas plus gaie.

FRONTIN
Eh ! pourquoi ? je te prie.

LISETTE
Oh ! pour bien des raisons.

FRONTIN [2]
Es-tu folle ? Comment,
On prépare une noce, une fête...

LISETTE
Oui, vraiment,
5 Crois cela ; mais pour moi, j'en suis bien convaincue,
Nos affaires vont mal, et la noce est rompue.

FRONTIN
Pourquoi donc ?

LISETTE

Oh, pourquoi ? Dans toute la maison
Il règne un air d'aigreur et de division
Qui ne le dit que trop. Au lieu de cette aisance
10 Qu'établissait ici l'entière confiance,
On se boude, on s'évite, on bâille, on parle bas,
Et je crains que demain on ne se parle pas.
Va, la noce est bien loin, et j'en sais trop la cause ;
Ton maître sourdement...

FRONTIN

Lui ? bien loin qu'il s'oppose
15 Au choix qui doit unir Valère avec Chloé,
Je puis te protester[1] qu'il l'a fort appuyé,
Et qu'au bonhomme d'oncle il répète sans cesse
Que c'est le seul parti qui convienne à sa nièce.

LISETTE [3]

S'il s'en mêle, tant pis ; car s'il fait quelque bien,
20 C'est que, pour faire mal, il lui sert de moyen.
Je sais ce que je sais ; et je ne puis comprendre
Que, connaissant Cléon, tu veuilles le défendre.
Droit, franc comme tu l'es, comment estimes-tu
Un fourbe, un homme faux, déshonoré, perdu,
25 Qui nuit à tout le monde, et croit tout légitime ?

FRONTIN

Oh ! Quand on est fripon, je rabats de l'estime.
Mais autant qu'on peut voir, et que je m'y connais,
Mon maître est honnête homme, à quelque chose près.
La première vertu qu'en lui je considère,
30 C'est qu'il est libéral ; excellent caractère !
Un maître, avec cela, n'a jamais de défaut ;
Et, de sa probité, c'est tout ce qu'il me faut.
Il me donne beaucoup, outre de fort bons gages.

---

1 *Protester* : « déclarer hautement (...) assurer fortement quelque chose » (*Trévoux*, 1771).

LISETTE
Il faut, puisqu'il te fait de si grands avantages,
35 Que de ton savoir-faire il ait souvent besoin.
Mais tiens, parle-moi vrai, nous sommes sans témoin,
Cette chanson qui fit une si belle histoire…

FRONTIN [4]
Je ne me pique pas d'avoir de la mémoire.
Les rapports font toujours plus de mal que de bien ;
40 Et de tout le passé je ne sais jamais rien.

LISETTE
Cette méthode est bonne, et j'en veux faire usage,
Adieu, Monsieur Frontin.

FRONTIN
                   Quel est donc ce langage ?
Mais, Lisette, un moment.

LISETTE
                   Je n'ai que faire ici.

FRONTIN
As-tu donc oublié, pour me traiter ainsi,
45 Que je t'aime toujours, et que tu dois m'en croire ?

LISETTE
Je ne me pique pas d'avoir de la mémoire[2].

FRONTIN
Mais que veux-tu ?

LISETTE
                Je veux que, sans autre façon,
Si tu veux m'épouser, tu laisses là Cléon.

---

2 Lisette se moque de Frontin en reprenant sa réplique du vers 38.

FRONTIN

Oh! le quitter ainsi, c'est de l'ingratitude;
50 Et puis, d'ailleurs, je suis animal d'habitude;
Où trouverais-je mieux?

LISETTE

Ce n'est pas l'embarras.
Si, malgré ce qu'on voit, et ce qu'on ne voit pas,
La noce en question parvenait à se faire,
Je pourrais, par Chloé, te placer chez Valère.
55 Mais à propos de lui, j'apprends avec douleur
Qu'il connaît fort ton maître, et c'est un grand malheur.
Valère, à ce qu'on dit, est aimable, sincère,
Plein d'honneur, annonçant le meilleur caractère;
Mais, séduit par l'esprit, ou la fatuité[3],
60 Croyant qu'on réussit par la méchanceté,
Il a choisi, dit-on, Cléon pour son modèle;
Il est son complaisant[4], son copiste fidèle...

FRONTIN

Mais tu fais des malheurs et des monstres de tout!
Mon maître a de l'esprit, des lumières, du goût,
65 L'air et le ton du monde; et le bien qu'il peut faire
Est au-dessus du mal que tu crains pour Valère.

LISETTE

Si pourtant il ressemble à ce qu'on dit de lui,
Il changera de guide; il arrive aujourd'hui.
Tu verras, les méchants nous apprennent à l'être.
70 Par d'autres, ou par moi, je lui peindrai ton maître,
Au reste, arrange-toi, fais tes réflexions,

---

3 *Fatuité* : « Sottise, impertinence. On ne peut trop blâmer la fatuité de ceux qui parlent toujours et qui ne savent rien. » (*Fur.*).
4 Le *complaisant* ou la *complaisante* : nom masculin ou féminin, dans cette acception « On dit qu'un homme est le *complaisant* d'un autre pour dire qu'il est assidu auprès de lui, qu'il ne s'attache à lui plaire que dans quelque vue d'intérêt. Les *complaisants* semblent vouloir s'oublier eux-mêmes, afin de s'appliquer uniquement à tout ce que veulent les autres. » (*Trévoux*, 1771).

Je t'ai dit ma pensée, et mes conditions ;
J'attends une réponse et positive et prompte.
Quelqu'un vient, laisse-moi... Je crois que c'est Géronte.
75 Comment...? Il parle seul...

Scène 2
GÉRONTE, LISETTE

GÉRONTE, *sans voir Lisette.*
      Ma foi, je tiendrai bon.
Quand on est bien instruit, bien sûr d'avoir raison,
Il ne faut pas céder. Elle suit son caprice,
Mais moi, je veux la paix, le bien, et la justice,
Valère aura Chloé.

LISETTE
    Quoi, sérieusement ?

GÉRONTE
80 Comment... Tu m'écoutais ?

LISETTE
      Tout naturellement.
Mais n'est-ce point un rêve, une plaisanterie ?   [7]
Comment, Monsieur, j'aurais une fois en ma vie
Le plaisir de vous voir, en dépit des jaloux,
De votre sentiment, et d'un avis à vous ?

GÉRONTE
85 Qui m'en empêcherait ? Je tiendrai ma promesse.
Sans l'avis de ma sœur, je marierai ma nièce ;
C'est sa fille, il est vrai ; mais les biens sont à moi !
Je suis le maître enfin. Je te jure, ma foi,
Que la donation que je suis prêt à faire,
90 N'aura lieu pour Chloé qu'en épousant Valère.
Voilà mon dernier mot.

LISETTE
Voilà parler, cela !

GÉRONTE
Il n'est point de parti meilleur que celui-là.

LISETTE
Assurément.

GÉRONTE
C'était pour traiter cette affaire,
Qu'Ariste vint ici la semaine dernière.
95 La mère de Valère, entre tous ses amis,
Ne pouvait mieux choisir pour proposer son fils.
Ariste est honnête homme, intelligent et sage ;
L'amitié qui nous lie est, ma foi, de notre âge.
Il est parti, muni de mon consentement ;
100 Et l'affaire sera finie incessamment.
Je n'écouterai plus aucun avis contraire ; [8]
Pour la conclusion⁵, on^a n'attend que Valère ;
Il a dû revenir de Paris, ces jours-ci ;
Et ce soir au plus tard, je les attends ici.

LISETTE
105 Fort bien.

GÉRONTE
Toujours plaider m'ennuie et me ruine.
Des terres du futur⁶ cette terre est voisine,
Et confondant nos droits, je finis des procès
Qui, sans cette union⁷, ne finiraient jamais.

LISETTE
Rien n'est plus convenable.

---
5 Diérèse : quatre syllabes.
6 *Le futur* : « en termes de Palais, on appelle les futurs époux, les futurs conjoints, le futur et la future » (*Fur.*).
7 Diérèse : trois syllabes.

GÉRONTE
Et puis d'ailleurs, ma nièce
110 Ne me dédira point, je crois, de ma promesse,
Ni Valère non plus. Avant nos différends,
Ils se voyaient beaucoup; n'étant encore qu'enfants,
Ils s'aimaient, et souvent cet instinct de l'enfance
Devient un sentiment quand la raison commence.
115 Depuis près de six ans qu'il demeure à Paris,
Ils ne se sont pas vus; mais je serais surpris
Si par ses agréments et son bon caractère
Chloé ne retrouvait tout le goût de Valère.

LISETTE
Cela n'est pas douteux.

GÉRONTE [9]
Encor une raison
120 Pour finir; j'aime fort ma terre, ma maison;
Leur embellissement fit toujours mon étude.
On n'est pas immortel... J'ai quelque inquiétude
Sur ce qu'après ma mort tout ceci deviendra;
Je voudrais mettre au fait celui qui me suivra,
125 Lui laisser mes projets. J'ai vu naître Valère;
J'aurai, pour le former, l'autorité d'un père.

LISETTE
Rien de mieux : mais...

GÉRONTE
Quoi, mais...? J'aime qu'on parle net.

LISETTE
Tout cela serait beau; mais cela n'est pas fait.

GÉRONTE
Eh! pourquoi donc?

LISETTE

Pourquoi ? Pour une bagatelle
130 Qui fera tout manquer. Madame y consent-elle ?
Si j'ai bien entendu, ce n'est pas son avis.

GÉRONTE

Qu'importe ? Ses conseils ne seront pas suivis.

LISETTE

Ah ! vous êtes bien fort ; mais c'est loin de Florise.
Au fond, elle vous mène en vous semblant soumise ;
135 Et par malheur pour vous et toute la maison, [10]
Elle n'a pour conseil que ce Monsieur Cléon,
Un mauvais cœur, un traître, enfin un homme horrible,
Et pour qui votre goût m'est incompréhensible.

GÉRONTE

Ah, te voilà toujours ! On ne sait pas pourquoi
140 Il te déplaît si fort.

LISETTE

Oh ! Je le sais bien, moi.
Ma maîtresse autrefois me traitait à merveille,
Et ne peut me souffrir depuis qu'il la conseille.
Il croit que de ses tours je ne soupçonne rien ;
Je ne suis point ingrate, et je lui rendrai[8] bien.
145 Je vous l'ai déjà dit, vous n'en voulez rien croire,
C'est l'esprit le plus faux, et l'âme la plus noire ;
Et je ne vois que trop ce qu'on m'en a dit…

GÉRONTE

Toujours la calomnie en veut aux gens d'esprit.
Quoi donc, parce qu'il sait saisir le ridicule,
150 Et qu'il dit tout le mal qu'un flatteur dissimule,
On le prétend méchant ? c'est qu'il est naturel.
Au fond, c'est un bon cœur, un homme essentiel.

---

8 *Je lui rendrai bien*, c'est-à-dire : « je le lui rendrai bien ». Dans la langue classique, *lui* a la valeur de « le lui ».

LISETTE
Mais je ne parle pas seulement de son style.
S'il n'avait de mauvais que le fiel qu'il distille,
155 Ce serait peu de chose ; et tous les médisants
Ne nuisent pas beaucoup chez les honnêtes gens.
Je parle de ce goût de troubler, de détruire,
Du talent de brouiller, et du plaisir de nuire ;
Semer l'aigreur, la haine et la division,
160 Faire du mal enfin, voilà votre Cléon.
Voilà le beau portrait qu'on m'a fait de son âme
Dans le dernier voyage où j'ai suivi Madame.
Dans votre terre, ici, fixé depuis longtemps,
Vous ignorez Paris, et ce qu'on dit des gens.
165 Moi, le voyant là-bas s'établir chez Florise
Et lui trouvant un ton suspect à ma franchise,
Je m'informai de l'homme, et ce qu'on m'en a dit
Est le tableau parfait du plus méchant esprit ;
C'est un enchaînement de tours, d'horreurs secrètes,
170 De gens qu'il a brouillés, de noirceurs qu'il a faites,
Enfin, un caractère effroyable, odieux.

GÉRONTE
Fables que tout cela ! propos des envieux[9] !
Je le connais ; je l'aime, et je lui rends justice.
Chez moi, j'aime qu'on rie, et qu'on me divertisse ;
175 Il y réussit mieux que tout ce que je voi[s].
D'ailleurs, il est toujours de même avis que moi,
Preuve que nos esprits étaient faits l'un pour l'autre,
Et qu'une sympathie, un goût comme le nôtre,
Sont pour durer toujours ! Et puis, j'aime ma sœur,
180 Et quiconque lui plaît, convient à mon humeur.
Elle n'amène ici que bonne compagnie ;
Et, grâce à ses amis jamais je ne m'ennuie.
Quoi ! Si Cléon était un homme décrié,
L'aurais-je ici reçu ? L'aurait-elle prié ?

---
9 Diérèse : trois syllabes.

185 Mais quand il serait tel qu'on te l'a voulu peindre,
Faux, dangereux, méchant, moi, qu'en aurais-je à craindre ?
Isolé dans mes bois[b], loin des sociétés[10],
Que me font les discours et les méchancetés !

LISETTE
Je ne jurerais pas, qu'en attendant pratique[11],
190 Il ne divisât tout dans votre domestique.
Madame me paraît déjà d'un autre avis
Sur l'établissement que vous avez promis ;
Et d'une... Mais enfin je me serai méprise
Vous en êtes content ; Madame en est éprise.
195 Je croirais même assez...

GÉRONTE [13]
Quoi ? Qu'elle aime Cléon !

LISETTE
C'est vous qui l'avez dit, et c'est avec raison
Que je le pense, moi ; j'en ai la preuve sûre,
Si vous me permettez de parler sans figure[12] ;
J'ai déjà vu Madame avoir quelques amants ;
200 Elle en a toujours pris l'humeur, les sentiments,
Le différent esprit. Tour à tour, je l'ai vue
Ou folle, ou de bon sens ; sauvage, ou répandue ;
Six mois dans la morale, et six dans les romans,
Selon l'amant du jour, et la couleur du temps ;
205 Ne pensant, ne voulant, n'étant rien d'elle-même,
Et n'ayant d'âme enfin que par celui qu'elle aime.

---

10 *Société* : « liaison particulière de quelques hommes faite par intérêt, ou par amitié. Les amis, les voisins, font ensemble de petites sociétés pour se divertir » (*Fur.*).
11 *Attendre pratique* : « pour s'occuper, pour ne pas rester à rien faire » (*Littré*). L'expression se rattache à l'emploi de *pratique* au sens de *clientèle*.
12 « *Parler figurément*, se dit des discours et des emblèmes ou mystères qui cachent quelque sens obscurs » (*Fur.*, 1690) et donc *Parler sans figure* signifie : « parler sans détours, sans périphrases, directement ». Jean-Jacques Rousseau affirme : « Pour peu qu'on ait de chaleur dans l'esprit, on a besoin de métaphores et d'expressions figurées pour se faire entendre [...] et je soutiens qu'il n'y a qu'un géomètre et un sot qui puissent *parler sans figures* » (*La Nouvelle Héloïse*, IIe partie, lettre XVI).

Or, comme je la vois, de bonne qu'elle était
N'avoir qu'un ton méchant, ton qu'elle détestait,
Je conclus que Cléon est assez bien chez elle ;
210 Autre conclusion, tout aussi naturelle,
Elle en prendra conseil ; vous en croirez le sien
Pour notre mariage ; et nous ne tenons rien.

GÉRONTE
Ah, je voudrais le voir[13] ! Corbleu, tu vas connaître
Si je ne suis qu'un sot[14], ou si je suis le maître ! [14]
215 J'en vais dire deux mots à ma très chère sœur,
Et la faire expliquer. J'ai déjà sur le cœur
Qu'elle s'est peu prêtée à bien traiter Ariste ;
Tu m'y fais réfléchir. Outre un accueil fort triste[15],
Elle m'avait tout l'air de se moquer de lui,
220 Et ne lui répondait qu'avec un ton d'ennui.
Oh ! par exemple, ici, tu ne peux pas me dire
Que Cléon ait montré le moindre goût de nuire,
Ni de choquer Ariste, ou de contrarier
Un projet dont ma sœur paraissait s'ennuyer,
225 Car il ne disait mot.

LISETTE
Non, mais à la sourdine[16],
Quand Ariste parlait, Cléon faisait la mine[17] ;
Il animait Madame en l'approuvant tout bas ;
Son air, des demi-mots que vous n'entendiez pas,
Certain ricanement, un silence perfide,
230 Voilà comme il parlait, et tout cela décide.
Vraiment il n'ira pas se montrer tel qu'il est,

---

13 *Le voir* : « voir cela ».
14 *Sot* : « ridicule, niais ; qui n'a point d'esprit, ou qui n'en a que pour dire des sottises et faire des impertinences et des actions ridicules. Ex. Il n'y a que des sots qui donnent dans un piège si grossier » (*Furetière, Basnage de Beauval, Brutel de La Rivière*, 1727).
15 *Accueil fort triste* : « chagrin, mélancolique [...] Lui faire mauvais accueil, le recevoir froidement » (*Académie*, 1694).
16 *À la sourdine* : « avec peu de bruit, secrètement, adverbial et figuré » (*Ac.*).
17 *Faire la mine* : « c'est manifester son mécontentement, marquer que quelque chose nous déplaît sans en dire la cause » (*Fur.*, 1727)

Vous présent. Il entend trop bien son intérêt.
Il se sert de Florise, et sait se satisfaire
Du mal qu'il ne fait point[c], par le mal qu'il fait faire ;
235 Enfin, à me prêcher, vous perdez votre temps ;
Je ne l'aimerai pas ; j'abhorre les méchants.
Leur esprit me déplaît comme leur caractère, [15]
Et les beaux cœurs ont seuls le talent de me plaire.
Vous, Monsieur, par exemple, à parler sans façon,
240 Je vous aime ; pourquoi ? C'est que vous êtes bon.

GÉRONTE
Moi ! je ne suis pas bon[18]. Et c'est une sottise
Que pour un compliment…

LISETTE
                    Oui, bonté c'est bêtise
Selon ce beau docteur ; mais vous en reviendrez.
En attendant, en vain vous vous en défendrez,
245 Vous n'êtes pas méchant, et vous ne pouvez l'être.
Quelquefois, je le sais, vous voulez le paraître ;
Vous êtes, comme un autre, emporté, violent,
Et vous vous fâchez même assez honnêtement ;
Mais au fond la bonté fait votre caractère,
250 Vous aimez qu'on vous aime ; et je vous en révère.

GÉRONTE
Ma sœur vient ; tu vas voir si j'ai tant de douceur,
Et si je suis si bon.

LISETTE
Voyons.

---

18 Les vers 240-241 font écho au « Je ne suis point bon et je suis méchant quand je veux » des *Fourberies de Scapin* (I, 4) et du *Malade imaginaire* (I, 5).

Scène 3
FLORISE, GÉRONTE, LISETTE

GÉRONTE, *d'un ton brusque.*
Bonjour, ma sœur.

FLORISE,
Ah Dieux! Parlez plus bas, mon frère, je vous prie.

GÉRONTE
Eh! pourquoi, s'il vous plaît?

FLORISE
Je suis anéantie;
255 Je n'ai pas fermé l'œil et vous criez si fort...

GÉRONTE, *bas à Lisette.*
Lisette, elle est malade.

LISETTE, *bas à Géronte.*
Et vous, vous êtes mort.
Voilà donc ce courage?

FLORISE
Allez savoir, Lisette,
Si l'on peut voir Cléon... Faut-il que je répète?

Scène 4
FLORISE, GÉRONTE

FLORISE
Je ne sais ce que j'ai, tout m'excède aujourd'hui
260 Aussi c'est vous... hier...

GÉRONTE
Quoi donc?

FLORISE

         Oui, tout l'ennui
Que vous m'avez causé sur ce beau mariage,
Dont je ne vois pas bien l'important avantage ;
Tous vos propos sans fin m'ont occupé l'esprit
Au point que j'ai passé la plus mauvaise nuit.

GÉRONTE

265 Mais, ma sœur, ce parti...

FLORISE

       Finissons là, de grâce.
Allez-vous m'en parler ? je vous cède la place.

GÉRONTE

Un moment ; je ne veux...

FLORISE

       Tenez, j'ai de l'humeur,
Et je vous répondrais peut-être avec aigreur.
Vous savez que je n'ai de désirs que les vôtres ;   [18]
270 Mais s'il faut quelquefois prendre l'avis des autres,
Je crois que c'est surtout dans cette occasion.
Eh bien, sur cette affaire, entretenez Cléon,
C'est un ami sensé, qui voit bien, qui vous aime ;
S'il approuve ce choix, j'y souscrirai moi-même.
275 Mais je ne pense pas, à parler sans détours,
Qu'il soit de votre avis, comme il en est toujours.
D'ailleurs, qui vous a fait hâter cette promesse ?
Tout bien considéré, je ne vois rien qui presse.
Oh ! mais (me dites-vous) on nous chicanera :
280 Ce seront des procès ! Eh bien, on plaidera.
Faut-il qu'un intérêt d'argent, une misère,
Nous fasse ainsi brusquer une importante affaire ?
Cessez de m'en parler ; cela m'excède.

GÉRONTE
Moi ?
Je ne dis rien ; c'est vous...

FLORISE
Belle alliance !

GÉRONTE
Eh quoi ?

FLORISE
285 La mère de Valère est maussade, ennuyeuse,
Sans usage du monde, une femme odieuse[19] ;
Que voulez-vous qu'on dise à de pareils oisons ? [19]

GÉRONTE
C'est une femme simple, et sans prétentions,
Qui veillant sur ses biens...

FLORISE
La belle emplette encore
290 Que ce Valère ! Un fat[20] qui s'aime, qui s'adore !

GÉRONTE
L'agrément de cet âge en couvre les défauts.
Eh, qui donc n'est pas fat ? Tout l'est, jusques aux sots.
Mais le temps remédie aux torts de la jeunesse.

FLORISE
Non, il peut rester fat. N'en voit-on pas sans cesse
295 Qui jusqu'à quarante ans gardent l'air éventé[21],
Et sont les vétérans de la fatuité ?

GÉRONTE
Laissons cela. Cléon sera donc notre arbitre ;

---
19 Diérèse : trois syllabes.
20 *Fat* : p. 173, n. 32.
21 *Éventé* : « écervelé, étourdi » (*Richelet*)

Je veux vous demander sur un autre chapitre
Un peu de complaisance, et j'espère, ma sœur...

FLORISE
300 Ah! vous savez trop bien tous vos droits sur mon cœur.

GÉRONTE
Ariste doit ici...

FLORISE [20]
Votre Ariste m'assomme.
C'est, je vous l'avouerai, le plus plat honnête homme.

GÉRONTE
Ne vous voilà-t-il pas ? J'aime tous vos amis ;
Tous ceux que vous voulez, vous les voyez admis ;
305 Et moi, je n'en ai qu'un, que j'aime pour mon compte,
Et vous le détestez. Oh! cela me démonte.
Vous l'avez accablé, contredit, abruti ;
Croyez-vous qu'il soit sourd, et qu'il n'ait rien senti,
Quoiqu'il n'ait rien marqué[22] ? Vous autres, fortes têtes,
310 Vous voilà! vous prenez tous les gens pour des bêtes,
Et ne ménageant rien...

FLORISE
Eh mais, tant pis pour lui,
S'il s'en est offensé ; c'est aussi trop d'ennui,
S'il faut, à chaque mot, voir comme on peut le prendre
Je dis ce qui me vient, et l'on peut me le rendre.
315 Le ridicule est fait pour notre amusement,
Et la plaisanterie est libre. [21]

GÉRONTE
Mais vraiment,
Je sais bien, comme vous, qu'il faut un peu médire ;
Mais en face des gens, il est trop fort d'en rire.

---

22 *Marqué* : « manifesté ».

Pour conserver vos droits, je veux bien vous laisser
320 Tous ces lourds campagnards que je voudrais chasser
Quand ils viennent. Raillez leurs façons, leur langage
Et tout l'arrière-ban[23] de notre voisinage.
Mais grâce, je vous prie, et plus d'attention
Pour Ariste. Il revient ; faites réflexion
325 Qu'il me croira, s'il est traité de même sorte,
Un maître à qui bientôt on fermera sa porte.
Je ne crois pas avoir cet air-là, Dieu merci.
Enfin, si vous m'aimez, traitez bien mon ami.

FLORISE
Par malheur, je n'ai point l'art de me contrefaire.
330 Il vient pour un sujet qui ne saurait me plaire ;
Et je le marquerais[24] indubitablement.
Je ne sortirai pas de mon appartement.

GÉRONTE
Ce serait une scène.

FLORISE [22]
Eh non ! je ferai dire
Que je suis malade.

GÉRONTE
Oh, toujours me contredire !

FLORISE
335 Mais, marier Chloé, mon frère, y pensez-vous ?
Elle est si peu formée, et si sotte, entre nous...

GÉRONTE
Je ne vois pas cela. Je lui trouve au contraire
De l'esprit naturel, un fort bon caractère.

---

23 *Arrière-ban* : « Le ban et l'arrière-ban désigne l'ensemble des vassaux qui sont convoqués par le Roi pour partir en campagne » (*Trévoux*, 1771). L'arrière-ban désigne ici les voisins avec qui l'on n'entretient pas de relations étroites.
24 *Marquer* : « faire connaître par quelque signe » (*Fur.* 1727), voir p. 256, n. 22.

Ce qu'elle est devant vous ne vient que d'embarras ;
On imaginerait que vous ne l'aimez pas
À vous la voir traiter avec tant de rudesse.
Loin de l'encourager, vous l'effrayez sans cesse
Et vous l'abrutissez dès que vous lui parlez.
Sa figure est fort bien d'ailleurs.

FLORISE

Si vous voulez.
Mais c'est un air si gauche, une maussaderie[25]...

GÉRONTE,
élevant la voix, en voyant revenir Lisette[e].
Tout comme il vous plaira. Finissons, je vous prie.
Puisque je l'ai promis, je veux bien voir Cléon,
Parce que je suis sûr de sa décision[26].
Mais quoi qu'on puisse dire, il faut ce mariage ;
Il n'est point pour Chloé d'arrangement plus sage ;
Feu son père, on le sait, a mangé tout son bien[27],
Le vôtre est médiocre[28] : elle n'a que le mien.
Et quand je donne tout, c'est bien la moindre chose
Qu'on daigne se prêter à ce que je propose.
(Il sort.)

FLORISE, *seule*[29]
Qu'un sot est difficile à vivre !

---

25 *Maussaderie* : « caractère de celui qui est de mauvaise grâce » (Littré qui cite des exemples chez Gresset et Rousseau).
26 Diérèse : quatre syllabes.
27 *Manger son bien* : « consumer, dissiper son bien soit par la bouche soit par toute autre sorte de dépense » (*Fur.*) c'est-à-dire : « se ruiner ».
28 *Médiocre* : au sens classique de « moyen ».
29 Didascalie présente dans le manuscrit du souffleur mais qu'ignorent les éditions du temps.

Scène 5
FLORISE, LISETTE

FLORISE
Eh bien, Cléon
Paraîtra-t-il bientôt ?

LISETTE
Mais oui, si ce n'est non.

FLORISE
Comment donc ?

LISETTE
      Mais, Madame, au ton dont il s'explique,
À son air, où l'on voit dans un rire ironique   [24]
L'estime de lui-même et le mépris d'autrui,
360 Comment peut-on savoir ce qu'on tient avec lui ?
Jamais ce qu'il vous dit, n'est ce qu'il veut vous dire.
Pour moi, j'aime les gens dont l'âme peut se lire,
Qui disent bonnement oui pour oui, non pour non.

FLORISE
Autant que je puis voir, vous n'aimez pas Cléon.

LISETTE
365 Madame, je serai peut-être trop sincère,
Mais il a pleinement le don de me déplaire.
On lui croit de l'esprit ; vous dites qu'il en a ;
Moi, je ne voudrais point de tout cet esprit-là,
Quand il serait pour rien. Je n'y vois, je vous jure,
370 Qu'un style, qui n'est pas celui de la droiture ;
Et sous cet air capable, où l'on ne comprend rien,
S'il cache un honnête homme, il le cache très bien.

FLORISE
Tous vos raisonnements ne valent pas la peine
Que j'y réponde. Mais pour calmer cette haine,   [25]

375　Disposez pour Paris tout votre arrangement ;
Vous y suivrez Chloé ; je l'envoie au couvent.
Dites-lui de ma part...

LISETTE
Voici Mademoiselle :
Vous-même apprenez-lui cette belle nouvelle.

FLORISE,
à Chloé qui lui baise la main.
Vous êtes aujourd'hui coiffée à faire horreur[a][30].
(Elle sort.)

Scène 6
CHLOÉ, LISETTE

CHLOÉ
380　Quoi ! suis-je donc si mal ?

LISETTE
Bon ! c'est une douceur
Qu'on vous dit en passant, par humeur, par envie ;
Le tout pour vous punir d'oser être jolie.
N'importe ; là-dessus allez votre chemin.

CHLOÉ [26]
Du chagrin qui me suit quand verrai-je la fin ?
385　Je cherche à mériter l'amitié de ma mère ;
Je veux la contenter, je fais tout pour lui plaire ;
Je me sacrifierais ; et tout ce que je fais
De son aversion augmente les effets !
Je suis bien malheureuse !

30　Ms183 porte *peur* : la métrique autorise l'un ou l'autre terme. – La réplique se trouve dans le même contexte dans *La Mode* de Madame de Staal-Delaunay, comédie jouée à Anet en 1747 (voir *La Mode* dans Madame de Staal-Delaunay, *"L'Engouement"* et *"La Mode"*, J. Cormier éd., Paris, L'Harmattan, 2005, A I, sc 2).

LISETTE

Ah ! quittez ce langage,
390 Ces[b] lamentations ne sont d'aucun usage ;
Il faut de la vigueur ! Nous en viendrons à bout,
Si vous me secondez. Vous ne savez pas tout.

CHLOÉ

Est-il quelque malheur au-delà de ma peine ?

LISETTE

D'abord, parlez-moi vrai, sans que rien vous retienne.
395 Voyons ; qu'aimez-vous mieux du cloître, ou d'un époux ?

CHLOÉ

À quoi bon ce propos ?

LISETTE

C'est que j'ai près de vous
Des pouvoirs[31] pour les deux. Votre oncle m'a chargée
De vous dire que c'est une affaire arrangée
Que votre mariage ; et, d'un autre côté,
400 Votre mère m'a dit, avec même clarté,
De vous notifier qu'il fallait, sans remise,
Partir pour le couvent. Jugez de ma surprise.

CHLOÉ

Ma mère est ma maîtresse : il lui faut obéir[32] ;
Puisse-t-elle, à ce prix, cesser de me haïr !

LISETTE

405 Doucement, s'il vous plaît ; l'affaire n'est pas faite,
Et ma décision n'est pas pour la retraite.
Je ne suis pas d'humeur d'aller périr d'ennui ;
Frontin veut m'épouser, et j'ai du goût pour lui.

---

31 *Pouvoirs* : « L'acte, l'écrit par lequel on donne pouvoir d'agir, de faire [quelque affaire] au nom d'autrui. En ce sens, le mot se met aussi au pluriel » (*Furetière, Basnage de Beauval, Brutel de La Rivière*, 1727).
32 C'est-à-dire : « il faut lui obéir ».

>   Je ne souffrirai pas l'exil qu'on nous ordonne.
> 410   Mais vous, n'aimez-vous plus Valère qu'on vous donne ?

CHLOÉ

> Tu le vois bien, Lisette, il n'y faut plus songer.
> D'ailleurs, longtemps absent, Valère a pu changer.
> La dissipation, l'ivresse de son âge,
> Une ville où tout plaît, un monde où tout engage,
> 415 Tant d'objets séduisants, tant de divers plaisirs
> Ont loin de moi, sans doute, emporté ses désirs.
> Si Valère m'aimait, s'il songeait que je l'aime,
> J'aurais dû, quelquefois, l'apprendre de lui-même ; [28]
> Qu'il soit heureux du moins ! Pour moi, j'obéirai.
> 420 Aux ennuis de l'exil mon cœur est préparé ;
> Et j'y dois expier le crime involontaire
> D'avoir pu mériter la haine de ma mère.
> À quoi rêves-tu[33] donc ? Tu ne m'écoutes pas.

LISETTE

> Fort bien !... Voilà de quoi nous tirer d'embarras...
> 425 Et sûrement Florise...

CHLOÉ
> Eh bien ?

LISETTE
>   Mademoiselle,
> Soyez tranquille ; allez, fiez-vous à mon zèle.
> Nous verrons, sans pleurer, la fin de tout ceci.
> C'est Cléon qui nous perd, et brouille tout ici ;
> Mais, malgré son crédit, je vous donne Valère.
> 430 J'imagine un moyen d'éclairer votre mère
> Sur le fourbe insolent qui la mène aujourd'hui,
> Et nous la guérirons du goût qu'elle a pour lui :
> Vous verrez.

---

33 *Rêver* : p. 162, n. 9.

CHLOÉ
Ne fais rien que ce qu'elle souhaite ;
Que ses vœux soient remplis, et je suis satisfaite.

Scène 7

LISETTE *seule.*
435 Pour faire son bonheur, je n'épargnerai rien.
Hélas ! On ne fait plus de cœurs comme le sien.

Fin du premier acte.

ACTE II

Scène première
CLÉON, FRONTIN

CLÉON
Qu'est-ce donc que cet air d'ennui, d'impatience ?
Tu fais tout de travers ! tu gardes le silence !
Je ne t'ai jamais vu de si mauvaise humeur.

FRONTIN
440 Chacun a ses chagrins.

CLÉON
 Ah !... Tu me fais l'honneur
De me parler enfin ! Je parviendrai peut-être
À voir de quel sujet tes chagrins peuvent naître,
Mais à propos, Valère...

FRONTIN
 Un de vos gens viendra
M'avertir en secret dès qu'il arrivera.

445 Mais pourrais-je savoir d'où vient[34] tout ce mystère ?
Je ne comprends pas trop le projet de Valère :
Pourquoi, lui, qu'on attend, qui doit bientôt, dit-on,
Se voir avec Chloé l'enfant de la maison,
Prétend-il vous parler, sans se faire connaître ?

CLÉON
450 Quand il en sera temps, je le ferai paraître.

FRONTIN
Je n'y vois pas trop clair ; mais le peu que j'y vois
Me paraît mal à vous, et dangereux pour moi.
Je vous ai, comme un sot, obéi, sans mot dire ;
J'ai réfléchi depuis. Vous m'avez fait écrire
455 Deux lettres, dont chacune, en honnête maison,
À celui qui l'écrit, vaut cent coups de bâton.

CLÉON
Je te croyais du cœur[35]. Ne crains point d'aventure.
Personne ne connaît ici ton écriture,
Elles arriveront de Paris. Et pourquoi
460 Veux-tu que le soupçon aille tomber sur toi ?
La mère de Valère a sa lettre[36], sans doute ?
Et celle de Géronte...

FRONTIN
Elle doit être en route ;
La poste d'aujourd'hui va l'apporter ici.
Mais sérieusement tout ce manège-ci [32]

---

34 *D'où vient* : « pourquoi ? ». La locution lexicalisée avec ce sens particulier apparaît dans les années 1700. On la rencontre dans les comédies de Dancourt (*La Maison de campagne*, janvier 1688 (I, 7), « & d'où vient qu'on ne leur a point ôté leur fusil ? ») ; on la trouve aussi dans le *Journal de voyage* de 1721 de Robert Challe et dans les romans de Marivaux (voir Marivaux, Pierre Carlet Chamblain de, *Œuvres de jeunesse*, Frédéric Deloffre éd. avec le concours de Claude Rigault, Paris, Gallimard, Pléiade, 1972, p. 154, n. 39 ; p. 159, n. 55 ; p. 183, n. 101).
35 *Du cœur* : au sens classique « du courage ». Dans *Le Cid*, Don Diègue demande à Rodrigue : « As-tu du cœur ? ».
36 *Sa lettre* : c'est-à-dire « la lettre qui lui est destinée ».

465 M'alarme, me déplaît ; et, ma foi, j'en ai honte.
Y pensez-vous, Monsieur ? Quoi ! Florise et Géronte
Vous comblent d'amitiés, de plaisirs et d'honneurs ;
Et vous mandez sur eux quatre pages d'horreurs.
Valère, d'autre part, vous aime à la folie ;
470 Il n'a d'autre défaut qu'un peu d'étourderie ;
Et, grâce à vous, Géronte en va voir le portrait
Comme d'un libertin, et d'un colifichet[37].
Cela finira mal.

CLÉON
Oh ! tu prends au tragique
Un débat qui pour moi ne sera que comique.
475 Je me prépare ici de quoi me réjouir,
Et la meilleure scène, et le plus grand plaisir...
J'ai bien voulu pour eux quitter un temps la Ville :
Ne point m'en amuser, serait être imbécile ;
Un peu de bruit rendra ceci moins ennuyeux,
480 Et me payera du temps que je perds avec eux.
Valère à mon projet lui-même contribue,
C'est un de ces enfants, dont la folle recrue[38]
Dans les sociétés vient tomber tous les ans,
Et lasse tout le monde, excepté leurs parents.
485 Croirais-tu que sur moi tout son espoir se fonde ?
Le hasard me l'a fait rencontrer dans le monde. [33]
Ce petit étourdi s'est pris de goût pour moi,
Et me croit son ami, je ne sais pas pourquoi.
Avant que dans ces lieux je vinsse avec Florise,
490 J'avais tout arrangé pour qu'il eût Cidalise :
Elle a, pour la plupart, formé nos jeunes gens ;
J'ai demandé pour lui quelques mois de son temps.

---

37 Dans son *Dictionnaire critique de la langue française* (1787-1788), Jean-François Féraud signale précisément : « Gresset le dit des personnes au singulier » au sens de « une personne aussi insignifiante qu'un colifichet ». La même acception se trouve chez Regnard et Boursault, que cite *Littré*.
38 *Recrue* : « Nouvelle levée de gens de guerre pour augmenter une compagnie, ou remplacer les soldats qui ont déserté ou qui sont morts. – se dit figurément des gens qui surviennent dans une compagnie sans qu'on les y attendît. » (*Trévoux*, 1771).

Soit que cette aventure, ou quelqu'autre, l'engage,
Voulant absolument rompre son mariage,
495 Il m'a vingt fois écrit d'employer tous mes soins,
Pour le faire manquer, ou l'éloigner du moins.
Parbleu, je vous le sers de la bonne manière.

FRONTIN
Oui, vous voilà chargé d'une très belle affaire !

CLÉON
Mon projet était bien qu'il se tînt à Paris,
500 C'est malgré mes conseils qu'il vient en ce pays.
Depuis longtemps, dit-il, il n'a point vu sa mère ;
Il compte, en lui parlant, gagner ce qu'il espère.

FRONTIN
Mais vous, quel intérêt ?… Pourquoi vouloir aigrir
Des gens que pour toujours ce nœud doit réunir ?
505 Et pourquoi seconder la bizarre entreprise [34]
D'un jeune écervelé qui fait une sottise ?

CLÉON
Quand[39] je n'y trouverais que de quoi m'amuser[40]
Oh ! c'est le droit des gens, et je veux en user.
Tout languit, tout est mort sans la tracasserie ;
510 C'est le ressort du monde, et l'âme de la vie ;
Bien fou qui là-dessus contraindrait ses désirs !
Les sots sont ici-bas pour nos menus plaisirs.
Mais un autre intérêt que la plaisanterie
Me détermine encore à cette brouillerie.

FRONTIN
515 Comment donc ? à Chloé songeriez-vous aussi ?
Florise croit pourtant que vous n'êtes ici
Que pour son compte, au moins. Je pense que sa fille

---

39 *Quand* : « même si » voir p. 182, n. 53.
40 *S'amuser* : « occuper en faisant perdre le temps », « S'occuper, passer sa vie à quelque chose, badiner » (*Fur.*, Henri Basnage de Beauval et Jean-Baptiste Brutel de la Rivière, 1727).

Lui pèse horriblement; et la voir si gentille[41]
L'afflige. Je lui vois l'air sombre et soucieux
520 Lorsque vous regardez longtemps Chloé.

CLÉON
Tant mieux.
Elle ne me dit rien de cette jalousie;
Mais j'ai bien remarqué qu'elle en était remplie,
Et je la laisse aller.

FRONTIN
C'est-à-dire, à peu près,
Que Valère écarté sert à vos intérêts.   [35]
525 Mais je ne comprends pas quel dessein est le vôtre...
Quoi! Florise et Chloé?...

CLÉON
Moi? ni l'une ni l'autre.
Je n'agis ni par goût, ni par rivalité;
M'as-tu donc jamais vu dupe d'une beauté?
Je sais trop les défauts, les retours[42] qu'on nous cache;
530 Toute femme m'amuse[43]; aucune ne m'attache.
Si par hasard aussi je me vois marié,
Je ne m'ennuierai point pour ma chère moitié;
Aimera qui pourra. Florise, cette folle,
Dont je tourne à mon gré l'esprit faux et frivole,
535 Qui malgré l'âge encore a des prétentions[44],
Et me croit transporté de ses perfections[45],
Florise pense à moi. C'est pour notre avantage
Qu'elle veut de Chloé rompre le mariage,
Vu que, l'oncle à la nièce assurant tout son bien,

---

41 *Gentil* : « beau, joli, mignon, en style familier ou bas » (*Fur.*, Henri Basnage de Beauval et Jean-Baptiste Brutel de la Rivière, 1727).
42 *Les retours* : « ruses, artifices ». Littré cite Molière « L'amour-propre abonde en retours. Ce sont là les retours des coquettes du temps (*Tartuffe*, I, 1) ».
43 *Amuser* : « occuper en faisant perdre le temps », « Occuper, passer sa vie à quelque chose, badiner » (*Fur.*, Henri Basnage de Beauval et Jean-Baptiste Brutel de la Rivière, 1727), voir n. 258.
44 Diérèse : quatre syllabes.
45 *Idem.*

540 S'il venait à mourir, Florise n'aurait rien.
Le point est d'empêcher qu'il ne se dessaisisse,
Et je souhaite fort que cela réussisse.
Si nous pouvons parer cette donation,
Je ne répondrais pas d'une tentation
545 Sur cet hymen secret dont Florise me presse.
D'un bien considérable elle sera maîtresse ;
Et je n'épouserais que sous condition [36]
D'une très bonne part dans la succession.
D'ailleurs Géronte m'aime. Il se peut très bien faire
550 Que son choix me regarde en renvoyant Valère,
Et sur la fille alors arrêtant mon espoir,
Je laisserai la mère à qui voudra l'avoir.
Peut-être tout ceci n'est que vaines chimères.

FRONTIN
Je le croirais assez.

CLÉON
Aussi n'y tiens-je guère,
555 Et je ne m'en fais point un fort grand embarras ;
Si rien ne réussit, je ne m'en pendrai pas.
Je puis avoir Chloé, je puis avoir Florise ;
Mais quand je manquerais l'une et l'autre entreprise,
J'aurai, chemin faisant, les ayant conseillés,
560 Le plaisir d'être craint, et de les voir brouillés.

FRONTIN
Fort bien, mais si j'osais vous dire en confidence
Où cela va tout droit.

CLÉON
Eh bien ?

FRONTIN
En conscience,
Cela vise à nous voir donner notre congé. [37]

LE MÉCHANT

Déjà, vous le savez, et j'en suis affligé,
565 Pour vos maudits plaisirs on nous a pour la vie
Chassés de vingt maisons.

CLÉON

Chassés ? quelle folie !

FRONTIN

Oh ! c'est un mot pour l'autre, et puisqu'il faut choisir,
Point « chassés », mais « priés » de ne plus revenir.
Comment n'aimez-vous pas un commerce plus stable ?
570 Avec tout votre esprit, et pouvant être aimable,
Ne prétendez-vous donc qu'au triste amusement
De vous faire haïr universellement ?

CLÉON

Cela m'est fort égal. On me craint, on m'estime,
C'est tout ce que je veux, et je tiens pour maxime
575 Que la plate amitié, dont on fait tant de cas,
Ne vaut pas les plaisirs des gens qu'on n'aime pas.
Être cité, mêlé dans toutes les querelles,
Les plaintes, les rapports, les histoires nouvelles,
Être craint à la fois et désiré partout,
580 Voilà ma destinée, et mon unique goût.
Quant aux amis, crois-moi, ce vain nom qu'on se donne
Se prend chez tout le monde, et n'est vrai chez personne ; [38]
J'en ai mille, et pas un. Veux-tu que, limité
Au petit cercle obscur d'une société[46],
585 J'aille m'ensevelir dans quelque coterie[47] ?
Je vais où l'on me plaît, je pars quand on m'ennuie,
Je m'établis ailleurs, me moquant au surplus
D'être haï des gens chez qui je ne vais plus :
C'est ainsi qu'en ce lieu, si la chance varie,
590 Je compte planter là toute la compagnie.

---

46 Voir p. 250, n. 10.
47 *Coterie* : « Société de quelques bourgeois qui se hantent familièrement » (*Fur.*)

####### FRONTIN
Cela vous plaît à dire, et ne m'arrange pas.
De voir tout l'univers vous pouvez faire cas[48],
Mais je suis las, Monsieur, de cette vie errante ;
Toujours visages neufs, cela m'impatiente.
595 On ne peut, grâce à vous, conserver un ami,
On est tantôt au nord, et tantôt au midi.
Quand je vous crois logé, j'y compte, je me lie
Aux femmes de Madame, et je fais leur partie ;
J'ose même avancer que je vous fais honneur.
600 Point du tout ; on vous chasse, et votre serviteur.
Je ne puis plus souffrir cette humeur vagabonde,
Et vous ferez tout seul le voyage du monde.
Moi, j'aime ici ; j'y reste.

####### CLÉON
Et quels sont « les appas » ?
« L'heureux objet[49] ! »... [39]

####### FRONTIN
Parbleu, ne vous en moquez pas.
605 Lisette vaut, je crois, la peine qu'on s'arrête,
Et je veux l'épouser.

####### CLÉON
Tu serais assez bête
Pour te marier, toi ? Ton amour, ton dessein,
N'ont pas le sens commun.

####### FRONTIN
Il faut faire une fin ;
Et ma vocation est d'épouser Lisette.
610 J'aimais assez Marton, et Nérine, et Finette ;
Mais quinze jours chacune, ou toutes à la fois.

---

48 *Faire cas* : « Apprécier, considérer, estimer » (*Robert 2010*).
49 *Objet* : « Se dit poétiquement des belles personnes qui donnent de l'amour » (*Fur.*). Cléon se moque ici du jargon sentimental en usage dans les salons, qui lui semble déplacé dans la bouche d'un valet.

Mon amour le plus long n'a point passé le mois.
Mais ce n'est plus cela. Tout autre amour m'ennuie,
Je suis fou de Lisette, et j'en ai pour la vie.

CLÉON

615 Quoi ! tu veux te mêler aussi de sentiment ?

FRONTIN

Comme un autre.

CLÉON

Le fat[50] ! Aime moins tristement.
Pasquin, l'Olive, et cent, d'amour aussi fidèle,
L'ont aimée avant toi, mais sans se charger d'elle !
Pourquoi veux-tu payer pour tes prédécesseurs ?
620 Fais de même ; aucun d'eux n'est mort de ses rigueurs.

FRONTIN

Vous la connaissez mal ; c'est une fille sage.

CLÉON

Oui, comme elles le sont.

FRONTIN

Oh ! Monsieur, ce langage
Nous brouillera tous deux.

CLÉON,
après un moment de silence.

Eh bien, écoute-moi ;
Tu me conviens, je t'aime, et si l'on veut de toi,
625 J'emploierai tous mes soins pour t'unir à Lisette ;
Soit ici, soit ailleurs, c'est une affaire faite.

FRONTIN

Monsieur, vous m'enchantez.

---

50 *Fat* : voir p. 173, n. 32.

CLÉON
> Ne va point nous trahir.

Vois si Valère arrive, et reviens m'avertir.

Scène 2 [41]
CLÉON, *seul*.

Frontin est amoureux ! Je crains bien qu'il ne cause.
630 Comment parer le risque où son amour m'expose ?...
Mais si je lui donnais quelque commission
Pour Paris ?... Oui, vraiment, l'expédient est bon :
J'aurai seul mon secret ; et si par aventure
On sait que les billets sont de son écriture,
635 Je dirai que de lui je m'étais défié,
Que c'était un coquin, et qu'il est renvoyé.

Scène 3
FLORISE, CLÉON

FLORISE
Je vous cherche partout. Ce que prétend mon frère
Est-il vrai ? Vous parlez, m'a-t-il dit pour Valère ?
Changeriez-vous d'avis ?

CLÉON
> Comment..., vous l'avez cru ?

FLORISE [42]
640 Mais il en est si plein, et si bien convaincu...

CLÉON
Tant mieux. Malgré cela, soyez persuadée
Que tout ce beau projet ne sera qu'en idée ;
Vous y pouvez compter. Je vous réponds de tout.
En ne paraissant pas contrarier son goût,
645 J'en suis beaucoup plus maître, et la bête est si bonne,
Soit dit sans vous fâcher...

FLORISE
Ah! je vous l'abandonne.
Faites-en les honneurs[51]. Je me sens, entre nous,
Sa sœur, on ne peut moins.

CLÉON
Je pense comme vous.
La parenté m'excède; et ces liens, ces chaînes
650 De gens, dont on partage ou les torts ou les peines,
Tout cela, préjugés, misères du vieux temps!
C'est pour le peuple enfin que sont faits les parents!
Vous avez de l'esprit; et votre fille est sotte;
Vous avez pour surcroît un frère qui radote;
655 Eh bien, c'est leur affaire, après tout. Selon moi
Tous ces noms ne sont rien; chacun n'est que pour soi.

FLORISE [43]
Vous avez bien raison. Je vous dois le courage
Qui me soutient contre eux, contre ce mariage;
L'affaire presse au moins. Il faut se décider.
660 Ariste nous arrive; il vient de le mander.
Et par une façon des galants du vieux style,
Géronte sur la route attend l'autre imbécile.
Il compte voir ce soir les articles signés.

CLÉON
Et ce soir finira tout ce que vous craignez.
665 Premièrement, sans vous on ne peut rien conclure.
Il faudra, ce me semble, un peu de signature
De votre part; ainsi tout dépendra de vous.
Refusez de signer, grondez[52], et boudez-nous.

---

51 *Faire les honneurs* de son esprit ou de son talent, c'est le faire valoir, le mettre en évidence : « Faisons bien les honneurs au moins de notre esprit », Molière, *Les Femmes savantes*, III, 3, v. 932. Ici l'expression signifie ironiquement que Florise charge Cléon de faire ressortir, de mettre en évidence la bêtise de Géronte.
52 *Gronder* : « manifester son mécontentement sans en dire la cause, en plusieurs sortes de manières » (*Fur.*, Henri Basnage de Beauval et Jean-Baptiste Brutel de la Rivière, 1727), voir p. 298, n. 103.

Car pour me conserver toute sa confiance
670 Je serai contre vous, moi-même, en sa présence ;
Et je me fâcherais, s'il en était besoin ;
Mais nous l'emporterons sans prendre tout ce soin.
Il m'est venu, d'ailleurs, une assez bonne idée
Et dont, faute de mieux, vous pourrez être aidée…
675 Mais non ; car ce serait un moyen un peu fort.
J'aime trop à vous voir vivre de bon accord.

FLORISE

Oh ! vous me le direz. Quel scrupule est le vôtre ?
Quoi ! ne pensons-nous pas tout haut l'un devant l'autre ?
Vous savez que mon goût tient plus à vous qu'à lui, [44]
680 Et que vos seuls conseils sont ma règle aujourd'hui.
Vous êtes honnête homme ; et je n'ai point à craindre
Que vous proposiez rien dont je puisse me plaindre.
Ainsi, confiez-moi tout ce qui peut servir
À combattre Géronte, ainsi qu'à nous unir.

CLÉON

685 Au fond, je n'y vois pas de quoi faire un mystère…
Et c'est ce que de vous mérite votre frère ;
Vous m'avez dit, je crois, que jamais sur les biens
On n'avait éclairci ni vos droits, ni les siens,
Et que vous assurant d'avoir son héritage,
690 Vous aviez au hasard réglé votre partage.
Vous savez à quel point il déteste un procès,
Et qu'il donne Chloé pour acheter la paix ;
Cela fait contre lui la plus belle matière :
Des biens à répéter, des partages à faire,
695 Vous voyez que voilà de quoi le mettre aux champs[53],
En lui faisant prévoir un procès de dix ans :
S'il va donc s'obstiner, malgré vos répugnances,
À l'établissement qui rompt nos espérances, [45]
Partons d'ici. Plaidez ; une assignation
700 Détruira le projet de la donation.

---

53 *Mettre aux champs* : « mettre en colère » ou « dans une grande perplexité » (*Fur.*).

Il ne peut pas souffrir d'être seul ; vous partie,
On ne me verra pas lui tenir compagnie.
Et quant à vos procès¹, ou vous les gagnerez,
Ou vous plaiderez tant que vous l'achèverez.

FLORISE
705 Contre les préjugés, dont votre âme est exempte
La mienne, par malheur, n'est pas aussi puissante,
Et je vous avouerai mon imbécillité[54].
Je n'irais pas sans peine à cette extrémité.
Il m'a toujours aimée, et j'aimais à lui plaire,
710 Et soit cette habitude, ou quelque autre chimère,
Je ne puis me résoudre à le désespérer.
Mais votre idée au moins sur lui peut opérer.
Dites-lui qu'avec vous, paraissant fort aigrie,
J'ai parlé de procès, de biens, de brouillerie,
715 De départ ; et qu'enfin, s'il me poussait à bout,
Vous avez entrevu que je suis prête à tout.

CLÉON
S'il s'obstine pourtant, quoi qu'on lui puisse dire...
On pourrait consulter pour le faire interdire[55],
Ne le laisser jouir que d'une pension ;
720 Mon procureur[56] fera cette expédition[57] :
C'est un homme admirable, et qui par son adresse
Aurait fait enfermer les sept sages[58] de Grèce,
S'il eût plaidé contre eux. S'il est quelque moyen [46]

---

54 *Imbécillité* : dans le contexte, Florise avoue sa « faiblesse de caractère ».
55 *Interdire* : « ôter à quelqu'un le maniement de son bien, comme on fait aux fous, aux furieux, aux prodigues et à ceux qui ne sont pas capables de gouverner leurs affaires » (*Fur.*).
56 *Procureur* : « secrétaire pour les affaires juridiques », « officier créé pour se présenter en justice, et instruire les procès de ses clients et défendre leurs intérêts. On ne reçoit personne à plaider que par la voie d'un procureur. [Avant 1528] chacun était obligé de comparaître en personne aux assignations qui lui étaient données en justice » (*Trévoux* 1771).
57 *Expédition* : « se dit des actes de justice envoyés en diligence par un courrier exprès » (*Trévoux* 1771).
58 *Sept sages de Grèce* : Titre donné par la tradition grecque à sept législateur, hommes politiques ou savants présocratiques de la Grèce antique. On cite Solon, Thalès, Pythagore....

De vous faire passer ses droits et tout son bien,
725 L'affaire est immanquable ; il ne faut qu'une lettre
De moi...

FLORISE
Non ; différez... Je crains de me commettre[59] ;
Dites-lui seulement, s'il ne veut point céder,
Que je suis, malgré vous, résolue à plaider.
De l'humeur dont il est, je crois être bien sûre
730 Que sans mon agrément il craindra de conclure ;
Et pour me ramener, ne négligeant plus rien,
Vous le verrez finir par m'assurer son bien.
Au reste, vous savez pourquoi je le désire[60].

CLÉON
Vous connaissez aussi le motif qui m'inspire,
735 Madame. Ce n'est point du bien que je prétends ;
Et mon goût seul pour vous fait mes engagements.
Des amants du commun j'ignore le langage,
Et jamais la fadeur ne fut à mon usage.
Mais je vous le redis tout naturellement,
740 Votre genre d'esprit me plaît infiniment ;
Et je ne sais que vous, avec qui j'aie envie
De penser, de causer et de passer ma vie.
C'est un goût décidé.

FLORISE
Puis-je m'en assurer ?
Et loin de tout, ici, pourrez-vous demeurer ?
745 Je ne sais, répandu, fêté comme vous l'êtes, [47]
Je vois plus d'un obstacle au projet que vous faites ;
Peut-être votre goût vous a séduit d'abord,
Mais tout Paris...

---

59 *Commettre (se)* : « se brouiller » ; « *Commettre deux personnes l'une avec l'autre* ; pour dire, les brouiller ; les mettre aux mains, les mettre mal ensemble ».
60 Ce sous-entendu galant est destiné à confirmer à Cléon qu'il sera le destinataire des biens de Florise.

CLÉON

Paris! il m'ennuie à la mort,
Et je ne vous fais pas un fort grand sacrifice,
750 En m'éloignant d'un monde, à qui je rends justice.
Tout ce qu'on est forcé d'y voir et d'endurer
Passe bien l'agrément qu'on peut y rencontrer.
Trouver à chaque pas des gens insupportables :
Des flatteurs, des valets, des plaisants détestables,
755 Des jeunes gens d'un ton, d'une stupidité!...
Des femmes d'un caprice, et d'une fausseté!...
Des prétendus esprits[61] souffrir la suffisance,
Et la grosse gaieté de l'épaisse opulence!...
Tant de petits talents où je n'ai pas de foi,
760 Des réputations, on ne sait pas pourquoi!...
Des protégés si bas! des protecteurs si bêtes!...
Des ouvrages vantés qui n'ont ni pieds, ni têtes ;
Faire des soupers fins où l'on périt d'ennui,
Veiller par air! enfin se tuer pour autrui!
765 Franchement, des plaisirs, des biens de cette sorte,
Ne font pas, quand on pense, une chaîne bien forte ;
Et, pour vous parler vrai, je trouve plus sensé [48]
Un homme sans projets, dans sa terre fixé,
Qui n'est ni complaisant[62], ni valet de personne,
770 Que tous ces gens brillants qu'on mange, qu'on friponne,
Qui, pour vivre à Paris avec l'air d'être heureux,
Au fond n'y sont pas moins ennuyés qu'ennuyeux[63].

---

61 *Prétendus esprits* : « des gens qui se prétendent spirituels ».
62 *Complaisant* : voir p. 244, n. 4.
63 Tout ce passage, mis dans la bouche de Cléon qui joue mensongèrement le rôle du blasé de la capitale, reflète les sentiments de Gresset lui-même qui parle ici par la bouche de son personnage. La tirade annonce aussi le début des *Mémoires* de Voltaire À ce qu'il écrit tardivement en 1758, Voltaire aurait éprouvé le besoin de la retraite dès 1733, mais s'il avait renoncé à Paris, il n'avait pas pour autant renoncé à la littérature : « J'étais las de la vie oisive et turbulente de Paris, de la foule des petits-maîtres, des mauvais livres imprimés avec approbation et privilège du roi, des cabales des gens de lettres, des bassesses et du brigandage des misérables qui déshonoraient la littérature. Je trouvai, en 1733, une jeune dame... », *Mémoires pour servir à la vie de M. de Voltaire, écrits par lui-même*, texte commencé en 1758, Jacqueline Hellegouarc'h éd., Paris, Livre de Poche,

FLORISE
J'en reconnais grand nombre à ce portrait fidèle.

CLÉON
Paris me fait pitié, lorsque je me rappelle
775 Tant d'illustres faquins, d'insectes[64] freluquets[65].

FLORISE
Votre estime, je crois, n'a pas fait plus de frais
Pour les femmes ?

CLÉON
Pour vous, je n'ai point de mystères ;
Et vous verrez ma liste avec les caractères ;
J'aime l'ordre, et je garde une collection
780 De[n] lettres, dont je puis faire une édition.
Vous ne vous doutiez pas qu'on pût avoir Lesbie ;
Vous verrez de sa prose. Il me vient une envie
Qui peut nous réjouir dans ces lieux écartés,
Et désoler là-bas bien des sociétés.
785 Je suis tenté, parbleu, d'écrire mes mémoires[66],
J'ai des traits merveilleux, mille bonnes histoires
Qu'on veut cacher...

FLORISE [49]
Cela sera délicieux[67].

1998, p. 37. Dans *La Nouvelle Héloïse* Jean-Jacques Rousseau dénonce lui aussi le mode de vie des Parisiens (*La Nouvelle Héloïse*, IIe partie, lettre XXVI et XXVII).

64 *Insectes* : Cette création verbale de Gresset, n'est pas attestée dans les dictionnaires du temps. Littré observe que le mot désigne, au sens figuré, sous la plume de Voltaire ou de d'Alembert « des êtres vils et misérables ».

65 *Freluquet* : « terme de mépris, homme qui s'est fait accroire, qui n'a rien que de petit dans ses manières, frivole et sans mérite – s'emploie dans le style comique ou familier » (*Trévoux*, 1771).

66 Gresset fait peut-être écho ici au développement et au succès du genre des « romans-mémoires », en particulier, des *Égarements du cœur et de l'esprit* (1736) de Crébillon fils dans lequel le personnage de Versac préfigure Cléon ou aux *Confessions du comte de* (1742), de Charles Pinot Duclos.

67 Diérèse : quatre syllabes.

CLÉON
J'y ferai des portraits qui sauteront aux yeux.
Il m'en vient déjà vingt qui retiennent des places :
790 Vous y verrez Mélite avec toutes ses grâces,
Et ce que j'en dirai tempérera l'amour
De nos petits messieurs qui rôdent à l'entour.
Sur l'aigre Céliante, et la fade Uranie
Je compte bien aussi passer ma fantaisie.
795 Pour le petit Damis, et Monsieur Dorilas,
Et certain plat seigneur, l'automate Alcidas
Qui, glorieux et bas, se croit un personnage ;
Tant d'autres importants, esprits du même étage ;
Oh ! fiez-vous à moi, je veux les célébrer[68]
800 Si bien que de six mois ils n'osent se montrer.
Ce n'est pas sur leurs mœurs que je veux qu'on en cause ;
Un vice, un déshonneur font[69] assez peu de chose,
Tout cela, dans le monde, est oublié bientôt ;
Un ridicule reste ; et c'est ce qu'il leur faut.
805 Qu'en dites-vous ? Cela peut faire un bruit du diable,
Une brochure unique, un ouvrage admirable,
Bien scandaleux, bien bon, le style n'y fait rien,
Pourvu qu'il soit méchant, il sera toujours bien.

FLORISE [50]
L'idée est excellente, et la vengeance est sûre.
810 Je vous prierai d'y joindre, avec quelque aventure,
Une Madame Orphise, à qui j'en dois d'ailleurs,
Et qui mérite bien quelques bonnes noirceurs ;
Quoiqu'elle soit affreuse, elle se croit jolie,
Et de l'humilier j'ai la plus grande envie.
815 Je voudrais que déjà votre ouvrage fût fait.

---

68 *Célébrer* : « honorer quelqu'un par des louanges,… par des inscriptions qu'on fait en son honneur. » (*Trévoux* 1771) « Publier avec éclat, vanter, louer hautement. » (*Littré*). Le mot est employé ici par antiphrase au sens de « ridiculiser publiquement ».
69 Étant donné l'utilisation du S long (f) dans la typographie du temps, on pourrait tout aussi bien lire « sont », mais le manuscrit du souffleur ôte toute hésitation ; il s'agit bien de « font ».

CLÉON
On peut toujours, à compte, envoyer son portrait,
Et dans trois jours d'ici désespérer la belle.

FLORISE
Eh comment ?°

CLÉON
On peut faire une chanson[70] sur elle ;
Cela vaut mieux qu'un livre, et court tout l'univers.

FLORISE
820   Oui, c'est très bien pensé. Mais faites-vous des vers ?

CLÉON
Qui n'en fait pas ? est-il si mince coterie
Qui n'ait son bel-esprit, son plaisant, son génie ?
Petits auteurs honteux, qui font, malgré les gens,
Des bouquets, des chansons, et des vers innocents.
825   Oh ! pour quelques couplets, fiez-vous à ma muse ;   [51]
Si votre Orphise en meurt, vous plaire est mon excuse.
Tout ce qui vit n'est fait que pour nous réjouir,
Et se moquer du monde est tout l'art d'en jouir.
Ma foi, quand je parcours tout ce qui le compose,
830   Je ne trouve que nous qui valions quelque chose.

Scène 4
FRONTIN, FLORISE, CLÉON

FRONTIN, *un peu éloigné.*
Monsieur, je voudrais bien…

CLÉON
Attends…

---

70 *Chanson* : Les chansons satiriques qui fleurissent au cours du XVIIIe siècle peuvent ruiner une réputation ; voir cardinal Georges Grente / François Moureau, *Dictionnaire des lettres françaises*, Paris, Fayard et Librairie générale française, 1995, note sur la chanson voir p. 296 *sq.*

LE MÉCHANT

(À Florise.)
     Permettez-vous...?

FLORISE
Veut-il vous parler seul ?

FRONTIN
  Mais, Madame...

FLORISE
      Entre nous
Entière liberté. Frontin est impayable ;
Il vous sert bien ; je l'aime.

   CLÉON, *à Florise qui sort.*   [52]
    Il est assez bon diable,
835 Un peu bête...

Scène 5
CLÉON, FRONTIN

FRONTIN
  Ah ! Monsieur, ma réputation
Se passerait fort bien de votre caution !
De mon panégyrique épargnez-vous la peine.
Valère entrera-t-il ?

CLÉON
   Je ne veux pas qu'il vienne.
Ne t'avais-je pas dit de venir m'avertir,
840 Que j'irais le trouver ?

FRONTIN
   Il a voulu venir.
Je ne suis point garant de cette extravagance.
Il m'a suivi de loin, malgré ma remontrance,
Se croyant invisible, à ce que je conçois,

Parce qu'il a laissé sa chaise[71] dans le bois.
845 Caché près de ces lieux, il attend qu'on l'appelle.

CLÉON

Florise heureusement vient de rentrer chez elle.
Qu'il vienne. Observe tout pendant notre entretien.

Scène 6

CLÉON, *seul*.

L'affaire est en bon train, et tout ira fort bien
Après que j'aurai fait la leçon à Valère
850 Sur toute la maison, et sur l'art d'y déplaire.
Avec son ton, ses airs, et sa frivolité
Il n'est pas mal en fonds pour être détesté.
Une vieille franchise à ses talents s'oppose ;
Sans cela, l'on pourrait en faire quelque chose.

Scène 7
VALÈRE, *en habit de campagne* ; CLÉON

VALÈRE, *embrassant Cléon*.

855 Eh bonjour, cher Cléon ! je suis comblé, ravi
De retrouver enfin mon plus fidèle ami.
Je suis au désespoir des soins dont vous accable
Ce mariage affreux. Vous êtes adorable !
Comment reconnaîtrai-je… ?

CLÉON

Ah ! point de compliments[72] ;
860 Quand on peut être utile, et qu'on aime les gens,
On est payé d'avance… Eh bien, quelles nouvelles

---

71 *Chaise* : voir *Sidney*, p. 166, n. 18.
72 *Compliments* : « façons, cérémonies. Bannir les complimens ; vivre sans complimens… le commerce de la civilité consiste en complimens peu sincères, & à se rendre mille petits devoirs que la coutume a établis » (*Fur.*, Henri Basnage de Beauval et Jean-Baptiste Brutel de la Rivière, 1727).

À Paris ?

VALÈRE
Oh ! cent mille, et toutes des plus belles.
Paris est ravissant, et je crois que jamais
Les plaisirs n'ont été si nombreux, si parfaits,
865 Les talents plus féconds, les esprits plus aimables ;
Le goût fait chaque jour des progrès incroyables ;
Chaque jour le génie et la diversité
Viennent nous enrichir de quelque nouveauté.

CLÉON
Tout vous paraît charmant ; c'est le sort de votre âge.
870 Quelqu'un pourtant m'écrit, et j'en crois son suffrage,
Que de tout ce qu'on voit on est fort ennuyé,
Que les arts, les plaisirs, les esprits, font pitié,
Qu'il ne nous reste plus que des superficies,
Des pointes[73] du jargon[74], de tristes facéties[75],
875 Et qu'à force d'esprit et de petits talents, [55]
Dans peu nous pourrions bien n'avoir plus le bon sens.
Comment, vous qui voyez si bien les ridicules,
Ne m'en dites-vous rien ? Tenez-vous aux scrupules ?
Toujours bon, toujours dupe.

VALÈRE
Oh ! non, en vérité.
880 Mais c'est que je vois tout assez du bon côté.
Tout est colifichet[76], pompon et parodie ;

---

73 *Pointe* : « un bon mot, un trait d'esprit, un jeu de mots brillant. L'orateur doit éviter les fausses pointes et les turlupinades [...]. Les pointes sont des équivoques et des jeux d'esprit » (*Fur.* 1727) ; « jeu de mot brillant qui surprend par quelque tour extraordinaire, et qui roule ordinairement sur les mots [...] On pardonne avec peine les pointes aux honnêtes gens, même en badinant dans une conversation libre » (*Trévoux*, 1771).
74 *Jargon* : « signifie [...] un style général, une manière de parler qui n'emporte rien de réel dans le fond » (*Fur.*, 1727).
75 *Facéties* : « plaisanterie qui divertit ou fait rire [en parole ou en action] ».
76 *Colifichet* : « se dit figurément de certains petits ornements mis mal à propos dans des ouvrages d'esprit ; des pointes, du précieux, du clinquant ; les minuties, les jolis riens,

Le monde, comme il est, me plaît à la folie.
Les Belles tous les jours vous trompent, on leur rend[77] :
On se prend, on se quitte assez publiquement ;
885 Les maris savent vivre[78], et sur rien ne contestent.
Les hommes s'aiment tous ; les femmes se détestent
Mieux que jamais ; enfin c'est un monde charmant,
Et Paris s'embellit délicieusement.

CLÉON

Et Cidalise ?...

VALÈRE

Mais...

CLÉON

C'est une affaire faite :
890 Sans doute, vous l'avez ?... Quoi ! la chose est secrète ? [56]

VALÈRE

Mais cela fût-il vrai, le dirais-je ?

CLÉON

Partout !
Et ne point l'annoncer, c'est mal servir son goût.

VALÈRE

Je m'en détacherais, si je la croyais telle.
J'ai, je vous l'avouerai, beaucoup de goût pour elle,
895 Et pour l'aimer toujours, si je m'en fais aimer,
J'observe ce qui peut me la faire estimer.

---

les colifichets s'emparent de toutes nos productions » (*Trévoux*, 1771).
77 *Leur* au sens classique de « le leur ». Tel est le vers dans le manuscrit de la Comédie-Française, dans Jorry (1747 et 1748) et dans Kelmarneck (1748) ; moderniser la tournure en recourant à la formulation « le leur », ce qui se trouve dans des éditions postérieures, rend le vers faux.
78 C'est-à-dire : « sont indifférents aux écarts de conduite de leur épouse ».

CLÉON,
avec un grand éclat de rire.
Feu Céladon[79], je crois, vous a légué son âme !
Il faudrait des six mois pour aimer une femme,
Selon vous. On perdrait son temps, la nouveauté,
900 Et le plaisir de faire une infidélité.
Laissez la bergerie[80], et sans trop de franchise,
Soyez de votre siècle ainsi que Cidalise.
Ayez-la ; c'est d'abord ce que vous lui devez,
Et vous l'estimerez après si vous pouvez.
905 Au reste, affichez tout. Quelle erreur est la vôtre !
Ce n'est qu'en se vantant de l'une qu'on a l'autre.
Et l'honneur d'enlever l'Amant qu'une autre a pris,
À nos gens du bel air met souvent tout leur prix.

VALÈRE [57]
Je vous en crois assez... Eh bien, mon mariage ?
910 Concevez-vous ma mère, et tout ce radotage ?

CLÉON
N'en appréhendez rien. Mais, soit dit entre nous,
Je me reproche un peu ce que je fais pour vous.
Car enfin, si, voulant prouver que je vous aime,
J'aide à vous nuire, et si vous vous trompez vous-même,
915 En fuyant un parti peut-être avantageux[81] ?

VALÈRE
Eh non ! Vous me sauvez[82p] un ridicule affreux.
Que dirait-on de moi, si j'allais, à mon âge,
D'un ennuyeux mari jouer le personnage ?

---

79 *Céladon* : héros de l'*Astrée*, devenu un nom commun pour désigner un amoureux éperdu et chaste.
80 *La bergerie* : Dans l'esprit du temps, les amours chastes et pudiques, littéraires, veulent des bergers et des bergères. En 1785, Marie-Antoinette installera encore une bergerie dans les jardins du Trianon.
81 Exemple type de persiflage qui consiste à présenter à sa victime comme une supposition ce qui est la vérité en vue d'obtenir de sa part une dénégation qui l'enfonce davantage dans le piège qui lui est tendu.
82 *Sauver quelque chose à quelqu'un* : « la lui épargner, l'en délivrer » (*Trévoux*, 1771).

Ou j'aurais une prude au ton triste, excédant[83],
920 Une bégueule enfin qui serait mon pédant,
Ou si, pour mon malheur, ma femme était jolie,
Je serais le martyr de sa coquetterie.
Fuir Paris, ce serait m'égorger de ma main !
Quand je puis m'avancer et faire mon chemin,
925 Irais-je accompagné d'une femme importune,
Me rouiller dans ma terre et borner ma fortune ?
Ma foi, se marier, à moins qu'on ne soit vieux,
Fi ! cela me paraît ignoble, crapuleux.

CLÉON
Vous pensez juste.

VALÈRE
À vous en est toute la gloire.
930 D'après vos sentiments, je prévois mon histoire,
Si j'allais m'enchaîner ; et je ne vous vois pas
Le plus petit scrupule à m'ôter d'embarras.

CLÉON
Mais malheureusement on dit que votre mère
Par de mauvais conseils s'obstine à cette affaire ;
935 Elle a chez elle un homme, ami de ces gens-ci,
Qui, dit-on, avec elle est assez bien aussi,
Un Ariste, un esprit d'assez grossière étoffe ;
C'est une espèce d'ours, qui se croit philosophe.
Le connaissez-vous ?

VALÈRE
Non, je ne l'ai jamais vu.
940 Chez moi, depuis six ans, je ne suis pas venu.
Ma mère m'a mandé que c'est un homme sage,
Fixé depuis longtemps dans notre voisinage,
Que c'était son ami, son conseil aujourd'hui,
Et qu'elle prétendait me lier avec lui.

---

83 *Excédant* : « insupportable » du verbe *excéder*, se dit « en parlant de choses portées à l'excès, au-delà des bornes ordinaires » (*Trévoux*, 1771)

CLÉON

945 Je ne vous dirai pas tout ce qu'on en raconte,
Il vous suffit qu'elle est aveugle sur son compte ;
Mais moi, qui vois pour vous les choses de sang-froid,
Au fond, je ne puis croire Ariste un homme droit ;
Géronte est son ami, cela depuis l'enfance... [59]

VALÈRE

950 À mes dépens peut-être ils sont d'intelligence ?

CLÉON

Cela m'en a tout l'air.

VALÈRE

J'aime mieux un procès ;
J'ai des amis là-bas, je suis sûr du succès.

CLÉON

Quoique je sois ici l'ami de la famille,
Je dois vous parler franc : à moins d'aimer leur fille,
955 Je ne vois pas pourquoi vous vous empresseriez
Pour pareille alliance. On dit que vous l'aimiez
Quand vous étiez ici.

VALÈRE

Mais assez, ce me semble :
Nous étions élevés, accoutumés ensemble,
Je la trouvais gentille, elle me plaisait fort ;
960 Mais Paris guérit tout, et les absents ont tort ;
On m'a mandé souvent qu'elle était embellie ;
Comment la trouvez-vous ?

CLÉON

Ni laide, ni jolie ;
C'est un de ces minois que l'on a vus partout
Et dont on ne dit rien.

VALÈRE [60]
J'en crois fort votre goût.

CLÉON
965 Quant à l'esprit, néant. Il n'a pas pris la peine
Jusqu'ici de paraître, et je doute qu'il vienne.
Ce qu'on voit à travers son petit air boudeur,
C'est qu'elle sera fausse, et qu'elle a de l'humeur.
On la croit une Agnès[84], mais comme elle a l'usage
970 De sourire à des traits[85] un peu forts pour son âge,
Je la crois avancée ; et sans trop me vanter,
Si je m'étais donné la peine de tenter[86]…
Enfin, si je n'ai pas suivi cette conquête,
La faute en est aux Dieux, qui la firent si bête[87].

VALÈRE
975 Assurément, Chloé serait une beauté,
Que sur ce portrait-là j'en serais peu tenté.
Allons, je vais partir, et comptez que j'espère
Dans deux heures d'ici désabuser ma mère.
Je laisse en bonnes mains…

CLÉON
Non ; il vous faut rester.

VALÈRE
980 Mais comment ? Voulez-vous ici me présenter[q] ?

CLÉON [61]
Non pas dans le moment ; dans une heure.

---

84 Agnès, personnage de l'ingénue de *l'école des femmes* de Molière devenue un type, un nom commun.
85 *Trait* : « satire ou raillerie trop piquante » (*Trévoux*).
86 Insidieusement, Cléon jette la suspicion sur la moralité de Chloé : à la différence d'Agnès, Chloé « jouerait » les ingénues sans en être vraiment une.
87 Le madrigal *Si c'est un crime de l'aimer*, attribué à Jean de Lingendes (1580-1615) s'achevait sur le mot « belle » ; en citant le vers, Néricault Destouche avait déjà plaisamment substitué le mot « bête » comme ici, et ce vers, isolé, était devenu un refrain à la mode.

VALÈRE

À votre aise.

CLÉON
Il faut que vous alliez retrouver votre chaise[88].
Dans l'instant que Géronte ici sera rentré,
Car c'est lui qu'il nous faut, je vous le manderai ;
985 Et vous arriverez par la route ordinaire,
Comme ayant prétendu nous surprendre et nous plaire.

VALÈRE
Comment concilier cet air impatient,
Cette galanterie, avec mon compliment ?
C'est se moquer de l'oncle, et c'est me contredire.
990 Toute mon ambassade[89] est réduite à lui dire
Que je serai, soit dit dans le plus simple aveu,
Toujours son serviteur, et jamais son neveu.

CLÉON
Et voilà justement ce qu'il ne faut pas faire ;
Ce ton d'autorité choquerait votre mère.
995 Il faut dans vos propos paraître consentir,
Et tâcher, d'autre part, de ne point réussir ;
Écoutez : conservons toutes les vraisemblances ;
On ne doit se lâcher sur les impertinences
Que selon le besoin, selon l'esprit des gens,
1000 Il faut, pour les mener, les prendre dans leur sens. [62]
L'important est d'abord que l'oncle vous déteste ;
Si vous y parvenez, je vous réponds du reste.
Or, notre oncle est un sot, qui croit avoir reçu
Toute sa part d'esprit en bon sens prétendu.
1005 De tout usage antique, amateur idolâtre,
De toutes nouveautés, frondeur opiniâtre ;
Homme d'un autre siècle, et ne suivant en tout
Pour ton qu'un vieux honneur, pour loi que le vieux goût.

---

88 *Chaise*, voir p. 166, n. 18.
89 *L'ambassade* : c'est-à-dire la rencontre et le message que Valère doit formuler.

Cerveau des plus bornés, qui tenant pour maxime
1010 Qu'un seigneur de paroisse est un Être sublime,
Vous entretient sans cesse avec stupidité
De son banc[90], de ses foins[91], et de sa dignité.
On n'imagine pas combien il se respecte ;
Ivre de son château, dont il est l'architecte,
1015 De tout ce qu'il a fait, sottement entêté,
Possédé du démon de la Propriété,
Il règlera pour vous son penchant ou sa haine
Sur l'air[r] dont vous prendrez tout son petit domaine ;
D'abord, en arrivant, il faut vous préparer
1020 À le suivre partout, tout voir, tout admirer,
Son parc, son potager, ses bois, son avenue,
Il ne vous fera pas grâce d'une laitue ;
Vous, au lieu d'approuver, trouvant tout fort commun,
Vous ne lui paraîtrez qu'un fat très importun,
1025 Un petit raisonneur, ignorant, indocile, [63]
Peut-être ira-t-il même à vous croire imbécile.

VALÈRE

Oh, vous êtes charmant !... Mais n'aurais-je point tort ?
J'ai de la répugnance à le choquer si fort.

CLÉON

Eh bien !... Mariez-vous... Ce que je viens de dire
1030 N'était que pour forcer Géronte à se dédire
Comme vous désiriez. Moi, je n'exige rien ;
Tout ce que vous ferez sera toujours très bien,
Ne consultez que vous.

---

90 *Banc* : « siège d'honneur proche du chœur auquel un seigneur a droit dans l'église paroissiale » (*Fur.*)
91 *Foins* : Le manuscrit du souffleur conservé à la Comédie Française confirme bien cette leçon. Le souffleur distingue nettement la graphie « f » de celle de « s ». Géronte est un seigneur de campagne qui s'occupe du rendement agricole de ses terres, comme le faisait Montesquieu.

VALÈRE
Écoutez-moi de grâce ;
Je cherche à m'éclairer[92].

CLÉON
Mais tout vous embarrasse ;
Et vous ne savez point prendre votre parti :
Je n'approuverais pas ce début étourdi
Si vous aviez affaire à quelqu'un d'estimable,
Dont la vue exigeât un maintien raisonnable ;
Mais avec un vieux fou dont on peut se moquer,
J'avais imaginé qu'on pouvait tout risquer,
Et que, pour vos projets, il fallait sans scrupule
Traiter légèrement[93] un vieillard ridicule.

VALÈRE
Soit... il a la fureur de me croire à son gré ;
Mais, fiez-vous à moi, je l'en détacherai.

Scène 8
FRONTIN, CLÉON, VALÈRE

FRONTIN
Monsieur, j'entends du bruit, et je crains qu'on ne vienne.

CLÉON
Ne perdez point de temps. Que Frontin vous remène.

Scène 9

CLÉON *seul.*
Maintenant éloignons Frontin et qu'à Paris
Il porte le mémoire où je demande avis
Sur l'interdiction[94] de cet ennuyeux frère.

---
92 *S'éclairer* : « s'informer » « instruire, rendre plus clairvoyant » (*Fur.* 1727)
93 *Légèrement* : « au figuré, sans beaucoup de considération » (*Leroux*)
94 *Interdiction* : voir p. 275, n. 55. Diérèse : cinq syllabes.

1050 Florise s'en défend ; son faible caractère
Ne sait point embrasser un parti courageux.
Embarquons-la si bien qu'amenée où je veux,
Mon projet soit pour elle un parti nécessaire.
Je ne sais si je dois trop compter sur Valère...
1055 Il pourrait bien manquer de résolution[95],
Et je veux appuyer son expédition[96],
C'est un fat subalterne. Il est né trop timide :
On ne va point au Grand, si l'on n'est intrépide.

Fin du second acte.

ACTE III

Scène première
CHLOÉ, LISETTE

CHLOÉ
Oui, je te le répète ; oui c'est lui que j'ai vu.
1060 Mieux encor que mes yeux, mon cœur l'a reconnu.
C'est Valère lui-même ; et pourquoi ce mystère ?
Venir, sans demander mon oncle ni ma mère,
Sans marquer, pour me voir, le moindre empressement !
Ce procédé m'annonce un affreux changement.

LISETTE
1065 Eh non, ce n'est pas lui ; vous vous serez trompée.

CHLOÉ
Non, crois-moi ; de ses traits, je suis trop occupée
Pour pouvoir m'y tromper ; et nul autre sur moi

---

95 *Résolution* : « fermeté courage. Pour rompre un attachement il faut plus de résolution qu'on ne pense » (*Fur.* 1727). – Diérèse : cinq syllabes.
96 *Expédition* : « habileté à expédier, à terminer les affaires, se dit de la diligence [rapidité] qu'on apporte à faire plusieurs choses » (*Fur.* 1727). – Diérèse : cinq syllabes.

LE MÉCHANT 293

N'aurait jamais produit le trouble où je me voi[s].
Si tu le connaissais, si tu pouvais m'entendre[97s],   [66]
1070 Ah! tu saurais trop bien qu'on ne peut s'y méprendre,
Que rien ne lui ressemble ; et que ce sont des traits
Qu'avec d'autres, Lisette, on ne confond jamais.
Le doux saisissement d'une joie imprévue,
Tous les plaisirs du cœur m'ont remplie à sa vue ;
1075 J'ai voulu l'appeler, je l'aurais dû, je crois :
Mes transports m'ont ôté l'usage de la voix,
Il était déjà loin... Mais dis-tu vrai, Lisette ?
Quoi ! Frontin...

LISETTE
Il me tient l'aventure secrète,
Son maître l'attendait, et je n'ai pu savoir...

CHLOÉ
1080 Informe-toi d'ailleurs[98] ; d'autres l'auront pu voir ;
Demande à tout le monde... Eh ! va donc.

LISETTE
                              Patience !
Du zèle n'est pas tout, il faut de la prudence.
N'allons pas nous jeter dans d'autres embarras ;
Raisonnons : c'est Valère, ou bien ce ne l'est pas.
1085 Si c'est lui, dans la règle il faut qu'il vous prévienne ;
Et si ce ne l'est pas, ma course serait vaine,
On le saurait ; Cléon, dans ses jeux innocents,
Dirait que nous courons après tous les passants.
Ainsi, tout bien pensé[t], le plus sûr est d'attendre   [67]
1090 Le retour de Frontin, dont je veux tout apprendre.
Serait-ce bien Valère ?... Eh ! mais en vérité,
Je commence à le croire... Il l'aura consulté.
De quelques bons conseils cette fuite est l'ouvrage.
Oui, brouiller des parents le jour d'un mariage ;

---

97 *M'entendre* : « me comprendre ».
98 *D'ailleurs* : « auprès d'autres sources d'information, d'autres témoins ».

1095 Pour prélude, chasser l'époux de la maison,
L'histoire est toute simple, et digne de Cléon,
Plus le trait serait noir, plus il est vraisemblable.

CHLOÉ
Il faudrait que ce fût un homme abominable.
Tes soupçons vont trop loin ; qu'ai-je fait contre lui ?
1100 pourquoi voudrait-il m'affliger aujourd'hui ?
Peut-il être des cœurs assez noirs, pour se plaire
À faire ainsi du mal pour le plaisir d'en faire ?
Mais, toi-même, pourquoi soupçonner cette horreur ?
Je te vois lui parler avec tant de douceur.

LISETTE
1105 Vraiment, pour mon projet, il ne faut pas qu'il sache
Le fonds d'aversion qu'avec soin je lui cache.
Souvent il m'interroge, et du ton le plus doux
Je flatte les desseins qu'il a, je crois, sur vous.
Il imagine avoir toute ma confiance, [68]
1110 Il me croit sans ombrage et sans expérience ;
Il en sera la dupe ; allez, ne craignez rien.
Géronte amène Ariste, et j'en augure bien ;
Les desseins de Cléon ne nuiront point aux nôtres,
J'ai vu ces gens si fins plus attrapés que d'autres ;
1115 On l'emporte souvent sur la duplicité
En allant son chemin avec simplicité,
Et…

FRONTIN, *derrière le théâtre.*
Lisette !

LISETTE, *à Chloé.*
Rentrez ; c'est Frontin qui m'appelle.

Scène 2
FRONTIN, LISETTE

FRONTIN, *sans voir Lisette.*
Parbleu, je vais lui dire une belle[u] nouvelle !
On est bien malheureux d'être né pour servir :
1120 Travailler, ce n'est rien ; mais toujours obéir[99] !

LISETTE
Comment, ce n'est que vous[100] ? Moi, je cherchais Ariste

FRONTIN
Tiens, Lisette, finis, ne me rends pas plus triste.
J'ai déjà trop ici de sujet d'enrager, [69]
Sans que ton air fâché vienne encore m'affliger.
1125 Il m'envoie à Paris ; que dis-tu du message ?

LISETTE
Rien.

FRONTIN
Comment rien ? Un mot pour le moins.

LISETTE
Bon voyage.
Partez, ou demeurez, cela m'est fort égal.

FRONTIN
Comment ! As-tu le cœur de me traiter si mal ?
Je n'y puis plus tenir, ta gravité me tue,
1130 Il ne tiendra qu'à moi, si cela continue,
Oui... de mourir.

---

99 On voit ici comment la situation du domestique suscite l'esprit de révolte : la réflexion de Frontin préfigure les remarques de Figaro.
100 Ici, le vouvoiement de Lisette manifeste le refroidissement de ses sentiments à l'égard de Frontin : ce dernier qui ne veut pas comprendre maintient le tutoiement et lui demande d'arrêter ce manège dans le vers suivant. Elle revient au tutoiement au vers 1139.

LISETTE
Mourez

FRONTIN
Pour t'avoir résisté
Sur celui qui tantôt s'est ici présenté...
Pour n'avoir pas voulu dire ce que j'ignore...

LISETTE
Vous le savez très bien, je le répète encore ;
1135 Vous aimez les secrets. Moi, chacun a son goût,
Je ne veux point d'amant qui ne me dise tout.

FRONTIN [70]
Ah ! Comment accorder mon honneur et Lisette !
Si je te le disais ?

LISETTE
Oh ! la paix serait faite :
Et pour nous marier, tu n'aurais qu'à vouloir.

FRONTIN
1140 Eh bien ! l'homme, qu'ici vous ne deviez pas voir,
Était un inconnu... dont je ne sais pas l'âge...
Qui pour nous consulter sur certain mariage
D'une fille... non, veuve... ou les deux ; au surplus
Tout va bien... M'entends-tu ?

LISETTE
Moi ? non.

FRONTIN
Ni moi non plus :
1145 Si bien que pour cacher et l'homme et l'aventure...

LISETTE
As-tu dit ? à quoi bon te donner la torture ?
Va, mon pauvre Frontin, tu ne sais pas mentir,

Et je t'en aime mieux ; moi, pour te secourir,
Et ménager l'honneur que tu mets à te taire.
1150 Je dirai, si tu veux, qui c'était.

FRONTIN
Qui ?

LISETTE
Valère.
Il ne faut pas rougir, ni tant me regarder. [71]

FRONTIN
Eh bien, si tu le sais, pourquoi le demander ?

LISETTE
Comme je n'aime pas les demi-confidences,
Il faudra m'éclaircir de tout ce que tu penses
1155 De l'apparition de Valère en ces lieux,
Et m'apprendre pourquoi cet air mystérieux ;
Mais je n'ai pas le temps d'en dire davantage,
Voici mon dernier mot : je défends ton voyage[101].
Tu m'aimes, obéis. Si tu pars, dès demain
1160 Toute promesse est nulle ; et j'épouse Pasquin.

FRONTIN
Mais...

LISETTE
Point de « mais... ». On vient. Va, fais croire à ton maître
Que tu pars ; nous saurons te faire disparaître.

Scène 3 [72]
GÉRONTE, ARISTE, CLÉON, LISETTE

GÉRONTE
Que fais donc ta maîtresse ? Où chercher, maintenant ?

---
101 C'est-à-dire : « Je t'interdis de partir ».

Je cours... j'appelle.

LISETTE
Elle est dans son appartement

GÉRONTE
1165 Cela peut être ; mais elle ne répond guère.

LISETTE
Monsieur, elle a si mal passé la nuit dernière...

GÉRONTE
Oh ! parbleu, tout ceci commence à m'ennuyer :
Je suis las des humeurs qu'il me faut essuyer ;
Comment ? On ne peut plus être un seul jour tranquille !
1170 Je vois bien qu'elle boude, et je connais son style !
Oh bien, moi, les boudeurs sont mon aversion,
Et je n'en veux jamais souffrir dans ma maison :
À mon exemple ici je prétends qu'on en use,
Je tâche d'amuser, et je veux qu'on m'amuse.
1175 Sans cesse de l'aigreur, des scènes, des refus, [73]
Et des maux éternels auxquels je ne crois plus.
Cela m'excède enfin. Je veux que tout le monde
Se porte[102] bien chez moi ; que personne n'y gronde[103],
Et qu'avec moi chacun aime à se réjouir ;
1180 Ceux qui s'y trouvent mal, ma foi, peuvent partir.

ARISTE
Florise a de l'esprit. Avec cet avantage
On a de la ressource, et je crois bien plus sage
Que vous la rameniez par raison, par douceur,
Que d'aller opposer la colère à l'humeur.
1185 Ces nuages légers se dissipent d'eux-mêmes ;
D'ailleurs, je ne suis point pour les partis extrêmes ;

---

102 *Se porter* : « on se sert [de ce verbe] pour exprimer les différentes manières de se conduire dans certaines occasions » (Trévoux 1777), « se comporter ». Mais il y a peut-être un double sens dans la bouche de Géronte puisque Florise feint d'être malade à la moindre contrariété.
103 *Gronder* : voir p. 273, n. 52.

Vous vous aimez tous deux.

GÉRONTE
              Et qu'en pense Cléon ?

CLÉON
Que vous n'avez pas tort, et qu'Ariste a raison.

GÉRONTE
Mais encore, quel conseil...

CLÉON
                Que voulez-vous qu'on dise ?
1190 Vous savez mieux que nous comment mener Florise.
S'il faut se déclarer pourtant, de bonne foi,
Je voudrais, comme vous, être maître chez moi.
D'autre part, se brouiller... à propos de querelle, [74]
Il faut que je vous parle. En causant avec elle,
1195 Je crois avoir surpris un projet dangereux,
Et que je vous dirai pour le bien de tous deux ;
Car vous voir bien ensemble est ce que je désire.

GÉRONTE
Allons ; chemin faisant, vous pourrez me le dire.
Je vais la retrouver ; venez-y ; je verrai,
1200 Quand vous m'aurez parlé, ce que je lui dirai.
Ariste, permettez qu'un moment je vous quitte,
Je vais, avec Cléon, voir ce qu'elle médite,
Et la déterminer à vous bien recevoir,
Car de façon ou d'autre... Enfin, nous allons voir

Scène 4
ARISTE, LISETTE

LISETTE
1205 Ah, que votre retour nous était nécessaire,
Monsieur ! vous seul pouvez rétablir cette affaire,
Elle tourne au plus mal, et si votre crédit

Ne détrompe Géronte et ne nous garantit,
Cléon va perdre tout.

ARISTE [75]
Que veux-tu que je fasse ?
1210 Géronte n'entend rien. Ce que je vois me passe ;
J'ai beau citer des faits, et lui parler raison,
Il ne croit rien, il est aveugle sur Cléon.
J'ai pourtant tout^v espoir dans une conjecture
Qui le détromperait, si la chose était sûre.
1215 Il s'agit de soupçons, que je puis voir détruits.
Comme je crois le mal le plus tard que je puis,
Je n'ai rien dit encore, mais aux yeux de Géronte
Je démasque le traître, et le couvre de honte,
Si je puis avérer le tour le plus sanglant,
1220 Dont je l'ai soupçonné, grâces à son talent.

LISETTE
Le « soupçonner » ! Comment, c'est là que vous en êtes ?
Ma foi, c'est trop d'honneur, Monsieur, que vous lui faites ;
Croyez d'avance, et tout.

ARISTE
Il s'en est peu fallu
Que pour ce mariage on ne m'ait pas revu.
1225 Sans toutes mes raisons, qui l'ont bien ramenée,
La mère de Valère était déterminée
À les remercier.

LISETTE
Pourquoi ?

ARISTE [76]
C'est une horreur
Dont je veux dévoiler et confondre l'auteur[104],

---

[104] Dans la version primitive dont le manuscrit d'Amiens conserve le projet, Gresset avait imaginé que ce soit Ariste qui démasque Cléon avant de se raviser et de confier ce rôle à Lisette. Cette réplique garde donc la trace d'un projet antérieur.

Et tu m'y serviras.

LISETTE
À propos de Valère,
1230 Où croyez-vous qu'il soit ?

ARISTE
Peut-être chez sa mère
Au moment où j'en parle ; à toute heure on l'attend.

LISETTE
Bon ! Il est ici.

ARISTE
Lui ?

LISETTE
Lui, le fait est constant[105].

ARISTE
Mais quelle étourderie !

LISETTE
Oh ! toutes ses mesures
Semblaient, pour le cacher, bien prises et bien sûres,
1235 Il n'a vu que Cléon, et l'oracle[106] entendu,
Dans le bois, près d'ici, Valère s'est perdu,
Et je l'y crois encore ; comptez que c'est lui-même, [77]
Je le sais de Frontin.

ARISTE
Quel embarras extrême !
Que faire ? l'aller voir... on saurait tout ici.
1240 Lui mander mes conseils est le meilleur parti.
Donne-moi ce qu'il faut ; hâte-toi, que j'écrive.

---

105 *Constant* : « sûr, certain, assuré » (*Fur.* 1727)
106 Lisette plaisante : à la manière dont les anciens interrogeaient l'oracle, Valère est venu consulter en cachette Cléon qui lui dicte sa conduite.

LISETTE
J'y vais... J'entends, je crois, quelqu'un qui nous arrive.

Scène 5

ARISTE, *seul*.
Ce voyage insensé, d'accord avec Cléon,
Sur la lettre anonyme augmente mon soupçon.
1245 La noirceur masque en vain les poisons qu'elle verse,
Tout se sait tôt ou tard, et la vérité perce ;
Par eux-mêmes souvent les méchants sont trahis.

Scène 6 [78]
VALÈRE, ARISTE

VALÈRE
Ah, les affreux chemins, et le maudit pays !
(*À Ariste.*)
Mais de grâce, Monsieur, voulez-vous bien m'apprendre
1250 Où je puis voir Géronte ?

ARISTE
Il serait mieux d'attendre ;
En ce moment, Monsieur, il est fort occupé.

VALÈRE
Et Florise ? On viendrait, ou je suis bien trompé ;
L'étiquette[107] du lieu serait un peu légère,
Et quand un gendre arrive, on n'a point d'autre affaire.

ARISTE
1255 Quoi ! vous êtes...

---

107 *L'étiquette*, c'est-à-dire le code de conduite qui régit la façon de se comporter avec les visiteurs, les étrangers.

VALÈRE
Valère.

ARISTE
Eh quoi ! surprendre ainsi !
Votre mère voulait vous présenter ici,
À ce qu'on m'a dit.

VALÈRE
Bon ! vieille cérémonie ! [79]
D'ailleurs, je sais très bien que l'affaire est finie,
Ariste a décidé... Cet Ariste, dit-on,
1260 Est aujourd'hui chez moi maître de la maison,
On suit aveuglément tous les conseils qu'il donne ;
Ma mère est, par malheur, fort crédule, trop bonne.

ARISTE
Sur l'amitié d'Ariste, et sur sa bonne foi...

VALÈRE
Oh ! cela...

ARISTE
Doucement ; cet Ariste, c'est moi.

VALÈRE
1265 Ah ! Monsieur...

ARISTE
Ce n'est point sur ce qui me regarde
Que je me plains des traits que votre erreur hasarde.
Ne me connaissant point, ne pouvant me juger,
Vous ne m'offensez pas, mais je dois m'affliger
Du ton dont vous parlez d'une mère estimable,
1270 Qui vous croit de l'esprit, un caractère aimable,
Qui veut votre bonheur ; voilà ses seuls défauts,
Si votre cœur au fond ressemble à vos propos.

VALÈRE
Vous me faites ici les honneurs[108] de ma mère,
Je ne sais pas pourquoi ; son amitié m'est chère. [80]
1275 Le hasard vous a fait prendre mal mes discours,
Mais mon cœur la respecte, et l'aimera toujours.

ARISTE
Valère, vous voilà, ce langage est le vôtre.
Oui, le bien vous est propre, et le mal est d'un autre.

VALÈRE, *à part.*
Oh, voici les sermons, l'ennui !...
(Haut.)
Mais, s'il vous plaît,
1280 Ne ferions-nous pas bien d'aller voir où l'on est ?
Il convient...

ARISTE
Un moment, si l'amitié sincère
M'autorise à parler au nom de votre mère,
De grâce, expliquez-moi ce voyage secret
Qu'aujourd'hui-même, ici, vous avez déjà fait.

VALÈRE
1285 Vous savez...

ARISTE
Je le sais.

VALÈRE
Ce n'est point un mystère
Bien merveilleux ; j'avais à parler d'une affaire
Qui regarde Cléon, et m'intéresse fort.
J'ai voulu librement l'entretenir d'abord,
1290 Sans être interrompu par la mère et la fille, [81]
Et nous voir assiégés de toute une famille.
Comme il est mon ami...

---

108 *Faire les honneurs* : voir p. 273, n. 51.

ARISTE
Lui ?

VALÈRE
Mais assurément.

ARISTE
Vous osez l'avouer[109] ?

VALÈRE
Ah ! très parfaitement.
C'est un homme d'esprit, de bonne compagnie,
Et je suis son ami de cœur, et pour la vie.
1295 Oh ! ne l'est pas qui veut.

ARISTE
Et si l'on vous montrait
Que vous le haïrez ?

VALÈRE
On serait bien adroit.

ARISTE
Si l'on vous faisait voir que ce bon air, ces grâces,
Ce clinquant de l'esprit, ces trompeuses surfaces
Cachent un homme affreux, qui veut vous égarer,
1300 Et que l'on ne peut voir sans se déshonorer.

VALÈRE
C'est juger par des bruits de pédants, de commères,

ARISTE [82]
Non, par la voix publique ; elle ne trompe guère.
Géronte peut venir, et je n'ai pas le temps
De vous instruire ici de tous mes sentiments ;
1305 Mais il faut sur Cléon que je vous entretienne ;

---

109 *Avouer* : « autoriser, ratifier ; approuver ce qu'on a donné charge de faire » (*Fur.*). Ici : « approuver tout ce que Cléon dit ou fait, s'en porter garant ».

Après quoi, choisissez son commerce ou sa haine.
Je sens que je vous lasse, et je m'aperçois bien,
À vos distractions, que vous ne croyez rien.
Mais, malgré vos mépris, votre bien seul m'occupe ;
1310 Il serait odieux que vous fussiez sa dupe.
L'unique grâce encor, qu'attend mon amitié,
C'est que vous n'alliez point paraître si lié
Avec lui. Vous verrez avec trop d'évidence
Que je n'exigeais pas une vaine prudence
1315 Quant au ton, dont il faut ici vous présenter,
Rien, je crois, là-dessus ne doit m'inquiéter ;
Vous avez de l'esprit, un heureux caractère,
De l'usage du monde, et je crois que pour plaire
Vous tiendrez plus de vous que des leçons d'autrui.
1320 Géronte vient ; allons...

Scène 7 [83]
GÉRONTE, ARISTE, VALÈRE

GÉRONTE,
d'un air fort empressé.
Eh ! vraiment oui, c'est lui.
Bonjour, mon cher enfant... Viens donc que je t'embrasse !
(À Ariste.)
Comme le voilà grand !... Ma foi, cela nous chasse.

VALÈRE
Monsieur, en vérité...

GÉRONTE
Parbleu ! je l'ai vu là,
(Je m'en souviens toujours), pas plus haut que cela ;
1325 C'était hier, je crois... Comme passe notre âge !
Mais te voilà, vraiment, un grave personnage.
(À Ariste.)
Vous voyez qu'avec lui j'en use sans façon,
C'est tout comme autrefois, je n'ai pas d'autre ton.

VALÈRE
Monsieur, c'est trop d'honneur...

GÉRONTE
Oh ! non pas, je te prie,
1330 N'apporte point ici l'air de cérémonie ; [84]
Regarde-toi déjà comme de la maison.
(À Ariste.)
À propos, nous comptons qu'elle entendra raison !
Oh ! j'ai fait un beau bruit ; c'est bien moi qu'on étonne !
La menace est plaisante ! Ah ! je ne crains personne.
1335 Je ne la croyais pas capable de cela,
Mais je commence à voir que tout s'apaisera,
Et que ma fermeté remettra sa cervelle.
Vous pouvez maintenant vous présenter chez elle :
Dites bien que je veux terminer aujourd'hui ;
1340 Je vais renouveler connaissance avec lui.
Allez, si l'on ne peut la résoudre à descendre,
J'irai dans un moment lui présenter son gendre.

Scène 8
GÉRONTE, VALÈRE

GÉRONTE
Eh bien ! es-tu toujours vif, joyeux, amusant ?
Tu nous réjouissais.

VALÈRE
Oh ! j'étais fort plaisant !

GÉRONTE [85]
1345 Tu peux de cet air grave avec moi te défaire,
Je t'aime comme un fils, et tu dois...

VALÈRE, *à part.*
Comment faire ?
Son amitié me touche.

GÉRONTE, *à part.*
Il paraît bien distrait.
Eh bien!...

VALÈRE
Assurément, Monsieur... j'ai tout sujet
De chérir les bontés...

GÉRONTE
Non; ce ton-là m'ennuie.
1350 Je te l'ai déjà dit, point de cérémonie.

Scène 9
CLÉON, GÉRONTE, VALÈRE

CLÉON, *de loin.*
Ne suis-je pas de trop?

GÉRONTE
Non, non, mon cher Cléon,
Venez, et partagez ma satisfaction.

CLÉON [86]
Je ne pouvais trop tôt renouer connaissance
Avec Monsieur.

VALÈRE
J'avais la même impatience.

CLÉON, *bas, à Valère.*
1355 Comment va?...

VALÈRE, *bas, à Cléon.*
Patience.

GÉRONTE, *à Cléon*[w].
Il est complimenteur;
C'est un défaut.

CLÉON
Sans doute, il ne faut que le cœur.

GÉRONTE
J'avais grande raison de prédire à ta mère
Que tu serais bien fait, noblement, sûr de plaire ;
Je m'y connais, je sais beaucoup de bien de toi ;
1360 Des lettres de Paris, et des gens que je crois...

VALÈRE
On reçoit donc ici quelquefois des nouvelles ?
Les dernières, Monsieur, les sait-on ?

GÉRONTE
Qui[110] sont-elles ?
Nous est-il arrivé quelque chose d'heureux ?
Car, quoique loin de tout, enterré dans ces lieux,
1365 Je suis toujours sensible aux biens de ma patrie ;
Eh bien, voyons donc, qu'est-ce ? Apprends-moi, je te prie[111]... [87]

VALÈRE, *d'un ton précipité.*
Julie a pris Damon, non qu'elle l'aime fort,
Mais il avait Phryné, qu'elle hait à la mort ;
Lisidor à la fin a quitté Doralise ;
1370 Elle est bien, mais, ma foi, d'une horrible bêtise ;
Déjà, depuis longtemps, cela devait[112] finir,
Et le pauvre garçon n'y pouvait plus tenir.

CLÉON, *bas, à Valère.*
Très bien ; continuez.

VALÈRE
J'oubliais de vous dire
Qu'on a fait des couplets sur Lucile et Delphire ;

---
110 *Qui sont-elles ?* c'est-à-dire : « quelles sont-elles ? »
111 Au sentiment patriotique exprimé par Géronte, Valère répondra par l'évocation burlesque des commérages parisiens.
112 *Devait finir* : il faut comprendre « aurait dû finir ? ». Dans la grammaire du temps, l'imparfait de l'indicatif du semi-auxiliaire *devoir* revêt la valeur d'un conditionnel passé.

1375 Lucile en est outrée et ne se montre plus ;
Mais Delphire a mieux pris son parti là-dessus :
On la trouve partout s'affichant de plus belle,
Et se moquant du ton, pourvu qu'on parle d'elle.
Lise a quitté le rouge, et l'on se dit tout bas
1380 Qu'elle ferait bien mieux de quitter Licidas ;
On prétend qu'il n'est pas compris dans la réforme,
Et qu'elle est seulement bégueule pour la forme.

GÉRONTE
Quels diables de propos me tenez-vous donc là ?

VALÈRE
Quoi ! vous ne saviez point^x un mot de tout cela ?
1385 On n'en dit rien ici ? l'ignorance profonde !
Mais c'est, en vérité, n'être pas de ce monde ;
Vous n'avez donc, Monsieur, aucune liaison[113] ?
Eh ! mais, où vivez-vous ?

GÉRONTE
                   Parbleu ! dans ma maison,
M'embarrassant fort peu des intrigues frivoles
1390 D'un tas de freluquets, d'une troupe de folles ;
Aux gens que je connais, paisiblement borné,
Eh ! que m'importe à moi si Madame Phryné
Ou Madame Lucile affichent leurs folies ?
Je ne m'occupe point de telles minuties,
1395 Et laisse aux gens oisifs tous ces menus propos,
Ces puérilités, la pâture des sots.

CLÉON, *bas, à Géronte.*
Vous avez bien raison...
                  Bas, à Valère.
                  Courage.

---

113 *Liaison* : « relations » comme dans les *Liaisons dangereuses*. « Se dit figurément de la bonne intelligence, de l'amitié, des alliances qui lient les personnes ensemble » (*Trévoux*).

GÉRONTE

                            Cher Valère,
Nous avons, je le vois, la tête un peu légère,
Et je sens que Paris ne t'a pas mal gâté ;
Mais nous te guérirons de la^y frivolité.
Ma nièce est raisonnable, et ton amour pour elle
Va rendre à ton esprit sa forme naturelle.

VALÈRE

C'est moi, sans me flatter, qui vous corrigerai
De n'être au fait de rien, et je vous conterai...

GÉRONTE

Je t'en dispense.

VALÈRE   [89]

           On peut vous rendre un homme aimable,
Mettre votre maison sur un ton convenable,
Vous donner l'air du monde au lieu des vieilles mœurs.
On ne vit qu'à Paris, et l'on végète ailleurs.

CLÉON, *bas, à Valère.*

Ferme !...

           Bas, à Géronte.
    Il est singulier !

GÉRONTE

           Mais c'est de la folie !
Il faut qu'il ait...

VALÈRE

       La nièce, est-elle encor jolie ?

GÉRONTE

Comment « encor » ? Je crois qu'il a perdu l'esprit ;
Elle est dans son printemps, chaque jour l'embellit.

VALÈRE
Elle était assez bien.

CLÉON, *bas, à Géronte.*
L'éloge est assez mince.

VALÈRE
Elle avait de beaux yeux... pour des yeux de province.

GÉRONTE
1415 Sais-tu que je commence à m'impatienter,
Et qu'avec nous ici c'est très mal débuter ? [90]
Au lieu de témoigner l'ardeur de voir ma nièce,
Et d'en parler du ton qu'inspire la tendresse...

VALÈRE
Vous voulez des fadeurs, de l'adoration ?
1420 Je ne me pique pas de belle passion.
Je l'aime... sensément[114].

GÉRONTE
Comment donc ?

VALÈRE
Comme on aime...
Sans que la tête tourne... Elle en fera de même ;
Je réserve au contrat toute ma liberté ;
Nous vivrons bons amis, chacun de son côté.

CLÉON, *bas, à Valère.*
1425 À merveille ! appuyez.

GÉRONTE
Ce petit train de vie
Est tout à fait touchant, et donne grande envie...

---

114 *Sensément* : « Prudemment ; d'une manière sensée, et judicieuse [...] sans s'abandonner ni à la chaleur de son imagination, ni à la vivacité de son esprit » (*Fur.* 1727).

VALÈRE
Je veux d'abord...

GÉRONTE
D'abord, il faut changer de ton.

CLÉON, *bas, à Valère.*
Dites, pour l'achever, du mal de la maison.

GÉRONTE
Or, écoute...

VALÈRE
Attendez ; il me vient une idée.
*(Il se promène au fond du théâtre,
regardant de côté et d'autre, sans écouter Géronte.)*

GÉRONTE, *à Cléon.*
1430 Quelle tête ! Oh ! ma foi, la noce est retardée ;
Je ferais à ma nièce un fort joli présent !
Je lui veux un mari sensible, complaisant ;
Et s'il veut l'obtenir, car je sens que je l'aime,
Il faut, sur mes avis, qu'il change son système.
1435 Mais qu'examine-t-il ?

VALÈRE
Pas mal... cette façon...

GÉRONTE
Tu trouves bien, je crois, le goût de ma maison ?
Elle est belle, en bon air, enfin c'est mon ouvrage ;
Il faut bien embellir son petit ermitage ;
J'ai de quoi te montrer pendant huit jours ici,
1440 Mais quoi ?...

VALÈRE
Je suis à vous... En abattant ceci...

CLÉON, *à Géronte.*
Que parle-t-il d'abattre ?

VALÈRE
Oh rien.

GÉRONTE
Mais je l'espère.
Sachons ce qui l'occupe ; est-ce donc un mystère ?

VALÈRE
Non, c'est que je prenais quelques dimensions
Pour des ajustements, des augmentations.

GÉRONTE
1445 En voici bien d'une autre ! Eh ! dis-moi, je te prie,
Te prennent-ils souvent tes accès de folie ?

VALÈRE
Parlons raison, mon oncle ; oubliez un moment
Que vous avez tout fait, et point d'aveuglement ;
Avouez, la maison est maussade, odieuse ;
1450 Je trouve tout ici d'une vieillesse affreuse ;
Vous voyez...

GÉRONTE
Que tu n'as qu'un babil importun,
De l'esprit, si l'on veut, mais pas le sens commun.

VALÈRE
Oui... vous avez raison ; il serait inutile
D'ajuster, d'embellir...

GÉRONTE, *à Cléon.*
Il devient plus docile ;
1455 Il change de langage.

LE MÉCHANT

VALÈRE
Écoutez ; faisons mieux.
En me donnant Chloé, l'objet de tous mes vœux, [93]
Vous lui donnez vos biens, la maison ?...

GÉRONTE
C'est-à-dire,
Après ma mort.

VALÈRE
Vraiment[z], c'est tout ce qu'on désire,
Mon cher oncle. Or, voici mon projet sur cela,
1460 Un bien qu'on doit avoir est comme un bien qu'on a.
La maison est à nous ; on ne peut rien en faire,
Un jour je l'abattrais ; donc il est nécessaire,
Pour jouir tout à l'heure[115] et pour en voir la fin,
Qu'aujourd'hui marié, je bâtisse demain.
1465 J'aurai soin...

GÉRONTE
De partir ; ce n'était pas la peine
De venir m'ennuyer.

CLÉON, *bas, à Géronte.*
Sa folie est certaine.

GÉRONTE
Et quant à vos beaux plans et vos dimensions,
Faites bâtir pour vous aux Petites-Maisons[116].

VALÈRE
Parce que pour nos biens je prends quelques mesures,
1470 Mon cher oncle se fâche, et me dit des injures !

---

115 *Tout à l'heure*, « à l'instant-même ».
116 *Mettre aux Petites-Maisons* : interner avec les aliénés, mettre à l'asile des fous, du nom de l'Hôpital des Petites-Maisons.

GÉRONTE [94]
Oui, va, je t'en réponds, ton cher oncle ! Oh ! parbleu,
La peste emporterait jusqu'au dernier neveu,
Je ne te prendrais pas pour rétablir l'espèce.

VALÈRE, *à Cléon.*
Par malheur j'ai du goût, l'air maussade me blesse ;
1475 Et Monsieur ne veut rien changer dans sa façon,
Sous prétexte qu'il est maître de la maison,
Il prétend...

GÉRONTE
Je prétends n'avoir point d'autre maître.

CLÉON
Sans doute.

VALÈRE, *à Géronte.*
Mais, Monsieur, je ne prétends pas l'être.
(À Cléon.)
Faites ici ma paix ; je ferai ce qu'il faut...
1480 Arrangez tout, je vais faire ma cour là-haut.

Scène 10
GÉRONTE, CLÉON

GÉRONTE
A-t-on vu quelque part un fonds[117] d'impertinences
De cette force-là ?

CLÉON [95]
Si sur les apparences...

---

117 L'édition originale porte « fonds », mais le critique qui commente *le Méchant* dans *Le Mercure de France* de mai 1749 signale qu'il aurait été plus correct d'écrire « fond d'impertinence », graphie que reprennent les éditions suivantes.

GÉRONTE

Où diable preniez-vous qu'il avait de l'esprit ?...
C'est un original[118] qui ne sait ce qu'il dit,
1485 Un de ces merveilleux[119] gâtés par des *caillettes*[120] ;
Ni goût, ni jugement, un tissu de sornettes,
Et Monsieur celui-ci, Madame celle-là...
Des riens, des airs, du vent, en trois mots le voilà.
Ma foi, sauf votre avis...

CLÉON

Je m'en rapporte au vôtre ;
1490 Vous vous y connaissez tout aussi bien qu'un autre.
Prenez qu'on m'a surpris, et que je n'ai rien dit ;
Après tout, je n'ai fait que rendre le récit
De gens qu'il voit beaucoup ; moi qui ne le vois guère
Qu'en passant, j'ignorais le fond du caractère.

GÉRONTE

1495 Oh ! sur parole ainsi ne louons point les gens.
Avant que de louer, j'examine longtemps,
Avant que de blâmer, même cérémonie :
Aussi connais-je bien mon monde ; et je défie,
Quand j'ai toisé mes gens, qu'on m'en impose[121] en rien ;
1500 J'ai tant vu, soit en mal, soit en bien,
De réputations contraires aux personnes
Que je n'en admets plus ni mauvaises ni bonnes ; [96]
Il faut y voir soi-même ; et par exemple, vous,
Si je les en croyais, ne disent-ils pas tous
1505 Que vous êtes méchant ? Ce langage m'assomme ;
Je vous ai bien suivi, je vous trouve bon homme.

---

118 « On appelle proverbialement et ironiquement *original* un homme ridicule et singulier en ses manières, qui fait rire par la nouveauté de ses actions » (*Fur*).
119 *Merveilleux* : « On dit ironiquement "vous êtes un merveilleux homme" pour dire *extraordinaire en vos manières* ; expression familière. Au féminin, "une merveilleuse" (*Trévoux*, 1771). Le mot fera fortune au temps du Directoire pour désigner une femme à la mode, tandis que le mot "incroyable" servira pour désigner leurs homologues masculins. »
120 *Caillette* : voir p. 27, n. 78.
121 *Imposer* : « tromper, dire une fausseté [...] déguiser la vérité » (*Fur.*) ; mot dérivé : *imposteur*.

CLÉON
Vous avez dit le mot, et la méchanceté
N'est qu'un nom odieux par les sots inventé.
C'est là, pour se venger, leur formule ordinaire.
1510 Dès qu'on est au-dessus de leur petite sphère,
Que, de peur d'être absurde, on fronde leur avis,
Et qu'on ne rampe pas comme eux : fâchés, aigris,
Furieux contre vous, ne sachant que répondre,
Croyant qu'on les remarque, et qu'on veut les confondre ;
1515 Un tel est très méchant, vous disent-ils tout bas ;
Et pourquoi ? C'est qu'un tel a l'esprit qu'ils n'ont pas
(Un laquais arrive.)

GÉRONTE
Eh bien, qu'est-ce ?

LE LAQUAIS,
Monsieur, ce sont vos lettres[122].

GÉRONTE
      Donne.
Cela suffit.   [97]
(Le laquais sort.)
Voyons... Ah ! Celle-ci m'étonne...
Quelle est cette écriture ? [*Il ouvre le pli et déchiffre la lettre anonyme*][123]
      Oui-da !... j'allais vraiment
1520 Faire une belle affaire ! Oh ! Je crois aisément
Tout ce qu'on dit de lui ; la matière est féconde,
Je vois qu'il est encore des amis dans le monde.

CLÉON
Que vous mande-t-on ? Qui ?

---

122 C'est-à-dire « les lettres qui vous sont destinées ».
123 Cette didascalie nécessaire n'est pas indiquée dans les éditions anciennes.

LE MÉCHANT 319

GÉRONTE
Je ne sais pas qui c'est ;
Quelqu'un, sans se nommer, sans aucun intérêt...
1525 Mais je ne sais s'il faut vous montrer cette lettre ;
On parle mal de vous.

CLÉON
De moi ? daignez permettre...

GÉRONTE
C'est peu de chose ; mais...

CLÉON
Voyons, je ne veux pas
Que sur mes procédés vous ayez d'embarras,
Qu'il soit aucun soupçon, ni le moindre nuage.

GÉRONTE
1530 Ne craignez rien ; sur vous je ne prends nul ombrage ;
Vous pensez comme moi sur ce plat freluquet ;   [98]
Tenez, vous allez voir l'éloge qu'on en fait.

CLÉON *lit.*
J'apprends, Monsieur, que vous donnez votre nièce à Valère. Vous ignorez apparemment que c'est un libertin, dont les affaires sont très dérangées, et le courage[124] *fort suspect. Un ami de sa mère, dont on ne m'a pas dit le nom, s'est fait le médiateur de ce mariage, et vous sacrifie. Il m'est revenu aussi que Cléon est fort lié avec Valère ; prenez garde que ses conseils ne vous embarquent dans une affaire qui ne peut que vous faire tort de toute façon.*

GÉRONTE
Eh bien, qu'en dites-vous ?

---

124 *Courage* : « vertu qui élève l'âme, et qui la porte à mépriser les périls, quand il y a des occasions d'exercer sa vaillance, ou à souffrir les douleurs, quand il y lieu de montrer sa constance et sa fermeté. » (*Fur.*). Si le courage de Cléon est « fort suspect », c'est qu'il en témoigne peu dans les situations où il faudrait témoigner de la résolution.

CLÉON
Je dis, et je le pense,
Que c'est quelque noirceur sous l'air de confidence.
1535 Pourquoi cacher son nom ?

Il déchire la lettre.

GÉRONTE
Comment ? Vous déchirez...

CLÉON
Oui... Qu'en voulez-vous faire ?

GÉRONTE [99]
Et vous conjecturez
Que c'est quelque ennemi, qu'on en veut à Valère ?

CLÉON
Mais je n'assure rien. Dans toute cette affaire
Me voilà suspect, moi, puisqu'on me dit lié...

GÉRONTE
1540 Je ne crois pas un mot d'une telle amitié.

CLÉON
Le mieux sera d'agir selon votre système ;
N'en croyez point autrui, jugez tout par vous-même.
Je veux croire qu'Ariste est honnête homme ; mais...
Votre écrivain[125] peut-être... Enfin, sachez les faits ;
1545 Sans humeur, sans parler de l'avis qu'on vous donne,
Soit calomnie ou non, la lettre est toujours bonne,
Quant à vos sûretés, rien encor n'est signé :
Voyez, examinez...

GÉRONTE
Tout est examiné ;
Je renverrai mon fat, et son affaire est faite.

---

125 Ici « l'auteur de la lettre, celui qui l'a écrite ».

1550 Il vient... Proposez-lui de hâter sa retraite,
Deux mots ; je vous attends.

Scène 11
CLÉON, VALÈRE, *d'un air rêveur.*

CLÉON *fort vite et à demi-voix.*
Vous êtes trop heureux :
Géronte vous déteste ; il s'en va furieux.
Il m'attend. Je ne puis vous parler davantage ;
Mais ne craignez plus rien sur votre mariage.

Scène 12
VALÈRE, *seul.*
1555 Je ne sais où j'en suis, ni ce que je résous.
Ah, qu'un premier amour a d'empire sur nous !
J'allais braver Chloé par mon étourderie.
La braver ! J'aurais fait le malheur de ma vie.
Ses regards ont changé mon âme en un moment ;
1560 Je n'ai pu lui parler qu'avec saisissement.
Que j'étais pénétré ! que je la trouve belle !
Que cet air de douceur, et noble et naturelle,
A bien renouvelé cet instinct enchanteur,
Ce sentiment si pur, le premier de mon cœur !
1565 Ma conduite, à mes yeux, me pénètre de honte ;
Pourrai-je réparer mes torts près de Géronte ?
Il m'aimait autrefois. J'espère mon pardon.
Mais comment avouer mon amour à Cléon ?
Moi ! sérieusement amoureux[aa] !... Il n'importe ;
1570 Qu'il m'en plaisante ou non, ma tendresse l'emporte.
Je ne vois que Chloé ; si j'avais pu prévoir...
Allons tout réparer ! Je suis au désespoir.

Fin du troisième acte.

ACTE IV

Scène première
CHLOÉ, LISETTE

LISETTE
Eh quoi, Mademoiselle, encor cette tristesse !
Comptez sur moi, vous dis-je ; allons, point de faiblesse.

CHLOÉ
1575 Que les hommes sont faux ! et qu'ils savent, hélas !
Trop bien persuader ce qu'ils ne sentent pas !
Je n'aurais jamais cru l'apprendre par Valère.
Il revient, il me voit, il semblait vouloir plaire,
Son trouble lui prêtait de nouveaux agréments[126],
1580 Ses yeux semblaient répondre à tous mes sentiments.
Le croiras-tu, Lisette ? Et qu'y puis-je comprendre ?
Cet amant adoré, que je croyais si tendre,
Oui, Valère, oubliant ma tendresse et sa foi,
Valère me méprise !... Il parle mal de moi.

LISETTE
1585 Il en parle très bien, je le sais, je vous jure.

CHLOÉ
Je le tiens de mon oncle, et ma peine est trop sûre ;
Tout est rompu, je suis dans un chagrin mortel.

LISETTE
Ouais ! tout ceci me passe et n'est pas naturel ;
Valère vous adore, et fait cette équipée !
1590 Je vois là du Cléon, ou je suis bien trompée.
Mais il faut par vous-même entendre votre amant ;

---
126 Souvenir de la *Phèdre* de Racine « tes malheurs te prêtaient encor de nouveaux charmes » II, 5, vers 689.

LE MÉCHANT

Je vous ménagerai cet éclaircissement,
Sans que dans mon projet Florise nous dérange ;
Ma foi, je lui prépare un tour assez étrange
1595 Qui l'occupera trop pour avoir l'œil sur vous :
Le moment est heureux ; tous les noms les plus doux
Ne reviennent-ils pas ? C'est *ma chère Lisette !*
Mon enfant !... On m'écoute, on me trouve parfaite ;
Tantôt on ne pouvait me souffrir ; à présent,
1600 Vu que, pour terminer, Géronte est moins pressant,
Elle est d'une gaité, d'une folie extrême.
Moi, je vais profiter de l'instant où l'on m'aime,
Dès qu'à tous ses propos Cléon aura mis fin : [104]
Il est *délicieux, incroyable*[127]*, divin,*
1605 Cent autres petits mots qu'elle redit sans cesse ;
Ces noms dureront peu, comptez sur ma promesse.
Géronte le demande, on le dit en fureur,
Mais je compte guérir le frère par la sœur.

CHLOÉ

Eh ! que fait Valère ?

LISETTE

Ah ! j'oubliais de vous dire
1610 Qu'il est à sa toilette, et cela doit détruire
Vos soupçons mal fondés. Car vous concevez bien
Que s'il va se parer, ce soin n'est pas pour rien.
Ariste est avec lui ; j'en tire bon augure,
Pour Valère et Cléon, quoique je sois bien sûre
1615 Qu'ils se connaissent fort, ils s'évitent tous deux.
Serait-ce intelligence[128], ou brouillerie entre eux ?
Je le démêlerai, quoiqu'il soit difficile...
Votre mère descend ; allez, soyez tranquille.

---

127 *Incroyable* : « Extraordinaire en vos manières ». Sans que Littré l'enregistre, le mot « incroyable » revêt ici un sens proche de celui de *merveilleux* ce qui prouve que cette acception était connue avant le Directoire. Voir p. 317, n. 119.
128 *Intelligence* : « se dit en mauvaise part d'une cabale secrète, d'une collusion de parties qui tend à nuire à autrui » (*Fur.*)

Scène 2 [105]

LISETTE, *seule.*

Moi, tout ceci me donne une peine, un tourment… !
1620 N'importe, si mes soins tournent heureusement.
Mais que prétend Ariste ? et pour quelle aventure
Veut-il que je lui fasse avoir de l'écriture
De Frontin ? Comment faire ? Et puis d'ailleurs Frontin,
Au plus signe son nom, et n'est pas écrivain[129].

Scène 3
FLORISE, LISETTE

FLORISE

1625 Eh bien, Lisette ?

LISETTE
Eh bien, Madame.

FLORISE
Es-tu contente ?

LISETTE
Mais, Madame, pas trop ; ce couvent m'épouvante.

FLORISE [106]
Pour y suivre Chloé, je destine Marton ;
Tu resteras ici ; je parlais de Cléon.
Dis-moi, n'en es-tu pas extrêmement contente ?
1630 Ai-je tort de défendre un esprit qui m'enchante ?
J'ai bien vu tout à l'heure, et ton goût me plaisait,
Que tu t'amusais fort de tout ce qu'il disait.
Conviens qu'il est charmant, et laisse, je te prie,
Tous les petits discours que fait tenir l'envie.

---

129 *Écrivain* : « On appelle *écrivain*, ceux qui écrivent pour le public lettres, mémoires, placets, etc. tels qu'on en voit dans plusieurs quartiers de Paris principalement dans la cour du Palais et sous les charniers du cimetière des Innocents » (*Trévoux*, 1771). Ici, Frontin ne pourrait pas être « secrétaire » d'autrui.

LISETTE

1635 Moi, Madame ? Eh mon Dieu ! Je n'aimerais rien tant
Que d'en croire du bien ; vous pensez sensément,
Et si vous persistez à le juger de même,
Si vous l'aimez toujours, il faut bien que je l'aime.

FLORISE

Ah ! tu l'aimeras donc ; je te jure aujourd'hui
1640 Que de tout l'univers je n'estime que lui.
Cléon a tous les tons, tous les esprits ensemble ;
Il est toujours nouveau. Tout le reste me semble
D'une misère affreuse, ennuyeux à mourir,
Et je rougis des gens qu'on me voyait souffrir[130].

LISETTE

1645 Vous avez bien raison ; quand on a l'avantage
D'avoir mieux rencontré, le parti le plus sage
Est de s'y tenir ; mais...

FLORISE

Quoi ?

LISETTE

Rien.

FLORISE

Je veux savoir...

LISETTE

Non.

FLORISE

Je l'exige.

LISETTE

Eh bien... J'ai cru m'apercevoir
Qu'il n'avait pas pour vous tout le goût qu'il vous marque ;

---

130 *souffrir* : « supporter ».

1650 Il me parle souvent, et souvent je remarque
Qu'il a, quand je vous loue, un air embarrassé ;
Et sur certains discours si je l'avais poussé…

FLORISE

Chimère !… Il faut pourtant éclaircir ce nuage.
Il est vrai que Chloé me donne quelque ombrage,
Et que c'est à dessein de l'éloigner de lui
Qu'à la mettre au couvent je m'apprête aujourd'hui.
Toi, fais causer Cléon ; et que je puisse apprendre…

LISETTE

Je voudrais qu'en secret vous vinssiez nous entendre ;
Vous ne m'en croiriez pas.

FLORISE

                Quelle folie ?

LISETTE

                              Oh ! non.
1660 Il faut s'aider de tout dans un juste soupçon ;
Si ce n'est pas pour vous, que ce soit pour moi-même.
J'ai l'esprit défiant ; vous voulez que je l'aime,
Et je ne puis l'aimer comme je le prétends
Que quand nous aurons fait l'épreuve où je l'attends.

FLORISE

1665 Mais comment ferions-nous ?

LISETTE

                        Ah ! rien n'est plus facile ;
C'est avec moi tantôt que vous verrez son style.
Faux ou vrai, bien ou mal, il s'expliquera là.
Vous avez vu souvent qu'au moment où l'on va
Se promener ensemble au bois, à la prairie,
1670 Cléon ne part jamais avec la compagnie ;
Il reste à me parler, à me questionner,
Et de ce cabinet, vous pourriez vous donner

Le plaisir de l'entendre[131] appuyer, ou détruire…

FLORISE
Tout ce que tu voudras ; je ne veux que m'instruire
1675 Cléon pour ma fille a le goût que je croi[s] ;
Mais je ne puis penser qu'il parle mal de moi.

LISETTE
Eh bien, c'est de ma part une galanterie ;
L'éloge des absents se fait sans flatterie.
Il faudra que sur vous, dans tout cet entretien,
1680 Je dise un peu de mal, dont je ne pense rien,
Pour lui faire beau jeu[132].

FLORISE
   Je te le passe encore.

LISETTE
S'il trompe mon attente, oh ! ma foi, je l'adore.

FLORISE,
voyant venir Ariste et Valère.
Encor Monsieur Ariste avec son protégé !
Je voudrais bien, tous deux, qu'ils prissent leur congé ;
1685 Mais ils ne sentent rien ; laissons-les.

Scène 4
ARISTE, VALÈRE, *paré.*

VALÈRE
     On m'évite ;
Ô Ciel ! Je suis perdu.

---
131 L'épisode qui suit rappelle la scène dans laquelle Orgon caché sous la table écoute Tartuffe presser Elmire de répondre à ses avances (*Tartuffe*, IV, 5, v. 1387-1528) mais le comique de farce de Molière cède ici la place à un comique de salon plus crédible pour le public de 1747.
132 *Faire beau jeu* : « on dit qu'un homme donne *beau jeu* à son ennemi pour dire, lui donne […] des occasions de le critiquer » (*Fur.*) ; « donner une occasion favorable, donner prise, donner les moyens » (*Leroux*).

ARISTE
Réglez votre conduite
Sur ce que je vous dis, et fiez-vous à moi
Du soin de mettre fin au trouble où je vous voi[s],
Soyez-en sûr, j'ai fait demander à Géronte
1690 Un moment d'entretien, et c'est sur quoi je compte :
Je vais de l'amitié joindre l'autorité
Au ton de la franchise et de la vérité,
Et nous éclaircirons ce qui nous embarrasse.

VALÈRE
Mais il a, par malheur, fort peu d'esprit.

ARISTE
De grâce,
1695 Le connaissez-vous?

VALÈRE
Non; mais je vois ce qu'il est;
D'ailleurs, ne juge-t-on que ceux que l'on connaît?
La conversation deviendrait fort stérile.
J'en sais assez pour voir que c'est un imbécile. [111]

ARISTE
Vous retombez encor, après m'avoir promis
1700 D'éloigner de votre air et de tous vos avis
Cette méchanceté qui vous est étrangère.
Eh[ab]! pourquoi s'opposer à son bon caractère?
Tenez, devant vos gens je n'ai pu librement
Vous parler de Cléon; il faut absolument
1705 Rompre...

VALÈRE
Que je me donne un pareil ridicule!
Rompre avec un ami!

ARISTE
Que vous êtes crédule!

On entre dans le monde, on en est enivré,
Au plus frivole accueil on se croit adoré.
On prend pour des amis de simples connaissances,
1710 Et^{ac} que de repentirs suivent ces imprudences !
Il faut, pour votre honneur, que vous y renonciez :
On vous juge d'abord par ceux que vous voyez ;
Ce préjugé s'étend sur votre vie entière,
Et c'est des premiers pas que dépend la carrière.
1715 Débuter par ne voir qu'un homme diffamé !

VALÈRE

Je vous réponds, Monsieur, qu'il est très estimé ;
Il a les ennemis que nous fait le mérite.
D'ailleurs, on le consulte, on l'écoute, on le cite ; [112]
Aux spectacles surtout, il faut voir le crédit
1720 De ses décisions, le poids de ce qu'il dit ;
Il faut l'entendre après une pièce nouvelle,
Il règne, on l'environne, il prononce sur elle ;
Et son autorité, malgré les protecteurs,
Pulvérise l'ouvrage, et les admirateurs.

ARISTE

1725 Mais vous le condamnez en croyant le défendre :
Est-ce bien là l'emploi qu'un bon esprit doit prendre ?
L'orateur des foyers[133] et des mauvais propos !
Quels titres sont les siens ? l'insolence, et des mots,
Les applaudissements, le respect idolâtre
1730 D'un essaim d'étourdis, chenilles du théâtre,
Et qui, venant toujours grossir le tribunal
Du bavard imposant qui dit le plus de mal,
Vont semer d'après lui, l'ignoble parodie[134]
Sur les fruits des talents et les dons du génie.

---

133 C'est au foyer des théâtres que les commentaires des spectateurs décidaient le succès ou l'échec d'un spectacle.
134 *Parodie* : « plaisanterie [théâtrale] qui consiste à tourner quelques ouvrages sérieux [tragédie ou opéra] en burlesque, en affectant d'observer autant qu'il est possible les mêmes rimes, paroles ou cadences. » (*Fur.*).

1735   Cette audace d'ailleurs, cette présomption[135]
       Qui prétend tout ranger à sa décision[136],
       Est d'un fat ignorant la marque la plus sûre.
       L'homme éclairé suspend l'éloge et la censure ;
       Il sait que sur les arts, les esprits et les goûts
1740   Le jugement d'un seul n'est point la loi de tous.
       Qu'attendre est, pour juger, la règle la meilleure,
       Et que l'arrêt public est le seul qui demeure.   [113]

VALÈRE
Il est vrai ; mais enfin Cléon est respecté,
Et je vois les rieurs toujours de son côté.

ARISTE
1745   De si honteux succès ont-ils de quoi vous plaire ?
       Du rôle de « Plaisant[137] » connaissez la misère ;
       J'ai rencontré souvent de ces gens à bons mots,
       De ces hommes charmants, qui n'étaient que des sots ;
       Malgré tous les efforts de leur petite envie,
1750   Une froide épigramme, une bouffonnerie
       À ce qui vaut mieux qu'eux n'ôtera jamais rien,
       Et malgré les « Plaisants » le bien est toujours bien.
       J'ai vu d'autres Méchants d'un grave caractère,
       Gens laconiques, froids, à qui rien ne peut plaire ;
1755   Examinez-les bien ; un ton sentencieux
       Cache leur nullité sous un air dédaigneux.
       Cléon souvent aussi prend cet air d'importance ;
       Il veut être méchant jusque dans son silence.
       Mais, qu'il se taise ou non, tous les esprits bien faits
1760   Sauront le mépriser jusque dans ses succès.

VALÈRE
Lui refuseriez-vous l'esprit ? J'ai peine à croire…

---

135 Diérèse : quatre syllabes.
136 Diérèse : quatre syllabes.
137 Le *plaisant* : « Bouffon, celui qui affecte de faire rire ; faire le plaisant. » (*Fur.*).

ARISTE

Mais à l'esprit méchant, je ne vois point de gloire.
Si vous saviez combien cet esprit est aisé,
Combien il en faut peu, comme il est méprisé !
1765 Le plus stupide obtient la même réussite.
Eh ! Pourquoi tant de gens ont-ils ce plat mérite ?
Stérilité de l'âme, et de ce naturel
Agréable, amusant, sans bassesse et sans fiel.
On dit l'esprit commun ! Par son succès bizarre,
1770 La méchanceté prouve à quel point il est rare.
Ami du Bien, de l'Ordre, et de l'Humanité,
Le véritable Esprit marche avec la Bonté.
Cléon n'offre à nos yeux qu'une fausse lumière.
La réputation des mœurs est la première.
1775 Sans elle, croyez-moi, tout succès est trompeur :
Mon estime toujours commence par le cœur ;
Sans lui l'esprit n'est rien, et malgré vos distiques
Il produit seulement des erreurs et des crimes.
Fait pour être chéri, ne serez-vous cité
1780 Que pour le complaisant[138] d'un homme détesté ?

VALÈRE

Je vois tout le contraire ; on le recherche, on l'aime :
Je voudrais que chacun me détestât de même ;
On se l'arrache au moins. Je l'ai vu quelquefois
À des soupers divins retenu pour un mois.
1785 Quand il est à Paris, il ne peut y suffire.
Me direz-vous qu'on hait un homme qu'on désire ?

ARISTE

Que dans ses procédés l'homme est inconséquent !
On recherche un esprit dont on hait le talent ;
On applaudit aux traits du méchant qu'on abhorre,
1790 Et loin de le proscrire, on l'encourage encore !
Mais convenez aussi qu'avec ce mauvais ton,
Tous ces gens, dont il est l'oracle ou le bouffon,

---

138 Voir p. 244, n. 4.

Craignent pour eux le sort des absents qu'il leur livre,
Et que tous, avec lui, seraient fâchés de vivre.
1795 On le voit une fois, il peut être applaudi ;
Mais quelqu'un voudrait-il en faire son ami ?

VALÈRE
On le craint, c'est beaucoup.

ARISTE
                Mérite pitoyable !
Pour les esprits sensés est-il donc redoutable ?
C'est ordinairement à de faibles rivaux
1800 Qu'il adresse les traits de ses mauvais propos.
Quel honneur trouvez-vous à poursuivre, à confondre[139],
À désoler quelqu'un qui ne peut vous répondre ?
Ce triomphe honteux de la méchanceté
Réunit la bassesse et l'inhumanité.
1805 Quand sur l'esprit d'un autre on a quelque avantage,
N'est-il pas plus flatteur d'en mériter l'hommage,
De voiler, d'enhardir la faiblesse d'autrui,
Et d'en être à la fois et l'amour et l'appui ?

VALÈRE
Qu'elle soit un peu plus, un peu moins vertueuse,
1810 Vous m'avouerez du moins que sa vie est heureuse ;
On épuise bientôt une société ;
On sait tout votre esprit, vous n'êtes plus fêté
Quand vous n'êtes plus neuf ; il faut une autre scène
Et d'autres spectateurs ; il passe, il se promène
1815 Dans les cercles divers, sans gêne, sans lien ;
Il a la fleur de tout, n'est esclave de rien...

ARISTE
Vous le croyez heureux ? Quelle âme méprisable
Si c'est là son bonheur ! C'est être misérable,
Étranger au milieu de la société,

---

139 *Confondre* : voir p. 76, n. 42.

1820 Et partout fugitif, et partout rejeté.
Vous connaîtrez bientôt par votre expérience
Que le bonheur du cœur est dans la confiance ;
Un commerce de suite[140] avec les mêmes gens,
L'union des plaisirs, des goûts, des sentiments,
1825 Une société peu nombreuse, et qui s'aime,
Où vous pensez tout haut, où vous êtes vous-même,
Sans lendemain, sans crainte, et sans malignité,
Dans le sein de la paix et de la sûreté ;
Voilà le seul bonheur honorable et paisible
1830 D'un esprit raisonnable, et d'un cœur né sensible.
Sans amis, sans repos, suspect et dangereux,
L'homme frivole et vague est déjà malheureux ;
Mais jugez avec moi combien l'est davantage
Un Méchant affiché, dont on craint le passage,
1835 Qui, traînant avec lui les rapports, les horreurs,
L'esprit de fausseté, l'art affreux des noirceurs,
Abhorré, méprisé, couvert d'ignominie,
Chez les honnêtes gens demeure sans patrie ;
Voilà le vrai proscrit, et vous le connaissez.

VALÈRE
1840 Je ne le verrais plus, si ce que vous pensez
Allait m'être prouvé ; mais on outre les choses,
C'est donner à des riens les plus horribles causes.
Quant à la probité, nul ne peut l'accuser ;
Ce qu'il dit, ce qu'il fait n'est que pour s'amuser.

ARISTE
1845 S'amuser, dites-vous ? Quelle erreur est la vôtre !
Quoi ! vendre tour à tour, immoler l'une à l'autre
Chaque société[141], diviser les esprits,
Aigrir des gens brouillés, ou brouiller des amis,
Calomnier, flétrir des femmes estimables,
1850 Faire du mal d'autrui ses plaisirs détestables,

---

140 *Commerce de suite* : « relation d'amitié installée dans la durée ».
141 *Société* : voir p. 250, n. 10.

Ce germe d'infamie et de perversité
Est-il dans la même âme avec la probité ?
Et parmi vos amis vous souffrez qu'on le nomme !

VALÈRE

Je ne le connais plus s'il n'est point honnête homme.
1855 Mais il me reste un doute : avec trop de bonté,
Je crains de me piquer de singularité.
Sans condamner l'avis de Cléon ni le vôtre,
J'ai l'esprit de mon siècle et je suis comme un autre ;
Tout le monde est méchant, et je serais partout
1860 Ou dupe, ou ridicule, avec un autre goût.

ARISTE

Tout le monde est méchant ? Oui, ces cœurs haïssables,
Ce peuple d'hommes faux, de femmes, d'agréables[142],
Sans principes, sans mœurs ; esprits bas et jaloux,
Qui se rendent justice en se méprisant tous.
1865 En vain ce peuple affreux, sans frein et sans scrupule,
De la bonté du cœur veut faire un ridicule.
Pour chasser ce nuage et voir avec clarté
Que l'homme n'est point fait pour la méchanceté,
Consultez, écoutez pour juges, pour oracles,
1870 Les hommes rassemblés ; voyez à nos spectacles,
Quand on peint quelque trait de candeur, de bonté
Où brille en tout son jour la tendre humanité,
Tous les cœurs sont remplis d'une volupté pure,
Et c'est là qu'on entend le cri de la nature[143].

VALÈRE

1875 Vous me persuadez.

---

142 Un *agréable* : Le mot s'emploie comme substantif dès le XVIIe siècle pour décrire un homme d'une galanterie fade et affectée ; « on dit qu'un homme fait l'agréable, pour dire, qu'il croit être agréable, et qu'il affecte de passer pour tel ; et qu'un homme fait l'agréable auprès d'une femme, pour dire, qu'il s'attache à lui faire la cour, à lui vouloir plaire » (*Trévoux*, 1771)

143 Comme le signale Pierre Leroy, *op. cit.*, tout le passage rappelle en substance les vues de Nivelle de La Chaussée en faveur d'un théâtre « touchant », vues auxquelles Diderot redonnera de l'actualité quelques années plus tard ; il préfigure même les critiques de Jean-Jacques Rousseau contre une société hyper-civilisée, par là-même corrompue.

ARISTE

Vous ne réussirez
Qu'en suivant ces conseils : soyez bon, vous plairez ;
Si la raison ici vous a plu dans ma bouche,
Je le dois à mon cœur que votre intérêt touche.

VALÈRE

Géronte vient. Calmez son esprit irrité,
1880 Et comptez pour toujours sur ma docilité.

Scène 5 [120]
GÉRONTE, ARISTE, VALÈRE

GÉRONTE

Le voilà bien paré[144] ! Ma foi, c'est grand dommage
Que vous ayez ici perdu votre étalage[145].

VALÈRE

Cessez de m'accabler, Monsieur, et par pitié
Songez qu'avant ce jour j'avais votre amitié.
1885 Par l'erreur d'un moment ne jugez point ma vie ;
Je n'ai qu'une espérance. Ah ! m'est-elle ravie ?
Sans l'aimable Chloé je ne puis être heureux.
Voulez-vous mon malheur ?

GÉRONTE

Elle a d'assez beaux yeux...
Pour des yeux de province[146].

VALÈRE

Ah ! laissez-là, de grâce,
1890 Des torts que pour toujours mon repentir efface,
Laissez un souvenir...

---

144 Géronte observe ironiquement la tenue de Valère.
145 *Étalage* : « se dit au figuré de l'ajustement, de la parure, et surtout de celle des femmes. Elle avait employé bien du temps à se parer pour le bal, mais elle a perdu sa peine, et son étalage. Il ne se dit guère qu'en plaisanterie » (*Fur.* 1727).
146 Géronte reprend ironiquement la formule qu'avait employée Valère (III, 5, v. 1414).

GÉRONTE
Vous-même, laissez-nous ;
Monsieur veut me parler. Au reste, arrangez-vous
Tout comme vous voudrez ; vous n'aurez point ma nièce. [121]

VALÈRE
Quand j'abjure à jamais ce qu'un moment d'ivresse...

GÉRONTE
1895 Oh ! pour rompre, vraiment, j'ai bien d'autres raisons.

VALÈRE
Quoi donc ?

GÉRONTE
Je ne dis rien ; mais, sans tant de façons,
Laissez-nous, je vous prie, ou bien je me retire.

VALÈRE
Non, Monsieur, j'obéis... à peine je respire...
(À part à Ariste.)[147]
Ariste, vous savez mes vœux et mes chagrins.
1900 Décidez de mes jours, leur sort est dans vos mains.

Scène 6
GÉRONTE, ARISTE

ARISTE
Vous le traitez bien mal ; je ne vois pas quel crime...

GÉRONTE [122]
À la bonne heure ! Il peut obtenir votre estime ;
Vous avez vos raisons apparemment ; et moi
J'ai les miennes aussi, chacun juge pour soi.
1905 Je crois, pour votre honneur, que du petit Valère
Vous pouviez ignorer le mauvais caractère.

---
147 Didascalie absente dans les éditions anciennes.

ARISTE
Ce ton-là m'est nouveau ; jamais votre amitié
Avec moi jusqu'ici ne l'avait employé.

GÉRONTE
Que diable voulez-vous ? Quelqu'un qui me conseille
1910 De m'empêtrer ici d'une espèce[148] pareille,
M'aime-t-il ? Vous voulez que je trouve parfait
Un petit suffisant[149] qui n'a que du caquet ;
D'ailleurs mauvais esprit, qui décide, qui fronde,
Parle bien de lui-même, et mal de tout le monde.

ARISTE
1915 Il est jeune ; il peut être indiscret, vain, léger,
Mais quand le cœur est bon, tout peut se corriger.
S'il vous a révolté par une extravagance,
Quoique sur cet article il s'obstine au silence,
Vous devez moins, je crois, vous en prendre à son cœur
1920 Qu'à de mauvais conseils, dont on saura l'auteur.
Sur la méchanceté vous lui rendrez[ag] justice, [123]
Valère a trop d'esprit pour ne pas fuir ce vice ;
Il peut en avoir eu l'apparence et le ton
Par vanité, par air, par indiscrétion ;
1925 Mais de ce caractère il a vu la bassesse.
Comptez qu'il est bien né, qu'il pense avec noblesse...

GÉRONTE
Il fait donc l'hypocrite avec vous. En effet[150],
Il lui manquait ce vice, et le voilà parfait.
Ne me contraignez pas d'en dire davantage ;
1930 Ce que je sais de lui...

---
148 *Espèce* : « se dit quelquefois des individus de chaque espèce à part. Voilà un homme singulier, d'une nouvelle espèce. C'est une pauvre espèce » (*Trévoux*, 1771). Le *Robert* (1990) enregistre encore le mot comme vieux et péjoratif au sens de « personne » en citant un exemple de Rousseau « Comme si ce n'était pas trop honorer de pareilles *espèces* que de faire attention à leurs procédés ».
149 *Suffisant* : « orgueilleux, qui s'en fait accroire » (*Fur.* 1727).
150 *En effet* : « D'une manière véritable et réelle » (*Fur.* 1727) ; « en réalité ».

ARISTE
Cléon...

GÉRONTE
Encor ! J'enrage.
Vous avez la fureur de mal penser d'autrui ;
Qu'a-t-il à faire là ? Vous parlez mal de lui,
Tandis qu'il vous estime, et qu'il vous justifie.

ARISTE
Moi ! me justifier ? Eh ! de quoi, je vous prie ?

GÉRONTE
1935 Enfin...

ARISTE
Expliquez-vous, ou je romps pour jamais.
Vous ne m'estimez plus si des soupçons secrets...

GÉRONTE [124]
Tenez, voilà Cléon, il pourra vous apprendre,
S'il veut, des procédés que je ne puis comprendre.
C'est de mon amitié faire bien peu de cas...
1940 Je sors... car je dirais ce que je ne veux pas.

Scène 7
CLÉON, ARISTE

ARISTE
M'apprendrez-vous, Monsieur, quelle odieuse histoire
Me brouille avec Géronte, et quelle âme assez noire... ?

CLÉON
Vous n'êtes pas brouillés ; amis de tous les temps
Vous êtes au-dessus de tous les différends.
1945 Vous verrez simplement que c'est quelque nuage ;
Cela finit toujours par s'aimer davantage.

Géronte a sur le cœur nos persécutions
Sur un parti, qu'en vain vous et moi conseillons.
Moi, j'aime fort Valère, et je vois avec peine
1950 Qu'il se soit annoncé par donner une scène ;
Mais, soit dit entre nous, peut-on compter sur lui ?
À bien examiner ce qu'il fait aujourd'hui, [125]
On imaginerait qu'il détruit notre ouvrage,
Qu'il agit sourdement contre son mariage.
1955 Il veut, il ne veut plus ; sait-il ce qu'il lui faut ?
Il est près de Chloé, qu'il refusait tantôt.

ARISTE
Tout serait expliqué si l'on cessait de nuire,
Si la Méchanceté ne cherchait à détruire...

CLÉON
Oh bon, quelle folie ! êtes-vous de ces gens
1960 Soupçonneux, ombrageux ? Croyez-vous aux méchants ?
Et réalisez-vous cet être imaginaire,
Ce petit préjugé qui ne va qu'au vulgaire ?
Pour moi, je n'y crois pas ; soit dit sans intérêt,
Tout le monde est méchant, et personne ne l'est ;
1965 On reçoit, et l'on rend, on est à peu près quitte.
Parlez-vous des propos ? Comme il n'est ni mérite,
Ni goût, ni jugement qui ne soit contredit,
Que rien n'est vrai sur rien, qu'importe ce qu'on dit ?
Tel sera mon héros et tel sera le vôtre,
1970 L'aigle d'une maison n'est qu'un sot dans une autre.
Je dis ici qu'Éraste est un mauvais plaisant[ah] ;
Eh bien, on dit ailleurs qu'Éraste est amusant[ai].
Si vous parlez des faits et des tracasseries, [126]
Je n'y vois dans le fond que des plaisanteries ;
1975 Et si vous attachez du crime à tout cela,
Beaucoup d'honnêtes gens sont de ces fripons-là.
L'agrément couvre tout, il rend tout légitime ;
Aujourd'hui dans le monde on ne connaît qu'un crime,

C'est l'ennui. Pour le fuir, tous les moyens sont bons[151] :
1980 Il gagnerait bientôt les meilleures maisons
Si l'on s'aimait si fort ; l'amusement circule
Par les préventions, les torts, le ridicule.
Au reste, chacun parle et fait comme il l'entend ;
Tout est mal, tout est bien, tout le monde est content.

ARISTE
1985 On n'a rien à répondre à de telles maximes ;
Tout est indifférent pour les âmes sublimes[152].
Le plaisir, dites-vous[aj], y gagne ; en vérité,
Je n'ai vu que l'ennui chez la méchanceté.
Ce jargon éternel de la froide[ak] ironie,
1990 L'air de dénigrement, l'aigreur, la jalousie[al],
Ce ton mystérieux[am], ces petits mots sans fin,
Toujours avec un air qui voudrait être fin,
Ces indiscrétions, ces rapports infidèles,
Ces basses faussetés, ces trahisons cruelles,
1995 Tout[an] cela n'est-il pas, à le bien définir,
L'image de la haine, et la mort du plaisir ?
Aussi ne voit-on plus, où sont ces caractères, [127]
L'aisance, la franchise[ao], et les plaisirs sincères.
On est en garde, on doute enfin si l'on rira.
2000 L'esprit qu'on veut avoir, gâte celui qu'on a,
De la joie et du cœur on perd l'heureux langage[ap]
Pour l'absurde talent d'un[aq] triste *persiflage*[153].

---

151 Ces deux vers préfigurent ceux que Baudelaire consacrera à l'ennui dans *Les Fleurs du mal*. : « dans la ménagerie infâme de nos vices, / Il en est un [qui...] dans un bâillement avalerait le monde ; / C'est l'Ennui !... (*Au lecteur*, vers 32-37, *passim*). Baudelaire possédait les œuvres de Gresset ; voir p. 146, n. 16.
152 Ariste se moque de Cléon en le désignant par antiphrase comme une « âme sublime » alors qu'il le méprise.
153 *Persiflage* : « Terme nouveau, qui s'est accrédité tout d'un coup, à Paris. Je l'ai défini [...] l'Art, ou l'action, de railler agréablement un sot, par des raisonnements et des figures qu'il n'entend pas, ou qu'il prend dans un autre sens : ainsi, *persifler* quelqu'un, c'est le railler, sans qu'il s'en aperçoive. Cependant, il semble que sous ce mot on comprend aussi tout badinage d'idées et d'expressions, qui laisse du doute ou de l'embarras sur leur véritable sens » (abbé Prévost, *Manuel lexique ou dictionnaire portatif des mots françois*, Paris, Didot, 1755). Voir aussi Duclos, *Considérations sur les mœurs de ce siècle*, chap. VIII « Sur les gens à la mode ». *Trévoux* (1771) souligne encore la « nouveauté » du terme et renvoie à

LE MÉCHANT 341

Faut-il donc s'ennuyer pour être du bon air[ar] ?
Mais, sans perdre en discours un temps qui nous est cher,
2005 Venons au fait, Monsieur, connaissez ma droiture.
Si vous êtes ici, comme on le conjecture,
L'ami de la maison, si vous voulez le bien,
Allons trouver Géronte, et qu'il ne cache rien ;
Sa défiance ici tous deux nous déshonore.
2010 Je lui révélerai des choses qu'il ignore ;
Vous serez notre juge. Allons, secondez-moi,
Et soyons tous trois sûrs de notre bonne foi.

CLÉON
Une explication ! En faut-il quand on s'aime ?
Ma foi, laissez tomber tout cela de soi-même ;
2015 Me mêler là-dedans ?... ce n'est pas mon avis.
Souvent un tiers se brouille avec les deux partis,
Et je crains... Vous sortez ? mais vous me faites rire,
De grâce, expliquez-moi...

ARISTE [128]
Je n'ai rien à vous dire[as].

Scène 8
LISETTE, ARISTE, CLÉON

LISETTE
Messieurs, on vous attend dans le bois.

---

persifler : « plaisanter, railler indécemment quelqu'un ; le rendre instrument et victime de la plaisanterie par les choses qu'on lui fait dire ingénument ». Le mot est imprimé en italiques pour signaler qu'il s'agit d'un néologisme dont la première attestation se trouve chez Voltaire en 1734 ; on le trouve aussi en 1735 chez d'Alembert et chez Prévost dans *Le Pour et le Contre* (Voir Élisabeth Bourguinat, *Le Siècle du persiflage 1734-1789*, Paris, PUF, 1998, p. 2, et les observations de Laurent Versini, dans son compte-rendu paru dans *Romanische Forschungen*, III, 2, 1999, p. 290-292 ; voir aussi la notice « persiflage » dans le *Dictionnaire européen des Lumières*, Michel Delon (dir.) Paris, Presses universitaires de France, 1977, p. 844). – Le *Robert* signale qu'il faut comprendre « mise en boîte ».

ARISTE,
bas à Lisette, en sortant.
Songe au moins...

LISETTE, *bas, à Ariste.*
2020 Silence.

Scène 9
CLÉON, LISETTE

CLÉON
Heureusement nous voilà sans témoins ;
Achève de m'instruire, et ne fais aucun doute...

LISETTE
Laissez-moi voir d'abord si personne n'écoute
Par hasard à la porte, ou dans ce cabinet ;
Quelqu'un des gens pourrait entendre mon secret.

CLÉON, *seul*. [129]
2025 La petite Chloé, comme me dit Lisette,
Pourrait vouloir de moi ! L'aventure est parfaite.
Feignons ; c'est à Valère assurer son refus,
Et tourmenter Florise est un plaisir de plus.

LISETTE,
à part, en revenant.
Tout va bien.

CLÉON
Tu me vois dans la plus douce ivresse.
2030 Je l'aimais, sans oser lui dire ma tendresse ;
Sonde encor ses désirs. S'ils répondent aux miens,
Dis-lui que dès longtemps j'ai prévenu les siens.

LISETTE
Je crains pourtant toujours...

CLÉON
Quoi ?

LISETTE
Ce goût pour Madame.

CLÉON
Si tu n'as pour raison que cette belle flamme...
2035 Je te l'ai déjà dit :[at] non, je ne l'aime pas.

LISETTE
Ma foi, ni moi non plus. Je suis dans l'embarras ;
Je veux sortir d'ici, je ne saurais m'y plaire.
Ce n'est pas pour Monsieur, j'aime son caractère,
Il est assez bon maître, et le même en tout temps,
2040 Bonhomme...

CLÉON [130]
Oui, les bavards sont toujours bonnes gens.

LISETTE
Pour Madame !... Oh ! d'honneur... Mais je crains ma franchise ;
Si vous redeveniez amoureux de Florise...
Car vous l'avez été sûrement, et je croi[s]...

CLÉON
Moi, Lisette, amoureux ? tu te moques de moi,
2045 Je ne me le suis cru qu'une fois en ma vie.
J'eus Araminte un mois ; elle était très jolie,
Mais coquette à l'excès ; cela m'ennuyait fort ;
Elle mourut, je fus enchanté de sa mort.
Il faut, pour m'attacher, une âme simple et pure,
2050 Comme Chloé, qui sort des mains de la nature,
Faite pour allier les vertus aux plaisirs,
Et mériter l'estime en donnant des désirs ;
Mais Madame Florise !...

LISETTE
Elle est insupportable ;

Rien n'est bien. Autrefois je la croyais aimable,
2055 Je ne la trouvais pas difficile à servir ;
Aujourd'hui, franchement, on n'y peut plus tenir,
Et pour rester ici, j'y suis[au] trop malheureuse.
Comment la trouvez-vous ?

CLÉON
Ridicule, odieuse...
L'air commun, qu'elle croit avoir noble pourtant,
2060 Ne pouvant se guérir de se croire un enfant ;
Tant de prétentions, tant de petites grâces,
Que je mets, vu leur date, au nombre des grimaces,
Tout cela, dans le fond, m'ennuie horriblement.
Une femme qui fuit le monde, en enrageant,
2065 Parce qu'on n'en veut plus, et se croit philosophe,
Qui veut être méchante, et n'en a pas l'étoffe,
Courant après l'esprit, ou plutôt se parant
De l'esprit répété qu'elle attrape en courant,
Jouant le sentiment. Il faudrait pour lui plaire,
2070 Tous les menus propos de la vieille Cythère[154],
Ou sans cesse essuyer des scènes de dépit,
Des fureurs sans amour, de l'humeur sans esprit,
Un amour-propre affreux, quoique rien ne soutienne...[av]

LISETTE
Au fond, je ne vois pas ce qui la rend si vaine[aw].

CLÉON
2075 Quoiqu'elle garde encor des airs sur la vertu,
De grands mots sur le cœur... Qui n'a-t-elle pas eu ?
Elle a perdu les noms, elle a peu de mémoire,
Mais tout Paris pourrait en retrouver l'histoire,
Et je n'aspire point à l'honneur singulier
2080 D'être le successeur de l'univers entier.

---

154 *Cythère* : île du Péloponèse sur laquelle, selon la mythologie, règne Vénus déesse de l'amour. Le morceau de réception à l'Académie royale de peinture et de sculpture (1717) de Watteau : *Le Pèlerinage à l'île de Cythère* illustre la référence mythologique bien connue des spectateurs de l'époque. – Ici, Cléon ironise sur le ridicule des conventions surannées que Florise exige dans le dialogue amoureux.

LISETTE
Paix, j'entends là-dedans… Je crains quelque aventure.
(*Elle va vers le cabinet*[ax]*.*)

CLÉON, *seul*. [132]
Lisette est difficile, ou la voilà bien sûre
Que je n'ai point l'amour qu'elle me soupçonnait,
Et si, comme elle aussi, Chloé l'imaginait,
2085 Elle ne craindra plus…

LISETTE,
à part, en revenant.
      Elle est ma foi partie,
De rage apparemment, ou bien par modestie.

CLÉON
Eh bien ?

LISETTE
    On me cherchait. Mais vous n'y pensez pas,
Monsieur, souvenez-vous qu'on vous attend là-bas.
Gardons bien le secret, vous sentez l'importance…

CLÉON
2090 Compte sur les effets de ma reconnaissance,
Si tu peux réussir à faire mon bonheur.

LISETTE
Je ne demande rien, j'oblige pour l'honneur.
(*À part, en sortant.*)
Ma foi, nous le tenons.

CLÉON, *seul*.
     Pour couronner l'affaire,
Achevons de brouiller et de noyer Valère.

Fin du quatrième acte.

ACTE V

Scène première
LISETTE, FRONTIN

LISETTE
2095 Entre donc... Ne crains rien, te dis-je ; ils n'y sont pas.
Eh bien, de ta prison tu dois être fort[ay] las ?

FRONTIN
Moi ? non. Qu'on veuille ainsi me faire bonne chère,
Et que j'aie en tout temps Lisette pour geôlière,
Je serai prisonnier, ma foi, tant qu'on voudra.
2100 Mais si mon maître enfin...

LISETTE
Supprime ce nom-là ;
Tu n'es plus à Cléon, je te donne à Valère[155].
Chloé doit l'épouser, et voilà ton affaire ;
Grâce à la noce, ici tu restes attaché,
Et nous nous marierons par-dessus le marché.

FRONTIN
2105 L'affaire de la noce est donc raccommodée ?

LISETTE
Pas tout-à-fait encore, mais j'en ai bonne idée.
Je ne sais quoi me dit qu'en dépit de Cléon
Nous ne sommes pas loin de la conclusion.
En gens congédiés je crois me bien connaître ;
2110 Ils ont d'avance un air que je trouve à ton maître.
Dans l'esprit de Florise il est expédié[156].

---

155 Lisette se révèle la véritable maîtresse de la maison : son autorité sur l'engagement des domestiques le prouve.
156 *Expédié* : « exécuté à mort » (*Fur.*) ; ce qui veut dire dans le contexte, « définitivement perdu de réputation ».

LE MÉCHANT

Grâce aux conseils d'Ariste, au pouvoir de Chloé,
Valère l'abandonne. Ainsi, selon mon compte,
Cléon n'a plus pour lui que l'erreur de Géronte,
2115 Qui par nous tous dans peu saura la vérité.
Veux-tu lui rester seul ? Et que ta probité...

FRONTIN
Mais le quitter ?... Jamais je n'oserai lui[157] dire.

LISETTE
Bon ! Eh bien, écris-lui... Tu ne sais pas écrire
Peut-être ?

FRONTIN
Si, parbleu[158] !

LISETTE
Tu te vantes.

FRONTIN
Moi ? Non.
2120 Tu vas voir.

(Il écrit.)

LISETTE
Je croyais que tu signais ton nom
Simplement ; mais tant mieux. Mande-lui, sans mystère,
Qu'un autre arrangement que tu crois nécessaire...
Des raisons de famille enfin, t'ont obligé
De lui signifier que tu prends ton congé.

FRONTIN
2125 Ma foi, sans compliment je demande mes gages ;
Tiens, tu lui porteras...

---

157 *Lui dire*, c'est-à-dire : « le lui dire » ; voir ci-dessus p. 144, n. 8.
158 En 1747, un valet maîtrise rarement l'écriture ; Frontin est fier de savoir écrire.

LISETTE
Dès que tu te dégages
De ta condition, tu peux compter sur moi
Et j'attendais cela pour finir[159] avec toi ;
Valère, c'en est fait, te prend à son service,
2130 Tu peux dès ce moment entrer en exercice,
Et pour que ton état soit dûment éclairci
Sans retour, sans appel, dans un moment d'ici
Je te ferai porter au château de Valère
Un billet qu'il m'a dit d'envoyer à sa mère ;
2135 Cela te sauvera[160] toute explication,
Et le premier moment de l'humeur de Cléon...
Mais je crois qu'on revient.

FRONTIN
Il pourrait nous surprendre ;
J'en meurs de peur. Adieu.

LISETTE [136]
Ne crains rien ; va m'attendre,
Je vais t'expédier[161].

Scène 2

LISETTE, *seule*.
J'ai de son écriture ;
2140 Je voudrais bien savoir quelle est cette aventure[162] ;
Et pour quelles raisons Ariste m'a prescrit
Un si profond secret quand j'aurais cet écrit.
Il se peut que ce soit pour quelque gentillesse[163]

---

159 *Finir* : c'est-à-dire « conclure ».
160 *Sauver* : « épargner », voir p. 181, n. 50.
161 *Expédier* : On *expédie* quelqu'un quand on se hâte de « terminer » son « affaire », pour « s'en débarrasser », ex. : « Ce ministre a expédié beaucoup de monde ce matin » (*Ac.*)
162 Par inadvertance, Gresset a laissé deux rimes féminines de suite (rimes en *endre* et rimes en *ture*). C'est le texte des éditions anciennes et du manuscrit de la Comédie-Française.
163 *Gentillesse* : « s'entend quelquefois en mauvaise part et signifie filouterie, tours de souplesse. Le Gascon qui trouva son camarade aux fourches patibulaire, dit, que c'étoit quelque

De Cléon. En tout cas, je ne rends cette pièce
2145 Que sous condition, et s'il m'assure bien
Qu'à mon pauvre Frontin il n'arrivera rien ;
Car enfin, bien des gens, à ce que j'entends dire,
Ont été quelquefois pendus pour trop écrire[164].
Mais le voici.

Scène 3 [137]
FLORISE, ARISTE, LISETTE

LISETTE, *à part, à Ariste.*
Monsieur, pourrais-je vous parler ?

ARISTE
2150 Je te suis dans l'instant.

Scène 4
FLORISE, ARISTE

ARISTE
　　　　　　　C'est trop vous désoler ;
En vérité, Madame, il ne vaut point la peine
Du moindre sentiment de colère ou de haine.
Libre de vos chagrins, partagez seulement
Le plaisir que Chloé ressent en ce moment
2155 D'avoir pu recouvrer l'amitié de sa mère,
Et de vous voir sensible à l'espoir de Valère.
Vous ne m'étonnez point, au reste, et vous deviez[165]
Attendre de Cléon tout ce que vous voyez.

FLORISE
Qu'on ne m'en parle plus ; c'est un fourbe exécrable,

---

coquin de Normand qui lui avoit fait faire quelque gentillesse » (*Trévoux* 1771).
164 Cette réplique, anodine, pouvait être comprise par certains spectateurs comme une dénonciation du rôle de la censure et de la police chargée de surveiller la circulation des écrits ; elle était susceptible d'établir une communauté de pensée entre la scène et le public.
165 *Vous deviez* : « vous auriez dû ».

2160 Indigne du nom d'homme, un monstre abominable. [138]
Trop tard, pour mon malheur, je déteste aujourd'hui
Le moment où j'ai pu me lier avec lui.
Je suis outrée !

ARISTE
Il faut sans tarder, sans mystère,
Qu'il soit chassé d'ici.

FLORISE
Je ne sais comment faire ;
2165 Je le crains ; c'est pour moi le plus grand embarras.

ARISTE
Méprisez-le à jamais, vous ne le craindrez pas.
Voulez-vous avec lui vous abaisser à feindre ?
Vous l'honoreriez trop en paraissant le craindre ;
Osez l'apprécier : tous ces gens redoutés,
2170 Fameux par les propos et par les faussetés,
Vus de près, ne sont rien, et toute cette espèce
N'a de force sur nous que par notre faiblesse.
Des femmes sans esprit, sans grâces, sans pudeur,
Des hommes décriés, sans talents, sans honneur,
2175 Verront donc à jamais leurs noirceurs impunies,
Nous tiendront dans la crainte à force d'infamies,
Et se feront un nom d'une méchanceté
Sans qui[166] l'on n'eût pas su qu'ils avaient existé ?
Non ; il faut s'épargner tout égard, toute feinte, [139]
2180 Les braver sans faiblesse, et les nommer sans crainte.
Tôt ou tard, la vertu, les grâces, les talents
Sont vainqueurs des jaloux, et vengés des méchants.

FLORISE
Mais, songez qu'il peut nuire à toute ma famille,
Qu'il va tenir sur moi, sur Géronte et ma fille
2185 Les plus affreux discours...

---

166 *Sans qui* : « sans laquelle ».

ARISTE
Qu'il parle mal ou bien,
Il est déshonoré : ses discours ne sont rien.
Il vient de couronner l'histoire de sa vie ;
Je vais mettre le comble à son ignominie
En écrivant partout les détails odieux
2190 De la division qu'il semait en ces lieux.
Autant qu'il faut de soins, d'égards et de prudence
Pour ne point accuser l'honneur et l'innocence,
Autant il faut d'ardeur, d'inflexibilité
Pour déférer un traître à la société,
2195 Et l'intérêt commun veut qu'on se réunisse
Pour flétrir un méchant, pour en faire justice.
J'instruirai l'univers de sa mauvaise foi
Sans me cacher ; je veux qu'il sache que c'est moi.
Un rapport clandestin n'est pas d'un honnête homme ;
2200 Quand j'accuse quelqu'un, je le dois, et me nomme. [140]

FLORISE
Non ; si vous m'en croyez, laissez-moi tout le soin
De l'éloigner de nous, sans éclat, sans témoin.
Quelque peine que j'aie à soutenir sa vue,
Je veux l'entretenir, et dans cette entrevue,
2205 Je vais lui faire entendre intelligiblement
Qu'il est de trop ici. Tout autre arrangement
Ne réussirait pas sur l'esprit de mon frère ;
Cléon plus que jamais a le don de lui plaire.
Ils ne se quittent plus, et Géronte prétend
2210 Qu'il doit à sa prudence un service important.
Enfin, vous le voyez, vous avez eu beau dire
Qu'on soupçonnait Cléon d'une affreuse satire,
Géronte ne croit rien : nul doute, nul soupçon
N'a pu faire sur lui la moindre impression...
2215 Mais ils viennent, je crois. Sortons, je vais attendre
Que Cléon soit tout seul.

Scène 5
GÉRONTE, CLÉON

GÉRONTE
Je ne veux rien entendre ;
Votre premier conseil est le seul qui soit bon ;   [141]
Je n'oublierai jamais cette obligation[167].
Cessez de me parler pour ce petit Valère ;
2220 Il ne sait ce qu'il veut, mais il sait me déplaire.
Il refusait tantôt, il consent maintenant ;
Moi, je n'ai qu'un avis : c'est un impertinent.
Ma sœur, sur son chapitre, est, dit-on, revenue ;
Autre esprit inégal, sans aucune tenue ;
2225 Mais ils ont beau s'unir, je ne suis pas un sot ;
Un fou n'est pas mon fait. Voilà mon dernier mot.
Qu'ils en enragent tous, je n'en suis pas plus triste.
Que dites-vous aussi de ce bonhomme Ariste ?
Ma foi, mon vieux ami n'a plus le sens commun ;
2230 Plein de préventions, discoureur importun,
Il veut que vous soyez l'auteur d'une satire
Où je suis pour ma part ; il vous fait même écrire
Ma lettre[168] de tantôt ; vainement je lui dis
Qu'elle était clairement d'un de vos ennemis,
2235 Puisqu'on voulait donner des soupçons sur vous-même.
Rien n'y fait, il soutient son absurde système.
Soit dit confidemment, je crois qu'il est jaloux
De tous les sentiments qui m'attachent à vous.

CLÉON
Qu'il choisisse donc mieux les crimes qu'il me donne ;
2240 Car moi, je suis si loin d'écrire sur personne   [142]
Que sans autre sujet, j'ai renvoyé Frontin
Sur le simple soupçon qu'il était écrivain[169] ;

---
167 Diérèse, cinq syllabes.
168 C'est la lettre anonyme qui lui a été remise au vers 1533 : elle a effectivement été rédigée par Cléon et dictée à Frontin qui a servi d'« écrivain ».
169 *Écrivain* : voir p. 105, n. 129. Dans le contexte, la fonction d'écrivain s'associe implicitement à des trafics malhonnêtes : Cléon renvoie Frontin parce qu'il le soupçonne d'être « écrivain ».

Il m'était revenu que dans des brouilleries
On l'avait employé pour des tracasseries :
2245 On peut nous imputer les fautes de nos gens,
Et je m'en suis défait de peur des accidents.
Je ne répondrais pas qu'il n'eût part au mystère
De l'écrit contre vous ; et peut-être Valère,
Qui refusait d'abord, et qui connaît Frontin
2250 Depuis qu'il me connaît, s'est servi de sa main
Pour écrire à sa mère une lettre anonyme.
Au reste... il ne faut point que cela vous anime
Contre lui ; ce soupçon peut n'être pas fondé.

GÉRONTE
Oh ! vous êtes trop bon. Je suis persuadé,
2255 Par le ton qu'employait ce petit agréable[170],
Qu'il est faux, méchant, noir et qu'il est bien capable
Du mauvais procédé dont on veut vous noircir.
Qu'on vous accuse encor ! Oh ! laissez-les venir.
Puisque de leur présence on ne peut se défaire,
2260 Je vais leur déclarer d'une façon très claire
Que je romps tout accord. Car, sans comparaison,
J'aime mieux vingt procès qu'un fat dans ma maison.

Scène 6 [143]

CLÉON, *seul*.
Que je tiens bien mon sot ! Mais par quelle inconstance
Florise semble-t-elle éviter ma présence ?
2265 L'imprudente Lisette aurait-elle avoué ?...
Elle consent, dit-on, à marier Chloé.
On ne sait ce qu'on tient avec ces[az] femmelettes ;
Mais je l'ai subjuguée... Un mot, quelques fleurettes
Me la ramèneront... Ou, si je suis trahi,

Dans *Les Illustres Françaises* (1713) de Robert Challe, Des Prez a recours à la femme d'un écrivain pour ménager des rendez-vous secrets avec Mademoiselle de l'Épine et lui faire jouer le rôle d'une entremetteuse (éd. Garnier, 2014, p. 292 *sq.*)
170 *Agréable* : voir p. 334, n. 142.

2270 J'en suis tout consolé : je me suis réjoui[171].

Scène 7
FLORISE, CLÉON

CLÉON

Vous venez à propos : j'allais chez vous, Madame...
Mais quelle rêverie[172] occupe donc votre âme ?
Qu'avez-vous ? Vos beaux yeux me semblent moins sereins :
Faite pour les plaisirs, auriez-vous des chagrins ?

FLORISE [144]

2275 J'en ai de trop réels.

CLÉON
          Dites-les-moi de grâce ;
Je les partagerai, si je ne les efface.
Vous connaissez...

FLORISE
          J'ai fait bien des réflexions[173],
Et je ne trouve pas que nous nous convenions.

CLÉON

Comment, belle Florise ? et quel affreux caprice
2280 Vous force à me traiter avec tant d'injustice ?
Quelle était mon erreur ! Quand je vous adorais,
Je me croyais aimé...

FLORISE
          Je me l'imaginais ;
Mais je vois à présent que je me suis trompée.
Par d'autres sentiments mon âme est occupée.

---

171 *Se réjouir* : « passer le temps agréablement ; se divertir en faisant des plaisanteries et en racontant de histoires incroyables » (*Fur.*, et *Basnage de Beauval*, 1727).
172 *Rêverie* : « réflexion » (*Fur.*).
173 Diérèse : quatre syllabes.

2285 Des folles passions j'ai reconnu l'erreur,
Et ma raison enfin a détrompé mon cœur.

CLÉON
Mais est-ce bien à moi que ce discours s'adresse[174],
À moi, dont vous savez l'estime et la tendresse,
Qui voulais à jamais tout vous sacrifier,
2290 Qui ne voyais que vous dans l'univers entier ?
Ne me confirmez pas l'arrêt que je redoute,
Tranquillisez mon cœur : vous l'éprouvez[175] sans doute ? [145]

FLORISE
Une autre vous aurait fait perdre votre temps,
On vous amuserait par l'air des sentiments ;
2295 Moi, qui ne suis point fausse...

CLÉON,
à genoux et de l'air le plus affligé.
Et vous pouvez, cruelle,
M'annoncer froidement cette affreuse nouvelle !

FLORISE
Il faut ne nous plus voir.

CLÉON,
se relevant, et éclatant de rire.
Ma foi, si vous voulez
Que je vous parle aussi très vrai, vous me comblez.
Vous m'avez épargné, par cet aveu sincère,
2300 Le même compliment que je voulais vous faire.

---

174 Comme le fait remarquer Charles Mazouer, que je remercie pour cette précision, il s'agit d'une référence classique, puisqu'on y trouve un souvenir de Molière et de Racine : Oronte à Alceste (*Le Misanthrope*, I, 2, v. 201) : « C'est à vous, s'il vous plaît, que ce discours s'adresse » ; et Oreste à Hermione (*Andromaque*, II, 2, v. 530) : « Mais de grâce, est-ce à moi que ce discours s'adresse ? »
175 *Éprouver* : « Mettre à l'épreuve » (*Fur.*). Cléon insinue que Florise ne dit pas ce qu'elle pense, mais qu'elle met son cœur à l'épreuve.

Vous cessez de m'aimer, vous me croyez quitté[176] ;
Mais j'ai depuis longtemps gagné de primauté[177] ba.

FLORISE
C'est trop souffrir[178] ici la honte où je m'abaisse ;
Je rougis des égards qu'employait ma faiblesse.
2305 Eh bien ! allez, Monsieur, que vos talents, sur nous,
Épuisent tous les traits qui sont dignes de vous ;
Ils partent de trop bas pour pouvoir nous atteindre ; [146]
Vous êtes démasqué, vous n'êtes plus à craindre.
Je ne demande pas d'autre éclaircissement ;
2310 Vous n'en méritez point. Partez dès ce moment ;
Ne me voyez jamais.

CLÉON
La dignité s'en mêle !
Vous mettez de l'humeur à cette bagatelle !
Sans nous en aimer moins, nous nous quittons tous deux.
Épargnons à Géronte un éclat scandaleux,
2315 Ne donnons point ici[bb] de scène extravagante.
Attendons quelques jours, et vous serez contente,
D'ailleurs il m'aime assez, et je crois malaisé…

FLORISE
Oh ! Je veux sur le champ qu'il soit désabusé.

---

176 Rappel du thème des *Sincères* de Marivaux que Gresset avait lu et dont il avait noté le titre sur un des feuillets du manuscrit d'Amiens (manuscrit in-8 cote CB9).
177 *Primauté* : « Qualité qui rend quelque chose la première et la plus puissante […] : "*de primauté*" se dit fort communément au jeu. On gagne fort souvent de primauté lorsqu'on est le premier en carte et qu'on a autant de points qu'un autre. Pas un ne veut perdre sa primauté » (*Fur.*)
178 *Souffrir* : « Supporter » (*Fur.*)

Scène 8
GÉRONTE, ARISTE, VALÈRE,
CHLOÉ, FLORISE, CLÉON

GÉRONTE
Eh bien, qu'est-ce, ma sœur ? Pourquoi tout ce tapage ?

FLORISE
2320 Je ne puis point ici demeurer davantage,
Si Monsieur, qu'il fallait n'y recevoir jamais…

CLÉON
L'éloge n'est pas fade.

GÉRONTE
Oh ! Qu'on me laisse en paix ;
Ou, si vous me poussez^{bc}, tel ici qui m'écoute…

ARISTE
Valère ne craint rien ; pour moi, je ne redoute
2325 Nulle explication ; voyons, éclaircissez…

GÉRONTE
Je m'entends ; il suffit.

ARISTE
Non, ce n'est point assez ;
Ainsi que l'amitié, la vérité m'engage…

GÉRONTE
Et moi, je n'en veux point entendre^{bd} davantage ;
Dans ces misères-là, je n'ai plus rien à voir,
2330 Et je sais là-dessus tout ce qu'on peut savoir.

ARISTE
Sachez donc avec moi confondre[179] l'imposture ;

---

179 *Confondre* : mettre dans l'impossibilité de répondre, atterrer.

De la lettre sur vous[180], connaissez l'écriture...
C'est Frontin, le valet de Monsieur que voilà...

GÉRONTE

Vraiment oui, c'est Frontin ! Je savais tout cela ;
2335 Belle nouvelle ! [148]

ARISTE

Eh quoi ! Votre raison balance ?
Et vous ne voyez pas avec trop d'évidence...

GÉRONTE

Un valet, un coquin[181] !...

VALÈRE

Connaissez mieux les gens ;
Vous accusez Frontin, et moi je le défends.

GÉRONTE

Parbleu, je le crois bien ; c'est votre secrétaire.

VALÈRE

2340 Que dites-vous, Monsieur ? et quel nouveau mystère...
Pour vous en éclaircir, interrogeons Frontin.

CLÉON

Il est parti ; je l'ai renvoyé ce matin.

VALÈRE

Vous l'avez renvoyé ? Moi je l'ai pris. Qu'il vienne.
(À un laquais.)
Qu'on appelle Lisette, et qu'elle nous l'amène.

GÉRONTE, *à Valère.*
2345 Frontin vous appartient !

---

180 Frontin est bien le « scribe » de cette lettre, mais il reste à déterminer qui, de Valère ou de Cléon, l'a dictée.
181 Expression d'un préjugé de classe qui identifie tous les valets à des coquins.

(À Cléon.)
Autre preuve pour nous :
Il était à Monsieur, même en servant chez vous,
Et je ne doute pas qu'il ne le justifie.

CLÉON [149]
Valère, quelle est donc cette plaisanterie ?

VALÈRE
Je ne plaisante plus, et ne vous connais point.
2350 Dans tous les lieux, au reste, observez bien ce point.
Respectez ce qu'ici je respecte et que j'aime ;
Songez que l'offenser, c'est m'offenser moi-même.

GÉRONTE
Mais vraiment, il est brave ! On me mandait que non.

Scène 9
LISETTE, GÉRONTE, ARISTE, CLÉON,
VALÈRE, FLORISE, CHLOÉ

ARISTE, *à Lisette.*
Qu'as-tu fait de Frontin ? Et par quelle raison...

LISETTE
2355 Il est parti.

ARISTE
Non, non ; ce n'est plus un mystère.

LISETTE [150]
Il est allé porter la lettre de Valère.
Vous ne m'aviez pas dit...

ARISTE
          Quel contretemps fâcheux !

CLÉON
Comment ! Malgré mon ordre, il était en ces lieux !
Je veux de ce fripon...

LISETTE
Un peu de patience,
2360 Et moins de compliments ; Frontin vous en dispense.
Il peut bien, par hasard, avoir l'air d'un fripon,
Mais dans le fond, il est fort honnête garçon.
(Montrant Valère.)
Il vous quitte d'ailleurs, et Monsieur en ordonne.
Mais comme il ne prétend rien avoir à personne,
2365 J'aurais bien à vous rendre un paquet, qu'à Paris
À votre procureur vous auriez cru remis,
Mais...

FLORISE,
se saisissant du paquet.
Donne cet écrit ; j'en sais tout le mystère.

CLÉON, *très vivement*[182].
Mais, Madame, c'est vous... songez...

FLORISE
Lisez, mon frère ;
Vous connaissez la main de Monsieur ; apprenez [151]
2370 Les dons que son bon cœur vous avait destinés,
Et jugez, par ce trait, des indignes manœuvres...

GÉRONTE,
en fureur après avoir lu.
M'interdire[183] ! Corbleu !... Voilà donc de vos œuvres !
Ah ! Monsieur l'honnête homme, enfin je vous connais.
Remarquez ma maison, pour n'y rentrer jamais.

---

182 Au sens classique de « avec vivacité, avec ardeur, avec vigueur » (*Littré*). De nos jours, il comporte plutôt la notion de rapidité.
183 *Interdire* : voir p. 275, n. 55.

CLÉON

2375 C'est à l'attachement de Madame Florise
Que vous devez l'honneur de toute l'entreprise.
Au reste, serviteur[184] ! Si l'on parle de moi,
Avec ce que j'ai vu je suis en fonds, je crois,
Pour prendre ma revanche.

(Il sort.)

Scène 10 et dernière
GÉRONTE, ARISTE, VALÈRE,
FLORISE, CHLOÉ, LISETTE

GÉRONTE, *à Cléon qui sort.*
Oh! L'on ne vous craint guère...
2380 Je ne suis pas[az] plaisant, moi, de mon caractère,
Mais, morbleu! s'il ne part...

ARISTE
Ne pensez plus à lui.
Malgré l'air satisfait qu'il affecte aujourd'hui,
Du moindre sentiment, si son âme est capable,
Il est assez puni quand l'opprobre[185] l'accable.

GÉRONTE
2385 Sa noirceur me confond[ba]... Daignez oublier tous
L'injuste éloignement qu'il m'inspirait pour vous.
Ma sœur, faisons la paix... ma nièce aurait Valère
Si j'étais bien certain...

ARISTE
S'il a pu vous déplaire,
Je vous l'ai déjà dit, un conseil ennemi...

GÉRONTE, *à Valère.*
2390 Allons, je te pardonne.

---

184 *Serviteur* : formule de salutation ironique et désinvolte pour signifier que l'entretien est terminé.
185 Voir p. 100, n. 62.

(À Ariste.)
                    Et nous, mon cher ami,
Qu'il ne soit plus parlé de torts, ni de querelles,
Ni de gens à la mode, et d'amitiés nouvelles.
Malgré tout le succès de l'esprit des méchants,
Je sens qu'on en revient toujours aux bonnes gens.

Fin

APPROBATION

J'ai lu par ordre de Monseigneur le Chancelier une Comédie qui a pour titre, *Le Méchant*, & je crois que l'on peut en permettre l'impression.

Ce sept Décembre 1747
Crébillon

VARIANTES DU *MÉCHANT*

Sauf indication contraire, le texte que nous imprimons est celui que donne l'édition originale, Jorry (1747). Nous ne reprenons pas toutes les variantes des exemplaires que nous avons examinés : ce ne sont jamais que des erreurs de copie.

a   Suivant l'exemple de Renouard (1811), Truchet remédie, dans son édition, à cette collision homophonique par l'ajout d'un « l' » euphonique.
b   Renouard (1811) et Truchet portent : « Isolés dans nos bois ».
c   Le manuscrit (MS 183), porte ici « du mal qu'il ne fait *pas* » et au vers 236 « je ne l'aimerai *point* » ; toutes les éditions portent notre texte.
d   Dumesnil (1782), Racine (1788) et Truchet portent « en ».
e   Renouard (1811) et Truchet portent « *élève la voix, apercevant Lisette* ».
f   Truchet porte : « du tout cet esprit-là ».
g   Le manuscrit (MS 183), porte par erreur « peur ».
h   Texte du manuscrit (MS 183) ; Jorry (1747 et 1748) portent « Les ».
i   Truchet porte « *le secret* » mot qui se trouve deux vers avant.
j   Le manuscrit (MS 183), porte : « Il ».
k   Renouard (1811) et Truchet portent : « plus ».
l   *Sic* dans Jorry (1747 et 1748). Dumesnil (1782) Racine (1788) et Truchet portent : « Et quant à *ce* procès, ou vous *le* gagnerez », mais aux vers 107 et 280, on voit bien qu'il y a plusieurs procès pendants. Arsenal 10690 porte « Et quant à *vos* procès, ou vous *le* gagnerez » raturé d'une main du XVIIIe siècle et remplacé par : sauvez « quant à *votre* procès, ou vous *le* gagnerez ».
m   Truchet porte : « irai ».
n   Renouard (1811) et Truchet portent : « Des ».
o   Truchet porte « Et comment ? »
p   Truchet porte « vous me *donnez* un ridicule affreux » ce qui n'a pas de sens dans le contexte.
q   Renouard (1811) et Truchet ponctuent autrement : « Mais comment voulez-vous ici me présenter ? », ponctuation que contredit le vers 981.
r   Le manuscrit (MS 183) porte : « par l'air ».
s   Texte du manuscrit (MS 183) et de Jorry ; les autres éditions corrigent : « l'entendre ».
t   Renouard (1811) et Truchet portent « pesé ».
u   Renouard (1811) et Truchet portent « bonne ».
v   Truchet porte « bon espoir ».
w   Renouard (1811), et Truchet portent « *bas* à Cléon ».
x   Renouard (1811) et Truchet portent : « *pas* un mot ? »
y   Renouard (1811) et Truchet portent : « *ta* frivolité ».
z   Le manuscrit (MS 183), Jorry et Neaulme (1748) ajoutent un « Oui » devant « vraiment », ce que n'autorise pas la versification.
aa   Renouard (1811) et Truchet portent « Moi sérieusement amoureux ! ».

ab   Dumesnil (1782), Racine (1788) et Truchet portent « Et ».
ac   Kelmarneck (1748), Dumesnil (1782), Racine (1788) et Renouard (1811) portent « Eh ! que de repentirs suivent... ».
ad   Truchet porte par erreur « rendez ».
ae   Le manuscrit d'Amiens in-8 (cote CB9) (feuillet n° 1) porte ici « Eh bien, je dis qu'Arcas est un mauvais plaisant » raturé et remplacé par le vers 1971.
af   Le manuscrit d'Amiens in-8 (cote CB9) (feuillet n° 1) porte ici « On dit sans doute ailleurs qu'il est très amusant » raturé et remplacé par « On dit peut-être ailleurs qu'il est très amusant » remplacé par le vers 1972.
ag   Le manuscrit d'Amiens in-8 (cote CB9) (feuillet n° 1) porte ici « selon vous ».
ah   Le manuscrit d'Amiens in-8 (cote CB9) porte ici « plate ironie ».
ai   Le manuscrit d'Amiens in-8 (cote CB9) porte ici « calomnie ».
aj   Le manuscrit d'Amiens in-8 (cote CB9) porte à la place de ces trois mots « le chuchotage affreux » raturé et remplacé par « le persiflage affreux ».
ak   Le manuscrit d'Amiens in-8 (cote CB9) (feuillet n° 1) porte ici dix vers prononcés par Ariste qui auraient dû précéder le vers 1995 :
     Sans doute être muni de [raturé et remplacé par]
     « Ne connaître pour loi que » cette indifférence,
     C'est sur sa probité donner grande assurance.
     Dissimulez du bon air les plus belles couleurs [vers surchargé],
     Pour leur défense en vain vous prêtez aux noirceurs
     L'empire du bon air et des voiles en fleurs ;
     Le vice assaisonné par l'esprit et les grâces
     N'en entraîne pas moins le mépris sur ses traces ;
     Le rang n'excuse rien, et je place les grands
     Au-dessous des valets s'ils ne sont que méchants.
     Ces pièges qu'on se tend pour se voir ridicules
     [remplacé par « Ces pièges qu'on se tend sous de feintes tendresses », remplacés par le vers 1993 « Ces indiscrétions, ces rapports infidèles »],
     Toutes ces faussetés qu'on se fait sans scrupules [remplacé par « Toutes ces faussetés, ces honteuses bassesses », remplacé par « Toutes ces faussetés, tant de lâches bassesses » remplacé enfin par le vers 1994 « ces basses faussetés, ces trahisons cruelles »].
al   Le manuscrit d'Amiens in-8 (cote CB9) porte ici « La véritable joie, l'agrément de la vie, et les plaisirs sincères, »
am   Le manuscrit d'Amiens in-8 (cote CB9) porte ici « on proscrit le langage ».
an   Le manuscrit d'Amiens in-8 (cote CB9) porte ici « du triste... ».
ao   Le manuscrit d'Amiens in-8 (cote CB9) porte ici onze vers qui n'ont pas été retenu dans la version finale :
     Faut-il donc s'ennuyer pour *avoir le* bon air ?
     Moi qui veux un plaisir et plus pur et plus cher,
     Que l'estime accompagne et que rien ne traverse,
     Je ne vois les plaisirs que dans l'heureux commerce
     Des gens simples et vrais, faits pour la vérité,
     Au-dessus de l'envie et de la vanité,
     Sans air, sans insolence, et causant pour s'instruire,
     Plaisants sans offenser, incapables de nuire,
     Prêtant au bien commun un réciproque appui,
     Et trouvant leurs plaisirs dans les plaisirs d'autrui.

VARIANTES DU *MÉCHANT* 367

CLÉON, *en bâillant.*
Peuple que tout cela; portraits de l'autre monde.
ARISTE
Quand on ne peut répondre, on se révolte, on fronde.
ap Le manuscrit d'Amiens in-8 (cote CB9) présente un premier essai de rédaction destiné à la dernière partie de cette scène.
ARISTE
Sans doute être muni de cette indifférence,
C'est sur sa probité donner grande assurance.
Pour leur défense en vain vous prêtez aux noirceurs
L'empire du bon air et des voiles en fleurs;
Le vice assaisonné par l'esprit et les grâces
N'en entraîne pas moins le mépris sur ses traces;
Le rang n'excuse rien, et je place les grands
Au-dessous des valets s'ils ne sont que méchants.
Ces pièges qu'on se tend [sous de feintes tendresses] pour se voir ridicules,
Toutes ces faussetés qu'on se fait sans scrupules,
Suivent les vers 1995-2003 du texte imprimé, puis Ariste reprend :
Faut-il donc s'ennuyer pour avoir le bon air ?
Moi qui veux un plaisir et plus pur et plus cher,
Que l'estime accompagne et que rien ne traverse,
Je ne vois les plaisirs que dans l'heureux commerce
De gens simples et vrais [raturé et remplacé par « bons »] bons, faits pour la vérité,
Au-dessus de l'envie et de la vanité,
Sans airs, sans insolence, et causant pour s'instruire,
Plaisants sans offenser, incapables de nuire,
Prêtant au bien commun un réciproque appui,
Et trouvant leurs plaisirs dans les plaisirs d'autrui.
CLÉON, *en bâillant.*
Peuple que tout cela; portraits de l'autre monde.
[Peuple que tout cela; morale hors d'usage;
ce qui fait l'homme aimable... les deux derniers hémistiches remplacent le précédent raturé]
ARISTE
Quand on ne peut répondre, on se révolte, on fronde.
aq Le manuscrit (MS 183) porte ici une virgule.
ar Le manuscrit (MS 183) porte ici « je suis ».
as Le manuscrit (MS 183) offre un premier essai de rédaction destiné à la fin de cette scène. De 2073 à 2083 on lit :
quoique rien ne soutienne... [v. 2073]
LISETTE
Paix ! J'entends là-dedans...
CLÉON, *tandis que Lisette est allée vers le cabinet.*
La voilà bien certaine
Que je n'ai point l'amour qu'elle me soupçonnait.
at Le manuscrit (MS 183) porte ici une première version « Dans le fond, je ne sais ce qui la rend si vaine » raturée et remplacée par le texte définitif.
au Renouard (1811) et Truchet portent une didascalie après le nom de l'actrice Lisette « allant vers le cabinet ».

av   Le manuscrit (MS 183) porte « bien ».
aw   Le manuscrit (MS 183) porte « des ».
ax   Truchet corrige erronément « la primauté ».
ay   Le manuscrit (MS 183) porte « ainsi ».
az   Le manuscrit (MS 183) porte « point ».
ba   Le manuscrit (MS 183) porte « Tant d'horreur me confond ».

ACCUEIL ET ÉCHOS

Dans l'*Année littéraire* (V, XIII, p. 159) Élie Fréron analyse favorablement la pièce de Gresset tout en rappelant la dette de ce dernier envers Destouches : « [...] il est fâcheux que ce drame [*Le Médisant*] n'intéresse pas et soit vide d'action ; que *Le Médisant* n'ait point de nuances comiques, bien différent en cela du *Méchant* de M. Gresset, qui cependant est redevable de ses principaux traits à M. Destouches... ».

Le 11 janvier 1748, Pierre Clément fait paraître une critique ambiguë, sympathique dans les premières pages, plus caustique par la suite : « Vous êtes parti trop tôt, Monsieur, il fallait voir *Le Méchant* encore une fois pour le moins. Je ne me rappelle pas d'avoir jamais vu ni lu de pièce plus élégamment, plus continûment bien écrite : plus ornée de jolis portraits, d'épigrammes, de saillies, d'éclairs d'imagination, & de toute l'artillerie légère de l'esprit de détail : & quels vers ! Quelle aisance, quelle douceur, quelle précision, quelle tournure & quelle abondance d'heureux tours ! Ovide ne me paraît point plus riche, ni plus varié.

Mais en bonne foi est-ce là une comédie ? Question de Province, dirait la petit Valère. Qui est-ce qui en fait des comédies ; & qui sait si l'on en voudrait aujourd'hui ? Je le sais moi, & je vous le dirai tout à l'heure. Mais est-ce là même une pièce de théâtre ? Quelle action ! Quelle intrigue ! Quel projet que celui de Cléon pour un homme d'esprit ! & quel intérêt m'y fait-on prendre, même de curiosité ? Qu'importe ? *Le Méchant* est un composé de traits charmants, dont à la vérité la plupart perdent la moitié de leur prix pour être déplacés, mais qui en tout n'ont que le défaut de ne former ni une comédie, ni même une pièce de théâtre.

Croyez-vous tout de bon, Monsieur, que si quelqu'un s'avisait aujourd'hui de nous donner une franche comédie dans le meilleur goût de Molière, de Re[g]nard, & de Destouches, il se ferait siffler du parterre & des loges ? Pour moi, je suis persuadé qu'il serait applaudi de toutes parts. Le goût du vrai, du bon, & du beau simple ne se perd jamais universellement ; c'est le feu sacré des Vestales dont il se conserve toujours quelque étincelle. Il (3) s'en faut beaucoup qu'il soit éteint parmi vous : les gens sensés, qui en sont les dépositaires, ne sont pas ceux qui font le plus de bruit ; mais comptez qu'il nous en reste un grand nombre, et que les petits esprits du goût le plus frivole – le plus faux et le plus malade – n'ont la plupart besoin pour être guéris que de voir la bonne et vraie nature présentée dans tout son jour & dans toute sa force.

Si jamais on nous redonne un pareil spectacle, c'est alors, Monsieur, que vous entendrez des applaudissements du fond du cœur, cette acclamation universelle, *ce cri de la nature* pénétrée de plaisir, que vous n'avez presque point entendu au *Méchant*, malgré tout l'esprit dont il pétille, & tout le succès dont il jouit. Il semble en effet que cette jolie pièce soit plutôt admirée que vraiment goûtée & applaudie. Le plaisir qu'on y éprouve ne passe guère la superficie de l'esprit ; non seulement on y rit peu ; mais lorsqu'on y rit, ce n'est presque jamais de ce bon rire qui dilate le cœur & fait circuler le sang ; ce n'est point cette joie naïve qui vous rend heureux pour le moment, & vous laisse [4] de douces impressions dans les sens & dans la mémoire ; en quoi cependant, si je ne me trompe, consiste le premier plaisir de la comédie. Et le second, qui naît de la perception vive d'un ridicule délicat présenté en action, vous ne l'éprouvez non plus que rarement dans la pièce nouvelle.

La raison en est aisée à voir : c'est que la plupart des ridicules n'y sont point en action ; presque tout tombe sur des noms étrangers à la pièce, des *Aramintes*, des *Érastes*, ou ce sont des traits encore plus vagues qui ne portent précisément sur aucun personnage, ni de la pièce, ni hors de la pièce. La comédie doit peindre les mœurs générales ; mais c'est dans des sujets déterminés, dans la conduite & l'action de ses propres personnages, dans le jeu de leurs caractères réciproques, dans les discours particulièrement appartenans à la situation où on les met, & à la passion dont on les anime ; & non en maximes, en traits sentencieux, en tirades satiriques, en se précipitant

>Dans un torrent de morales sans mœurs
>De vérités tristes & déplacées
>De mots nouveaux & de fines pensées [5]
>L'art n'est point fait pour tracer des modèles

> Mais pour fournir des exemples fidèles
> Des ridicules & des abus divers
> Où tombe l'homme en proie à ses travers
> Quand tel qu'il est on me l'a fait paraître
> Je me figure assez quel je dois être,
> Sans qu'il me faille affliger en public
> D'un froid sermon, passé par l'alambic[1].

C'est au quatrième acte, si cher au parterre, que l'application de ces vers de [Jean-Baptiste] Rousseau se rend le plus sensible. Mais n'est-il pas surtout singulier que dans toute la pièce *Le Méchant*, le premier personnage ne soit jamais comique ? Aussi, quel choix de sujet, *Le Méchant* ! Comment peut-il entrer dans l'esprit qu'un tel caractère, qu'un vice odieux, qui n'est déguisé par aucun ridicule, puisse faire un fond de comédie ? Je ne désespère pas de voir bientôt le *Scélérat* en brodequins ; mais un Scélérat de Cour ou du grand monde

> Bien horrible, bien bon ; le genre n'y fait rien ;
> Il suffit qu'il soit noble, il sera toujours bien.

Voilà sans doute une nouvelle carrière ouverte au théâtre. Que n'y va-t-on pour contraindre d'entrer ? J'en frémis d'avance de plaisir. Il empiétera sur la chaire ; mais la chaire le lui rendra bien ; reposez-vous en [6] sur nos jeunes prédicateurs. Il faut convenir cependant, que si le *Méchant* n'est pas lui-même ridicule, il répand du ridicule sur les autres ; il n'en prend point, mais il en donne. C'est quelque chose que cela ; mais ce n'est point assez pour un premier personnage. D'ailleurs il manque à l'essentiel ; il ne frappe point de grand coup sur ceux avec qui il est en scène, si ce n'est sur *Florise* au moment qu'il en reçoit son congé. Oh ! voilà une scène ; voilà une situation vraiment comique, réjouissante, vive, bien frappée, prise dans la nature & neuve au théâtre. Aussi vous en avez vu l'effet. Quatre ou cinq traits de cette force, plus de chaleur dans l'action, et de vraisemblance dans l'intrigue, feraient peut-être une comédie de ce qui ne paraît qu'une espèce de satire. Mais après tout, quelle folie ! Quel scrupule de pédant ! Pourquoi tant craindre la confusion des genres et des idées ? comédie, ou satire ; plaisanterie ou bel esprit ; naïveté ou finesse ; action ou parole ; ton de théâtre, ou de

---

[1] *Œuvres de Jean-Baptiste Rousseau*, Paris, Didot, 1753, t. II, p. 117 épitres, livre II, épitre III, à Thalie.

chaire; qui s'en embarrasse? Pourvu qu'on sourie, qu'on bâille, qu'on se réveille, qu'on s'impatiente, qu'on s'amuse lé[7]gèrement, qu'on rie enfin, et qu'on se retire chargé d'épigrammes, ivre d'esprit et libre de sens commun :

> Tout est bien, tout est mal, tout le monde est content.

P.S. Il me vient une idée; je vois un moyen de justifier l'intrigue par ses défauts-mêmes. Ce méchant nous est annoncé comme un homme d'esprit; toute cette tracasserie est de son invention; cependant elle est mal imaginée, mal conduite et sans vraisemblance. Ce n'est donc point ici une intrigue à la lettre [c'est-à-dire « au sens propre »]; il n'est pas probable qu'on nous l'ait sérieusement voulu donner pour telle. Ne serait-ce point une plaisanterie, un écart ingénieusement affecté, en un mot une action allégorique pour nous représenter dans un tableau vivant cette vérité essentielle et si propre au sujet :

> De tout le mal sottise est le principe;
> Et si parfois on vous dit qu'un vaurien
> À de l'esprit, examinez-le bien,
> Vous trouverez qu'il n'en est que le masque,
> Et vous direz, c'est un sot sous le casque.
> La vérité prouvée par les faits; rien
> N'est plus théâtral, ni mieux entendu.
> Tout se ranime sous ce nouveau point
> De vue. Avec tout cela, je ne [8]
> Sais, je sens encore un peu de froid;
> Et si M. Gr[]esset] n'avait pas donné
> Un ridicule aux soupers fins, je
> Serais tenté de comparer sa pièce à des repas de ce goût,
> Où l'on veille par air, & qui nous font quelquefois
> Regretter la bonne chère des bourgeois,
> Et la grosse gaieté de l'épaisse opulence[2].

En août 1749 paraît dans le *Mercure de France*[3] une critique anonyme, tatillonne et dépourvue de sympathie pour l'auteur. Elle est publiée quelques jours avant que Gresset n'entre à l'Académie Française. Le

---

2 Pierre Clément, *Les Cinq Années littéraires ou Lettres sur les ouvrages de littérature*, Berlin, 1755, 4 vol. in 8°. Sur *Le Méchant* I, 1-8.
3 *Mercure de France*, Paris, André Cailleau, veuve Pissot, Jean de Nully, Jacques Barrois, août 1749, p. 3-21.

rédacteur commence par attaquer le titre de la pièce en disant que
« le nom de *Méchant* étant générique, on peut objecter à Gresset qu'il
ne comprend pas moins d'espèces d'hommes différents que le *Vicieux*
[...] Autant désapprouvé-je le trop d'extension donné par Gresset au
caractère de son personnage dominant, autant j'applaudis au choix de
ses acteurs subalternes. Ils sont tous ingénieusement adoptés, ou pour
contraster avec le Méchant, ou pour lui donner occasion d'exercer son
malheureux penchant à nuire [...] ce dont je tiens compte à M. Gresset,
c'est d'avoir supposé dans la mère et dans l'amant de Chloé la disposition
qu'ont la plupart des femmes et des jeunes gens de notre nation à se
laisser séduire par l'extérieur, et à méconnaître le ridicule et même le
vice dès qu'ils se déguisent sous des dehors brillants. [...] Sa comédie
n'a de vraies scènes théâtrales que celle[4] dans laquelle Valère s'efforce
de dégoûter Géronte de lui ; celle[5] dans laquelle Cléon, ignorant qu'il
est entendu de Florise, en fait à Lisette un portrait si désavantageux ;
celle[6] de la rupture de Florise avec le Méchant, et si l'on veut, celle[7]
imaginée pour procurer à Lisette de l'écriture de Frontin. // l'objet de
la comédie est l'imitation des défauts communs ; et en nous peignant
un homme qui fait le mal précisément pour le mal, l'auteur nous offre
un être si singulier, qu'à peine il existe à la fois cinq ou six de ses
semblables chez tout une nation [...] Ce qui peut nous paraître vrai
dans un roman, ce qui l'est même dans l'histoire, quelquefois ne nous
le paraît pas au théâtre parce que nous n'y trouvons vraisemblable
que ce que nous voyons arriver le plus ordinairement. Nous sommes
accoutumés à ne voir les hommes les plus pervers se déterminer au
crime, que parce qu'ils ont, ou s'imaginent avoir quelque intérêt à le
commettre. Dans les règles de la vérité théâtrales Cléon devait [aurait
dû] ressembler aux méchants que nous connaissons [...] Suivant la
peinture que nous fait Lisette[8], Cléon est « un homme faux... Qui
nuit à tout le monde ». De pareilles qualifications ne conviennent
qu'au plus horrible scélérat. Cependant, presque dans toute la pièce,
Cléon n'est qu'un tracassier et un médisant. J'avoue que le conseil qu'il

---

4 *Le Méchant*, III, 7.
5 *Le Méchant*, IV, 9.
6 *Le Méchant*, V, 7.
7 *Le Méchant*, V, 1.
8 *Le Méchant*, I, 1.

donne à Florise[9] de faire interdire[10] Géronte, manifeste de la noirceur, et je sens que l'auteur a essayé par là de justifier son titre. Il aurait dû s'apercevoir qu'en voulant pallier une faute, il en commettait une plus considérable [...] Je suis beaucoup moins content du nœud de la pièce que de l'exposition. Il me semble qu'un simple caprice de Florise est un trop léger obstacle au mariage de Valère, et qu'il n'est pas naturel que Géronte, qui a un intérêt pressant de voir conclure cette affaire, ne prenne pas avec sa sœur, dans une occasion si essentielle un ton plus absolu [...] // Ce qui peut être défectueux dans le nœud de la comédie, n'est pas de nature à être remarqué par le commun des spectateurs. // Tous, au contraire, ont été frappés du vice du dénouement. Tous ont dû s'écrier que le Méchant était trop faiblement puni, et que la perte de l'estime de gens qu'il méprise, n'était pas pour lui une disgrâce fort affligeante. Il aurait été plus sensible au malheur d'être privé d'une maîtresse qu'il aurait aimée ; ou de l'espérance d'une fortune qui aurait été l'objet de son ambition...

Dans une lettre du 24 juillet 1749[11] adressée de Lunéville, à Mme Denis, Voltaire examine rapidement le succès des comédies de Nivelle de la Chaussée et de Gresset. Son jugement à l'emporte-pièce trahit une certaine jalousie :

> Une comédie est un des travaux d'Hercule ; ne soyez ni surprise ni fâchée, quand je suis aussi sévère pour vous que pour moi. Non seulement il ne faut pas se reposer sur les applaudissements de ses amis, mais il faut encore craindre ceux du parterre. Rien n'est si trompeur. [...] *Le Méchant* qu'on interrompait si souvent par des battements de mains est reconnue pour une très mauvaise comédie dans laquelle il y a des vers de satire fort bien faits. Ce n'est guère qu'au bout de dix ans que le véritable succès d'un ouvrage est confirmé[12].

Jean-Jacques Rousseau dans la Préface de *Narcisse ou l'Amant de lui-même*[13], observe :

---

9   *Le Méchant*, II, 3.
10 Voir p. 275, n. 55.
11 Voltaire, *Correspondance*, Paris, Gallimard, Pléiade, 1975, éd. Théodore Besterman [D3966], t. III, p. 69, ou *Lettres d'amour à sa nièce*, Th. Besterman, Paris, Plon, 1957, p. 183.
12 *Le Méchant* fut représenté treize fois en 1747, mais la pièce fut souvent reprise par la suite. *Ibid.*, p. 184.
13 Jean-Jacques Rousseau, Préface de *Narcisse ou l'Amant de lui-même*, représentée par les Comédiens ordinaires du Roi, le 18 décembre 1752, Genève, s. éd., 1781, p. XXI, note d.

> Les sciences [...ont] donné à nos vices une couleur agréable, un certain air honnête qui nous empêche d'en avoir horreur. Quand on joua pour la première fois la comédie du *Méchant*, je me souviens qu'on ne trouvait pas que le rôle principal répondît au titre. Cléon ne parut qu'un homme ordinaire; il était, disait-on, comme tout le monde. Ce scélérat abominable, dont le caractère si bien exposé aurait dû faire frémir sur eux-mêmes tous ceux qui ont le malheur de lui ressembler, parut un caractère tout-à-fait manqué, et ses noirceurs passèrent pour des gentillesses, parce que tel qui se croyait un fort honnête homme, s'y reconnaissait trait pour trait.

Renaud Bret-Vitoz souligne que ce jugement de Rousseau repose partiellement sur le fait que le jeu de Grandval, connu pour son aménité, n'est sans doute pas étranger au fait que les aspects les plus noirs du personnage aient pu passer inaperçus au cours des premières représentations :

> À la création de la pièce de Gresset, [l'] heureuse physionomie pleine de grâce et de chaleur [de Grandval[14] dans le rôle de Cléon] qui ressortait d'autant mieux par contraste avec son partenaire La Noue [Ariste] à la figure ingrate, à la voix rauque et sans timbre dans le rôle d'Ariste, a pu le desservir au moment d'interpréter et de « paraître » *le Méchant*, caractère nuisible, « abominable » et exceptionnel de noirceur que Rousseau estime « si bien exposé » dans la pièce[15].

L'abbé de La Porte revient sur l'intérêt du *Méchant* au cours d'un dialogue posthume avec l'abbé Desfontaines[16] :

> « Mais, reprit l'abbé Desfontaines, il me semble que sur les dernières années de ma vie, nous avions de jeunes gens qui pouvaient fonder pour l'avenir de plus flatteuses espérances. M. Gresset, par exemple, n'est-il pas en état de soutenir la gloire du Théâtre Français? C'est un homme d'esprit, qui fait bien des vers; il a fait, m'a-t-on dit, une comédie excellente intitulée *Le Méchant*. Cette pièce se joue souvent, et toujours avec succès.
>
> Il est vrai, répondis-je, que sur cette comédie, on avait jugé que M. Gresset allait bientôt réparer nos pertes; mais depuis quatre ou cinq ans qu'on l'a jouée pour la première fois, je ne sache pas que l'auteur ait rien donné au public, que quelques nouvelles éditions de

---
14 Grandval, voir p. 22, n. 60.
15 Note de Renaud Bret-Vitoz dans l'édition du *Narcisse*, coédité avec René Démoris, dans les *Œuvres complètes de Rousseau*, Christophe Martin dir., Garnier, tome VI.
16 Abbé Joseph de La Porte S.J., *Voyage en l'autre monde ou Nouvelles littéraires de celui-ci*, s.l. s.n., [1753], seconde partie, p. 138-143.

ses œuvres. Or vous m'avouerez que ce n'est pas là de quoi nous faire espérer de grandes richesses pour notre théâtre. La tragédie d'*Edouard*, et la petite pièce de *Sidney* sont bien écrites ; mais de quelle ressource cela peut-il être pour la Scène Française ? Jugez-en vous-même, vous qui les avez lues, et qui en avez parlé autrefois dans vos feuilles. Le public a confirmé votre jugement, et si la comédie du *Méchant* n'était venue au secours de M. Gresset, sa gloire ne se serait étendue que depuis Vert-vert jusqu'à *La chartreuse*[17].

Cette comédie du Méchant, dont on m'a tant parlé, est donc bien excellente, me demanda l'abbé Desfontaines ; dites-moi, je vous prie, en quoi consiste son mérite ?

Elle est, lui dis-je, très bien écrite et très bien versifiée ; on y trouve quelques portraits du monde des mieux frappés, et des plus ingénieux ; l'auteur d'un pareil ouvrage passera partout et en tout temps pour un homme d'esprit ; mais on ne dira jamais que c'est un homme de génie dans le genre dramatique. Il n'y a ni invention, ni traits vraiment comiques dans cette pièce ; ce sont des choses communes, mais très bien dites ; et comme nous donnons aujourd'hui plus que jamais dans les choses frivoles, nous préférons un vers bien fait à la meilleure scène de Molière. Croiriez-vous que toutes les fois que l'on joue *Les Femmes savantes*, *L'Avare*, ou le *Tartuffe*, on ne voit presque personne au spectacle ; tout y abonde au contraire, lorsqu'on y donne *Le Méchant* ou quelques pièces dans le goût moderne. Vous direz peut-être que tout le monde sait par cœur les comédies de Molière, et que, quoique l'on connaisse et que l'on sente la supériorité qu'elles ont sur toutes celles des auteurs qui sont venus après lui, on aime cependant mieux assister à la représentation de celles que l'on connaît moins. Mais c'est justement ce qui n'est pas ; les partisans de l'ancien théâtre, ceux qui en ont fait une étude plus réfléchie, et qui le connaissent mieux, sont aussi les plus empressés à se trouver à la comédie lorsqu'ils savent qu'on y jouera quelques-unes des anciennes pièces. Les nouvelles ne sont connues et recherchées que par ceux qui n'ont pas assez lu les autres pour en sentir toutes les beautés, par les amateurs des nouveautés, par ceux enfin, qui ne se nourrissent que des écrits de ce siècle, parce que c'est les seuls qu'ils connaissent[18].

---

17 *Vert-vert* et *La Chartreuse*, les deux poèmes qui avaient suffi à établir la renommée de Gresset.
18 Abbé Joseph de La Porte S.J., *Voyage en l'autre monde ou Nouvelles littéraires de celui-ci*, s.l. s.n., [1753], seconde partie, p. 140-143.

Choderlos de Laclos après avoir utilisé le vers « Les sots sont ici-bas pour nos menus plaisirs » dans la lettre LXIII écrite par Madame de Merteuil, consigne une remarque positive sur le personnage de « l'Ariste de Gresset, dans *Le Méchant* [...] sert un jeune homme, veut sauver une famille, et venger la société d'un méchant. Il est noble et fier, et donne un honorable empire à la vertu » : voir *Observations du général Laclos sur le roman théâtral de M. Lacretelle aîné*[19].

Grimm et Diderot caractérisent l'ensemble de la production de Gresset de façon élogieuse dans leur *Correspondance littéraire*[20] :
Les comédiens ont remis, avec beaucoup de succès, sur le théâtre la comédie intitulée *Le Méchant*. M. Gresset, si connu dans la littérature par plusieurs ouvrages qui portent l'empreinte d'un goût exquis, guidé par la finesse, épuré, embelli, en est l'auteur. Il a été jésuite, mais heureusement pour les lettres et grâce à son enjouement folâtre, il s'est affranchi des liens rigoureux qui captivaient son génie et qui ne lui permettaient pas de prendre son essor. Ses talents, qui languissaient dans la gêne extrême où le retenait l'austérité de sa profession, ont enfanté plusieurs jolies pièces où l'on trouve ce naïf agrément, ce ton du cœur, ce négligé charmant, qui le placent immédiatement après Voltaire. Rendu à la scène du monde, il a vu éclore un nouvel univers. L'amour, si fertile en sentiments, et toujours banni de ses écrits, a osé mêler ses soupirs avec ses sons. Dans le tendre délire de ses transports, il a caressé la riante Thalie[21] et a fait retentir sur la scène les fiers accents de Melpomène[22]. Dans sa tragédie d'*Édouard*, il y a de ces traits hardis, qui caractérisent Corneille, de ce grand, de ce touchant, de ce sublime qui ravit, qui passionne, qui transporte, qui enchante. Si son pinceau a quelquefois la force et la vigueur de celui de Corneille, il a aussi la grâce et la douceur de celui de Racine. Il y a des défauts, « l'action languit », « il y a des situations hasardées et trop singulières pour être goûtées par la scrupuleuse exactitude du génie français », et « il y a aussi un trop grand étalage de sentences dans le goût de Sénèque ». Mais celui-ci est

---
19 Laclos, *Œuvres*, Laurent Versini éd., Paris, Gallimard, Pléiade, 1979, p. 528.
20 Frédéric-Melchior Grimm, Denis Diderot, Jacques-Henri Meister, Guillaume-François-Thomas Raynal, *Correspondance littéraire, philosophiques et critique*, éd. Maurice Tourneux, Paris, Garnier Frères, 1877-1882, 16 vols, I-116-119.
21 Thalie, muse de la comédie.
22 Melpomène, muse de la tragédie.

« le défaut de tous les tragiques » sauf Racine. La seconde pièce, *Sidney*, malgré « deux scènes d'une grande beauté, qui ont arraché les applaudissements des plus déterminés à les refuser » n'a pu gagner la faveur du public : « L'esprit vif et léger des Français n'a pu s'accommoder d'un genre de comédie dont le fond est si sombre et triste, et dont les idées sont si noires et si mélancoliques ». Quant au *Méchant*, « les éloges qui sont sortis impétueusement de toutes les bouches en faveur du *Méchant* prouvent son excellence ». L'action de la pièce est « simple, naturelle [...] et] on ne peut assez admirer l'adresse du poète.

18 thermidor an XI [6 août 1803]

Dans une chronique datée du 18 thermidor an II, soit le 5 août 1793, Julien-Louis Geoffroy observe[23] :

Frédéric II, roi de Prusse, passionné pour la langue et la littérature françaises, ayant appris le succès du *Méchant* de Gresset, fit représenter cette pièce chez lui, sur le théâtre de la cour ; mais quelle fut sa surprise, lorsqu'il entendit un agréable jargon auquel il ne comprenait presque rien ? Ce prince, qui avait fait une étude particulière de nos bons écrivains, qui lui-même écrivait en français avec beaucoup de pureté et d'élégance, ne pouvait concevoir l'affront qu'essuyait alors son intelligence : c'était sa faute ou celle de l'auteur ; mais comment donner le tort à une pièce applaudie dans la capitale, et surtout estimée pour le style ? « Messieurs, dit le monarque aux beaux-esprits français qu'il avait toujours auprès de lui, expliquez-moi donc ce mystère ; j'entends parfaitement les pièces de Molière, de Regnard, de Destouches, etc. ; le français m'est presque aussi familier que ma propre langue, et j'aurais besoin d'un commentaire pour entendre la comédie de Gresset. — Sire, lui répondit un de ces messieurs, Paris vous offre un excellent commentaire ; allez-y passer six mois, répandez-vous dans les sociétés du bon ton, et le style du *Méchant* sera pour vous très clair ».

<blockquote>Je ne garantis point l'anecdote, qui n'est appuyée que sur l'autorité de d'Alembert [...].</blockquote>

---

23 Julien-Louis Geoffroy, *Cours de littérature dramatique*, Paris, Pierre Blanchard, 1819, t. II, p. 437, republié dans le *Cours de littérature dramatique*, seconde éd., considérablement augmentée, Paris, Pierre Blanchard, 1825, t. III, p. 235-240.

Il était très possible que le roi de Prusse n'eût pas saisi sur-le-champ ces tours fins et délicats, ce ton exquis, cette fleur d'élégance et d'urbanité qui charme les connaisseurs dans *Le Méchant*; ces beautés légères et subtiles avaient pu s'évaporer dans le trajet de Paris à Berlin. Il y a des expressions dont on ne sent bien la valeur que dans les cercles brillants où elles sont nées : *prendre un homme, avoir une femme*, ne signifient en Prusse que se marier, être marié ; dans la capitale de la France, cela veut dire au contraire transporter à l'amant les droits du mari, vivre avec sa maîtresse comme avec sa femme. *Quitter un homme, quitter une femme*, présentent l'idée d'une séparation légale, et cependant n'exprimaient alors qu'une brouillerie, une rupture entre les amants.

Lorsque le roi de Prusse entendait Cléon dire à Valère :

Et Cidalise ?

Valère.

Mais...

Cléon.

C'est une affaire faite ?

Sans doute vous l'avez ?...

Il imaginait sans doute que Cléon demandait à Valère s'il était marié avec Cidalise. Lorsque le même Cléon dit en parlant de lui-même :

J'eus Araminte un mois ; elle était fort jolie,
Mais coquette à l'excès ; cela m'ennuyait fort.
Elle mourut : je fus enchanté de sa mort.

Le héros allemand se persuadait que Cléon, marié un mois avec une femme coquette, avait été fort content de devenir veuf ; il ne comprenait pas comment on était si enchanté de la mort d'une maîtresse, et il avait raison ; c'est une inhumanité en pure perte, et la méchanceté n'est plus qu'une férocité de cannibale, quand on se réjouit de la mort d'une maîtresse qu'on était libre de quitter : le sentiment de Cléon n'est point comique ; il est abominable.

Nous sommes fort heureux que les Grecs et les Romains n'aient point eu de bonne compagnie ; leurs poètes comiques, leurs écrivains de boudoir, seraient pour nous indéchiffrables ; grâce à leur droiture, à leur simplicité, à leur franchise, nous pouvons nous flatter de les entendre aussi bien que si nous avions été leurs compatriotes et leurs contemporains.

La singularité même des mœurs décrites dans *Le Méchant* pouvait aussi répandre quelque obscurité sur son style, dans un pays étranger : quelles mœurs ! quelle corruption ! quelle effronterie ! et il n'était pas aisé, même aux Français vivant en province, de s'en former une juste idée : cette société, chef-d'œuvre de la politesse et du goût, était un monstre inconnu, qui ne pouvait exister que dans le gouffre de Paris. Des hommes et des femmes qui se prennent et se quittent, qui s'embrassent et se déchirent, qui se réunissent pour s'amuser, et qui se gênent et s'ennuient : un tas de fous, de méchants et de sots, ligués pour établir de fausses bienséances, tandis qu'ils abolissent les véritables devoirs ! une conjuration d'étourdis, de libertins, de femmes perdues, qui prétend donner des lois à la société, lorsqu'elle en sape les fondements ; qui crée un jargon nouveau pour exprimer des maximes étranges ; qui condamne les autres au ridicule, lorsqu'elle mérite elle-même le plus profond mépris ! Est-il étonnant que le roi de Prusse, n'ayant pas une exacte connaissance de cet excès de dépravation et d'extravagance, n'entendit pas parfaitement tout ce brillant verbiage de Cléon, qui peint fidèlement des mœurs uniques, extraordinaires, fruit de la débauche combinée avec la philosophie ?

N'oublions jamais que ce dernier degré de perversité de la dissolution sociale, a précisément la même date que cette nouvelle doctrine qui nous annonçait la régénération du corps politique et le rétablissement de la dignité de l'homme ; tous les écrivains philosophes ont pris plaisir à peindre ce scandale public dont ils auraient dû rougir, puisqu'il était leur ouvrage. Gresset lui-même, à l'époque où il composa *Le Méchant*, donnait dans toutes les niaiseries du jour ; il était dupe de toutes ces sottises philosophiques qui lui causèrent depuis de si vifs regrets. C'était alors un disciple, un adorateur de Voltaire ; mais depuis il fut cruellement puni par son maître, comme déserteur et apostat de la secte : s'il eût consulté sa raison et son cœur, il n'eût jamais exposé sur la scène ce tableau de corruption, plus dangereux qu'utile, et que le public n'eût point supporté, s'il n'eût été profondément corrompu lui-même : cette libre circulation des femmes, ce système de désordre, d'égoïsme, de désorganisation, n'est fait que pour flatter le libertinage et l'indépendance. Je crois que c'est sans malice et uniquement par maladresse que Gresset, philosophe, a mis dans la bouche du *Méchant* presque tout le code de la philosophie :

> La parenté m'excède, et ces liens, ces chaînes !
> Des gens dont on partage ou les torts ou les peines,
> Tout cela préjugé, misères du vieux temps ;
> C'est pour le peuple enfin que sont faits les parents.
> Vous avez de l'esprit, et votre fille est sotte ;
> Vous avez pour surcroît un frère qui radote :
> Eh bien ! c'est leur affaire, après tout : selon moi,
> Tous ces noms ne sont rien ; chacun n'est que pour soi.
> ....
> ... Quant aux amis... ce vain nom qu'on se donne,
> Se prend chez tout le monde et n'est vrai chez personne.
> J'en ai mille et pas un ....
> Tout ce qui vit n'est fait que pour nous réjouir,
> Et se moquer du monde est tout l'art d'en jouir.

C'est assurément bien là le langage des amis de la liberté ; c'est l'élixir de la sagesse moderne, c'est la fine fleur de la philosophie du dix-huitième siècle : avec de telles maximes, on brouille les gouvernements aussi bien que les familles : les philosophes ont exactement fait dans la France ce que Cléon veut faire dans la maison de Géronte ; mais ils ont mieux réussi que lui ; ils ont semé l'aigreur, la division, la haine, la calomnie. Ils ont dit aux petits : « Les grands vous oppriment, et vous valez mieux qu'eux ». Ils ont dit aux grands : « Moquez-vous de cet Évangile, qui vous prescrit de donner aux pauvres votre superflu, de reconnaître vos frères dans tous les infortunés. Riez de cet adage impertinent : *heureux ceux qui pleurent* ; jouissez sans remords ». Voici quelques apophtegmes philosophiques pour calmer votre conscience : le mariage est un joug ignoble, l'amitié une chimère, le plaisir un devoir, l'intérêt personnel une règle, l'argent une vertu : voilà toute la morale de cette courte vie, qui va se perdre dans un néant éternel[24].

Dans son *Lycée ou Cours de littérature*[25]..., Jean-François de La Harpe revient plusieurs fois sur *Le Méchant* ; « Voltaire n'a rien fait en ce genre qui en approche, même de loin » (VIII, 53) ; l'auteur en a emprunté

---

24 Julien-Louis Geoffroy, *Cours de littérature dramatique*, Paris, Pierre Blanchard, 1819.
25 Jean-François de La Harpe, *Lycée ou cours de littérature ancienne et moderne*, Paris, Ledoux et Tenré, 1817.

les traits les plus saillants dans la Société du cabinet vert, *ibid.* ; est fort au-dessous de *Tartuffe* et du *Misanthrope* (X, 350) ; l'intrigue en est calquée sur celle du *Flatteur* de [Jean-Baptiste] Rousseau, *ibid.* ; ce qui soutiendra longtemps cette pièce sur la scène (353). / J'ai cru devoir m'arrêter un peu sur les ouvrages de Gresset, et d'autant plus que cette même secte philosophique dont je viens de parler a mis la réputation de cet écrivain au rang de celles qu'elle voulait rabaisser ; mais ce n'est pas une de ces réputations qui dépendent du caprice, et ne résistent pas au temps. [...] il a eu le cachet de l'originalité dans tout ce qui restera de lui. C'était un véritable talent-né, et, n'en déplaise à Voltaire, dont les boutades ne sont pas une autorité, *Le Méchant*, *Vert-Vert*, et *la Chartreuse*, vivront autant que la langue française (VIII, 59).

Gustave Lanson, après avoir présenté Destouches et la comédie de caractère, consacre au *Méchant* un paragraphe terminé par une remarque perfide. Parlant de la comédie de caractère, il écrit « C'est moins une représentation sensible de la vie, qu'une analyse mêlée d'épigrammes ; de là l'agrément et la froideur de ces pièces. La froideur domine dans les grandes comédies [...]. *Le Méchant* même de Gresset n'en est pas exempt : c'est une piquante satire d'un caractère mondain, de l'homme à bonnes fortunes du milieu du siècle, égoïste, persifleur, se faisant un jeu, par *noirceur* de diffamer et compromettre les femmes. Il ne manque à cet ouvrage finement écrit que la puissance dramatique[26] ».

Revenant sur certains aspects de la pièce et de la manière de jouer de Grandval fils, Élisabeth Bourguinat signale : « Le terme de *méchant*, qui a souvent été utilisé, surtout dans la première partie du siècle, pour désigner les roués, avant que ceux de *persifleur* ou de *mystificateur* se soient imposés, est révélateur à cet égard. La *méchanceté* a été particulièrement illustrée par la comédie de Gresset, *Le Méchant*. [...] Cléon, le sombre héros de cette comédie [*Le Méchant*], est avant tout un intrigant, qui a hérité de Tartuffe le talent de manipuler les uns et les autres pour assurer son pouvoir[27].

---

26 Gustave Lanson, *Histoire de la littérature française*, Paris, Librairie Hachette, 1920, cinquième partie, Livre II, chap. III, 2 paragraphe.
27 Élisabeth Bourguinat, *Le Siècle du persiflage*, Paris, PUF, 1998, p. 119.

ANNEXE

Duclos, ami de Gresset, fut reçu dans le salon de Mme de Graffigny en même temps que lui. Protégé de Louis XV qui le désigna comme historiographe de France le 20 septembre 1750, il formula dans ses *Considérations sur les mœurs de ce siècle*, paru en 1751, un jugement sur l'esprit des salons qui confirme l'opinion de Gresset sur l'attitude qui affecte les « sociétés brillantes » des salons parisiens :

> Toute question importante, tout raisonnement, tout sentiment raisonnable sont exclus des sociétés brillantes, et sortent du *bon ton*. Il y a peu de temps que cette expression est inventée, et elle est déjà triviale, sans en être mieux éclaircie : je vais dire ce que j'en pense.
>
> Le *bon ton* dans ceux qui ont le plus d'esprit, consiste à dire agréablement des riens, et ne se pas permettre le moindre propos sensé, si on ne le sait excuser par les grâces du discours ; à voiler enfin la raison quand on est obligé de la produire, avec autant de soin que la pudeur en exigeait autrefois, quand il s'agissait d'exprimer quelque idée libre. L'agrément est devenu si nécessaire, que la médisance même cesserait de plaire, si elle en était dépourvue. Il ne suffit pas de nuire, il faut surtout amuser ; sans quoi le discours le plus méchant retombe plus sur son auteur que sur celui qui en est le sujet.
>
> Ce prétendu *bon ton* qui n'est qu'un abus de l'esprit, ne laisse pas d'en exiger beaucoup ; ainsi il devient dans les sots un jargon inintelligible pour eux-mêmes ; et comme les sots sont le grand nombre, ce jargon a prévalu. C'est ce qu'on appelle le *Persiflage*, amas fatigant de paroles sans idées, volubilité de propos qui font rire les fous, scandalisent la raison, déconcertent les gens honnêtes ou timides, et rendent la société insupportable.
>
> Ce mauvais genre est quelquefois moins extravagant, et alors il n'en est que plus dangereux. C'est lorsqu'on immole quelqu'un, sans qu'il s'en doute, à la malignité d'une assemblée, en le rendant tout à la fois instrument et victime de la plaisanterie commune, par [p. 163] les choses qu'on lui suggère, et les aveux qu'on en tire. Les premiers essais de cette sorte d'esprit ont dû naturellement réussir ; et comme les inventions nouvelles vont toujours en se perfectionnant, c'est-à-dire, en augmentant de dépravation, quand le principe en est vicieux, la méchanceté se trouve aujourd'hui l'âme de certaines sociétés, et a cessé d'être odieuse, sans même perdre son nom.

La méchanceté n'est aujourd'hui qu'une mode. Les plus éminentes qualités n'auraient pu jadis la faire pardonner, parce qu'elles ne peuvent jamais rendre autant à la société que la méchanceté lui fait perdre, puisqu'elle en sape les fondements, et qu'elle est par là, sinon l'assemblage, du moins le résultat des vices. Aujourd'hui la méchanceté est réduite en art, elle [p. 164] tient lieu de mérite à ceux qui n'en ont point d'autre, et souvent leur donne de la considération.

Voilà ce qui produit cette foule de petits méchants subalternes et imitateurs, de caustiques fades, parmi lesquels il s'en trouve de si innocents; leur caractère y est si opposé; ils auraient été de si bonnes gens, en suivant leur cœur, qu'on est quelquefois tenté d'en avoir compassion, tant le mal leur coûte à faire. Aussi en voit-on qui abandonnent leur rôle comme trop pénible; d'autres persistent, flattés et corrompus par les progrès qu'ils ont faits. Les seuls qui aient gagné à ce travers de mode, sont ceux qui, nés avec le cœur dépravé, l'imagination déréglée, l'esprit faux, borné et sans principes, méprisant la vertu, et incapables de remords, ont le plaisir de se voir les héros d'une société dont ils devraient être l'horreur. [p. 165]

Un spectacle assez curieux est de voir la subordination qui règne entre ceux qui forment ces sortes d'associations. Il n'y a point d'état où elle soit mieux réglée. Ils se signalent ordinairement sur les étrangers que le hasard leur adresse, comme on sacrifiait autrefois dans quelques contrées ceux que leur mauvais sort y faisait aborder. Mais lorsque les victimes nouvelles leur manquent, c'est alors que la guerre civile commence. Le chef conserve son empire, en immolant alternativement ses sujets les uns aux autres. Celui qui est la victime du jour, est impitoyablement accablé par tous les autres, qui sont charmés d'écarter l'orage de dessus eux; la cruauté est souvent l'effet de la crainte, c'est le courage des lâches. Les subalternes s'essayent cependant les uns contre les autres; on cherche à ne se lancer que [p. 166] des traits fins; on voudrait qu'ils fussent piquants sans être grossiers; mais comme l'esprit n'est pas toujours aussi léger que l'amour-propre est sensible, on en vient souvent à se dire des choses si outrageantes, qu'il n'y a que l'expérience qui empêche d'en craindre les suites. Si l'on pouvait cependant imaginer quelque tempérament honnête entre le caractère ombrageux et l'avilissement volontaire, on ne vivrait pas avec moins d'agrément, et l'on aurait plus d'union et d'égards réciproques[1].

---

1   Duclos [Charles Pinot-], *Considérations sur les mœurs de ce siècle*, Paris, Prault et Durand neveu, [1751] 1772, sixième édition, p. 161.

MAXIMES DANS *LE MÉCHANT*

Toujours la calomnie en veut aux gens d'esprit. (Géronte, I, 2)	vers 148
Les sots sont ici-bas pour nos menus plaisirs (Cléon, II, 1)	vers 512[1]
Toute femme m'amuse, aucune ne m'attache. (Cléon, II, 1)	vers 530
On ne va point au Grand, si l'on n'est intrépide. (Cléon, II, 9)	vers 1058
Par eux-mêmes souvent les méchants sont trahis. (Ariste, III, 5)	vers 1247
On ne vit qu'à Paris, et l'on végète ailleurs (Valère, IV, 9)	vers 1408
Elle avait de beaux yeux pour des yeux de province (Valère A. III, sc. 9)	vers 1414
L'éloge des absents se fait sans flatterie. (Lisette, III, 4)	vers 1678
Le jugement d'un seul n'est point la loi de tous. (Ariste, IV, 4)	vers 1740
Mon estime toujours commence par le cœur (Ariste, IV, 4)	vers 1776
On applaudit aux traits du méchant qu'on abhorre, Et loin de le proscrire, on l'encourage encore ! (Ariste, IV, 4)	vers 1789-1790

---

1   Cité par Voltaire dans la lettre (D 9498) adressée à Louise-Florence-Pétronille de Tardieu d'Esclavelles d'Épinay le 26 décembre 1760 (Pléiade, t. VI, 6399, p. 171). Cité également par la marquise de Merteuil, Laclos, *Les Liaisons dangereuses*, *Œuvres complètes*, Laurent Versini éd., Paris, Gallimard, Pléiade, 1979, 124 et 324 ; l'expression était devenue proverbiale.

Par l'erreur d'un moment ne jugez point ma vie. (Valère, IV, 5)	vers 1885
Elle a d'assez beaux yeux / pour des yeux de province (Géronte, IV, 5)	vers 1889
Quand le cœur est bon, tout peut se corriger. (Ariste, IV, 6)	vers 1916
L'aigle d'une maison n'est qu'un sot dans une autre. (Cléon, IV, 7)	vers 1970
L'esprit qu'on veut avoir gâte celui qu'on a. (Ariste, IV, 7)	vers 2000
Car enfin bien des gens, à ce que j'entends dire Ont été quelquefois pendus pour trop écrire (Lisette, V, 2)	vers 2147
Un rapport clandestin n'est pas d'un honnête homme (Ariste, V, 4)	vers 2199[2].

---

2   Cité par Palissot dans la préface de la *Dunciade*, où Palissot remplace « rapport » par « écrit ».

VER-VERT
OU LES VOYAGES DU PERROQUET
DE LA VISITATION DE NEVERS

À MADAME DE L. DE T. ABBESSE DE ***

VAIRVERT
OU
LES VOYAGES
DU
PERROQUET
DE LA
VISITATION DE NEVERS.
POEME
HEROI-COMIQUE.

La Critique de Vairvert,
Comedie en un Acte.
Le Careme Impromtu.
Le Lutrin Vivant.

A LA HAYE,
Chez PIERRE DE HONDT.
M. DCC. XXXVI.

Page de titre d'une des premières éditions de *Ververt,
ou Les Voyages du perroquet de la visitation de Nevers*, La Haye,
Pierre de Hondt, 1736. Collection particulière.
Crédit photographique : Bernard Juncker.

INTRODUCTION

Ver-Vert

On trouvera ci-dessous le texte de *Ver-Vert*, non qu'il s'agisse d'un texte théâtral, mais parce qu'il a lancé la carrière littéraire de Gresset et surtout parce qu'il a servi de prétexte à la rédaction, sur le modèle de *La Critique de l'École des femmes*, d'une petite pièce en un acte, *La critique de Ver-Vert*, qui a été reproduite dans plusieurs des premières éditions des œuvres de Gresset et qui se comprendrait mal si l'on ne disposait du conte en vers qui lui a donné naissance.

La déploration sur la mort d'un oiseau familier s'inscrit dans la tradition de la littérature antique. Gresset, fin latiniste, connaissait certainement les deux poèmes consacrés par Catulle à la mort du moineau de Lesbie (*Ad passerem Lesbiae, Funus passeris*)[1]. Il connaissait aussi le perroquet de Corinne qu'Ovide évoque dans ses *Amores* (2, 6). Sans citer le nom d'Ovide, Gresset fait d'ailleurs allusion à cette œuvre d'Ovide au vers 680 de *Ver-Vert*. Il avait certainement pratiqué les exercices consacrés à l'amplification et à la transposition d'un thème dans un autre genre, ici le genre burlesque qu'avait illustré Scarron dans son *Énéide travestie*. *Ver-Vert* est une comédie aux multiples acteurs, à l'instar de ce qu'Ovide avait composé[2], mais le narrateur intervient à tous moments pour interpeler son auditoire et lui faire part de ses sentiments sur l'action qu'il présente.

Le poème d'Ovide était déjà une déploration burlesque de la mort du perroquet des Indes. L'humour de Gresset est proche de celui d'Ovide. Mais en transposant le modèle ovidien dans l'actualité de son temps, Gresset crée un sujet nouveau et en modifie sensiblement la portée. Il donne libre cours à une veine antimonastique, qui ne s'exprime qu'à de

---

[1] Catulle, *Poésies*, Georges Lafaye éd., Paris, Belles Lettres, 1964, p. 1-4.
[2] Voir Christine Kossaifi, *Thalie et le perroquet. Le sourire humoristique d'Ovide dans les « Amores 2, 6 »*, dans *Mosaïque*, revue des jeunes chercheurs en SHS, n° 9, juillet 2013, p. 201-221.

rares moments dans son œuvre, si l'on excepte *L'Abbaye*, poème resté dans ses archives et qui ne fut publié qu'en 1800, ou quatre vers agressifs qu'il insère dans l'*Épitre à ma Muse* :

> Un simple badinage,
> Mal entendu d'une prude ou d'un sot,
> Peut vous jeter sur un autre rivage :
> Pour perdre un sage, il ne faut qu'un bigot[3].

Ses études chez les jésuites, puis son noviciat lui ont permis d'observer par lui-même comment s'organise la vie en communauté. De plus, deux de ses sœurs vivaient dans des couvents de femmes, ce qui lui permet de parler en connaissance de cause des travers du couvent. Il épingle successivement la coquetterie des religieuses, leurs sensibleries, leurs mesquineries, leur goût de la médisance, leurs enfantillages dans la dévotion, leurs niaiseries mystiques, leurs bavardages, leurs commérages, leur gourmandise, leur concupiscence, leur étroitesse d'esprit, voire leur imbécillité ou leur folie. Il observe la frustration que leur cause le manque de présence masculine, ce qui les amène à s'attacher, à titre de substitut, à un animal de compagnie de sexe mâle, le perroquet Ver-Vert. Non content d'affubler les visitandines de prénoms ridicules, Thècle, Mélanie, Séraphine, Bibiane, Cunégonde... Gresset oppose les jeunes novices, pleine de charme et de séduction coquine aux religieuses âgées qu'il traite sans pitié de « singe voilée », en se moquant de leur âge « squelette octogénaire », à la « marche symétrique », de leur décrépitude physique (« perd sa dernière dent »), de leur « sépulcral organe »...

Dans cette épopée burlesque, rédigée en décasyllabes, versification bien adaptée à l'allure sautillante des écrits plaisants ou grotesques, Gresset insère trois tableaux contrastés consacrés au perroquet : dans le premier, l'animal doué de la parole répète les discours, les chants et les prières qu'il entend depuis toujours chez les visitandines de Nevers. Dans le deuxième, en descendant la Loire, il découvre la grossièreté du monde, apprend les jurons, les gros mots et le répertoire ordurier des bateliers, de trois dragons, de deux gascons, de deux femmes de petite vertu et d'un moine mendiant, que Gresset avait d'abord appelé

---

3   *Épitre à ma Muse*, vers 99-102.

« un Frappart[4] ». Dans un troisième temps, il provoque un scandale risible lorsque, accueilli par les visitandines de Nantes qui attendaient un perroquet confit en dévotion, il leur développe tout le répertoire qu'il vient d'acquérir au cours du voyage. Devenu objet de scandale à Nantes, Ver-Vert est renvoyé *illico presto* d'où il vient. En le récupérant, les visitandines de Nevers découvrent l'étendue du désastre : il ne leur reste plus qu'à punir le pauvre animal pour obtenir sa conversion. Il est condamné à l'isolement et relégué dans une cellule dans laquelle il dépérit. Ultime retournement irrévérencieux : le perroquet repenti décède au bout de quelques mois, mais connaît une réincarnation paradoxale puisque, par l'effet de la métempsychose, son esprit se transpose dans la tête des sœurs !

En 1734, après la Régence, on peut rire de tout, mais devant la violence de l'attaque, et en dépit du comique, les visitandines se sont senti agressées.

L'humour et la vivacité de la narration permettent de confirmer le fait que le conte a été utilisé pour une présentation orale. À l'instar de ce que font nos modernes chansonniers, Gresset l'a interprété au *Caveau*[5] au moment où il fréquentait Duclos, Piron, Crébillon père et fils, Nivelle de la Chaussée, Helvétius, le comte de Caylus, Charles Collé, Charles-François Pannard, Jean-Philippe Rameau... qui furent ses amis au temps de sa jeunesse et lui prodiguèrent leurs conseils.

---

4   *Frappart* (un) : terme méprisant servant à désigner un moine libertin et débauché, un moine mendiant.
5   Voir p. 15, n. 27.

LE TEXTE

La situation de *Ver-Vert* est différente de celle des trois pièces de théâtre éditées ci-dessus. Alors que le texte de ces pièces est d'emblée correctement établi au moment de la première impression, Gresset n'a pas arrêté de modifier et d'amplifier son poème jusqu'en 1743. La consultation des premières éditions permet d'envisager une étude génétique qui n'a pas sa place ici, quoique nous en offrions une approche en présentant les variantes de l'édition Pierre De Hondt, 1736. En 1863, Victor de Beauvillé[1] signalait qu'il détenait un manuscrit de *Ver-Vert* ne comportant que 468 vers, précédés d'une adresse « à monsieur de S..., par le P.G. Fait à Tours. Diverses éditions se sont succédé, donnant des états incomplets d'un texte en gestation.

Nous avons choisi pour texte de référence l'édition publiée à Genève, chez PELLISSARI & compagnie, *Œuvres* de GRESSET, MDCC XLIII, 1743 : (*Ver-Vert* se trouve dans le t. I, p. 9-35). [Abréviation : Pel]. Cette édition du texte définitif comporte 715 vers répartis en quatre chants (respectivement 169, 184, 155, 207 vers).

Edouard KERMALECK, reproduit ce même texte dans son édition des *Œuvres* de GRESSET, Londres, MDCC LV, 1755 : (*Ver-Vert* se trouve dans le t. I, p. 1-20). [Abréviation : K] cette édition comporte 715 vers répartis en quatre chants (respectivement 169, 184, 155, 207 vers).
DIDOT le jeune reproduit le même texte dans les *Œuvres choisies* de GRESSET, Paris, an II, (22 sept 1793-21 sept 1794) : (*Ver-Vert* se trouve p. 9-42). [Abréviation : Didot]. Ce texte est encore reproduit dans les deux éditions suivantes :
Robert FAYOLLE, *Œuvres de Gresset*, Paris, 1803, trois vol.
RENOUARD, *Œuvres complètes* de GRESSET, Jean-Baptiste-Louis, Paris, MDCCCXI : (*Ver-Vert* se trouve dans le t. I, p. 1-28). [Abréviation :

---
1 Beauvillé, *op. cit.* p. 63.

Ren11]. Victor de Beauvillé signale qu'Antoine-Auguste Renouard a recouru à l'édition de Robert Fayolle, pour établir le texte de son édition de *Ver-Vert* : Dans ces cinq éditions, *Ver-Vert* comporte 715 vers divisés en quatre chants (respectivement 169, 184, 155, 207 vers).

Nous avons aussi consulté
- La Haye, Guillaume Niegard, 1734, BnF (Y – 5455). Dans cette édition *Ver-Vert* comporte 655 vers.
- Paris, 1735, s. l – s. éditeur ; 5ᵉ édition. (BnF YF – 23651) [Abréviation : 1735]. 703 vers.

Dans cette édition se trouve l'Avertissement suivant :

> Il se répand depuis quelque temps plusieurs copies, tant manuscrites qu'imprimées, mais très infidèles, du poème que je donne au public. Dans les éditions qu'on a intitulées de Londres, & les deux de La Haye, la pièce est entièrement défigurée. Celle d'Amsterdam, pour être plus correcte que les précédentes, n'est pas exempte d'un grand nombre de fautes, dont l'*Errata* n'en découvre qu'une partie. On en a cependant profité dans cette édition ; et les soins que s'est donné un des plus habiles hommes de notre temps, pour la perfectionner, la rendent la meilleure de toutes celles qui ont paru jusqu'à présent.

- *Ver-Vert* / ou / Les Voyages du Perroquet / de la Visitation de Nevers / poème / héroi-comique / *La Critique de Vairvert* / *comédie en un acte* / *Le Carême impromptu* / *Le Lutrin vivant* / fleuron / A La Haye / Chez Pierre de Hondt, MDCCXXXVI, 88 p. (BnF, Tolbiac Ye-23653 / NUM – 108772 / P89 4130). Texte disponible sur Gallica. [Abréviation : de Hondt] Cette édition comporte 659 vers.

Cette version offre plusieurs archaïsmes savoureux auxquels Gresset a renoncé dans les états ultérieurs de son poème. On les trouvera dans les variantes où l'on découvrira de plus les titres de deux ouvrages religieux : *Le Pré Spirituel*, recueil de 219 anecdotes portant sur la vie des moines d'Égypte et d'Orient rédigé en grec par Jean Moschos en 612 après J.-C. et surtout *Le Château de l'âme*, « le chef-d'œuvre de sainte Thérèse d'Avila en ce qui regarde l'oraison » publié en 1588 et dont Arnaud d'Andilly écrit, dans l'avertissement qui précède sa traduction [*Les Œuvres de sainte Thérèse d'Avila* divisées en deux parties, de la traduction de Monsieur Arnauld d'Andilly, Nvelle éd. revuë & corrigée, Paris, Pierre Le Petit, 1676], qu'il est un ouvrage difficile, voire inintelligible dont les gens pensent communément qu'il est « si obscur qu'il est inutile de le lire » (voir p. 422, variante bf). Gresset connaissait certainement ces deux œuvres, mais comme il a jugé que ses lecteurs, ou ses auditeurs, les ignoraient, il en a fait disparaître les titres. La version du texte que fournit De Hondt constitue la publication d'une rédaction primitive que Gresset banalisera et amplifiera dans les versions diffusées après 1743. Plusieurs lacunes confirment qu'il s'agit d'une version antérieure à la vulgate, publiée dans l'édition genevoise de Pellissari en 1743, reprise dans celle de Kelmarneck (1755), de Didot le jeune (1773), de Fayolle (1803) de Renouard (1811)... Les variantes recueillent les différences.

L'édition De Hondt 1736 comporte 659 vers, et ne présente aucune division en chants. Elle est précédée d'un *Avertissement du Libraire aux lecteurs* qui manque dans l'édition de 1735 et dans les éditions suivantes :

> Voici un ouvrage de M.G.*** fameux par la traduction des *Églogues* de Virgile et par d'autres petites pièces qui sont dans le même recueil, mis au jour cette année. On peut dire que ce petit poème est tout-à-fait rempli de bon sens, et que l'auteur a parfaitement réussi à peindre l'éducation d'un aimable perroquet, les soins qu'en prenaient de saintes et dévotes religieuses, dont la piété n'était pas si rigide qu'elle ne prît quelque relâche. La piété, les voyages du saint oiseau, la perte de son innocence, sa conversion et sa mort étaient certes des objets bien dignes de la joie et des pleurs de ces aimables nonnes. Glose qui voudra, il n'y a que des cœurs insensibles qui ne soient pas touchés à la vue d'un objet si charmant. Je ne suis pas de ce nombre ; aussi me suis-je trouvé obligé de rendre justice à l'auteur et à l'amour de ses héroïnes. Un de ses amis qui est aussi des miens, m'a envoyé la copie que je mets aujourd'hui au jour. Je profite de cette occasion, mon cher lecteur, pour vous faire connaître combien je suis zélé pour votre divertissement. Les deux petites pièces qui suivent, ne sont pas moins agréables, et je suis persuadé qu'elles réjouiront autant les curés savants que les chanoines dévots.

Œuvres de GRESSET, Genève, Pellissari & compagnie, MDCC XLIII, 1743 : (*Ver-Vert* se trouve dans le t. I, p. 9-35). [Abréviation : Pel]
Œuvres de GRESSET, Genève, Pellissari & compagnie, MDCC XLIII, 1746 : (*Ver-Vert* se trouve dans le t. I, p. 9-35).
Œuvres de GRESSET, Londres, Edouard Kermaleck, MDCC LV, 1755 : (*Ver-Vert* se trouve dans le t. I, p. 1-20). [Abréviation : Ker] 715 vers (quatre chants, respectivement 169, 184, 155, 207 vers)

Œuvres de GRESSET, Rouen, veuve Pierre Dumesnil, MDCC LXXXII, 1782 : (*Ver-Vert* se trouve dans le t. I, p. 1-20). [Abréviation : Dum82] 678 vers (quatre chants, respectivement 169, 145, 155, 207 vers)

Œuvres de GRESSET, Paris, De Bure, MDCCC XXVI, 1826 : (*Ver-Vert* se trouve dans le t. I, p. 1-20). [Abréviation : De Bure26]

VER-VERT

ou Les Voyages du perroquet
de la Visitation de Nevers.
À Madame de L. de T. Abbesse de ***

CHANT PREMIER [9]

    Vous, près de qui les Grâces solitaires
Brillent sans fard, et règnent sans fierté,
Vous dont l'esprit, né pour la vérité,
Sait allier à des vertus austères
5 Le goût, les ris, l'aimable liberté.
Puisqu'à vos yeux vous voulez que je trace,
D'un noble oiseau la touchante disgrâce,
Soyez ma Muse, échauffez mes accents,
Et prêtez-moi ces sons intéressants,
10 Ces tendres sons[a] que forma votre lyre,
Lorsque Sultane[1], au printemps de ses jours,
Fut enlevée à vos tristes amours,
Et descendit au ténébreux empire.
De mon héros les illustres malheurs
15 Peuvent aussi se promettre vos pleurs.
Sur sa vertu par le sort traversée,
Sur son voyage et ses longues erreurs,
On aurait pu faire une autre *Odyssée*[2] ;
Et par vingt chants endormir les lecteurs ;

---
1 *Épagneule*. Le lecteur devine qu'il s'agit de l'animal de compagnie de l'abbesse à qui le poème est dédié.
2 Par plaisanterie, Gresset rapprochera successivement son poème de l'*Iliade*, de l'*Odyssée* et de l'*Énéide*.

20 On aurait pu, des fables^b surannées
Ressusciter les diables et les dieux,
Des faits d'un mois, occuper des années,
Et, sur des tons d'un sublime ennuyeux,
Psalmodier la cause^c infortunée
25 D'un perroquet non moins brillant qu'énée,
Non moins dévot, plus malheureux que lui,
Mais trop de vers entraînent^d trop d'ennui ;
Les Muses sont des abeilles volages,
Leur goût voltige, il fuit les longs ouvrages,
30 Et, ne prenant que la fleur d'un sujet,
Vole bientôt sur un nouvel objet.
Dans vos leçons j'ai puisé ces maximes ;
Puissent vos lois se lire dans mes rimes !
Si, trop sincère, en traçant ces portraits,
35 J'ai dévoilé les mystères secrets,
L'art des parloirs, la science des grilles,
Les graves riens, les mystiques vétilles ;
Votre enjouement me passera ces traits.
Votre^e raison, exempte de faiblesses,
40 Sait vous sauver[3] ces fades petitesses ;
Sur votre esprit, soumis au seul devoir ?
L'illusion n'eut jamais de pouvoir,
Vous savez trop qu'un front que l'art déguise,
Plaît moins au ciel qu'une aimable franchise.
45 Si la vertu se montrait aux mortels,
Ce ne serait ni par l'art des grimaces,
Ni sous des traits farouches et cruels,
Mais sous votre air, ou sous celui des Grâces,
Qu'elle viendrait mériter nos autels.
50 Dans maint auteur de science profonde,
J'ai lu qu'on perd à trop courir le monde ;
Très rarement en devient-on meilleur^f,
Un sort errant ne conduit qu'à l'erreur.

---

3 *Sauver* : « vous éviter, vous épargner ».

Il nous vaut mieux vivre au sein de nos Lares[4] [g],
55 Et conserver, paisible casaniers,
    Notre vertu dans nos propres foyers,
    Que parcourir bords lointains et barbares,
    Sans quoi le cœur, victime des dangers,
    Revient chargé de vices étrangers.
60 L'affreux destin du héros que je chante
    En éternise une preuve touchante.
    Tous les échos des parloirs de Nevers
    Si l'on en doute, attesteront mes vers[h].
        À Nevers donc, chez les visitandines,
65 Vivait naguère un perroquet fameux,
    À qui son art et son cœur généreux,
    Ses vertus même, et ses grâces badines
    Auraient dû faire un sort moins rigoureux,
    Si les bons cœurs[i] étaient toujours heureux.
70 Ver-Vert (c'était le nom du personnage)
    Transplanté là de l'indien rivage,
    Fut, jeune encor, ne sachant rien de rien,
    Au susdit cloître enfermé pour son bien.
    Il était beau, brillant, leste et volage,
75 Aimable et franc, comme on l'est au bel âge,
    Né tendre et vif, mais encore innocent ;
    Bref, digne oiseau d'une si sainte cage,
    Par son caquet digne d'être[j] en couvent.
        Pas n'est besoin, je pense, de décrire
80 Les soins des sœurs, – des nonnes, c'est tout dire –
    Et[k] chaque Mère, après son directeur,
    N'aimait rien tant ; même dans plus d'un cœur,
    (Ainsi l'écrit un chroniqueur sincère)
    Souvent l'oiseau l'emporta sur le Père.
85 Il partageait dans ce paisible lieu
    Tous les sirops dont le cher Père en Dieu
    Grâce aux bienfaits[l] des nonnettes sucrées ;
    Réconfortait ses entrailles sacrées,

---

4 Divinités familiales dans la civilisation romaine.

Objet permis à leur oisif amour
90 Ver-Vert était l'âme de ce séjour,
Exceptez-en quelques vieilles dolentes,
Des jeunes cœurs jalouses surveillantes,
Il était cher à toute la maison.
N'étant encor dans l'âge de raison,
95 Libre, il pouvait et tout dire et tout faire,
Il était sûr de charmer et de plaire.
Des bonnes sœurs égayant les travaux,
Il becquetait et guimpes et bandeaux ;
Il n'était point d'agréable partie,
100 S'il n'y venait briller, caracoler,
Papillonner[m], siffler, rossignoler,
Il badinait, mais avec modestie,
Avec cet air timide et tout[n] prudent,
Qu'une novice a, même en badinant. [12]
105 Par plusieurs voix interrogé sans cesse,
Il répondait à tout avec justesse ;
Tel autrefois César, en même temps,
Dictait à quatre, en styles différents[5].
    Admis partout, si l'on en croit l'Histoire,
110 L'amant[o] chéri mangeait au réfectoire ;
Là tout s'offrait à ses friands désirs,
Outre qu'encor[p] pour ses menus plaisirs,
Pour occuper[q] son ventre infatigable
Pendant le temps[r] qu'il passait hors de table,
115 Mille bonbons, mille exquises douceurs
Chargeaient toujours les poches de nos sœurs.
Les petits soins, les attentions fines
Sont nés, dit-on, chez les visitandines ;
L'heureux Ver-Vert l'éprouvait chaque jour,
120 Plus mitonné qu'un perroquet de cour ;
Tout s'occupait du beau pensionnaire,
Ses jours coulaient dans un noble loisir,

---

5   La tradition rapporte que César était capable de dicter quatre messages en même temps à quatre secrétaires différents.

Au grand dortoir il couchait d'ordinaire ;
Là, de cellule il avait à choisir ;
125 Heureuse encor, trop heureuse, la Mère
Dont il daignait, au retour de la nuit,
Par sa présence honorer le réduit !
Très rarement les antiques discrètes
Logeaient l'oiseau ; des novices proprettes
130 L'alcôve simple était plus de son goût,
Car, remarquez qu'il était propre en tout. [13]
Quand, chaque soir, le jeune anachorète
Avait fixé sa nocturne retraite,
Jusqu'au lever de l'astre de Vénus,
135 Il reposait sur la *boîte aux Agnus*[6].
À son réveil, de la fraîche nonette,
Libre témoin, il voyait la toilette,
Je dis toilette, et je le dis tout bas,
Oui, quelque part j'ai lu qu'il ne faut pas
140 Aux fronts voilés des miroirs moins fidèles
Qu'aux fronts ornés de pompons[7s] et dentelles ;
Ainsi qu'il est pour le monde et les cours
Un art, un goût de modes et d'atours,
Il est aussi des modes pour le voile ;
145 Il est un art de donner d'heureux tours
À l'étamine, à la plus simple toile.
Souvent l'essaim des folâtres amours,
Essaim qui sait franchir grilles et tours,
Donne aux bandeaux[t] une grâce piquante,
150 Un air galant à la guimpe flottante ;
Enfin, avant de paraître au parloir, [16]
On doit au moins deux coups d'œil au miroir.
Ceci soit dit entre nous, en silence ;
Sans autre écart revenons au Héros.
155 Dans ce séjour de l'oisive indolence

---

6 Un *Agnus* : « petite pièce d'étoffe dans laquelle on enferme quelque relique, image ou pâte bénite qu'on porte par dévotion » (*Fur.* 1690).
7 De Hondt (1736) porte : *Clinquants* : « petite lame d'or ou d'argent qu'on met dans les broderies ou les dentelles » (*Ac.*).

Ver-Vert vivait sans ennuis, sans travaux ;
Dans tous les cœurs il régnait sans partage.
Pour lui sœur Thècle oubliait les moineaux ;
Quatre serins en étaient morts de rage, [14]
160 Et deux matous, autrefois en faveur,
Dépérissaient d'envie et de langueur[u].
    Qui l'aurait dit, en ces jours pleins de charmes,
Qu'en pure perte on cultivait ses mœurs ;
Qu'un temps viendrait, temps de crime[v] et d'alarmes,
165 Où ce Ver-Vert, tendre idole des cœurs,
Ne serait plus qu'un triste objet d'horreurs !
Arrête, Muse, et retarde les larmes
Que doit coûter l'aspect de ses[w] malheurs
Fruit trop amer des égards de nos sœurs.

CHANT SECOND

170   On juge bien qu'étant à telle école,
Point ne manquait du don de la parole
L'oiseau disert ; hormis dans les repas[x],
Tel qu'une nonne il ne déparlait pas.
Bien est-il vrai qu'il parlait comme un livre,
175 Toujours d'un ton confit en savoir-vivre,
Il n'était point de ces fiers perroquets
Que l'air[y] du siècle a rendu trop coquets,
Et qui, sifflés[8] par des bouches mondaines,
N'ignorent rien des vanités humaines ;
180 Ver-Vert était un perroquet dévot,
Une belle âme innocemment guidée ;
Jamais du mal il n'avait eu l'idée,
Ne disait[z] onc un immodeste mot ; [15]
Mais en revanche il savait des cantiques,
185 Des *Oremus*, des colloques mystiques ;

---

8 *Siffler un oiseau*, c'est lui apprendre à répéter une mélodie.

Il disait bien son *Benedicite*,
Et *notre Mère*, et *votre charité*.
Il savait même un peu du *Soliloque*⁹,
Et des traits fins de Marie Alacoque¹⁰
190 Il avait eu dans ce docte manoir¹¹
Tous les secours qui mènent au savoir ;
Il était là maintes filles^{aa} savantes
Qui mot pour mot portaient dans leurs cerveaux
Tous les noëls anciens et nouveaux.
195 Instruit, formé par leurs leçons fréquentes,
Bientôt, l'élève égala ses régentes ;
De leur ton même, adroit imitateur,
Il exprimait la pieuse lenteur,
Les saints soupirs, les notes languissantes
200 Du chant des sœurs, colombes gémissantes.
Finalement, Ver-Vert savait par cœur
Tout ce que sait une mère de chœur.

Trop resserré dans les bornes d'un cloître,
Un tel mérite au loin se fit connaître.
205 Dans tout Nevers, du matin jusqu'au soir
Il n'était bruit que des scènes mignonnes
Du perroquet des bienheureuses nonnes.
De Moulins¹² même, on venait pour le voir.
Le beau Ver-Vert ne bougeait du parloir.
210 Sœur Mélanie, en guimpe toujours fine,

---

9 Le *Soliloque*, œuvre rédigée à l'époque médiévale, comme les *Méditations* et le *Manuel*, généralement attribuées toutes trois au XVIᵉ et au XVIIᵉ siècles à saint Augustin, et considérées de nos jours comme des traités apocryphes, (voir Volker Schröder, « Les Méditations de Mariane, La matrice mystique des *Lettres portugaises* », dans les *Actes du colloque de Vancouver 2000, La femme au XVIIᵉ siècle, Biblio 17*, N° 138, Richard G. Hodgson éd., Gunter Narr Verlag Tübingen, 2002, p. 283-298 et plus particulièrement p. 289-292). Le lyrisme présent dans cette œuvre préfigure celui des *Lettres portugaises*.
10 Marguerite-Marie Alacoque, née en 1657 et décédée à Paray-le-Monial le 17 octobre 1690. Entrée dans l'ordre de la Visitation, à Paray-le-Monial le 20 juin 1671, cette mystique est à l'origine du culte du Sacré-Cœur. L'évêque de Soisson, Jean-Joseph de Languet Gergy, avait rédigé une biographie de la bienheureuse, parue en 1729. Cet ouvrage fut violemment attaqué par les jansénistes qui s'opposaient à cette innovation.
11 *Manoir* : au sens étymologique « lieu de résidence ».
12 Dans l'Allier qui s'appelait alors le *Bourbonnais*. Nevers et Moulins sont distantes d'une soixantaine de kilomètres.

Portait l'oiseau ; d'abord aux spectateurs [16]
Elle en faisait admirer les couleurs,
Les agréments, la douceur enfantine ;
Son air heureux[ab] ne manquait point les cœurs ;
215 Mais la beauté du tendre néophyte
N'était encore que le[ac] moindre mérite ;
On oubliait ses attraits enchanteurs[ad]
Dès que sa voix frappait les auditeurs.
Orné[ae], rempli des saintes gentillesses
220 Que lui dictaient les plus jeunes professes,
L'illustre oiseau commençait son récit ;
À chaque instant[af] de nouvelles finesses,
Des charmes neufs variaient[ag] son débit[ah].
    Éloge unique, et difficile à croire
225 Pour tout parleur qui dit publiquement[ai],
Nul ne dormait dans tout son auditoire,
(Quel orateur en pourrait dire autant ?)
On l'écoutait, on vantait sa mémoire[aj] ;
Lui cependant, stylé parfaitement,
230 Bien convaincu du néant de la gloire,
Se rengorgeait toujours dévotement,
Et triomphait toujours modestement.
Quand il avait débité sa science,
Serrant le bec, et parlant en cadence,
235 Il s'inclinait d'un air sanctifié,
Et laissait là son monde édifié.
Il n'avait dit que des phrases gentilles,
Que des douceurs, excepté quelques mots
De médisance, et tels propos de filles, [17]
240 Que par hasard il apprenait aux grilles,
Ou que nos sœurs traitaient dans leur enclos.
    Ainsi vivait dans ce nid délectable
En maître, en saint, en sage véritable,
Père Ver-Vert, cher à plus d'une Hébé[13],

---

13 Fille de Zeus et d'Héra, Hébé servait d'échanson aux dieux avant Ganymède ; son nom désigne une jeune fille pudique et réservée.

245 Gras comme un moine, et non moins vénérable,
Beau comme un cœur, savant comme un abbé,
Toujours aimé, comme toujours aimable,
Civilisé, musqué, pincé, rangé,
Heureux enfin, s'il n'eût pas[ak] voyagé !
250 Mais vint ce temps d'affligeante mémoire,
Ce temps critique où s'éclipse[al] sa gloire.
Ô crime ! ô honte ! ô cruel souvenir !
Fatal voyage ! Aux yeux de l'avenir
Que ne peut-on en dérober l'histoire ?
255 Ah ! qu'un grand nom est un bien dangereux !
Un sort caché fut toujours plus heureux.
Sur cet exemple on peut ici m'en croire ;
Trop de talents, trop de succès flatteurs [21]
Traînent souvent la ruine des mœurs[am].
260 Ton nom, Ver-Vert, tes prouesses brillantes
Ne furent point bornés à ces climats,
La renommée annonça tes appas,
Et vint porter ta gloire jusqu'à Nantes.
Là, comme on sait, la visitation
265 À son bercail[an] de révérendes mères,
Qui, comme ailleurs, dans cette nation [18]
À tout savoir ne sont pas les dernières,
Par quoi bientôt[ao], apprenant des premières
Ce qu'on disait du perroquet vanté,
270 Désir leur vint d'en voir la vérité.
Désir de fille est un feu qui dévore,
Désir de nonne est cent fois pire encore
Déjà les cœurs s'envolent[ap] à Nevers ;
Voilà d'abord vingt têtes à l'envers
275 Pour un oiseau. L'on écrit tout à l'heure
En Nivernais à la supérieure,
Pour la prier que l'oiseau plein d'attraits
Soit, pour un temps, amené par la Loire ;
Et que, conduit aux rivages nantais,
280 Lui-même il puisse y jouir de sa gloire,
Et se prêter à de tendres[aq] souhaits.

La lettre part. Quand viendra la réponse ?
Dans douze jours. Quel siècle jusque-là !
Lettre sur lettre, et nouvelle semonce :
285 On ne dort plus, Sœur Cécile en mourra.
    Or à Nevers arrive enfin l'épitre,
Grave sujet ! On tient le grand chapitre.
Telle requête effarouche d'abord.
Perdre Ver-Vert ! ô ciel ! plutôt la mort !
290 Dans ces tombeaux, sous ces tours isolées[ar],
Que ferons-nous si ce cher oiseau sort ?
Ainsi parlaient les plus jeunes voilées
Dont le cœur vif, et las de son loisir,
S'ouvrait encor à l'innocent plaisir ;   [19]
295 Et, dans le vrai, c'était la moindre chose
Que cette troupe, étroitement enclose,
À qui d'ailleurs, tout autre oiseau manquait,
Eût pour le moins un pauvre perroquet.
L'avis pourtant des mères assistantes,
300 De ce sénat antiques[as] présidentes,
Dont le vieux cœur aimait moins vivement,
Fut d'envoyer le pupille[at] charmant
Pour quinze jours ; car, en têtes prudentes,
Elles craignaient qu'un refus obstiné
305 Ne les brouillât avec nos sœurs de Nantes ;
Ainsi jugea l'État embéguiné.
    Après ce *bill*[14][au] des miladis[15] de l'ordre,
Dans la commune, arrive grand désordre[av] :
Quel sacrifice ! Y peut-on consentir ?
310 Est-il donc vrai ? dit la sœur Séraphine,
Quoi ! nous vivons, et Ver-Vert va partir !
D'une autre part, la mère sacristine
Trois fois pâlit, soupire quatre fois,

---

14 *Bill* : « décision, jugement ».
15 *Miladi* : Le terme sert ici à désigner ironiquement les religieuses qui président aux destinées du couvent. Jean-François Féraud consigne à l'article « moral, moralement » : « *Rem*. On dit, depuis peu, *faire de la morale*, comme on dit, *faire de l'esprit*. "Miladi feroit de la morale inutile". *Ann. Lit.* », *Dictionnaire critique de la langue française*, Marseille, Jean Mossy, 1787.

Pleure, frémit, se pâme, perd la voix.
315 Tout est en deuil. Je ne sais quel présage,
D'un noir crayon, leur[aw] trace ce voyage ;
Pendant la nuit, des songes pleins d'horreur
Du jour encor redoublent[ax] la terreur.
Trop vains regrets ! L'instant funeste[ay] arrive :
320 Jà, tout est prêt sur la fatale[az] rive.
Il faut enfin se résoudre aux adieux
Et commencer une absence cruelle [20]
Jà, chaque sœur gémit en tourterelle,
Et plaint d'avance[ba] un veuvage ennuyeux.
325 Que de baisers au sortir de ces lieux
Reçut Ver-Vert ! Quelles tendres alarmes !
On se l'arrache, on le baigne de larmes ;
Plus il est prêt de quitter ce séjour,
Plus on lui trouve et d'esprit et de charmes.
330 Enfin, pourtant il a passé le tour[16] ;
Du monastère avec lui fuit l'Amour.
Pars, va, mon fils, vole où l'honneur t'appelle ;
Reviens charmant, reviens toujours fidèle ;
Que les zéphirs te portent sur les flots,
335 Tandis qu'ici, dans un triste repos[bb],
Je languirai, forcément exilée,
Sombre[bc], inconnue, et jamais consolée...
Pars, cher Ver-Vert, et dans ton heureux cours
Sois pris partout pour l'aîné des Amours.
340 Tel fut l'adieu d'une nonnain poupine[17],
Qui, pour distraire et charmer sa langueur,
Entre deux draps avait, à la sourdine[18],
Très souvent fait l'oraison dans Racine[19],

---

16 *Le tour* : espèce de passe-plat, « sorte de plateau tournant installé dans un mur de refend d'un couvent de filles par où l'on introduit des objets ou des denrées... sans ouvrir la porte. On parle de sœur tourière pour désigner les religieuses qui s'occupent de faire entrer ou sortie les objets. » (*Fur.* 1727)
17 *Poupin* : « Qui a le visage, et la taille mignonne, et une grande propreté dans l'ajustement ; mot de style familier » (*Fur.* 1727).
18 *À la sourdine* : voir p. 251, n. 16.
19 Quoique Racine ait composé des poésies religieuses, on comprend qu'il s'agit du dramaturge dont les tragédies faisaient rêver par l'intensité des sentiments évoqués.

Et qui sans doute aurait de très grand cœur,
345 Loin du couvent, suivi l'oiseau parleur.
   Mais c'en est fait, on embarque le drôle[20],
Jusqu'à présent vertueux, ingénu,
Jusqu'à présent modeste en sa parole
Puisse son cœur, constamment défendu, [21]
350 Au cloître[bd] un jour rapporter sa vertu !
Quoi qu'il en soit, déjà la rame vole ;
Du bruit des eaux les airs ont retenti ;
Un bon vent souffle, on part, on est parti.

CHANT TROISIÈME

   La même nef légère et vagabonde,
355 Qui voiturait le saint oiseau sur l'onde,
Portait aussi deux nymphes, trois dragons[21],
Une nourrice, un moine[be], deux Gascons[22].
Pour un enfant qui sort du monastère
C'était échoir en dignes compagnons !
360 Aussi Ver-Vert, ignorant leurs façons,
Se trouva là comme en terre étrangère :
Nouvelle langue et nouvelles leçons.
L'oiseau surpris n'entendait[23] point leur style ;
Ce n'était plus paroles d'évangile[bf],
365 Ce n'était plus ces pieux entretiens,
Ces traits de bible et d'oraisons mentales,
Qu'il entendait[bg] chez nos douces vestales ;
Mais de gros mots, et non des plus chrétiens,
Car les dragons, race assez peu dévote,

---

20 Un *drôle* désigne « un homme ou un enfant qui ayant quelque chose de décidé, de déluré, ne laisse pas d'exciter quelque inquiétude, et sur lequel d'ailleurs on s'attribue quelque supériorité » (*Littré*).
21 *Dragon* : soldat de cavalerie.
22 *Gascon* : Les Gascons ont la réputation d'être de joyeux compagnons, prompts à la réplique.
23 *Entendre* : « comprendre ».

370 Ne parlaient là que langue de gargote,
Charmant au mieux les ennuis du chemin,
Ils ne fêtaient que le patron du vin[bh].
Puis les Gascons et les trois péronnelles
Y concertaient sur des tons de ruelles.
375 De leur côté, les bateliers juraient,
Rimaient en dieu[24], blasphémaient et sacraient ;
Leur voix, stylée aux tons mâles et fermes,
Articulait sans rien perdre des termes,
Dans le fracas, confus, embarrassé,
380 Ver-Vert gardait un silence forcé ;
Triste, timide[bi], il n'osait se produire,
Et ne savait que penser ni que dire.
   Pendant la route, on voulut par faveur
Faire causer[bj] le perroquet rêveur[25],
385 Frère Lubin[26], d'un ton peu monastique
Interrogea le beau mélancolique,
L'oiseau bénin prend son air de douceur,
Et, vous poussant un soupir méthodique,
D'un ton pédant, répond, *Ave, ma sœur*.
390 À cet *Ave*, jugez si l'on dut rire ;
Tous en *chorus* bernent[27] le pauvre sire,
Ainsi berné, le novice interdit
Comprit en soi qu'il n'avait pas bien dit,
Et qu'il serait malmené des commères
395 S'il ne parlait la langue des confrères.
Son cœur, né fier, et qui jusqu'à ce temps
Avait été nourri d'un doux encens,
Ne put garder sa modeste constance
Dans cet assaut de mépris flétrissants.

[22]

---

24 Façon de dire qu'ils juraient sans arrêt : Tudieu, sacrédieu…
25 *Rêveur* : « méditatif ».
26 Dans *La Ballade de frère Lubin* de Clément Marot, poème composé avant 1527 et paru dans l'*Adolescence clémentine* en 1532, ce nom désigne un moine mendiant qui cache un cœur de loup sous les apparences de l'agneau ou un moine débauché. Le même frère Lubin apparaît dans le prologue du *Gargantua* pour désigner le moine qui donne un sens chrétien aux *Métamorphoses* d'Ovide.
27 *Berner* : « au sens figuré : se moquer de, ridiculiser ».

À cet instant, en perdant patience
Ver-Vert perdit sa première innocence.
Dès lors ingrat, en soi-même il maudit [23]
Les chères sœurs, ses premières maîtresses,
Qui n'avaient pas su mettre en son esprit
Du beau français les brillantes finesses[bk]
Les sons nerveux, et les délicatesses.
À les apprendre il met donc tous ses soins,
Parlant très peu, mais n'en pensant pas moins.
D'abord, l'oiseau, comme il n'était pas bête,
Pour faire place à de nouveaux discours,
Vit qu'il devait oublier pour toujours
Tous les *Gaudés*[28] qui farcissaient sa tête,
Ils furent tous oubliés en deux jours,
Tant il trouva la langue à la dragonne
Plus du bel air que les termes de nonne !
En moins de rien, l'éloquent animal,
(Hélas ! Jeunesse apprend trop bien le mal !)
L'animal, dis-je, éloquent et docile,
En moins de rien fut rudement habile[bl]. [29]
Bien vite il sut jurer et maugréer[bm]
Mieux qu'un vieux diable au fond d'un bénitier ;
Il démentit les célèbres maximes
Où nous lisons qu'on ne vient aux grands crimes
Que par degrés[29] ; il fut un scélérat
Profès d'abord[30], et sans noviciat.
Trop bien sut-il graver en sa mémoire
Tout l'alphabet des bateliers de Loire ;
Dès qu'un d'iceux dans quelque *Vertigo*[31]
Lâchait un *Mor...* Ver-Vert faisait l'écho.
Lors applaudi par la bande susdite, [24]

---

28 Les *Gaudés* : « se dit populairement pour désigner des prières qu'on dit à l'église » (Trévoux). Prière, terme liturgique latin signifiant : « réjouissez-vous » issu de *gaudere*.
29 Écho de la maxime célèbre de Jean Racine : « Ainsi que la vertu le crime a ses degrés ; Et jamais on n'a vu la timide innocence passer subitement à l'extrême licence » (*Phèdre*, IV, 2).
30 *D'abord* : « dès l'abord, directement ».
31 *Vertigo* : « caprice, fantaisie ».

Fier et content de son petit mérite,
Il n'aima plus que le honteux honneur
De savoir plaire au Monde suborneur,
Et dégradant son généreux organe,
435 Il ne fut plus qu'un orateur profane.
Faut-il qu'ainsi l'exemple séducteur
Du ciel au diable emporte un jeune cœur !
    Pendant ces jours, durant ces tristes scènes
Que faisiez-vous dans vos cloîtres déserts
440 Chastes Iris du couvent de Nevers ?
Sans doute, hélas ! vous faisiez des neuvaines
Pour le retour du plus grand des ingrats,
Pour un volage indigne de vos peines,
Et qui, soumis à de nouvelles chaînes,
445 De vos amours ne faisait plus de cas ;
Sans doute alors l'accès du monastère
Était d'ennuis tristement obsédé[bn] ;
La grille était dans un deuil solitaire[bo],
Et le silence était presque gardé ;
450 Cessez vos vœux, Ver-Vert n'en est plus digne,
Ver-Vert n'est plus cet oiseau révérend,
Ce perroquet d'une humeur si bénigne,
Ce cœur si pur, cet esprit si fervent :
Vous le dirai-je ? Il n'est plus qu'un brigand,
455 Lâche apostat, blasphémateur insigne ;
Les vents légers et les nymphes des eaux
Ont moissonné le fruit de vos travaux.
Ne vantez plus sa science infinie,
Sans la vertu que vaut un grand génie ?
460 N'y pensez plus, l'ingrat a sans pudeur
Prostitué ses talents et son cœur.
    Déjà, pourtant, on approche de Nantes
Où languissaient nos sœurs impatientes ;
Pour leurs désirs, le jour trop tard naissait[bp],
465 Des cieux trop tard le jour disparaissait[bq].
Dans ces ennuis, l'espérance flatteuse,
À nous tromper toujours ingénieuse,

Leur promettait un esprit cultivé,
Un perroquet noblement élevé,
470 Une voix tendre, honnête, édifiante,
Des sentiments, un mérite achevé,
Mais, ô douleur ! ô vaine et fausse attente.
    La nef arrive et l'équipage en sort,
Une tourière était assise au port.
475 Dès le départ de la première lettre,
Là chaque jour elle venait se mettre.
Ses yeux, errant sur le lointain des flots,
Semblaient hâter le vaisseau du héros.
En débarquant auprès de la béguine
480 L'oiseau madré la connut à la mine,
À son œil prude, ouvert en tapinois,
À sa grand' coiffe, à sa fine étamine,
À ses gants blancs, à sa mourante voix[br],
Et mieux encore, à sa petite croix.
485 Il en frémit, et même il est croyable [26]
Qu'en militaire[bs] il la donnait au diable ;
Trop mieux aimant suivre quelque dragon
Dont il savait le bachique jargon, [32]
Qu'aller apprendre encor les litanies,
490 La révérence et les cérémonies.
Mais force fut au grivois[32] dépité
D'être conduit au gîte détesté ;
Malgré ses cris, la tourière l'emporte,
Il la mordait, dit-on, de bonne sorte,
495 Chemin faisant ; les uns disent au cou,
D'autres au bras, on ne sait pas bien où,
D'ailleurs qu'importe ? à la fin, non sans peine
Dans le couvent, la béate l'emmène[bt] ;
Elle l'annonce. Avec grande rumeur,
500 Le bruit en court. Aux premières nouvelles
La cloche sonne ; on était lors au chœur ;
On quitte tout, on court, on a des ailes :

---

32 *Grivois* : « soldat mercenaire ; gai luron ».

« C'est lui, ma sœur ! il est au grand parloir ! »
On vole en foule ; on grille de le voir ;
505 Les vieilles même, au marcher symétrique,
Des ans tardifs ont oublié le poids,
Tout rajeunit, et la mère Angélique
Courut alors pour la première fois.

CHANT QUATRIÈME

On voit enfin, on ne peut se repaître
510 Assez les yeux des beautés de l'oiseau :
C'était raison, car le fripon, pour être [27]
Moins bon garçon, n'en était pas moins beau ;
Cet œil guerrier, et cet air petit-maître
Lui prêtaient même un agrément nouveau.
515 Faut-il, grand dieu ! que sur le front d'un traître
Brillent ainsi les plus tendres attraits !
Que ne peut-on distinguer et connaître
Les cœurs pervers, à de difformes traits ?
Pour admirer les charmes qu'il rassemble,
520 Toutes les sœurs[bu] parlent toutes ensemble,
En entendant cet essaim bourdonner,
On eût à peine entendu Dieu tonner[33] ;
Lui cependant, parmi tout ce vacarme,
Sans daigner dire un mot de piété,
525 Roulait les yeux d'un air de jeune carme,
Premier grief : cet air trop effronté
Fut un scandale à la communauté ;
En second lieu, quand la Mère prieure
D'un air auguste[bv], en fille intérieure,
530 Voulut parler à l'oiseau libertin,
Pour premiers mots et pour toute réponse,

---

33 Gresset se souvient peut-être de la *satire* VI de Boileau : « Dieu pour s'y faire ouïr tonnerait vainement » (vers 32).

Nonchalamment, et d'un air de dédain[bw],
Sans bien songer aux horreurs qu'il prononce,
Mon gars répond, avec un ton faquin[bx] :
535 *Par la Corbleu! que les nonnes sont folles!*
(l'histoire dit qu'il avait en chemin
D'un de la troupe entendu ces paroles)
À ce début la sœur Saint-Augustin
D'un air sucré, voulant le faire taire, [28]
540 En lui disant : Fi donc! mon très cher frère!
Le très cher frère, indocile et mutin
La rima très richement en *tain*.
Vive Jésus! [by] Il est sorcier, ma Mère,
Reprend la sœur, Juste Dieu! Quel coquin!
545 Quoi! C'est donc là ce perroquet divin?
Ici Ver-Vert, en vrai gibier de *Grève*[34]
L'apostropha d'un : La peste te crève!
Chacune vint pour brider le caquet
Du grenadier; chacune eut son paquet!
550 Turlupinant les jeunes précieuses,
Il imitait leur courroux babillard;
Plus déchaîné sur les vieilles grondeuses,
Il bafouait leur sermon nasillard.
    Ce fut bien pis, quand, d'un ton de corsaire,
555 Las, excédé de leurs fades propos[bz],
Bouffi de rage, écumant de colère,
Il entonna tous les horribles mots
Qu'il avait su rapporter des bateaux;
Jurant, sacrant d'une voix dissolue,
560 Faisant passer tout l'enfer en revue,
Les *B*, les *F*[35] voltigeaient sur son bec;
Les jeunes sœurs crurent qu'il parlait grec.
Jour de Dieu!... mor!...[ca] mille pipes de diables...
Toute la grille à ces mots effroyables
565 Tremble d'horreur; les nonettes sans voix
Font, en fuyant, mille signes de croix[cb].

---

34 *Grève* : C'est en place de Grève, à Paris, qu'on exécutait le gibier de potence.
35 On peut songer à *bougre* et *foutre*.

Toutes, pensant être à la fin du monde,
Courent en poste aux caves du couvent
Et sur son nez la Mère Cunégonde,
570 Se laissant choir, perd sa dernière dent.
Ouvrant à peine un sépulcral organe :
Père éternel ! dit la sœur Bibiane,
Miséricorde ! Ah, qui nous a donné
Cet antéchrist, ce démon incarné ?
575 Mon doux Sauveur ! En quelle conscience
Peut-il ainsi jurer comme un damné ?
Est-ce donc là l'esprit et la science
De ce Ver-Vert si chéri, si prôné[cc] !
Qu'il soit banni, qu'il soit remis en route[cd].
580 Ô Dieu d'amour ! [ce], reprend *la sœur Écoute*,
Quelles horreurs ! chez nos sœurs de Nevers
Quoi ! parle-t-on ce langage pervers ?
Quoi ! c'est ainsi qu'on forme la jeunesse !
Quel hérétique ! ô divine Sagesse !
585 Qu'il n'entre point ! Avec ce Lucifer
En garnison nous aurions tout l'Enfer.
   Conclusion ; Ver-Vert est mis en cage,
On se résout, sans tarder[cf] davantage,
À renvoyer le parleur scandaleux ;
590 Le pèlerin ne demandait pas mieux ;
Il est proscrit, déclaré détestable,
Abominable, atteint[cg] et convaincu
D'avoir tenté d'entamer la vertu
Des saintes sœurs. Toutes, de l'exécrable
595 Signent l'arrêt, en pleurant[ch] le coupable !
Car quel malheur qu'il fût si dépravé,
N'étant encor qu'à la fleur de son âge,
Et qu'il portât sous un si beau plumage
La fière humeur d'un escroc achevé,
600 L'air d'un païen, le cœur d'un réprouvé.
   Il part enfin porté par la tourière,
Mais sans la mordre, en retournant au port.

Une cabane[36] emporte le compère,
Et sans regret il fuit ce triste bord.
605 De ses malheurs telle fut l'*Iliade* ;
Quel désespoir, lorsqu'enfin de retour
Il vint donner pareille sérénade,
Pareil scandale, en son premier séjour ![ci]
Que résoudront nos sœurs inconsolables ?
610 Les yeux en pleurs, les sens d'horreur troublés,
En manteaux longs, en voiles redoublés,
Au discrétoire[37], entrent neuf vénérables
(Figurez-vous neuf siècles assemblés).
Là, sans l'espoir d'aucun heureux suffrage,
615 Privé des sœurs qui plaideraient pour lui,
En plein parquet, enchaîné dans sa cage,
Ver-Vert paraît sans gloire et sans appui.
On est aux voix : déjà deux des sybilles
En billets noirs ont crayonné sa mort ;
620 Deux autres sœurs, un peu moins imbéciles,
Veulent, qu'en proie à son malheureux sort,
On le renvoie au rivage profane
Qui le vit naître avec le noir brahmane.   [31]
Mais, de concert, les cinq dernières voix
625 Du châtiment déterminent le choix.
On le condamne à deux mois d'abstinence,
Trois de retraite et quatre de silence ;
Jardins, toilette, alcôves et biscuits[cj],
Pendant ce temps, lui seront interdits.
630 Ce n'est point tout ; pour comble de misère,
On lui choisit pour garde, pour geôlière,
Pour entretien, l'Alecton[38] du couvent,

---

36 *Cabane* : Nom des bateaux couverts de la Loire (note de l'éd. De Hond, 1736).
37 *Discrétoire* : Lieu où s'assemblent les Mères discrètes dans les couvents de religieuses.
— Le terme « discret » ou « discrète » s'utilise pour désigner celui ou celle qui est chargé de représenter le corps du couvent, et en est l'avocat, et proprement le député (*Trévoux* 1771). Une sœur discrète est une religieuse ancienne qu'on donne comme assistante à une supérieure pour l'aider dans la conduite de la communauté.
38 Alecton ou Alecto est l'une des trois Furies dans les Enfers de l'antiquité.

Une converse, infante douairière[39],
Singe voilé, squelette octogénaire,
635 Spectacle fait pour l'œil d'un pénitent.
Malgré les soins de l'Argus[40] inflexible,
Dans leurs loisirs, souvent, d'aimables sœurs
Venant le plaindre avec un air^{ck} sensible,
De son exil suspendaient les rigueurs.
640 Sœur Rosalie, au retour de matines,
Plus d'une fois lui porta des pralines ;
Mais dans les fers, loin d'un libre destin,
Tous les bonbons ne sont que chicotin.
Couvert de honte, instruit par l'infortune,
645 Ou las de voir sa compagne[41] importune,
L'oiseau contrit se reconnut[42] enfin.
Il oublia les dragons et le moine,
Et pleinement remis à l'unisson
Avec nos sœurs, pour l'air et pour le ton,
650 Il redevint plus dévot qu'un chanoine.
Quand on fut sûr de sa conversion, [32]
Le vieux Divan[43], désarmant sa vengeance,
De l'exilé borna la pénitence.
De son rappel, sans doute, l'heureux jour
655 Va, pour ces lieux, être un jour d'allégresse ;
Tous ses instants donnés à la tendresse,
Seront filés par la main de l'Amour.
Que dis-je ? Hélas ! Ô plaisirs infidèles !
Ô vains attraits des délices mortelles !
660 Tous les dortoirs étaient jonchés de fleurs ;
Café parfait, chansons, course légère,
Tumulte aimable et liberté plénière,
Tout exprimait de charmantes ardeurs,

---

39 Oxymore qui associe l'enfance à la vieillesse.
40 *Argus* : « surveillant, espion vigilant et difficile à tromper ».
41 Il s'agit de sa geôlière, désignée comme Alecton, Argus...
42 *Se reconnut* : « prit conscience de ses fautes ».
43 L'assemblée du conseil d'État en Turquie. Gresset emploie le mot par plaisanterie pour désigner l'assemblée des religieuses.

Rien n'annonçait de prochaines douleurs ;
Mais de nos sœurs, ô largesse indiscrète !
Du sein des maux d'une longue diète
Passant trop tôt dans des flots de douceurs,
Bourré de sucre et brûlé de liqueurs,
Ver-Vert tombant sur un tas de dragées,
En noirs cyprès vit ses roses changées.
En vain les sœurs tâchaient de retenir
Son âme errante, et son dernier soupir,
Ce doux excès hâtant sa destinée,
Du tendre amour, victime fortunée,
Il expira dans le sein du plaisir.
On admirait ses paroles dernières.
Vénus enfin, lui fermant les paupières,
Dans l'Élysée, et les sacrés bosquets,
Le mène[cl] au rang des héros perroquets.
Près de celui dont l'amant de Corinne[44]
A pleuré l'ombre et chanté la doctrine.
Qui peut narrer combien l'illustre mort
Fut regretté ? La sœur dépositaire
En composa la lettre circulaire,
D'où j'ai tiré l'histoire de son sort[cm].
Pour le garder à la race future,
Son portrait fut tiré d'après nature,
Plus d'une main, conduite par l'amour,
Sut lui donner une seconde vie
Par les couleurs et[cn] par la broderie.
Et la douleur, travaillant à son tour,
Peignit, broda des larmes à l'entour,
On lui rendit tous les honneurs funèbres
Que l'Hélicon[45] rend aux oiseaux célèbres ;
Au pied d'un myrte on plaça le[co] tombeau
Qui couvre encor le Mausole nouveau.

[33]

---

44 Ovide évoque le perroquet de Corinne dans ses *Amores* (2, 6).
45 *L'Hélicon* : Montagne de Béotie, voisine du Parnasse, fameuse parmi les poètes qui la regardent comme un des séjours d'Apollon et des Muses.

Là, par la main des tendres Artémises[46],
En lettres d'or ces rimes furent mises
Sur un porphyre environné de fleurs.
700 En les lisant, on sent naître ses pleurs,

Novices, qui venez causer dans ces bocages
À l'insu de nos graves sœurs,
Un instant, s'il se peut, suspendez vos ramages,
Apprenez nos malheurs.
705 *Vous vous taisez ! Si c'est trop vous contraindre,*
Parlez, mais parlez pour nous[CP] *plaindre ;*
Un mot vous instruira de nos tendres douleurs :
Ci-gît Ver-Vert, ci-gisent tous les cœurs. [34]

On dit pourtant (pour terminer ma glose
710 En peu de mots) que l'ombre de l'oiseau
Ne loge plus dans le susdit tombeau,
Que son esprit dans les nonnes repose,
Et qu'en tout temps, par la métempsychose,
De sœurs en sœurs l'immortel perroquet
715 Transportera son âme et son caquet. [35]

---

46 Chacune des religieuses est identifiée à Artémise, reine de Carie. Devenue veuve en 353 av. J.-C., Artémise, sœur et épouse du roi Mausole, lui fit élever à Halicarnasse un tombeau somptueux considéré dans l'antiquité comme l'une des sept merveilles du monde (voir Pline et *Les Nuits attiques* d'Aulu-Gelle).

VARIANTES DE *VER-VERT*

Dans le relevé qui suit, nous enregistrons d'abord les éditions qui donnent le texte que nous avons choisi, suivi des variantes relevées dans d'autres éditions. Les éditions consultées et les abréviations se trouvent p. XXX.

a   De Hondt, Pel, K, Dum82, Didot et Ren 11. // 1735 porte : « Ces doux accords »
b   De Hondt, Pel, K, Dum82, Didot et Ren 11. // 1735 porte : « par fables »
c   Pel, K, Dum82, Didot et Ren11. // 1735 et De Hondt portent : « course »
d   1735, Pel, K, Dum82, Didot et Ren 11 // De Hondt porte : « emportent »
e   1735, Pel, K, Dum82, Didot et Ren11 // De Hondt porte : « Une raison »
f   Pel, K, Dum82, Didot et Ren11. // 1735 porte : « en devient-on meilleur ? / Toujours la fin c'est le vice ou l'erreur. » / De Hondt porte : « Très rarement meilleur on en devient, / Presque toujours pire encore on revient,
g   Pel, K, Dum82, Didot et Ren11 // De Hondt porte : « Mieux vaut cent fois vivre au sein de nos lares, »
h   1735, Pel, Pel46, K, Dum82, Didot et Ren11 // De Hondt porte « Sûr est ce point, mais pour preuve plus ample, / Au dernier siècle, il en fut un exemple // Triste, étonnant, mais trop vrai ; tout Nevers, / si l'on en doute, attestera mes vers »
i   De Hondt, Pel, Pel46, K, Dum82 // 1735, Didot, Ren11, De Bure portent « les bons cœurs »
j   De Hondt, Pel, K, Dum82, Didot et Ren 11. // 1735 porte : « fait pour être »
k   De Hondt, Pel, K, Dum82, Didot et Ren11. // 1735 porte : « Non, chaque Mère... »
l   De Hondt, Pel, K, Dum82, Didot et Ren11. // 1735 porte : « Grâce aux dons... »
m   1735, Pel, K, Dum82, Didot et Ren11. // De Hondt porte : « se pavaner, »
n   De Hondt, Pel, K, Dum82, Didot et Ren11. // 1735 porte : « air doux, ingénu, prudent, »
o   1735, Pel, K, Dum82, Didot et Ren11. // De Hondt porte : « L'oiseau chéri »
p   De Hondt, Pel, K, Dum82, Didot et Ren11. // 1735 porte : « Outre cela pour ses menus plaisirs »
q   De Hondt, Pel, K, Dum82, Didot et Ren11. // 1735 porte : « amuser »
r   Pel, K, Dum82, Didot et Ren11. // 1735 et De Hondt portent : « les temps »
s   1735, Pel, K, Dum82, Didot et Ren11. // De Hondt porte : « de clinquants »
t   1735, Pel, K, Didot et Ren11. // De Hondt et Dum82 portent : « Donne au bandeau »
u   1735, Pel, K, Dum82, Didot et Ren11. // Les cinq vers précédents manquent dans De Hondt
v   1735, Pel, Dum82, Didot et Ren11. // De Hondt, K portent : « de crimes et d'alarmes »
w   K, Dum82, Didot et Ren11. // De Hondt, Pel, et 1735 portent « ces malheurs »
x   De Hondt, Pel, K, Dum82, Didot et Ren 11. // 1735 porte : « hors le temps des repas, »
y   1735, Pel, K, Dum82, Didot, Ren 11. // De Hondt porte : « l'art du siècle »
z   1735, Pel, K, Dum82, Didot et Ren 11. De Hondt1736 porte : « savait »
aa 1735, Pel, K, Dum82, Didot et Ren 11. De Hondt porte : « plusieurs filles »
ab De Hondt, Pel, K, Dum82, Didot et Ren11. // 1735 porte : « charmant »
ac De Hondt, Pel, K, Dum82, Didot et Ren11. // 1735 porte : « son »

ad De Hondt, Pel, K et Dum82 // Didot et Ren11 porte « ces attraits enchanteurs ». 1735 porte : « ses attraits séducteurs »
ae De Hondt, Pel, K, Dum82, Didot et Ren11. // 1735 porte : « L'esprit rempli »
af Pel, K, Dum82, Didot et Ren11. // De Hondt et 1735 portent : « Toujours avec ».
ag 1735, Pel, K, Dum82, Didot et Ren11. De Hondt. porte : « Un vrai talent, un gracieux débit »
ah 1735, Pel, K, Dum82, Didot et Ren11. // De Hondt ajoute un vers : « Et se montrait un prodige d'esprit »
ai 1735, Pel, K, Dum82, Didot et Ren11. // vers manquant dans De Hondt
aj 1735, Pel, K, Dum82, Didot et Ren11. // De Hondt insère ici un vers supplémentaire : « Son goût, ses tours, son air de sentiment »
ak 1735, Pel, K, Dum82, Didot et Ren11 // De Hondt. porte : « point »
al 1735, Pel, K, Didot et Ren11 // De Hondt et Dum82 portent : « où s'éclipsa »
am De Hondt, Pel, K, Dum8, Didot et Ren11 // 1735 porte : « Presque toujours pervertissent les mœurs »
an 1735, Pel, K, Dum82, Didot et Ren11. // De Hondt porte « troupeau ».
ao De Hondt, Pel, K, Dum82, Didot et Ren11. // 1735 porte : « Or un beau jour »
ap 1735, Pel, K, Dum82, Didot et Ren11. // De Hondt porte : « s'envolaient »
aq 1735, Pel, K, Dum82, Didot et Ren11. // De Hondt porte « justes souhaits »
ar 1735, Pel, K, Dum82, Didot et Ren11. // De Hondt porte : « tours désolées »
as De Hondt, Pel, K, Dum82, Didot et Ren11. // 1735 porte : « rigides »
at 1735, Pel, K, Dum8, Didot et Ren11. // De Hondt porte : « perroquet »
au 1735, Pel, K, Dum82, Didot et Ren11. // De Hondt porte : « à cet arrêt »
av 1735, Pel, K, Dum8, Didot et Ren11. De Hondt porte : « La Chambre-basse entre en fort grand désordre »
aw 1735, Pel, K, Dum82, Didot et Ren11. // De Hondt porte : « on »
ax De Hondt, Pel, K, Dum82, Didot et Ren11. // 1735 porte : « Du jour qui suit annoncent la terreur »
ay De Hondt, Pel, K, Dum82, Didot et Ren11. // 1735 porte : « instant fatal arrive »
az De Hondt, Pel, K, Dum82, Didot et Ren11. // 1735 porte : « funeste rive »
ba 1735, Pel, K, Dum82, Didot et Ren11. // De Hondt porte : « déjà »
bb 1735, Pel, K, Dum82, Didot et Ren11. // De Hondt porte : « ici poussant de vains sanglots »
bc 1735, Pel, K, Dum82, Didot et Ren11. // De Hondt porte : « Triste »
bd 1735, Pel, K, Dum82, Didot et Ren11. // De Hondt portent : « au gîte »
be 1735, Pel, K, Dum82, Didot et Ren11. // De Hondt porte : « un Frappart »
bf 1735, Pel, K, Dum82, Didot et Ren11. // De Hondt porte ici deux vers supplémentaires : « Ni lieux communs du *Pré Spirituel*, [recueil de 219 anecdotes portant sur la vie des moines d'Égypte et d'Orient rédigé en grec par Jean Moschos en 612 après J.C.] // *Château de l'âme* [Œuvre de sainte Thérèse d'Avila publiée en 1588] ou chants du rituel [recueil de formules de prières diverses]
bg 1735, Pel, K, Dum82, Didot et Ren11. // De Hondt porte : « qu'il oyait chez nos douces vestales »
bh 1735, Pel, K, Dum82, Didot et Ren11. // De Hondt porte : « Trinquant sans cesse à tire-larigot. / Ils n'entonnaient que des hymnes d'argot »
bi 1735, Pel, K, Dum82, Didot et Ren11. // De Hondt porte : « Triste et muet »
bj 1735, Pell, K, Dum82, Didot, Ren11 et de Bure // De Hondt porte : « jaser »
bk De Hondt, Pel, K, Dum82, Didot et Ren11. // 1735 porte : « les vives gentillesses »
bl De Hondt, Pel, K, Dum82, Didot et Ren11. // 1735 porte : « ne fut que trop habile »
bm 735, Pel, K, Dum82, Didot et Ren11. // De Hondt porte : « il sut maugréer, renier »

VARIANTES DE *VER-VERT* 423

bn De Hondt, Pel, K, Dum82, Didot et Ren11. // 1735 porte : « De mille ennuis se trouvait obsédé »
bo 1735, Pel, K, Dum82, Didot et Ren11. // De Hondt porte : « muette et solitaire »
bp 1735, Pel, K, Dum82, Didot et Ren11. // De Hondt porte : « trop tard Phébus naissait »
bq 1735, Pel, K, Dum82, Didot et Ren11. // De Hondt porte : « trop tard Phébus disparaissait »
br 1735, Pel, K, Dum82, Didot et Ren11. // De Hondt porte : « doucette voix »
bs 1735, Pel, K, Dum82, Didot et Ren11. // De Hondt porte : « Que dans son âme »
bt 1735, Pel, K, Dum82, Didot et Ren11. // De Hond porte : « la béate l'amène, »
bu De Hondt, Pel, K, Dum82, Didot et Ren11. // 1735 porte : « Les bonnes sœurs »
bv De Hondt, Pel, K, Dum82, Didot et Ren11. // 1735 porte : « Se présentant en »
bw 1735, Pel, K, Dum82, Didot et Ren11. // Le vers manque dans De Hondt.
bx 1735, Pel, K, Dum82, Didot et Ren11. // De Hondt porte : « s'écrie d'un ton fier et chagrin
« by Pel, K, Dum82, Didot et Ren11. // De Hondt porte : « Ciel ! qu'en sait-il ! Il »
bz 1735, Pel, K, Dum82, Didot et Ren11. // Ce vers manque dans De Hondt.
ca 1735, Pel, K, Dum82, Didot et Ren11. // De Hondt porte : Mor… ! Ventre… ! S.
cb 1735, Pel, K, Dum82, Didot et Ren11. // De Hondt ne porte à la place des vers 567-572 que les vers suivants :
« et pensent voir le grand Diable
Père éternel dit la sœur Simone »
cc 1735, Pel, K, Dum82, Didot et Ren11. // De Hondt porte : « si cher et si prôné »
cd 1735, Pel, K, Dum82, Didot et Ren11. // 1735, Dum82 et Ren11. // De Hondt porte : « sans plus tarder, qu'on le remette en route »
ce 1735, Pel, K, Dum82, Didot et Ren11. // De Hondt porte : « Vive Jésus »
cf 1735, Pel, K, Dum82, Didot et Ren11. // De Hondt porte : « douter »
cg 1735, Pel,, Dum82, Didot et Ren11. // De Hondt porte : « Traître, imposteur »
ch 1735, Pel, K, Dum82, Didot et Ren11. // De Hondt porte : « et pleurent »
ci 1735, Pel, K, Dum82, Didot et Ren111. // L'édition De Hondt ne comporte pas les 60 vers reproduits ci-dessous à la fin des variantes, le texte passe directement du vers 609 au vers 679 : « Il faut tout dire ; il devint enfin sage, / On le devient quand on se sent sur l'âge…
cj Pel, K, Dum82, Didot et Ren11. // 1735 porte : « Jardins, dortoirs, cellules et biscuits »
ck Pel, K, Dum82, Didot et Ren11. // 1735 porte : « cœur sensible »
cl De Hondt, Pel, K, Dum82, Didot et Ren11. // 1735 porte : « le place »
cm 1735, Pel, K, Dum82, Didot et Ren11. // De Hondt porte : Dieu tout seul sait combien l'illustre mort / Obtint de pleurs en terminant son sort
cn 1735, Pel, K, Didot et Ren11. // De Hondt et Dum82 portent « ou »
co De Hondt, Pel, K, Dum82, Didot et Ren11. // 1735 porte « son »
cp 1735, De Hondt, Pel, K, Didot et Ren11. // Dum82 porte « vous ».
En lieu et place des vers 609-679, l'édition De Hondt 1736, conserve une version plus brève qui constitue certainement une première rédaction des vers que nous numérotons comme s'ils étaient insérés à l'endroit où ils se trouvent dans l'édition de 1736.
Il faut tout dire ; il devint enfin sage,
610 On le devient quand on se sent sur l'âge ;
Aussi Ver-Vert, se sentant déjà vieux,
Se reconnut[1], fit pénitence austère,
Garda souvent un silence sévère
Avant d'aller rejoindre ses aïeux.
615 Des bateliers oubliant l'idiome,

---

1 Voir p. 417, n. 42.

Il rappela ses premières leçons,
Il dépouilla tout-à-fait le vieil-homme[2],
Il oublia le moine et les dragons
Et vers le bien ramenant ses pensées,
620 Rectifiant ses erreurs insensées,
Par le grand bruit de sa conversion,
Il sut rentrer dans ses splendeurs passées
Et recouvrer sa réputation.
Deux ans après, la Visitation,
625 Un jour auquel se faisaient deux vêtures[3],
Le vit mourir d'une indigestion
Qu'on lui causa par trop de confitures[4] ;
Au réfectoire expira le docteur,
Ainsi Ver-Vert mourut au lit d'honneur.
630 On admirait ses paroles dernières
Lorsqu'Atropos[5], lui fermant les paupières,
Dans l'Élysée et les sacrés bosquets
Le mène au rang des héros perroquets,...

---

2 L'expression désigne l'homme pêcheur d'avant le pardon de la confession.
3 *Vêture* : Entrée en religion ; prise de voile.
4 *Confiture* : à l'époque, le terme désigne des fruits confits dans le sucre.
5 Parmi les trois Parques, Atropos est celle qui coupe le fil de la vie. – Dans la version Pellissari, Didot, Fayolle, Renouard, c'est Vénus qui mène Ver-Vert dans l'Élysée.

LA CRITIQUE DE VER-VERT

LA CRITIQUE
DE
VAIRVERT
COMEDIE.

SCENE PREMIERE.

Ici on sonne la Cloche de la Récréation.

DEUX JEUNES NOVICES

La premiere Novice.

JE mourois d'envie, ma Sœur, d'entendre sonner la Cloche de la Récréation, pour m'aboucher avec vous, & vous demander vôtre sentiment.

La seconde Novice.

Ma Sœur il n'y a rien que je ne fasse pour votre service ; dequoi s'agit-il, s'il vous plait.

La

Page de titre de l'édition originale de *La Critique de Ververt*, La Haye, Pierre de Hondt, 1736, p. 30-31. Collection particulière.
Crédit photographique : Bernard Juncker.

INTRODUCTION

La Critique de Ver-Vert

Alors qu'elle n'est pas enregistrée dans la liste des petites pièces de théâtre que Gresset a composées et qui ont été jouée, mais dont on n'a conservé que les titres[1], une comédie en un acte en prose, *La Critique de Ver-Vert*, a paru dans le sillage de l'impression de *Ver-Vert*. Elle ne pouvait retenir l'attention des lecteurs, et peut-être des spectateurs, que dans les mois qui suivirent la publication du conte en vers en 1734 : il existe de fait une édition clandestine, prétendument parue à Londres [i.e. Paris], en 1735, à côté d'une autre réalisée à Amsterdam, chez Pierre de Hondt en 1736.

La Critique de Ver-Vert est ce que l'on appellerait de nos jours « un produit dérivé » dû au succès du conte en vers qui avait circulé sous forme manuscrite avant d'être imprimé en 1734. Les personnages sortent de ce poème et s'incarnent sur la scène d'un théâtre. Dans cette petite pièce Gresset ironise sur les réactions des religieuses de l'ordre de la Visitation de Marie à la lecture du conte scandaleux. Les mères plus âgées, expriment leur réprobation ; les deux novices, plus jeunes, apprécient l'humour du jeune auteur inconnu et récitent de mémoire des extraits plaisants avant de conclure qu'elles ne sont pas faites pour la vie monastique et qu'il est urgent pour elles de quitter le couvent.

Cette petite pièce monte en épingle un florilège de citations du conte en vers que les auditeurs ou les spectateurs pouvaient déjà connaître par la lecture du texte. Elle suppose une bonne connaissance de *Ver-Vert* ou fait l'effet d'une caisse de résonance. De plus, elle joue plaisamment sur l'identité de l'auteur et sur son statut de jésuite.

Directement liée au succès de *Ver-Vert*, cette pochade pose un problème d'attribution. À la fin de la pièce, les questions que formulent les deux

---

1 *Arlequin cannibale*, *Les Bourgeois ou le secret de la comédie*, *L'école à la mode ou les Américains*, *Les Parvenus ou les nouvellistes*, *Les Sauvages à Paris*, *Les Sauvages petits-maîtres*.

novices sur la confirmation de leur vocation religieuse font écho à celles qui taraudaient le jeune Gresset à la fin de l'année 1735.

La question portant sur l'identité de l'auteur du poème joue sur la surprise que pouvait causer la révélation de l'identité du jeune écrivain. *Ver-Vert* serait l'œuvre, non pas d'un janséniste comme on aurait pu légitimement l'imaginer, mais d'un jésuite sur le point de quitter la Compagnie de Jésus. Sans révéler son nom – ce devait être un secret de polichinelle, d'autant que les initiales « P. G. » insérées dans le texte sont révélatrices.

Comme il n'y a ni charge ni agressivité envers l'auteur dans cette comédie, tout permet de penser que Gresset lui-même en est l'auteur, d'autant qu'elle constitue une défense et illustration du poème *Ver-Vert*.

Ce qui plaide de plus en faveur de l'attribution de cette petite pièce à Gresset, c'est l'utilisation de ce que Sylvain Menant appelle un « comique d'intrusion[2] » qui était déjà à l'œuvre dans *Ver-Vert*. Cette brève comédie en prose – un acte de douze scènes – multiplie les citations des quatre chants du poème de 1734 en en faisant ressortir les aspects comiques et décrit plaisamment les diverses réactions des Visitandines, le cortège des sœurs âgées accompagnées de deux jeunes novices. Les spectateurs ou les lecteurs sont donc introduits dans la communauté des Visitandines et prennent connaissance des petitesses propres à ce milieu clos. La force comique de cette comédie, à l'anticléricalisme plaisant mais dépourvu d'agressivité, réside dans la confrontation de deux mondes : le monde des spectateurs ignorant la vie quotidienne à l'intérieur de la clôture et le monde des religieuses qui se divisent en deux sous-groupes, les religieuses âgées, affublées de noms pittoresques, caricaturales et déformées par leurs pratiques sclérosées qui commentent avec des mines effarouchées des passages de *Ver-Vert*, qu'elles ont toutes lu, et qu'elles connaissent par cœur alors que la lecture en est prohibée, et les deux novices qui commentent elles aussi des passages choisis dans ce poème, qu'elles sont censées ignorer mais qu'elles lisent en cachette, chacune de son côté. Le rebondissement final réside dans la révélation de l'identité de l'auteur du poème. Contrairement à ce qu'elles pouvaient imaginer, l'auteur est, non pas un janséniste, mais… un jésuite, le P.G. [père Gresset] sur le point de rompre ses engagements.

---

2   Sylvain Menant, « Le comique dans *Le Méchant* de Gresset », dans *L'art du théâtre. Mélanges en hommage à Robert Garapon*, Yvonne Bellanger, Gabriel Conessa, Jean Garapon, Charles Mazouer et Jean Serroy éd., Paris, P.U.F., 1992, p. 397-398.

Les ridicules des religieuses âgées poussent les deux novices à renoncer à prononcer leurs vœux monastiques sur le modèle de ce que vient de décider le P. G. Le moment où les sœurs apprennent que l'auteur de ce poème scandaleux appartient à la Société de Jésus et qu'il est sur le point de quitter la compagnie constitue un coup de théâtre bouffon qui convainc les deux novices de suivre son exemple et de renoncer, elles aussi, à la vie conventuelle.

L'auteur pratique l'autodérision, en utilisant la scène comme caisse de résonnance pour son *Ver-Vert* dont il cite avec jubilation des passages plaisants. Mais de là à reconnaître publiquement qu'il en est l'auteur, il y a une marge que l'écrivain ne franchit pas. Cette réserve se comprend d'autant mieux que ce type d'œuvre ne pouvait rien apporter à un jeune poète qui n'avait encore rien écrit pour le théâtre et qui allait ambitionner d'obtenir un siège à l'Académie française en 1748.

Dans sa lettre publiée dans le *Mercure de France* le 30 août 1747, Gresset signale : « Je me trouve chargé de beaucoup d'autres mauvaises pièces qui ne sont pas de moi, et qu'on a jointes pour multiplier les pages, à ceux de mes vrais ouvrages[3] ». Si c'est lui qui a écrit cette œuvrette, il s'agit bien d'un désaveu formel. Mais pourquoi le croirait-on alors qu'il y a longtemps que les critiques ne font plus confiance à Voltaire lorsqu'il formule à la même époque le même genre de protestation ? Voltaire n'a par exemple jamais avoué *Le Comte de Boursoufle...*

Si l'on ne dispose pas de preuve matérielle que le texte soit de Gresset, on voit mal qui à l'époque, sinon lui, aurait pu rassembler une telle quantité de citations extraites de *Ver-Vert* et les articuler en mettant en scène les personnages dont il s'était moqué dans le poème bouffon de 1734.

---

3   Voir texte cité ci-dessus p. 24, n. 68.

LE TEXTE

Notre établissement du texte de cette comédie procède de
La Critique de Vairvert / *comédie en un acte* / Le Carême impromptu / Le Lutrin vivant / fleuron / A La Haye/ Chez Pierre de Hondt, MDCCXXXVI, 88 p. (BnF, Tolbiac Ye-23653 / NUM – 108772 / P89 4130). Texte disponible sur Gallica. [Abréviation : De Hondt]
Nous avons aussi consulté les éditions suivantes :
La Critique de Vairvert / *comédie en un acte,* / Londres [i.e. Paris], une note manuscrite contemporaine indique Paris 1735 (date reprise par Coulon. Sig A-c6). (BnF, Tolbiac, YF – 8822 / Arsenal GD-8248) [Abréviation 1735]
Œuvres de GRESSET, Londres, édouard Kermaleck, MDCC LV, 1755 ; (*La Critique de Ver-Vert* se trouve dans le t. I, p. 21-53).
Œuvres de GRESSET, Rouen, veuve Pierre Dumesnil, MDCC LXXXII, 1782 ; (*La Critique de Ver-Vert* se trouve dans le t. I, p. 23-50). [Abréviation : Dum82]

LA CRITIQUE DE VER-VERT

LA CRITIQUE DE VER-VERT, AVIS DU LIBRAIRE

Cher Lecteur, après vous avoir procuré la lecture de *Ver-Vert* ou du *Voyage du perroquet des Dames de la Visitation de Nevers*, je crois me faire un mérite auprès de vous, en vous procurant celle de la *Critique*, que l'on m'a chargé d'imprimer, quoiqu'elle n'ait pas par-devers elle les beautés de la poésie. Cependant je me flatte, mon cher Lecteur, que vous voudrez bien y donner un moment de votre attention.

Au reste, ne cherchez pas qui l'a faite, il n'est pas aisé de le découvrir : il n'est ni religieux, ni abbé, ni chanoine, ni laïque, ni homme d'Épée, ni homme de Robe ; il fait sa résidence dans une ville proche de Rouen[1], célèbre par son académie[2] et par quelques beaux édifices. Son nom y est des mieux établis et, quoique jeune encore, il y a déjà donné des marques de sa capacité et de ses lumières, par plusieurs petits ouvrages volants qu'il a donnés au public, et qui ont été vus et bien reçus. Mon cher Lecteur, quoique je me fasse un devoir de rechercher les moyens de vous faire plaisir, cependant vous me permettrez de vous en taire le nom. Si je faisais autrement, je craindrais de m'exposer à la colère de sa famille, famille assez connue en France par son mérite, sa probité et ses alliances. Je finis, mon cher Lecteur, de peur que le zèle que j'ai à vous procurer de nouveaux plaisirs, ne me fît dire, sans y songer, quelque parole qui pût vous le désigner ; je crains même de vous en avoir déjà trop dit.

---

1   C'est à Rouen qu'a paru la première édition de *Ver-Vert*.
2   Il s'agit peut-être de l'académie des Sciences, Belles-lettres et Arts de Caen (1652), la première de France après l'Académie française fondée en 1634 ; celle de Rouen n'existera qu'après 1744.

Il m'a parlé d'une comédie à laquelle il travaille, ouvrage de longue haleine, et dont la matière est difficile à traiter ; elle conviendra fort au temps présent ; d'abord qu'il me l'aura donnée, je me ferai un plaisir, mon cher Lecteur, de vous en faire part[3].

PERSONNAGES

La mère SUPÉRIEURE
La Mère Saint IGNACE, Coadjutrice
La Mère Saint AUGUSTIN, Mère des Novices
La Mère ANGÉLIQUE, Confiturière
La Mère ÉCOUTE
Deux jeunes NOVICES
Une TOURIÈRE *du dedans*

La scène est à Nevers, chez les Dames de la Visitation.

---

3   La Haye, Pierre De Hondt, 1736 et Kermaleck, 1755.

LA CRITIQUE DE VER-VERT
Comédie [31]

SCÈNE PREMIÈRE
Ici on sonne la cloche de la récréation

DEUX JEUNES NOVICES

LA PREMIÈRE NOVICE
Je mourais d'envie, ma Sœur, d'entendre sonner la cloche de la récréation pour m'aboucher avec vous et vous demander votre sentiment.

LA SECONDE NOVICE
Ma Sœur, il n'y a rien que je ne fasse pour votre service : de quoi s'agit-il, s'il vous plaît ?

LA PREMIÈRE NOVICE [32]
Vraiment, ma Sœur, je ne sais trop si je dois vous le dire ; je crains de ne vous pas faire plaisir.

LA SECONDE NOVICE
Dites, dites, ma Sœur, ne craignez rien.

LA PREMIÈRE NOVICE
Eh bien, ma Sœur, c'est pour vous demander ce que vous pensez d'un livre qui paraît…

LA SECONDE NOVICE
Quoi ! *Ver-Vert* ?

LA PREMIÈRE NOVICE
Justement.

LA SECONDE NOVICE

Mon Dieu ! vous me faites un vrai plaisir d'en faire le sujet de notre conversation.

LA PREMIÈRE NOVICE

Eh bien, qu'en pensez-vous ?

LA SECONDE NOVICE,
en regardant s'il n'y a personne.

Entre nous deux, il est fort joli, il nous repasse[1] [33] un peu ; mais enfin, que voulez-vous ? Pourquoi aussi toutes les grimaces que l'on nous fait faire ici ? Celui qui l'a fait n'a pas été bien instruit, car il n'en a pas fait voir la centième partie ; mais vous, ma Sœur, qu'en dites-vous ?

LA PREMIÈRE NOVICE

Je suis de votre sentiment. L'auteur a su parfaitement dévoiler les mystères secrets.
« L'art des parloirs, la science des grilles,
« Les graves riens, les mystiques vétilles[2]. »
Et je dirai, comme vous, que, s'il est parfaitement instruit de mille petitesses que l'on fait ici, je le trouve très retenu de n'avoir dit que ce qu'il a dit.

LA SECONDE NOVICE

Je suis ravie, ma Sœur, de me rencontrer avec vous, car je craignais d'être la seule de mon sentiment ; mais ne vous souvenez-vous point de quelques petits traits ? Par exemple, cet endroit où il dit...
« Bref, digne oiseau d'une si sainte cage,
« Par son caquet digne d'être en couvent[3] »
Et puis celui où il montre l'attachement de nos Mères pour leurs Directeurs. Que dites-vous de ces petits traits-là ?

---

1 *Repasser* : « familièrement : maltraiter de paroles, réprimander » (*Littré*).
2 Vers 36-37.
3 Vers 82-83.

LA PREMIÈRE NOVICE
Ils me paraissent faits d'après nature ; j'en suis enchantée. En effet, le P.G.[4] a-t-il seulement un [34] peu plus toussé qu'à l'ordinaire, aussitôt on charge la tourière de mille sirops, dont on fait provision, en grande partie pour lui. Mais que dites-vous du petit trait de la toilette ?

LA SECONDE NOVICE
Ce que j'en dis... mais... je ne sais...

LA PREMIÈRE NOVICE
Il me paraît que celui-là ne vous fait pas tant de plaisir.

LA SECONDE NOVICE
Si fait, il est fort joli ; mais il n'est pas à comparer aux autres.

LA PREMIÈRE NOVICE
Eh ! qu'y trouvez-vous donc à redire ?

LA SECONDE NOVICE
Il ne me plaît pas tant que les autres.

LA PREMIÈRE NOVICE
Cependant, je n'y vois rien qui...

LA SECONDE NOVICE
Les goûts sont différents !

LA PREMIÈRE NOVICE
Pour moi, je le trouve fort joli.

LA SECONDE NOVICE [35]
Et moi, le plus mauvais endroit de toute la pièce.

LA PREMIÈRE NOVICE
Eh ! pourquoi donc !

---
4 Cette abréviation peut se lire comme « le père Gresset ».

LA SECONDE NOVICE
Comment ! vous ne le voyez point ? cela saute pourtant aux yeux.

LA PREMIÈRE NOVICE
Mais, ma Sœur, à vous entendre parler, il semblerait que vous y prendriez intérêt.

LA SECONDE NOVICE
En effet, ma Sœur, y a-t-il rien de plus impertinent que de trouver à redire qu'on se mette proprement[5] ? Parce que nous sommes religieuses, devons-nous pourrir dans la crasse ? Ma Sœur, en renonçant au monde, je n'ai pas prétendu renoncer à tout le monde. Est-ce que la propreté d'ailleurs, que l'auteur vante en nous comme un mérite, s'accorde avec ce trait ? Pour moi, ma Sœur, je suis surprise que vous, qui n'aimez pas moins que les autres à vous parer de certain air de propreté[6], trouviez cela beau.

LA PREMIÈRE NOVICE
Mais il me paraît, ma Sœur, que vous prenez à gauche le sens de l'auteur ; je ne crois pas que son but ait été de nous faire un crime de la propreté [36] comme propreté, mais seulement de railler la vaine complaisance que nos Mères ont dans leur habillement, ce qui leur est ridicule ; mais brisons là-dessus, ma Sœur, il me paraît que la conversation commence à languir.

LA SECONDE NOVICE
Vous, ma Sœur, continuez, j'ai de quoi vous répondre, et...

LA PREMIÈRE NOVICE
Ma Sœur, je serais fâchée de vous faire la moindre peine, et nous avons bien d'autres endroits à critiquer et à approuver dans cet ouvrage, sans nous tenir si longtemps sur un qui, à ce que je vois, ne vous fait pas de plaisir.

---

5 *Proprement* : « élégamment ».
6 *Propreté* : « élégance, coquetterie ».

LA SECONDE NOVICE
Je suis infiniment reconnaissante des attentions que vous avez pour moi, et il me serait malséant de vouloir tenir davantage sur un pareil discours. Je découvre assez quels sont vos sentiments pour me faire changer de langage... Eh bien, que dites-vous de ces deux vers ?
«Désir de fille est un feu qui dévore,
«Désir de Nonne est cent fois pis encore[7] »

LA PREMIÈRE NOVICE
Le second est très joli ; mais pour le premier, l'auteur aurait pu se dispenser de le faire.

LA SECONDE NOVICE [37]
Moi, je suis pour tous les deux.

LA PREMIÈRE NOVICE
Eh ! Fi donc ! ma Sœur, songez à ce que vous êtes, quoi !

LA SECONDE NOVICE
Parce que je suis fille, dois-je trouver cela mal ?

LA PREMIÈRE NOVICE
Eh ! vraiment sans doute.

LA SECONDE NOVICE
Point du tout, ma Sœur... Au reste, je suis étonnée de vous entendre, vous qui trouviez l'auteur très retenu. Pour moi, je suis comme vous ; j'aime les vérités, et comme cela en est une, vous me permettrez de ne la point condamner.

LA PREMIÈRE NOVICE
On a raison de dire que chacun a son sentiment, mais je ne crois pas que vous compreniez la malice de ces deux vers, et surtout du premier.

---

7 Vers 276-277.

LA SECONDE NOVICE

Eh mon Dieu ! ma Sœur, c'est un vieil mal chez nous, et l'auteur de *Ver-vert* n'a pas été le premier à nous le reprocher.

LA PREMIÈRE NOVICE [38]

Enfin, ma Sœur, vous me permettrez de ne point l'approuver.

LA SECONDE NOVICE

Je ne sais pas qu'est-ce qui peut vous y engager ; tenez, je n'étais point pour le trait de la toilette, vous, vous n'êtes point pour celui-ci, nous voilà quittes, ma Sœur.

LA PREMIÈRE NOVICE

Vous êtes maligne[8], ma Sœur, eh… J'entends quelqu'un.

LA SECONDE NOVICE

Ce sont apparemment nos Mères. Elles sont longtemps aujourd'hui à se rendre à la salle de récréation ; je ne sais pas qui peut les empêcher.

LA PREMIÈRE NOVICE

Je ne sais pas non plus. Elles lisent peut-être *Ver-vert*.

LA SECONDE NOVICE

Nos Miladis[9] seront bien courroucées, qu'en pensez-vous ?

LA PREMIÈRE NOVICE

Si ! elles jetteront feu et flamme, j'en suis sûre. [39] Notre Mère Saint-Ignace, notre Mère Saint-Augustin, notre mère Écoute et notre Mère Supérieure… Oh, mon Dieu ! Il ne faut pas même qu'elles sachent notre conversation, car… Voilà la Mère Saint-Augustin.

---

8   *Maligne* : « esprit marqué par la malignité, qui se plaît à faire du mal, nocif, pernicieux » (*Fur.*)
9   *Miladi* : voir p. 406, n. 15.

Scène 2
LA MÈRE SAINT-AUGUSTIN, *toute éplorée*.
LES DEUX NOVICES

LA PREMIÈRE NOVICE
Vraiment, ma Mère, nous étions, ma Sœur et moi, dans l'inquiétude, nous ne savions à quoi attribuer ce long retardement à vous rendre à la salle des récréations, vous et toutes nos Mères.

LA MÈRE SAINT-AUGUSTIN
Hélas ! ma Sœur, si vous saviez... ah !...
La première novice et la seconde novice, *ensemble*.

LA PREMIÈRE NOVICE
Qu'y a-t-il donc, ma Mère ?

LA SECONDE NOVICE [40]
Qu'est-il donc arrivé ?

LA MÈRE SAINT-AUGUSTIN
Vengeance, mes Sœurs, Vengeance ! on nous déshonore.

LA PREMIÈRE NOVICE
Qu'est-ce donc, ma Mère ? Faites-nous part, s'il vous plaît, du sujet de votre affliction.

LA SECONDE NOVICE, *à part*.
Il y a là-dedans du perroquet.

LA MÈRE SAINT-AUGUSTIN
Non ! plus j'y pense, plus je me sens le cœur pénétré... Il court un livre, ma Sœur... ah ! un livre... l'abomination de la désolation... un livre, ma Sœur, qui... je ne saurais parler.

LA PREMIÈRE NOVICE
Qui ? *Ver-vert* ?

LA MÈRE SAINT-AUGUSTIN
Justement ; c'est cet exécrable livre qui cause toute mon affliction, l'avez-vous lu, ma Sœur ?

LA PREMIÈRE NOVICE
Il est, à ce qu'on dit, plein d'impertinences.

LA MÈRE SAINT-AUGUSTIN [41]
Et vous, ma Sœur, ne l'avez-vous pas lu ?

LA SECONDE NOVICE
Ma Mère, sur ce que l'on m'en a rapporté, une servante Novice ne peut pas le lire, en conscience.
(À part.)
Je l'ai cependant lu.

LA MÈRE SAINT-AUGUSTIN
Vous avez raison, ma Sœur ; vous ne le devez pas faire sans l'avis de vos Supérieures... Mais je vous le permets ; tenez, le voilà.

LA SECONDE NOVICE
Je ne manquerai pas, ma Mère, de le lire.

LA MÈRE SAINT-AUGUSTIN
En vérité, ce livre est affreusement composé.

LA PREMIÈRE NOVICE
Bon, ma Mère, il faut mépriser tout cela ; d'ailleurs, qui le croira ?

LA MÈRE SAINT-AUGUSTIN
Mon Dieu ! le monde est si corrompu, et porté à croire le mal, que... [42]

Scène 3
LA MÈRE SUPÉRIEURE,
LA MÈRE SAINT-AUGUSTIN, LES DEUX NOVICES

LA MÈRE SUPÉRIEURE,
allongeant les mots.
Qu'avez-vous donc que je vous vois toutes si affligées ?

LA MÈRE SAINT-AUGUSTIN
Nous parlions, notre Mère, de ce livre qui nous fait tant d'honneur[a].

LA MÈRE SUPÉRIEURE
Ah ! mon Dieu, quelle affreuse chose ! j'en suis dans un chagrin mortel. Ne connaissez-vous point le nom de l'auteur ?

LA MÈRE SAINT-AUGUSTIN
Mon oncle le Commandeur, qui me vint hier voir, m'a promis de m'en instruire.

LA MÈRE SUPÉRIEURE
Toute la communauté lui aura une obligation infinie. Il est malheureux pour nous que mon [43] frère le comte et mon cousin le baron ne soient pas en ce pays-ci ; ils nous auraient bien vite éclairci ce mystère… mais que faites-vous là, ma Sœur ?

LA SECONDE NOVICE, *lisant ce livre.*
C'est le livre que notre Mère Saint-Augustin m'a donné à lire.

LA MÈRE SUPÉRIEURE
Lisez, ma Sœur, lisez,… mais avec modestie.

LA SECONDE NOVICE
Notre Mère, je le regarderai toujours du bon côté.

LA MÈRE SUPÉRIEURE
Je serais ravie que nos Mères fussent ici, pour qu'elles me disent ce qu'elles en pensent. Nous pourrions en tenir conseil.

LA SECONDE NOVICE, *à part*.
Prends garde à toi, misérable !

LA MÈRE SUPÉRIEURE
Nous verrons les moyens de pouvoir rétablir notre réputation. [44]

LA MÈRE SAINT-AUGUSTIN
Vous avez raison, notre Mère. Nous verrions ce qui serait de plus piquant pour nous, et ensuite nous chercherions les moyens de nous venger.

LA SECONDE NOVICE, *à part*.
Gare l'interrogatoire.

LA MÈRE SUPÉRIEURE,
à la première novice.
Allez, je vous prie, ma Sœur, avertir nos Mères du conseil, que je les attends ici.

LA PREMIÈRE NOVICE
J'y cours, notre Mère.

LA SECONDE NOVICE, *à part*
N'oubliez pas la sellette[10].

Scène 4
LA MÈRE SUPÉRIEURE,
LA MÈRE SAINT-AUGUSTIN, LA SECONDE NOVICE

LA MÈRE SUPÉRIEURE
Il faut avouer que l'homme est un animal bien malin. Où l'auteur de ce libelle a-t-il été inventer tout ce qu'il a dit contre nous ?

---

10 *Sellette* : « petit siège de bois sur lequel on fait asseoir les criminels en prestant leur dernier interrogatoire devant les juges [...]. L'interrogatoire sur la sellette est la pièce la plus essentielle de l'instruction d'un procès criminel » (*Furetière*). D'où le sens imagé : « être l'objet d'un interrogatoire pressant ».

LA MÈRE SAINT-AUGUSTIN [45]
Je ne sais pas, notre Mère, qui a pu lui mettre cela dans la tête. Il faut que cet homme-là soit ou fou, ou impie.

LA MÈRE SUPÉRIEURE
La bonne justice devrait y mettre ordre.

LA MÈRE SAINT-AUGUSTIN
Est-elle observée, notre Mère? Eh, mon Dieu! tout est renversé à présent.

LA MÈRE SUPÉRIEURE
Il est vrai que depuis quelque temps tout le monde veut se mêler de la rendre, et l'un détruit ce que fait l'autre.

LA MÈRE SAINT-AUGUSTIN
Tenez, ma Mère, plus y a de têtes dans un conseil, et plus tout est renversé. D'ailleurs à présent, plus qu'en tout autre temps, l'argent fait le bon droit, et le malheureux pauvre, eût-il la plus grande raison du monde, il perdra toujours, s'il plaide contre un homme qui soit en état de graisser la patte à messieurs les juges[11].

LA MÈRE SUPÉRIEURE
Mais cependant, ma Sœur, on devrait y faire attention; car tout autre que nous peut être noirci de la même calomnie. Eh... mais j'entends nos Mères. [46]

---

11 La réflexion sur la corruption de la justice, quoique traditionnelle, apparaissait dans un passage de la *Chartreuse*, poème qui fut en partie cause du retour de Gresset à la vie civile. Les censeurs voulurent y voir une attaque dirigée contre le Parlement, dans laquelle Gresset s'en prenait à la vénalité, non des charges, mais des juges : « égaré dans le noir dédale / où le fantôme de Thémis, / Couché sur la pourpre et les lys, / Penche sa balance inégale/ Et tire d'une urne vénale / Des arrêts dictés par Cypris ».

Scène 5
LA MÈRE SUPÉRIEURE, LA MÈRE SAINT-IGNACE,
LA MÈRE SAINT-AUGUSTIN, LA MÈRE ANGÉLIQUE,
LES DEUX NOVICES

LA MÈRE SUPÉRIEURE

Mes Sœurs, je viens de vous envoyer chercher pour vous prier de me donner votre conseil sur une chose qui est pour nous de la dernière importance. Il paraît ici un livre qui déchire notre réputation ; vous y...

LA PREMIÈRE NOVICE, *à la seconde.*

Voilà les Chambres assemblées, allons-nous-en, ma Sœur.

LA MÈRE SUPÉRIEURE

Où allez-vous donc toutes les deux ?

LA SECONDE NOVICE

Ma Mère, n'étant point capable de peser au poids de notre charité les secrets mystères du conseil, nous prenons la peine de nous retirer.

[47]

LA MÈRE SUPÉRIEURE

Restez, restez, je vous le permets... Il paraît donc ici un livre affreux. Voyons les moyens de détromper le monde des erreurs qui y sont glissées. Vous y êtes toutes aussi intéressées que moi ; ainsi voyez par quels moyens nous pourrons y réussir.

Parlez, Sœur Ignace.

LA MÈRE SAINT-IGNACE

Puisque votre Révérence me commande de dire mon sentiment, je vais le dire ; nos Mères et Sœurs voudront bien me le permettre. Notre Révérende Mère, dans le moment qu'on est venu m'avertir de venir vous parler, nous étions dans notre cellule, notre Sœur Angélique et moi, occupées à la lecture du livre dont est question. Puisqu'il m'est permis de dire mon sentiment, je dirai que ce livre est rempli de sottises, blesse notre réputation, et nous déchire entièrement. Il est indigne, notre Révérende Mère, que des personnes comme nous, retirées du monde, soient, malgré cela, exposées aux langues médisantes, et je crois que, sans blesser notre charité, je puis dire que ce livre mérite d'être jeté au feu. Je ne prétends pas, nos chères Sœurs, que notre sentiment doive prévaloir ; mais j'ajoute qu'il faut absolument présenter notre requête aux juges, pour nous venger d'une tache si noire qu'on fait à notre réputation. J'ai dit.

LA MÈRE SUPÉRIEURE [48]
Parlez, Sœur Saint-Augustin.

LA MÈRE SAINT-AUGUSTIN
Par votre ordre, notre Révérende Mère, je dirai mon sentiment. Je suis presque de l'avis de notre Sœur Saint-Ignace qui a pensé très juste ; mais puisqu'il m'est permis de m'expliquer, je dirai qu'il faut non seulement jeter ledit livre au feu, mais, qu'il faut aussi implorer la justice de notre roi ; réservé à la prudence de sa majesté d'imposer à l'auteur telle punition qu'il jugera à propos. J'ai dit.

LA MÈRE SUPÉRIEURE
Parlez, Sœur Angélique.

LA MÈRE ANGÉLIQUE
Puisque notre Révérende Mère veut absolument que je dise mon sentiment, je vais obéir à ses ordres.

Nos Sœurs Saint-Ignace et Saint-Augustin se sont toutes les deux rencontrées dans leur sentiment, ce qui me fait appréhender d'ouvrir le mien, quoiqu'il se rapporte aussi au leur, mais pas entièrement. Elles ont toutes les deux fait paraître un attachement très louable pour la Communauté, qui, sauf meilleur avis, leur a fait un peu précipiter les choses. Pour moi, je crois plus à propos et moins contre notre charité, de faire ici une revue des traits les plus piquants pour nous, afin de servir de matière à notre requête. Pour le reste, je suis entièrement de l'avis de nos Sœurs Saint-Ignace et Saint-Augustin. J'ai dit.

LA MÈRE SUPÉRIEURE
Notre Sœur Angélique me paraît avoir très bien pensé [46] ; ainsi, si quelqu'un sait quelques-uns de ces traits, nous le prions d'en faire un récit à notre conseil, pour qu'il puisse ensuite plus mûrement délibérer. Notre Sœur Novice a le livre ; qu'elle le parcoure, et, si elle en rencontre, elle nous en fera part.

LA SECONDE NOVICE, *à part.*
Je n'ai pas besoin du livre, je les sais tout par cœur.

LA MÈRE SAINT-IGNACE
En parlant du perroquet, il dit :
« ... Chaque Mère, après son Directeur,
« N'aimait rien tant ; même dans plus d'un cœur
« Souvent l'oiseau l'emporta sur le Père[12]. »

LA SECONDE NOVICE
Eh, fi donc, notre Mère, quelle est la cervelle assez lourde pour s'imaginer qu'un animal tel qu'un perroquet puisse l'emporter sur l'amitié et le respect qu'on doit avoir pour le raisonnable ; je veux dire un Directeur.

LA MÈRE SUPÉRIEURE
Un oiseau l'emporter sur le Père ! Je crois, ma Sœur, que le monde nous rendra justice sur une chose où il n'y a nulle vraisemblance ; ainsi passons à un autre. [50]

LA MÈRE SAINT-AUGUSTIN
Pour moi, je suis entièrement courroucée des quatre vers qui suivent :
« Il partageait dans ce paisible lieu,
« Tous les sirops, dont le cher père en Dieu,
« Se confortait les entrailles sacrées[b],
« Grâce aux bienfaits des nonnettes sucrées[13]. »

LA MÈRE SUPÉRIEURE
Quelle médisance, notre Sœur ! où a-t-il été chercher cela ?

LA MÈRE SAINT-IGNACE
Il semblerait que nous leur donnerions tous nos sirops ; cela crie vengeance...

LA SECONDE NOVICE, *à part.*
On s'offense toujours des vérités.

---
12   Vers 86-87, 89.
13   Vers 85-88.

LA MÈRE SAINT-AUGUSTIN

Pour moi, notre Mère, je trouve que ce trait-là nous pique jusques au vif, et que nous devons le mettre à la tête de notre requête.

LA MÈRE ANGÉLIQUE

Doucement, notre Sœur, avant que de rien mettre par ordre, parcourons encore d'autres endroits ; peut-être en trouverons-nous pour le moins d'aussi piquants. Par exemple, celui-là :

« Jusqu'au lever de l'astre de Vénus, [51]
« Il reposait sur la boîte aux *Agnus*[14] ».

LA SECONDE NOVICE, *à part.*

Bon, bon, nous allons rire de la bonne façon.

LA MÈRE ANGÉLIQUE

« À son réveil, de la fraîche nonette,
« Libre témoin, il voyait la toilette[15]. »

LA MÈRE SUPÉRIEURE

Notre toilette, notre Sœur ! Ah ! quelle impudicité ! « Libre témoin, il voyait la toilette… » Ah ! notre Sœur.

LA MÈRE ANGÉLIQUE *poursuit*

« Oui, quelque part j'ai lu qu'il ne faut pas
« Aux fronts voilés des miroirs moins fidèles
« Qu'aux fronts ornés de clinquants[16c] et dentelles[17]. »

LA MÈRE SAINT-IGNACE

Miséricorde, ma Sœur ! ah ! je n'en puis plus.

LA MÈRE ANGÉLIQUE *poursuit*

« Ainsi qu'il est pour le monde et les Cours
« Un art, un goût de modes et d'atours,
« Il est aussi des modes pour le voile,

---

14   Vers 134-135 – voir n. 600.
15   Vers 136-137.
16   *Clinquant* : voir p. 401, n. 7.
17   Vers 144-146.

« Il est un art de donner d'heureux tours
« À l'étamine, à la plus simple toile ; [52]
« Souvent l'essaim des folâtres Amours,
« Essaim qui sait franchir grilles et tours,
« Donne au bandeau^d une grâce piquante,
« Un air galant à la guimpe flottante ;
« Enfin, avant de paraître au parloir,
« On doit au moins deux coups d'œil au miroir[18]. »

Pendant ce temps-là, toutes les Mères font divers gestes, haussent les épaules, etc.

LA MÈRE SUPÉRIEURE
Père éternel, miséricorde ! Quel abominable homme !
La Mère Saint-Augustin
Quelles horreurs ! quel langage pervers !

LA MÈRE ANGÉLIQUE
« Il est aussi des modes pour le Voile. »
Chez nous une mode, notre Mère ! il fait bien de nous l'apprendre, car nous ne le savions pas !

LA PREMIÈRE NOVICE
« Souvent l'essaim des folâtres amours,
« Essaim qui sait franchir grilles et tours[19]. »
Que dites-vous de ces deux vers-là ?

LA MÈRE SAINT-IGNACE
Ah ! je m'en meurs.

LA SECONDE NOVICE [53]
J'y suis plus sensible que personne.
« Essaim qui sait franchir grilles et tours. »

---

18 Vers 147-157.
19 Vers 152-153.

S'il disait vrai du moins, notre Mère, on pourrait lui pardonner. Tenez, ma Mère, je tiens un trait des plus piquants, c'est l'adieu d'une novice, lorsqu'il[20] part pour Nantes.

« Tel fut l'adieu d'une nonnain poupine[21],
« Qui, pour distraire et charmer sa langueur,
« Entre deux draps avait, à la sourdine[22],
« Très souvent fait l'oraison dans Racine[23],
« Et qui sans doute aurait de très grand cœur,
« Loin du couvent, suivi l'oiseau parleur[24]. »

LA MÈRE SUPÉRIEURE
C'est affreux, ma fille, gardez-vous de le croire.

LA SECONDE NOVICE
Je m'en garderai bien, ma Mère.

LA MÈRE SAINT-IGNACE
C'est impudent, notre Mère.

LA PREMIÈRE NOVICE
« Et qui sans doute aurait de très grand cœur,
« Loin du couvent suivi l'oiseau parleur[25]. »
Hélas! faut-il...
En soupirant.

LA SECONDE NOVICE [54]
Il en dit trop et n'en fait pas assez.

LA MÈRE SAINT-IGNACE
Notre Mère, voilà quelque chose de pis ; il nous traite de folles.

LA MÈRE SUPÉRIEURE
Ma Sœur, de folles... Ah!

---
20 Ver-Vert, le perroquet.
21 *Poupin* : voir p. 407, n. 17.
22 *À la sourdine* : voir p. 451, n. 22.
23 Voir n. 601.
24 Vers 340-345.
25 Vers 344-345.

LA MÈRE SAINT-IGNACE

Voilà son vers :
« Par la corbleu, que les nonnes sont folles[26]. »

LA MÈRE SUPÉRIEURE

Mon doux Sauveur, comment peut-il en conscience jurer comme un damné ?

LA MÈRE SAINT-AUGUSTIN

Et moi, ma Mère, il m'a rimée en *tain*[27]. Nous ne nous sommes jamais vus, je ne le connais pas.

LA MÈRE SUPÉRIEURE

Il faut, notre Sœur, tout prendre en patience...

LA MÈRE SAINT-IGNACE

Voilà encore une horrible suite, en parlant de son perroquet :
« Les B... et les F[28]... voltigeaient sur son bec[29]. »

LA MÈRE SUPÉRIEURE [55]

Mon Dieu, quel est ce langage-là ?

LA MÈRE SAINT-IGNACE

Mais que veut-il dire par ces B... F... ?

LA MÈRE SUPÉRIEURE

Je ne sais pas non plus.

LA PREMIÈRE NOVICE

Eh ma mère, le vers suivant vous instruira. Écoutez :
« Les jeunes Sœurs crurent qu'il parlait grec[30]. »

---

26 Vers 535.
27 Le mot de la rime doit être : *putain* ou *catin*.
28 Citation de *Ver-Vert* chant IV, 53.
29 Vers 561.
30 Vers 562.

LA MÈRE SUPÉRIEURE
ET LA MÈRE SAINT-IGNACE
Quoi ! c'est là du grec !

LA MÈRE SAINT-IGNACE
On disait cette langue harmonieuse.

LA SECONDE NOVICE, *à part.*
Celle-là est de l'harmonie des brouettiers.

LA PREMIÈRE NOVICE
Mais, notre Mère, le grec est bien changé.

LA MÈRE SUPÉRIEURE
Aussi donc, car mon neveu le vicomte, qui est encore au Collège, m'en a répété plusieurs passages, et ils me faisaient un vrai plaisir. Mais qu'est-ce ?

Scène 6 [56]
LE MÈRE SUPÉRIEURE, LE RESTE,
UNE TOURIÈRE

LA TOURIÈRE
Ma Sœur Saint-Augustin, on vous demande au parloir.

LA MÈRE SAINT-AUGUSTIN
Savez-vous qui, ma Sœur ?

LA TOURIÈRE
Je crois que c'est le même monsieur qui vint hier vous voir.

LA MÈRE SAINT-AUGUSTIN
Ah ! notre Mère, c'est mon oncle le Commandeur.

LA MÈRE SUPÉRIEURE
Courez vite, ma Sœur, et ne le faites pas attendre ; pour aujourd'hui, je vous dispense de notre règle ; courez, nous y sommes toutes intéressées.

Scène 7 [57]
LA MÈRE SUPÉRIEURE, LA MÈRE SAINT-IGNACE, LA MÈRE ANGÉLIQUE, LES DEUX NOVICES

LA MÈRE SUPÉRIEURE
À la fin, ma Sœur, nous allons être éclaircies sur un mystère si important pour nous, et nous pourrons alors plus sûrement porter nos coups.

LA MÈRE ANGÉLIQUE
Je meurs d'envie de savoir le nom de cet indigne auteur.

LA MÈRE SAINT-IGNACE
Pour moi, notre Mère, je ne doute [pas] que ce ne soit un ennemi de la religion.

LA MÈRE SUPÉRIEURE
Mais à propos, notre Sœur, son mauvais procédé tombe de lui-même, car il nous est défendu d'élever chez nous des animaux domestiques, qui ne servent qu'à l'amusement, tels qu'un perroquet[31].

LA SECONDE NOVICE [58]
Vraiment oui, notre Mère, et l'on [ne] nous permet d'avoir du soin et des attentions fines que pour des animaux utiles à notre état.

LA MÈRE ANGÉLIQUE
Je n'y avais pas encore fait attention, notre Mère; ainsi, si l'auteur dans son principe se trompe, le monde, quoique de naturel incliné à penser le mal plutôt que le bien, reviendra bientôt de tous les abus que l'infâme auteur a glissés dans le reste de la pièce.

LA MÈRE SUPÉRIEURE
En vérité, je ne reviens pas de cet indigne procédé.

---

31 De fait, les consignes en vigueur dans les couvents interdisaient la présence d'animaux de compagnie, mais ces préceptes étaient de moins en moins respectés.

Scène 8
LA MÈRE SUPÉRIEURE, LA MÈRE ANGÉLIQUE,
LA MÈRE SAINT-IGNACE, DEUX NOVICES, UNE TOURIÈRE

LA TOURIÈRE
Mon Dieu, notre Révérende Mère, j'ai une fâcheuse nouvelle à vous apprendre ; notre Sœur le Febvre est revenue exprès de la ville [59] pour nous avertir que le R.P.G.[32] avait un gros rhume sur la poitrine, et que cette nuit il n'avait presque point fermé l'œil.

TOUTES ENSEMBLE
Mon Dieu ! le pauvre P.G.

LA MÈRE SUPÉRIEURE
Allez vite, Sœur Angélique, allez vite à l'office, et donnez à la sœur le Febvre une bouteille de sirop de limon, une demi-douzaine de pâtes de guimauve, et de réglisse blanc et noir, et chargez-la des compliments de toute la communauté et des miens, et de lui marquer la part que nous prenons toutes à son incommodité.

LA MÈRE SAINT-IGNACE
Mais, notre Révérende Mère, si vous vous donniez la peine de lui en écrire un mot, je crois que cela vaudrait encore mieux.

LA MÈRE SUPÉRIEURE,
Vous avez raison, notre Sœur ; mais prêtez-moi, je vous prie, une plume, car je ne sais ce que j'ai fait de la nôtre ; allez toujours, Sœur Angélique, apprêter ce que je vous ai dit. Notre lettre va être prête dans un moment, Sœur Saint-Ignace et moi allons la faire.

Scène 9 [60]
LES DEUX NOVICES

LA PREMIÈRE NOVICE
Enfin nous voilà en liberté de rire[e] tout à notre aise.

---
32 Cet acronyme peut se déchiffrer comme « le révérend père Gresset ».

LA SECONDE NOVICE
Pour celui-là, ma Sœur, je puis dire que j'ai été à la comédie aujourd'hui, sans sortir du couvent.

LA PREMIÈRE NOVICE
Eh, mon Dieu ! ma Sœur, n'y allons-nous pas tous les jours, en allant à la récréation ?

LA SECONDE NOVICE
Les « hélas » de nos Mères m'ont beaucoup réjouie.

LA PREMIÈRE NOVICE
Et moi, les figures et contorsions qu'elles faisaient, lorsque notre mère Angélique lisait le trait de la toilette.

LA SECONDE NOVICE
Il y en a un, ma Sœur, que je suis étonnée qui [61] ait échappé à la critique de nos Mères. Écoutez :
« Jamais du mal il n'avait eu l'idée,
« Ne disait^g onc un immodeste mot ;
« Mais en revanche, il savait des Cantiques,
« Des *Oremus*, des colloques mystiques ;
« Il disait bien son *Benedicite*,
« Et *Notre Mère*, et *votre Charité*[33]. »

LA PREMIÈRE NOVICE
Que cela est joli ! d'autant plus que tout y est vrai.

LA SECONDE NOVICE
Vous n'êtes pas encore à la fin :
Elle poursuit.
« Il savait même un peu du *Soliloque*[34],
« Et des traits fins de Marie Alacoque[35]
« Il avait eu dans ce docte manoir
« Tous les secours qui mènent au savoir ;

---
33   Vers 182-194.
34   Voir p. 403, n. 9.
35   Voir p. 403, n. 10.

« Il était là maintes[36] filles savantes
« Qui mot pour mot portaient dans leurs cerveaux
« Tous les noëls anciens et nouveaux[37]. »

LA PREMIÈRE NOVICE

Mais, ma Sœur, comment l'auteur peut-il en savoir tant ?

LA SECONDE NOVICE

Il a peut-être passé quelque temps dans quelqu'un de nos monastères. Mais écoutez jusqu'au bout :
« Instruit, formé par leurs leçons fréquentes, [62]
« Bientôt l'élève égala ses Régentes ;
« De leur ton même adroit imitateur,
« Il exprimait la pieuse lenteur,
« Les saints soupirs, les notes languissantes
« Du chant des Sœurs, colombes gémissantes.
« Finalement Ver-Vert savait par cœur
« Tout ce que sait une Mère de chœur[38]. »
Eh bien ! que dites-vous de cela ?

LA PREMIÈRE NOVICE

Que c'est le plus joli endroit de toute la pièce.
« … Il savait des cantiques,
« Des *Oremus*, des Colloques mystiques,
« Il disait bien son *Benedicite*,
« Et *Notre Mère*, et *votre charité*[39] ».
J'en suis enchantée.

LA SECONDE NOVICE

Moi, je suis encore plus pour ceux-ci :
« Il savait même un peu du *Soliloque*[40],
« Et des traits fins de Marie Alacoque…
« Il était là plusieurs[f] filles savantes,

---

36 L'éd. originale porte « plusieurs ».
37 Vers 188-194.
38 Vers 195-202.
39 Voir p. 403, vers 182-194.
40 Voir p. 403, n. 9.

« Qui mot pour mot portaient dans leurs cerveaux
« Tous les noëls anciens et nouveaux[41] ».
Il savait tout Saint-Augustin ; il aurait fallu, [63] ma Sœur, le mettre pour arbitre entre les jansénistes et les molinistes.

LA PREMIÈRE NOVICE

Ma Sœur, dans l'un et l'autre parti il y en a bien qui n'en savent pas plus que n'en savait le perroquet.

LA SECONDE NOVICE

Vous avez raison, ma Sœur ; mais laissons cela aux gens du métier. Pour nous, disons notre *credo*, cela nous suffit.

LA PREMIÈRE NOVICE

« Il exprimait la pieuse lenteur,
« Les saints soupirs, les notes languissantes
« Du chant des Sœurs, colombes gémissantes[42]. »
Que cela est bien exprimé ! en effet, y a-t-il rien de plus sot que le chant des Sœurs de Sainte Marie ? Sûrement Saint François de Sales[43] n'avait pas le goût bon pour les chants d'Église, car il ne pouvait pas en choisir un plus vilain que celui-là.

LA SECONDE NOVICE

Il est d'autant plus vilain, qu'il nous fait geler quand nous sommes au chœur.

LA PREMIÈRE NOVICE

Il y a encore deux vers qui me charment :
Ensemble. [64]
« Finalement Ver-Vert savait par cœur
« Tout ce que sait une Mère de chœur[44]. »

LA SECONDE NOVICE

J'allais vous le faire remarquer.

---

41 Ces vers ont déjà été cités vers 188-194 à la page 457.
42 Vers 198-200.
43 Saint François de Sales, cofondateur avec Jeanne de Chantal, grand-mère de la Marquise de Sévigné, de l'ordre de la Visitation le 6 juin 1604, à Annecy.
44 Vers 201-203.

LA PREMIÈRE NOVICE
« Tout ce que sait une Mère de chœur. »
Ce n'est pas peu dire, au moins ; et il y a des Mères de chœur qui savent un peu plus que la note.

LA SECONDE NOVICE
Eh bien ! ma Sœur, nos Mères trouvaient ridicule le trait du Directeur ; on est venu les avertir que le P.G. était malade, voyez quels mouvements elles se sont donnés.

LA PREMIÈRE NOVICE
Elles ont beau dire et beau faire, on les croira toujours ridicules.

LA SECONDE NOVICE
Eh, mon Dieu ! elles le sont en tout.

LA PREMIÈRE NOVICE
Voulez-vous que je vous dise, ma Sœur, plus j'avance au terme de mon noviciat, plus j'ai de chagrin de me voir obligée à passer ma vie dans un lieu tel que celui-ci, où tout est rempli de petitesses, et cependant d'orgueil, et de sotte vanité. [65] Car, si nos Mères ont des parents de quelque condition, elles vous jettent cela au nez cent fois le jour, et cependant avec tout leur orgueil, elles s'amusent de quantité de minauderies qui font hausser les épaules à celles qui ont tant soit peu de raison.

LA SECONDE NOVICE
Mais, ma Sœur, puisque vous êtes si dégoûtée du couvent, pourquoi persister dans la résolution de faire vos vœux ?

LA PREMIÈRE NOVICE
Que voulez-vous que je fasse ; c'est bien malgré moi. Mon père s'est remarié, je suis tous les jours exposée aux mauvaises humeurs d'une belle-mère. Mon père a fait ce qu'il a pu pour me dégoûter du couvent ; et, si je reste, ce sera plutôt par raison que par inclination[45].

---

45   La situation évoquée par la première novice traduit fort probablement à la réalité sociale du temps et correspond à un lieu commun romanesque que Marivaux utilise dans la fin de *La Vie de Marianne* et que Diderot exploite sans *La Religieuse*.

LA SECONDE NOVICE
Et moi, ma Sœur, si j'étais de vous, j'aimerais mieux vivre dans le monde. Avec le peu de bien que vous pourrez avoir, une fille de mérite trouve toujours rang parmi les honnêtes gens.

LA PREMIÈRE NOVICE
Ma Sœur, vous avez, en vérité, de moi une idée trop avantageuse ; je vous ai mille obligations des sentiments que vous voulez bien avoir pour moi... Non, j'y suis entrée, c'est pour y demeurer le reste de mes jours ; je tâcherai de faire de nécessité vertu. Au reste, ma Sœur, je [66] viens de vous faire part d'une chose sur laquelle je vous prie de garder un secret inviolable.

LA SECONDE NOVICE
Ma Sœur, soyez persuadée que je le sais, sans le savoir ; et, puisque vous avez la bonté de m'honorer de votre amitié et de votre confiance, je veux vous faire un aveu qui demande de vous le même service ; c'est que j'ai pris le parti de sortir aussi du couvent ; et comme je n'y suis entrée que contre la volonté de mes parents (ce qui est extraordinaire !), ils seront ravis de me revoir. Si les religieuses ont quelque regret de me perdre, elles ne doivent s'en prendre qu'à leurs ridicules manières d'agir qui...

LA PREMIÈRE NOVICE
Taisons-nous, voilà nos Mères qui reviennent.

LA SECONDE NOVICE
Elles sauront bientôt la fin de notre entretien.

Scène 10 [67]
LA MÈRE SUPÉRIEURE, LA MÈRE SAINT-IGNACE,
LA MÈRE ANGÉLIQUE, LES DEUX NOVICES

LA MÈRE SUPÉRIEURE
En vérité, je suis dans une grande inquiétude de la santé de notre pauvre P.G.

LA MÈRE SAINT-IGNACE
Il se portait assez bien quand il entra ici aux quatre-temps de Noël[46] ; mais, ma Sœur, pourquoi M. l'archevêque ne veut-il point qu'il vienne confesser hors ces jours-là.

LA MÈRE SUPÉRIEURE
Je ne sais pas qu'est-ce qui a pu l'engager à faire cette défense qui nous fait tant de peine

LA MÈRE ANGÉLIQUE
C'est quelqu'un, sans doute, qui a desservi les bons Pères auprès de Sa Grandeur ; partout, notre Mère...

Scène 11 [68]
LA MÈRE SUPÉRIEURE ET LA MÈRE ÉCOUTE,
toute transportée.

LA MÈRE ÉCOUTE
Vous ne savez pas, notre Mère. J'étais à l'écoute de notre Mère Saint-Augustin ; on a parlé de Ver-vert, et le Monsieur a dit que c'était un jésuite qui l'avait fait.
Toutes ensemble
Un jésuite !

LA MÈRE SUPÉRIEURE.
Toutes ensemble
Ma Sœur, que dites-vous là... ? Quoi ! Un jésuite... ? Juste Ciel !... Un jésuite !

LA MÈRE SAINT-IGNACE
Cela ne se peut, ma Sœur... C'est une calomnie.

LA MÈRE ANGÉLIQUE
Quoi ! ce serait un jésuite qui aurait fait ce livre infâme.

---

46 Dans le calendrier des fêtes catholiques, il s'agit de la semaine qui suit le troisième dimanche de l'avent et précède donc la fête de Noël.

LA MÈRE ÉCOUTE
Un jésuite, ma Sœur, un jésuite, un jésuite !

LA SECONDE NOVICE [69]
Il y a là-dedans quelque chose qui révolte.

LA MÈRE ANGÉLIQUE
Un jésuite, notre Mère, faire un pareil livre ! non, cela ne se peut, ma Sœur.

LA MÈRE SAINT-IGNACE
Ne vous êtes-vous point trompée, notre Sœur.

LA MÈRE ÉCOUTE
Non, non, j'ai écouté de toutes mes oreilles.

LA PREMIÈRE NOVICE, *à part.*
La chose était trop intéressante pour ne pas bien écouter.

LA MÈRE SAINT-IGNACE
Mais... ! Notre Sœur... n'a-t-on point... dit... un janséniste ?

LA MÈRE ÉCOUTE
Non, notre Mère, un jésuite, un jésuite !

LA SECONDE NOVICE
La rime, notre Sœur, vous a peut-être trompée.

LA MÈRE SUPÉRIEURE
Il faut attendre la Mère Saint-Augustin ; elle nous éclaircira. Mais la voilà.

Scène 12 [70]
LA MÈRE SUPÉRIEURE, LA MÈRE SAINT-IGNACE,
LA MÈRE SAINT-AUGUSTIN, LA MÈRE ANGÉLIQUE,
LA MÈRE ÉCOUTE, LES DEUX NOVICES

LA MÈRE SAINT-AUGUSTIN
Ah ! ma Mère, nous sommes au comble de nos malheurs. Un jésuite, notre Mère... Un jésuite a fait ce livre infâme.

LA MÈRE SUPÉRIEURE
Cela n'est donc que trop vrai ; notre Sœur Écoute nous l'avait déjà annoncé, mais nous n'avions pas voulu l'en croire.

LA MÈRE SAINT-IGNACE
Quel hérétique !

LA SECONDE NOVICE
Il a manqué à sa vocation ; il devait[47] être janséniste.

LA MÈRE ANGÉLIQUE
Oh ! si c'était un janséniste, il n'y aurait rien à dire. Mais un jésuite.

LA SECONDE NOVICE, *à part*. [71]
Cela n'est plus du jeu ! Un jésuite !

LA MÈRE ANGÉLIQUE
Vraiment, nous avions cru que notre sœur Écoute avait confondu l'un avec l'autre.

LA MÈRE SAINT-AUGUSTIN
Pour moi, quoiqu'on me l'ait dit, j'ai de la peine à le croire.

LA MÈRE SUPÉRIEURE
Ne vous l'a-t-on point nommé, ma Sœur ?

LA MÈRE SAINT-AUGUSTIN
C'est le P.G.

LA SECONDE NOVICE
Quoi ! le P.G... Je le croyais si aimable homme ; il me plaisait tant.

LA MÈRE SAINT-IGNACE
Je ne suis pas surprise qu'il ait fait un tel livre ; je n'ai jamais cru cet homme-là capable d'être jésuite. Tout y répugne dans ses manières ; il a un air fier qui ne s'accorde nullement avec l'humilité de Saint Ignace.

---

47 À l'imparfait le verbe *devoir* revêtait au XVIIIe siècle le sens de « aurait dû ».

LA MÈRE ANGÉLIQUE

Notre Sœur a raison ; il portait aussi son manteau en petit abbé poupin[48].

Ici on sonne la fin de la récréation [72]

LA MÈRE SUPÉRIEURE

Nous voilà pourtant désarmées ; car...

LA PREMIÈRE NOVICE

Notre Mère, voilà la fin de la récréation qui sonne.

LA MÈRE SUPÉRIEURE

Allons, retirons-nous, nos chères Sœurs. Mais auparavant il faut que je vous fasse part de ma résolution.

Comme nous ne pourrions rien intenter contre le P.G. que nous n'attaquassions[g] la chère Compagnie[49] à laquelle il a l'honneur et le bonheur d'être associé, et que nous avons trop de respect pour elle pour rien entreprendre contre, mon avis serait de nous unir toutes pour empêcher qu'il ne fît ses derniers vœux[50], et ne demeurât plus longtemps jésuite. Allons, unissons-nous toutes, nos très chères Sœurs, pour une œuvre si charitable ; car nous aurons en cela un mérite infini, en engageant ces bons Pères à se défaire d'un sujet qui leur fait tant de déshonneur.

LA SECONDE NOVICE, *à part.*

Je crois qu'il ne se fera pas beaucoup tirer l'oreille.

À la première novice.

Allons, ma Sœur, et charitablement pour nous, tâchons de nous délivrer d'elles.

Fin de la Critique de Ver-Vert

---

48 *Poupin* : voir p. 407, n. 17.
49 *Compagnie* : La Société de Jésus.
50 La situation évoquée dans cette dernière réplique renvoie explicitement à la situation que vivait Gresset sur le point d'être renvoyé de la Compagnie en novembre 1735, avant d'avoir prononcé ses derniers vœux, voir ci-dessus p. 11.

VARIANTES
DE *LA CRITIQUE DE VER-VERT*

Les éditions consultées et les abréviation se trouvent p. 431.

a   *Sic* De Hondt. L'expression *faire honneur* est ici employée par antiphrase au sens de « ridiculiser » ; Dum82 propose une *lectio facilior* : « faire horreur » qui affadit l'expression.
b   *Sic* De Hondt porte bien ici : « se confortait les entrailles sacrées », ce qui est une mauvaise citation du vers 88 de *Ver-Vert*. Dum82 rétablit la citation correcte : « réconfortait ses entrailles sacrées, »
c   *Sic* De Hondt ; Dum82 porte « pompons », ce qui est conforme au texte donné dans *Ver-vert*.
d   *Sic* De Hondt ; Dum82 porte « au bandeau donne une grâce piquante », ce qui est le texte de *Ver-vert*.
e   « de rire » bonne correction de Dum82 ; de Hondt et Kermaleck portent « d'écrire » ce qui n'a pas de sens.
f   *Sic* De Hondt ; Dum82 remplace par « maintes ».
g   *Sic* De Hondt ; en passant au subjonctif présent « que nous n'attaquions », Dum82 perd un savoureux effet sonore.

BIBLIOGRAPHIE

ÉDITIONS DE GRESSET

Les pièces de théâtre ont été imprimées séparément dans les semaines ou les mois qui suivirent leur première représentation. On trouvera pour chacune des pièces la description des éditions consultées à la rubrique « Le Texte ». Beaucoup de ces œuvres seront réimprimées du vivant de l'auteur, et réunies dans de multiples éditions peu fiables qui se recopient les unes les autres en multipliant les erreurs ou les lacunes.

Les éditions de références de chacune des pièces se trouvent respectivement
Édouard III p. 47
Sidney p. 153
Le Méchant p. 213
Ver-Vert p. 393
La Critique de Ver-Vert p. 431

ÉTUDES

ALEMBERT, D', *Éloge de Gresset*, rédigé à partir des renseignements fournis par M. de Wailly, son cousin.
ARGENSON, René-Louis de Voyer de Paulmy, (marquis d'), (Arsenal, ms. 3448-3455) *Notices sur les œuvres de théâtre*, éd. Henri Lagrave, Studies on Voltaire and the Eighteenth century, Institut et musée Voltaire, vol. XLII et XLIII, Genève, 1966, N° XLII et XLIII, p. 442 et 444.
BEAUVILLÉ, Victor de, *Poésies inédites de Gresset*, précédées de recherches sur ses manuscrits, Paris, J. Claye, 1863 (intéressantes recherches sur les manuscrits retrouvés ou perdus de Gresset ; p. 96 il cite *Les Esprits*

follets, comédie en cinq actes, en prose, représentée en 1734 par les élèves du collège de Rouen).
BERVILLE, Saint-Albin, *Gresset, sa vie et ses ouvrages : essai historique offert à la ville d'Amiens*. Amiens, Lenoël-Herouart, imprimeur-libraire, 1863.
BOURGUINAT, Élisabeth, *Le Siècle du persiflage 1734-1789*, Paris, PUF, 1998.
BRENNER, 7087-7098.
CAYROL, Louis-Nicolas-Jean-Joachim de, *Essai historique sur la vie et les ouvrages de Gresset*, Amiens-Paris, Caron-Vitet et Dumoulin, 1844-1845, 2 vol. in-8°.
CHAPONNIÈRE, Paul, *La Vie joyeuse de Piron*, Paris, Mercure de France, 1935.
CIORANESCU, n° 32230-391.
CLÉMENT Jean-Marie-Bernard et LA PORTE, abbé Joseph de, *Anecdotes dramatiques, contenant, 1° Toutes les pièces de théâtre, Tragédies, Comédies, Pastorales..., 2° Tous les ouvrages dramatiques..., 3° un recueil d'Anecdotes imprimées...4° Les noms de tous les auteurs 5° un tableau, accompagné d'anecdotes, des Théâtres de toutes les nations*, Paris, veuve Duchesne Libraire, rue St. Jacques, au Temple du goût, 1775, trois vol.
CLÉMENT, Pierre, *Les Cinq Années littéraires ou Lettres sur les ouvrages de littérature*, Berlin, 1755, 4 vol. in 8°. Sur *Le Méchant* I, 1-8.
DAIRE, père Louis-François, *Vie de M. Gresset, de l'Académie Française, et de celle de Berlin, écuyer, chevalier de l'ordre du Roi, et Historiographe de l'Ordre Royal et militaire de S. Lazare*, Paris, Charles-Pierre Berton, 1779.
DELOFFRE, Frédéric, *Une préciosité nouvelle, Marivaux et le marivaudage, étude de langue et de style*, Paris, Les Belles Lettres, 1955.
Dictionnaire d'histoire et de géographie ecclésiastique, fasc. 126, 1986.
DIDEROT, Denis, *Correspondance*, Georges Roth et Jean Varloot, Paris, édition de Minuit, [1955-1970], 16 vol., vol. XII, 18-22.
DUCLOS, Charles PINOT-, *Considérations sur les mœurs de ce siècle*, sixième édition, Paris, Prault et Durand neveu [1751], 1772.
FEDDEN, Henry Romilly et Robin, *Suicide. A social and historical study*, London, Peter Davies Ltd, 1938.
FINCH, Robert, *The Sixth Sense, chapter ten : Gresset. Créer ou se taire, The Sixth Sense*, Toronto, 1966, p. 136-176.
GENETTE, Gérard, *Palimpsestes, La Littérature au second degré*, Paris, éditions du Seuil, 1982.
GIRARD DELLE GIRARD, « Le Méchant » *de Gresset, Cahiers d'histoire des littératures romanes*, Heiddelberg, vol. 4, C. Winter Universitäts verlag, 1980, p. 199, 207, 210, 303-304.
GODINEAU, Dominique, *S'abréger les jours. Le suicide en France au XVIIIe siècle*, Paris, Armand Colin, 2012.
GRAFFIGNY, Françoise de, *Lettres Correspondance*, English Showalter éd., Oxford, Voltaire Foundation, 1985-2015.

GRENTE, Georges (cardinal) / MOUREAU, François, *Dictionnaire des lettres françaises*, Paris, Fayard et Librairie générale française, 1995.

HAWCROFT, Michaël, « Comment jouait-on le rôle d'Hippolyte dans la *Phèdre* de Racine ? Témoignage d'un manuscrit inédit », *Dix-septième siècle*, PUF, 2006/2 (N° 231), Varia, p. 243-275.

HERRENSCHWAND, Kurt, *Jean-Baptiste, Louis Gresset, Leben und Seine Werke*, Dissertation, Universität, Zürich, 1895.

HOURCADE, Philippe, « Le répertoire comique du théâtre des petits appartements » dans *études sur le XVIIIe siècle. Les théâtres de société au XVIIIe siècle*, Marie-Emmanuelle Plagnol-Dieval et Dominique Quéro éd., Bruxelles, éditions de l'ULB, 2005, p. 51.

JULLIEN, Adolphe, *Histoire du théâtre de Madame de Pompadour, dit Théâtre des petits cabinets*, Paris, Baur, 1874.

LANSON, Gustave, *Histoire de la littérature française*, Paris, Librairie Hachette, 1920.

LARROUMET, Gustave, *Marivaux, sa vie et ses œuvres*, Paris, Hachette, 1882,

LENEL, S., *Voltaire et Gresset*, Amiens, 1889, imprimeur-typo H. Yvert.

LENIENT, *La Comédie au XVIIIe siècle*, Paris, 1888, Librairie Hachette (sur Gresset voir p. 237-260).

LÉRIS, *Dictionnaire portatif des Théâtre contenant l'origine des différents théâtres...*, Paris, C.A. Jombert, 1754.

LEROY, Pierre, « *Le Méchant*, notes sur un manuscrit de Gresset », *Bulletin de la Société d'histoire du théâtre*, 1950, p. 1-23.

LEROY, Pierre, « À propos d'un centenaire. Notes inédites sur *Le Méchant*, le chef d'œuvre de Gresset 1747 », *Revue du Nord*, 1949, num. 31, numéro 122, p. 157 (Tolbiac 8° – y pièce – 169) et *Bulletin de la Société des antiquaires de Picardie*, 1947, 4e trim. p. 206-211 / Inv. / cote B 76.

LEVEL, Brigitte, « Poètes et musicien du *Caveau* », *Bulletin de l'Association internationale des études françaises*, n° 41, 1989, p. 161-176.

MARIVAUX, *Le Petit-Maître corrigé*, Frédéric Deloffre éd., Genève, Droz, 1955.

MENANT, SYLVAIN, *La Chute d'Icare*, Genève, Droz, 1981.

MENANT, SYLVAIN, « Le comique dans *Le Méchant* de Gresset », dans *L'art du théâtre. Mélanges en hommage à Robert Garapon*, Yvonne Bellanger, Gabriel Conessa, Jean Garapon, Charles Mazouer et Jean Serroy éd., Paris, P.U.F., 1992, p. 391-401.

PALISSOT DE MONTENOY, Charles, *La Dunciade*, Londres, [1764] 1776.

PERCHELLET Jean-Pierre, *L'Héritage classique ; la tragédie entre 1680 et 1814*, Paris, Honoré Champion, 2004.

PETIT DE JULLEVILLE, Louis, *Histoire de la langue et de la littérature françaises des origines à 1900*, vol. VI, Armand Colin, Paris, 1925, p. 578.

PIRON, Alexis, *Œuvres complette*, publiées par M. Rigoley de Juvigny, Liège, Clément Plomteux, 1776, sept vol., tome I, sur le *Caveau* p. 56-61.

PLATON, Mircea Alexandru, *Jean-Baptiste, Louis Gresset, ou les aventures critiques d'un poète dans le siècle des Lumières*, Maîtrise ès Arts, William Hanley dir. Université Mc Master, Hamilton, Ontario, 2004.

POMEAU, René, *Voltaire en son temps ; D'Arouet à Voltaire, Avec Madame Du Chatelet*, Oxford Foundation, Taylor Institution, 1988

RÉMOND DE SAINT-ALBINE, Pierre, *Lettre à Mme la comtesse de *** sur la comédie du Méchant*, Paris, 1747. Repris sous le titre : *Lettre sur la comédie du Méchant*, Mercure, Août 1749, p. 4-20.

ROUGET, Cécile, *Gresset témoin de son temps*, mémoire de maîtrise sous la direction de Geneviève Artigas-Menant, Université Paris-Est Créteil, UFR de lettres modernes, 1989.

ROUSSEAU, Jean-Jacques, *Correspondance complète*, R.A. Leigh, Genève, Institut et Musée Voltaire, 1965-2000, 53 vol.

RUBELLIN, Françoise *Lectures de Marivaux, La Surprise de l'amour, La Seconde Surprise de l'amour, Les Jeux de l'amour et du hasard*, Rennes, Presses universitaires de Rennes, 2009

SABATIER DE CASTRES, Antoine, abbé, *Les Trois Siècles de la littérature française, Les Trois siècles de notre littérature depuis François I, jusqu'en 1772* [sic], Amsterdam, 1763 [sic], 3 vol.

SAINTE-BEUVE, *compte rendu de l'Essai biographique sur la vie et les ouvrages de Gresset par M.D. Cayrol, Revue des deux Mondes*, période initiale, tome 11, 1845 (p. 1100-1114) repris dans les *Portraits contemporains*, tome V. *Causeries du lundi*, janvier 1855, t. IX, p. 212. t. X, p. 346, t. XII, p. 129. *Portraits littéraires* t. I, p. 134.

SALAZAR, Pedro. G., *Le Théâtre de Gresset : reflet d'une époque*, thèse de doctorat, Paris, 1977.

STAAL-DELAUNAY (de), Rose, *L'Engouement et La Mode*, Jacques Cormier éd., Paris, L'Harmattan, 2005.

STAROBINSKI, Jean, « *Pouvoir et Lumières dans 'La Flûte enchantée'* », *Revue Dix-Huitième siècle*, Paris, n° 10, 1978, p. 435.

VOLTAIRE, *Correspondance*, éd. Théodor Besterman, additions et corrections F. Deloffre, Paris, Gallimard, Pléiade, 1977-1993, t. I, II, et XIII (Index Michel Léturmy).

VOLTAIRE, *Correspondence and Related Documents*, Th. Besterman éd., dans *Complete works*, Genève et Oxford, Voltaire Foundation, 1968-, LXXXV-CXXXV.

VOLTAIRE, *Œuvres diverses de M. de Voltaire, Londres* [Trévoux], *Jean Nourse* [pseudonyme d'un éditeur clandestin], 1746, t. IV, p. 134-138, *Mélanges de littérature, d'histoire & de philosophie, Lettres philosophiques ou Lettres anglaises, de La Tragédie*, chap. XXI.

WOGUE, Jules, *J.-B.-L. Gresset, sa vie – ses œuvres,* Paris, Lecène, Oudin et compagnie éd., 1894. Étude remarquable qui rectifie les erreurs du père Daire et de Cayrol.

INDEX DES MOTS ET EXPRESSIONS EXPLIQUÉS OU COMMENTÉS

Les termes sortis de l'usage ou ceux dont la signification a changé depuis 1750 sont définis dans les notes. Ne sont enregistrés que les emplois qui, dans le contexte, diffèrent de l'usage actuel. Pour définir le sens des mots, nous avons eu recours aux dictionnaires suivants :

Dictionnaire universel, contenant généralement tous les mots tant vieux que modernes, & les termes de toutes les sciences et des arts... d'Antoine Furetière, La Haye/Rotterdam, Arnouts & Reinier Leers, 1690,
Dictionnaire de l'Académie française, Paris, veuve Jean-Baptiste Coignard, 1694,
Dictionnaire françois, contenant tous les mots tant vieux que nouveaux et plusieurs remarques sur la langue françoise... de Pierre Richelet, Amsterdam, J. Elzevir, 1706,
Dictionnaire universel, contenant généralement tous les mots tant vieux que modernes, & les termes de toutes les sciences et des arts... par Mre Antoine Furetière, M. Henri Basnage de Beauval, *et en cette nouvelle édition revu par* M. Jean Brutel de la Rivière, La Haye, Pierre Husson, Thomas Johnson, Jean Swart, Jean Van Duren, Charles le Vier, la veuve Van Dole, 1727,
Manuel lexique ou Dictionnaire portatif de l'abbé Prévost, Paris, Didot, 1755,
Dictionnaire universel français et latin vulgairement appelé dictionnaire de Trévoux, Paris, Compagnie des libraires, 1771,
Dictionnaire comique, satyrique, critique, burlesque, libre et proverbial de Philibert-Joseph Leroux, nouvelle éd. revue, corrigée et augmentée, Pampelune, 1786,
Dictionnaire critique de la langue française de Jean-François Féraud, Marseille, Mossy, 1787,
Dictionnaire de la langue française de Paul-Émile Littré, Monte-Carlo, Éditions du Cap, 1957,
(abrégés respectivement en *Ac. 94, Fur., Rich., Trévoux, Prévost, Leroux, Féraud* et *Lit.*)

Agnus : 401
Agréable : 334, 353
Ailleurs (d') : 293
Aisance : 160
Ambassade : 289
Amuser (s') : 266
Appareil : 99, 107
Arrière-ban : 257

Art : 55, 70, 92
Aveu : 25, 57
Avouer : 305

Ban : 290
Bandeau : 200
Bergerie (la) : 285
Berner : 409

Bill : 406
Brimborion : 171

Caillette : 27, 317
Cas (faire) : 270
Célébrer : 279
Chaise : 166, 282, 289
Champs (mettre aux) : 274
Chanson : 280
Clinquant (un) : 401, 449
Cœur : 264
Colifichet : 265, 283
Comme : 113
Commerce : 160
Commerce de suite : 333
Commettre (se) : 276
Compagnie (la) : 464
Complaisant, complaisante : 244, 277, 313
Compliments : 282
Confondre : 76, 101, 110, 332, 357
Constant : 301
Coterie : 269
Courage : 319
Coureur : 165
Courrier : 161
Cure : 200

Désert : 192
Devoir (verbe) : 65, 70, 104, 309, 463 / (nom) 186
Différer : 56
Dîner : 177
Discrétoire : 416
D'où vient : 264

Éclaircir : 110-111, 193
Éclairer (s') : 291
Écrivain : 324, 352
Effet : 172
Effet (en) : 337
Emploi (être sans) : 160
Ennui : 60, 143, 149, 163, 180
Entendre (m') : 77, 293
Éprouver : 355

Espèce : 337
Espérance (mon) : 183
Esprits prétendus : 277
Étalage : 355
Événement : 66
Éventé : 255
Excédant : 286
Expédié : 156
Expédier : 348
Expédition : 275, 292
Exprès : 175

Facéties : 283
Faquin : 174
Fat : 173, 255, 271
Fatuité : 244
Figure (parler sans) : 250
Finir : 348
Foin : 290
Freluquet : 278
Futur (le) : 246

Gentil : 158, 267
Gentillesse : 348
Grave : 167
Grivois : 412
Gronder : 273, 298

Honneurs (faire les) : 176, 273, 304

Illustrer : 89, 181
Imbécillité : 275
Imposer : 317
Incroyable : 317, 323
Injure (mon) : 195
Insecte : 278
Intelligence : 323
Interdiction : 291
Interdire : 275, 360

Jargon : 283
Jeu (faire beau jeu) : 327

Légèrement : 291

INDEX DES MOTS ET EXPRESSIONS EXPLIQUÉS OU COMMENTÉS

Liaison : 310

Maisons (petites maisons) : 315
Malheureux : 103
Maligne : 440
Mander : 164
Manger son bien : 258
Marquer : 257
Maussaderie : 258
Médiocre : 20, 258
Mémoire : 174
Mémoires : 278
Merveilleux : 317, 323
Meuble (homicide) : 190
Miladi : 406, 440
Mine (faire la) : 251
Ministère : 102, 158
Misérable : 185
Monde (savoir le) : 176

Neustrie : 38, 57, 60

Objet : 270
Opprobre : 100-111, 361
Original : 317

Parodie : 329
Pays : 201
Pélerine : 190
Persiflage : 340
Plaisant : 330
Pointe : 283
Porter (se) : 298
Poupin : 407, 451, 464
Pouvoirs : 261
Pouvoir (verbe) : 70, 104
Pratique (attendre) : 250
Prévenir : 82
Primauté : 356
Procureur : 275
Proprement : 438
Propreté : 438

Protester : 242

Quand : 182, 187-188, 266
Quartier (en) : 165
Que : 114
Quel : 109, 174
Qui : 182, 350

Rat : 169
Recrue : 265
Réjouir (se) : 354
Repasser : 436
Résolution : 292
Retours (les) : 267
Rêver : 162, 262
Rêverie : 176, 354

Sauver (quelque chose à quelqu'un) : 181, 285, 348
Séjour : 69
Sellette : 444
Sensément : 312
Serviteur : 361
Société : 164, 250, 269, 333
Souffrir : 61, 85, 325, 356
Soupçonner : 96
Sourdine (à la) : 251, 407, 451
Suffisant : 337
Superbe : 78, 86

Tour (le) : 407
Tout à l'heure : 315
Trait : 288
Travers : 167, 177, 179
Triste (accueil) : 251
Tristesse extrême : 66, 180

Vengeance : 65

Zèle : 75, 106
Zoïle : 19, 32

INDEX NOMINUM

Les critiques contemporains sont distingués par le bas-de-casse.

ALEMBERT (d'), Jean Le Rond : 28, 278, 341, 378, 467
ARGENS, Jean-Baptiste Boyer, marquis d' : 13, 25
ARGENSON, marquis d' : 26-28, 467
ARMAND, François-Armand Huguet dit Monsieur A. : 23, 149-151, 240

BACULARD D'ARNAUD : 204
BAUDELAIRE : 146, 223, 340
Beauvillé, Victor de : 20, 28, 34, 393
Berville, Saint-Alban : 11
BOISSY : 131, 217
BOSSUET : 30
BOUGEANT, père : 9, 11, 13
BOURDALOUE : 30
BRETEUIL, abbé de : 19
Bret-Vitoz, Renaud : 42, 375
BRUMOY, père : 8, 9, 11
BUFFON : 14

CAHUZAC : 18
CATULLE : 389
CAYLUS, comte de : 15-16
CAYROL, Louis-Nicolas-Jean-Joachim de : 7, 13-14, 16, 25, 31, 133, 149, 205
CHATEAUBRIAND, François-René : 146
CHATELET, Émilie, Madame du : 14, 25, 130
CHAULNES, baronne Anne-Josèphe Bonnier de La Mosson, duchesse de : 12-13, 23, 25, 29, 218

CHAULNES, Michel-Ferdinand d'Albert d'Ailly, duc de Picquigny, duc de : 12, 28, 218
CHAUMONT, François-Albert, comte de La Galaizière : 16
CHAUVELIN, Claude-Louis, marquis de : 9, 13, 126
CHOISEUL, duc de (voir comte de Stainville) : 23
CIDEVILLE, Pierre-Robert Le Cornier de : 8, 12, 131
CLÉMENT, Pierre : 23, 216, 369, 372
COLLÉ, Charles : 15, 391
CORNEILLE, Pierre : 37-38, 42, 50, 151, 377
CRÉBILLON, père ou fils : 15, 17-18, 37, 41, 66, 391

DANCHET, Antoine : 28
DANGEVILLE, Marie-Anne Botot, dite Mlle : 23, 151, 156, 240
DEFFAND, Madame du : 12
Deloffre, Frédéric : 22, 143, 216-217, 226, 229, 264
DESFONTAINES, abbé : 133, 205, 375-376
DESPREZ DE BOISSY, Charles : 32
DEVAUX, François-Antoine (dit Panpan) : 16-20, 208-209
DIDEROT, Denis : 17, 21, 44, 133-134, 145, 186, 224, 334, 377, 459
DUCLOS, Charles Pinot : 15-16, 20, 224, 278, 340, 383-384, 391

Dumas, Jean : 144
Duménil, dite la Demoiselle Dumesnil ou La Dumesnil : 44
Duméril, Jean-Charles : 34

Fleury, André-Hercule de (cardinal) : 9, 11, 44, 49, 133
Fontenelle, Bernard Le Bovier de : 14
Frédéric II : 14, 16, 25, 129, 130, 378
Fréron, Élie : 217, 369

Galland De Longuerue : 34
Gaussin, Jeanne-Catherine Gaussem dite (La) : 17, 19, 21-22, 44-45, 52, 151, 233
Giscard d'Estaing, Valéry : 44
Graffigny, Françoise D'Issambourg D'Happoncourt dite Mme de : 14-21, 146, 208-209, 217, 383
Grandval, Charles-François Racot De Grandval, dit Grandval le fils : 21-22, 27, 45, 52, 150, 156, 216, 227, 240, 375, 382
Grandval Mlle de, épouse de Charles-François Racot De Grandval : 21-22
Grimm, Friedrich Melchior, baron : 145, 377

Helvétius : 15, 391
Hérault : 11
Horace : 10, 27, 207
Hourcade, Philippe : 27

Jullien, Adolphe : 26, 27
Juvénal : 35, 49, 207

Lamartine, Adolphe de : 180
La Motte, Louis-François-Gabriel d'Orléans de, évêque d'Amiens : 13, 29, 30
La Noue, Jean-Baptiste Simon Sauvé de, dit : 22, 233, 375
La Thorillière, Anne-Maurice Le Noir de, dit : 21-22, 233, 240

Laujon : 26
Lenel, S. : 9, 11
Leroy, Pierre : 21, 227, 236, 334
Level, Brigitte : 15
Louis XV : 49, 66, 383
Louis XVI : 9, 29, 33

Malraux, André : 44
Maupertuis, Pierre Louis Moreau de : 14, 25
Maurepas, Jean-Frédéric Phélipeaux, comte de : 27
Meilhan, Sénac de : 12
Menant, Sylvain : 9, 15, 216, 218, 428
Mouhy : 47, 50, 103, 142

Nicole : 30
Nivelle de La Chaussée, Pierre-Claude : 15, 20, 52, 334, 374, 391
Nivernois, duc de : 25-26

Orry, Philippe : 13
Ovide : 369, 389, 409, 418

Pannard, Charles-François : 15-17, 391
Perchellet, Jean-Pierre : 4, 42, 215
Piron, Alexis : 28, 31, 391
Plagnol-Diéval, Marie-Emmanuelle : 27
Pomeau, René : 15
Pompadour, marquise de : 25-27, 231
Prevost, abbé : 133, 142, 340

Quéro, Dominique : 27
Quinault Dufresne : 45, 52
Quinault, Jeanne-Françoise : 44, 52

Rabutin, Michel-Celse-Roger de, comte de Bussy : 13
Racine, Louis : 30, 37-42, 70-72, 76, 81, 134, 322, 355, 377-378, 407, 410, 451
Rameau, Jean-Philippe : 15, 391
Réaumur, René-Antoine Ferchaut de : 14
Richery, abbé : 32
Rohault, Jacques : 7

INDEX NOMINUM

Roselly, Raissouche Montet, dit Roseli ou : 23
Rousseau, Jean-Baptiste : 8, 216, 371, 382
Rousseau, Jean-Jacques : 32, 144, 224, 227, 229, 250, 278, 334, 337, 374-375
Rubellin, Françoise : 23, 52, 229

Saint-Pierre, abbé de : 14
Shakespeare : 37, 38, 43, 50, 142, 149
Staal-Delaunay, Rose de : 27, 231, 260
Stainville, comte de : 23
Starobinski, Jean : 141

Suard, Jean-Baptiste Antoine : 23
Surian, Jean-Baptiste évêque de Vence : 29

Thieriot : 16

Valleré, Pierre : 17
Verdi : 43
Voltaire : 8-12, 14-19, 22, 25, 31, 38, 42, 44-45, 50, 52, 129-131, 141-145, 205, 277-278, 341, 374, 377, 380-382, 429

Wogue, Jules : 9, 12-14, 23, 25, 149, 150

INDEX DES PIÈCES DE THÉÂTRE CITÉES

Acteurs de bonne foi (Les), Marivaux : 223
Adélaïde du Guesclin, Voltaire : 15, 38, 145
Adélaïde de Hongrie, Dorat : 38
Alzire, Voltaire : 19, 205
Avare (L') : 231

Bajazet, Louis Racine : 22, 81
Bérénice : Louis Racine : 71, 76
Britannicus, Louis Racine : 18, 42-43

Complaisant (Le), Pont-de-Veyle ou De Launay : 231
Compte de Boursoufle, Voltaire : 429
Cortez, Crébillon : 16, 217

Dehors trompeurs (Les), Boissy : 131, 217
Distrait (Le), Jean-François Regnard : 231
Don Carlo, Giuseppe Verdi : 43

École des amants (L'), Fuzelier : 21

Glorieux (Le), Philippe Néricault Destouches : 231

Hamlet, Shakespeare : 141-142

Iphigénie, Louis Racine : 38-39, 44

Irrésolu (L'), Philippe Néricault Destouches : 231

Joueur (Le), Jean-François Regnard : 231

Médée, Pierre Corneille : 42
Médisant (Le), Philippe Néricault Destouches : 23, 216-217, 369
Misanthrope (Le), Molière : 147, 226, 231, 355, 382

Petit-Maître corrigé (Le), Marivaux : 22, 151, 216, 217-218, 226, 231
Phèdre, Louis Racine : 44, 70, 72, 77, 322, 410

Rodogune, Pierre Corneille : 38, 41, 50

Siège de Calais (Le), du Belloy : 38

Tancrède, Voltaire : 38
Tartuffe, Molière : 216, 218-219, 221, 230-231, 267, 327, 376, 382

Zaïre, Voltaire : 15, 19, 22, 38, 42, 44-45, 151
Zulime, Voltaire : 44, 45

TABLE DES MATIÈRES

INTRODUCTION GÉNÉRALE
Jean-Baptiste-Louis Gresset (1709-1777) 7

ÉDOUARD III

INTRODUCTION
Édouard III 37
   Une tragédie racinienne à la mode anglaise 38
   La distribution 44

LE TEXTE 47

ÉDOUARD III
Tragédie 49
   Prologue 49
   Avertissement 50
   Les personnages 52
   Acte premier 53
   Acte II 70
   Acte III 83
   Acte IV 94
   Acte V 103

VARIANTES DE *ÉDOUARD III* 117

APPROBATION ET PRIVILÈGE DU ROI	125
Approbation	125
Privilège du Roi	125
ACCUEIL ET ÉCHOS	129
Voltaire	129
Diderot	133
MAXIMES DANS *ÉDOUARD III*	137

SIDNEY

INTRODUCTION	
Sidney	141
Intrigue et conduite de la pièce	146
Une convention linguistique	150
La distribution	150
LE TEXTE	153
SIDNEY	155
Les personnages	156
Acte premier	157
Acte II	175
Acte III	193
VARIANTES DE *SIDNEY*	203
ACCUEIL ET ÉCHOS	205
MAXIMES DANS *SIDNEY*	211

LE MÉCHANT

INTRODUCTION
Le Méchant 215
    L'originalité du *Méchant* 218
    Paris et la province 224
    Note sur la gestation du *Méchant* 225
    La préface du *Méchant* 227
    Intrigue et conduite de la pièce 229
    Le comique 231
    La distribution 233

LE TEXTE 235

LE MÉCHANT 239
    Les personnages 240
    Acte premier 241
    Acte II 263
    Acte III 292
    Acte IV 322
    Acte V 346

APPROBATION 363

VARIANTES DU *MÉCHANT* 365

ACCUEIL ET ÉCHOS 369

ANNEXE 383

MAXIMES DANS *LE MÉCHANT* 385

VER-VERT
OU LES VOYAGES DU PERROQUET
DE LA VISITATION DE NEVERS
À MADAME DE L. DE T. ABBESSE DE ***

INTRODUCTION
Ver-Vert 389

LE TEXTE 393

VER-VERT
ou Les Voyages du perroquet de la Visitation de Nevers.
À Madame de L. de T. Abbesse de *** 397
    Chant premier 397
    Chant second 402
    Chant troisième 408
    Chant quatrième 413

VARIANTES DE *VER-VERT* 421

LA CRITIQUE DE VER-VERT

INTRODUCTION
La Critique de Ver-Vert 427

LE TEXTE 431

LA CRITIQUE DE VER-VERT 435

VARIANTES DE *LA CRITIQUE DE VER-VERT* 465

BIBLIOGRAPHIE 467

INDEX DES MOTS ET EXPRESSIONS
EXPLIQUÉS OU COMMENTÉS 473

INDEX NOMINUM 477

INDEX DES PIÈCES DE THÉÂTRE CITÉES 481

Achevé d'imprimer par Corlet,
Condé-en-Normandie (Calvados),
en Septembre 2022
N° d'impression : 177649 - dépôt légal : Septembre 2022
Imprimé en France